한국역사학 연구의 성찰

● 지은이

김두진 _ 金杜珍

경상남도 진주 출생
서울대학교 문리과대학 사학과 졸업
서울대학교 대학원 사학과 석사과정 수료
전남대학교 사범대학 국사교육과 조교수
현재 국민대학교 문과대학 국사학과 교수

주요논저

『均如華嚴思想硏究』(일조각, 1983)
『義湘, 그의 생애와 화엄사상』(민음사, 1995)
『韓國 古代의 建國神話와 祭儀』(일조각, 1999)
『신라 화엄사상사 연구』(서울대학교출판부, 2002)
『고려 전기 교종과 선종의 교섭사상사 연구』(일조각, 2006)
『백제의 정신세계』(주류성, 2006)
『신라하대 선종사상사 연구』(일조각, 2007)
『고려시대 사상사 산책』(국민대학교출판부, 2009)
그밖에 역서로『原始宗敎論』(에반스프리차드, 탐구당, 1976)과 다수의 논문이 있다.

韓國歷史學 硏究의 省察

한국역사학 연구의 성찰

초판인쇄일 2010년 3월 25일
초판발행일 2010년 3월 30일
지 은 이 김두진
발 행 인 김선경
책임편집 김윤희, 김소라
발 행 처 도서출판 서경문화사
　　　　　주소 : 서울 종로구 동숭동 199 - 15(105호)
　　　　　전화 : 743 - 8203, 8205 / 팩스 : 743 - 8210
　　　　　메일 : sk8203@chollian.net
인　　쇄 바른글
제　　책 반도제책사
등록번호 제 1 - 1664호

ISBN 978-89-6062-051-3　　93900

ⓒ김두진, 2010

* 파본은 본사나 구입처에서 교환하여 드립니다.

정가　25,000원

한국역사학 연구의 성찰

김두진 지음

서경문화사

머리말

　나는 학부의 사학과에 진학하면서부터 지금에 이르기까지 무려 40여 년이 넘는 세월을 역사공부로 일관해 왔다. 돌이켜 보면 짧은 기간은 아닌 것 같다. 그 사이 한국 역사학은 장족의 발전을 거듭해 왔다. 1960년대 말이 되도록 역사학 관계의 전문 학회로 역사학회(歷史學會)가 거의 유일하였고, 그 외 국문학이나 민속학 등을 포함한 종합 학회로 진단학회(震檀學會)가 활동하고 있을 정도였다. 그리하여 1970년대까지만 하여도 역사학보에 논문을 게재하게 되면, 그것이 바로 학계의 등용문과 같이 되었다.
　그러던 것이 지금에 와서는 동·서양이나 국사의 각 시대나 또는 특수한 문제를 연구하려는 목적에서 수많은 전문 학회가 결성되었을 뿐만 아니라 엄청난 분량의 연구 성과가 쏟아져 나오고 있다. 미세한 전문 영역에 대한 접근은 역사학 연구의 수준을 높이는 계기를 마련해 주었지만, 한편으로는 역사학 연구자들이 서로 범접하지 못하는 거리감을 조성하는 결과를 초래하였다. 그리하여 역사학회나 한국사연구회와 같은 종합 학회의 활동이 위축되면서, 특정 분야의 여러 학회나 역사학자 상호 간의 소통이 원활하게 이루어지지 못하였다.
　한국근대사학이 일본인들의 주도로 성립되는 과정에서 실증사학(實證史學)의 기초를 튼튼하게 마련하지 못하였다. 일제 식민사학을 극복하려는 분위기에 휩싸여 실증사학은 비판받기에 이르렀다. 광복 이후 한국 사회는 좌우 대립의 혼란을 겪으면서 민족 상쟁의 비극을 경험하였고, 이후 민주화와 산업화 및 세계화로의 여정을 걸어왔다. 그런 과정에서 한국 역사학은 민족주의나 근대화에 관심을 가졌는가 하면, '탈민족(脫民族)' 내지 '탈근대'를 추구하기까지 다분히 이념을 추구하는 경향을 지니기도 하였다. 이념은 시기에 따라 달라지며 그 상호 간에 벽을 쌓기 때문에, 이념사학은 학계는 물론 우리 사회의 분열을 조장하여 왔다.

　이념에 의해 역사적 개별사실을 임의로 해석하면, 이미 그것은 객관적 진실을 나타낼 수 없게 된다. 역사학 연구는 다른 학문과 마찬가지로 역사적 진실 즉 진리를 추구해야 한다. 진리의 추구라는 면에서 이념으로 점철된 한국 역사학계의 세분된 여러 분야는 종합 학문으로서의 역사학은 물론, 인문학 등 모든 학문과 더불어 같이 나아가야 할 동반자들이다. 물론 나의 학문연구도 무불(巫佛)관계사에 대한 관심에서 출발했지만, 현실적으로는 불교사 그 중에서도 신라하대 낭혜(朗慧) 무염(無染)의 선종(禪宗)사상 등, 세부의 전문적인 문제를 밝히려는 것에서부터 시작하였다. 그러면서 개별적으로 이끌어낸 특정 사실의 역사적 성격이나 의의를 설정하려는 노력을 기울여 왔다.

　이후 교학(敎學)불교사상이나 건국신화를 밝히는 등 한국역사학 연구의 연륜을 쌓으면서, 시야를 확대하고 학문의 지평선을 넓혀 왔다. 현금 한국 역사학계는 엄청난 연구 성과가 쌓이면서 저변이 확대되고 있다. 이는 일면 바람직한 현상이기도 하다. 그러나 어떠한 개별연구도 이념이나 방법론상의 벽에 가리어 올바른 비평을 결한 채, 소비적인 논쟁을 일삼아서는 안 될 것이다. 여기에 한국 역사학은 연구 성과를 종합하면서 체계화할 필요가 있게 된다. 특정의 전문적 역사연구가 아무리 세분화된 것이라 하더라도 인문학으로서의 가치에 충실해야 한다.

　한국역사학 연구는 지방사의 연구로까지 영역을 확대하면서, 한편으로 연구 성과를 비판적으로 정리하기 위해 지난날을 돌이켜 볼 단계에 이르렀다. 그 결과 앞으로 나아갈 바를 조명함으로써 갈등과 반목으로 얼룩진 한국사회나 역사학계가 양보와 조화를 모색하면서, 공영과 화합을 추구해야 할 것이다. 진리를 찾으려는 방법론은 역사학뿐만 아니라 인문학 등 학문 일반의 문제인 동시에 공통의 관심사가 된다. 역사적 진실을 찾으려는 것은 객관적이며 실증적 접근을 통해 이뤄질 수 있으며, 그 결실이 보편적인 법칙을 이끌어내는 것이다. 한국역사학 연구는 이러한 공통의 관심사 곧, 실증적 연구를 정착하는 데에서부터 기초를 다져야 한다.

  이 책은 바로 이런 면을 염두에 두면서 한국 역사학계의 현주소를 점검하려는 목적에서 저술될 것이다. 여기에 수록된 내용은 한국 역사학의 연구 성과를 정리하기 위환 기획의 일환으로써, 그때그때마다 부탁받았던 회고와 전망에 관한 글을 수록한 것이다. 이미 묵혔던 원고를 종합하고 체계를 세워 정리함으로써, 한국역사학 일반을 비롯해서 한국사 전반은 물론이거니와 한국고대사나 사상사의 연구 성과를 일별할 것이다. 그러면서 구체적인 한국사 관계 연구서의 서평을 통해 한국사연구의 반성과 종합을 시도하고자 한다. 아울러 한국 역사학의 연구 성과를 전산화하는 방법을 생각하면서 실용화로 나아갈 방향을 모색하고자 한다.

  한국 역사학은 정치현실이나 이념에서 한 발짝 물러서서, 온당한 비평과 충고로써 장식되어야 한다. 한편으로 문헌 자체도 기록자 중심으로 윤색되어 있어서, 역사적 진실을 찾기 위해 비판적인 안목을 갖고 분석하여야 한다. 이리하여 설정되는 역사전개의 보편적 법칙은 한국의 역사학이 민족이나 국가사의 범위를 넘어서서 세계사와 더불어 호흡을 같이 하게 하지만, 역사전개의 주체로서 민족의 활동무대와 바로 연결이 가능한 아시아사나 동북아사와 같은 지역사의 정립을 모색하게 한다.

  이제 한국 역사학은 민족사에서 인류의 역사로, 계층이나 계급의 역사에서 백성의 역사로 나아가야 할 것이다. 그런 의미에서 한국 역사학의 대중화 방향이 모색되었으면 한다. 이 책은 비교적 전문성이 약한 연구사를 통시대적으로 서술하고 있어서, 일반인들이 보다 쉽게 역사의 흐름을 이해할 수 있게 한다. 한국 역사학의 대중화는 앞으로 더 많은 관심을 가지고 시도되어야 할 분야이지만, 대중의 욕구를 충족하는 방향으로 연구될 필요는 없다. 오히려 이보다는 역사학의 체계를 대중이 쉽게 접하고 이해할 수 있는 방법이 추구되었으면 한다.

한국 역사학의 연구 성과를 종합하고 체계화하는 작업은 쉽게 이루어질 수 없는 분야이기도 하다. 거의 반평생을 역사연구에 종사하였다고는 하지만, 이러한 작업 자체는 아직도 힘겨운 일이어서 나의 능력을 넘어서는 것이다. 이 책의 내용은 내가 역사학의 전문 연구자로서 한 세대를 살면서 경험한 자의식을 담았다고 할 수 있겠다. 때문에 그것은 부족할 수밖에 없고 한계성을 가졌지만, 나름대로의 역사학계를 바라보는 시각을 담았다고 생각하고 싶다. 스스로는 역사학계에 반성과 성찰을 끌어내고자 하였다. 그러나 진리를 찾는 일 자체가 많은 노력과 인고를 요구하기 때문에, 소기의 성과를 충분히 가져왔는지 염려된다.

학문의 길은 끝없이 이어지며, 종국에는 서로 연결되는 것이다. 이제는 비교적 자유롭게 마음이 가는대로 발걸음을 옮기고 싶다. 역사학의 창을 통해 사회를 바라보면서, 별로 낯익지만도 않는 해변에 작은 돛단배 하나 띄우고 싶다. 그리하여 여유를 가지고 여기 저기 새로운 포구에 닻을 내리고 싶다. 잔잔한 물결에 젖겨웠던 이름이 부서지면서 다시 영사막으로 되살아난다. 애써 돌보지 못했던 가족에게도 고마움으로 다가가고자 한다.

문창로(文昌魯) 교수가 이 책의 출간을 주선해 주었다. 원고와 색인작업을 정리하는데 국민대 국사학과의 장창은(張彰恩) 강사가 수고해 주었다. 고마움을 전하면서 그의 학문이 날로 영글기를 빈다. 널리 읽힐 것 같지도 않은 전공서적을 출간해 준 서경문화사의 김선경(金善景) 사장과 아담한 책으로 꾸며준 김윤희 팀장과 편집부 여러분에게도 감사한 마음을 표한다.

2010년 3월
정릉계곡에서 김 두 진

차 례

머리말 _ 4

01장 한국 역사학의 현주소

1. 한국 역사학의 연구 동향과 전망 _ 13

    1) 역사학계의 걸어온 길 ·· 13

    2) 한국사의 시대별 연구 성과 ·· 15

    3) 분류사(分類史) 연구의 현황 ······································· 20

    4) 동양사학이 걸어온 길 ·· 23

    5) 서양사학의 성과와 세계사 ·· 26

    6) 한국 역사학의 과제 ·· 30

    7) 지역사와 세계사로의 정립 ·· 33

2. 한국사연구의 저변 확대와 종합적 이해 _ 36

    1) 한국 역사학계의 동향 ·· 36

    2) 지방사 연구로의 저변 확대 ······································ 40

    3) 지역사의 정립 ·· 44

    4) 향후 과제 ··· 47

    5) 국제 역사학계와의 교류 ·· 50

3. 한국 금석문 종합영상 DB 구축사업의 기획과 방향 _ 51

    1) 한국 금석문 정리의 현황과 활용 ···························· 51

    2) 금석문 자료의 정확성 제고 ······································ 57

    3) 금석문 종합영상 DB의 학문적 응용 ·· 66
    4) 종합학문으로서의 금석학 정립 ·· 75

02장 한국고대사 연구의 발자취

1. 한국고대사 연구 60년의 성과와 과제 _ 79

    1) 연구의 개관 ·· 79
    2) 고대사관계 사료의 검토 ·· 83
    3) 국가·민족 형성론 ·· 85
    4) 귀족국가의 성립과 남북국시대 ·· 95
    5) 지배세력의 변천과 사회편제 ·· 103
    6) 토지의 지급과 귀족세력의 기반 ·· 113
    7) 불교의 융성과 풍수지리설 ·· 118
    8) 고대사연구의 과제 ·· 128

2. 한국과 주변국가의 교류사 _ 132

    1) 해양교류사의 시도 ·· 132
    2) 중국과의 교류 ·· 134
    3) 일본과의 교류 ·· 138
    4) 문화의 교류와 변용 ·· 142
    5) 해외 교역로와 교역물의 추적 ·· 147

3. 한국고대사 연구의 회고와 전망 _ 149

 1) 연구사의 개관 …………………………………………………… 149
 2) 연구서 및 사료 ………………………………………………… 152
 3) 국가형성기 ……………………………………………………… 156
 4) 삼국시대 ………………………………………………………… 159
 5) 통일신라와 발해 ……………………………………………… 163
 6) 앞으로의 문제 ………………………………………………… 167

4. 단군과 고조선의 연구사 _ 169

 1) 고조선과 단군의 연구방향 …………………………………… 169
 2) 일제강점기 단군연구의 경향 ………………………………… 172
 3) 김재원(金載元)의 새로운 접근 ……………………………… 176
 4) 민족문화 전승의 강조 ………………………………………… 180
 5) 고조선의 건국과 변천 ………………………………………… 184
 6) 북한의 단군연구 ……………………………………………… 189
 7) 단군연구의 과제와 전망 ……………………………………… 193

03장 한국사상사 연구의 회고

1. 종교사상사 연구방법론 _ 199

 1) 종교사상의 역사학적 접근 …………………………………… 199

2) 한국사에서의 불교 및 유교적 전통과 왕권 ·················· 202
   3) 동양의 왕법(王法)과 불법 및 도(道)의 문제 ················ 206
   4) 서양의 국가교회와 종교적 제왕의 등장 ····················· 210
   5) 연구방법론의 모색 ··· 214

2. 한국무속 연구사론 _ 218

   1) 무속(巫俗)을 연구하려는 시각 ·· 218
   2) 일제강점기 무속사 연구경향 ··· 219
   3) 광복 이후 무속사 연구경향 ··· 225
   4) 무속사 연구에서 다루어야 할 문제 ··································· 231
   5) 무속사 연구방법론의 모색 ··· 236

3. 한국불교사의 체계화 _ 242

   1) 삼국의 불교수용 ·· 242
   2) 교학 불교의 융성 ··· 249
   3) 신앙의례를 통한 불교 대중화 ·· 257
   4) 선종의 성립과 교선융합(敎禪融合)사상 ····························· 262
   5) 폐합(廢合) 이후의 불교사상계 ·· 271

4. 한국불교 인물사연구의 현황과 과제 _ 277

   1) 불교 인물사에 대한 시각 ·· 277
   2) 흥법(興法)과 이론 불교의 성숙 ·· 279

3) 종파 불교의 성립과 교리체계 ································ 288
4) 융화(融化)불교의 흐름 ·· 297
5) 현정론(顯正論)의 전개와 불교유신론 ····················· 307
6) 한국불교 인물사연구의 과제 ································ 316

04장 한국사연구의 반성

1. 한국사학의 체계화 _ 323

1) 한국고대사 연구의 틀을 마련하다 ························ 323
2) 신라국가 형성기의 체제정비와 지배세력의 등장 ····· 328
3) 왕위계승을 통한 신라하대사의 체계 ····················· 337

2. 분류사와 전문화 _ 343

1) 고려 광종대 개혁정치에 대한 종합적 검토 ············ 343
2) 혈족집단의 분지화(分枝化)를 통한 신라 신분사회 이해 ···· 350
3) 역사학으로서의 신라사상사 연구 ························· 358

3. 연구 성과의 종합과 반성 _ 369

1) 한국 역사학의 발전을 위한 논저목록의 편성 ········· 369
2) 한국사학의 반성을 통한 전통의 발견과 내일을 여는 역사상의 추구 ······· 376
3) 신화종교(神話宗敎)의 전통을 오늘날에 되살리다 ··· 384

찾아보기 _ 393

1장
한국 역사학의 현주소

1. 한국 역사학의 연구 동향과 전망

1) 역사학계의 걸어온 길

한국의 근대 역사학은 일본 관학자(官學者)들이 주도하여 식민사학으로부터 성립하였다. 광복 이후 식민사학을 극복하려는 것이 한국 역사학계의 시급한 현안이 되었다. 일제강점기에 시작된 한국 역사학은 악조건과 탄압 속에서도 굳건하게 명맥을 유지하면서 광복을 맞았다. 그리하여 1946년에 역사학회(歷史學會)가 창립되고 1949년에는 학회지 『역사학연구(歷史學研究)』를 창간하였지만, 한국전쟁으로 더 이상 유지되지 못했다. 1952년에 피난 수도 부산에서 한우근(韓㳓劤)·김철준(金哲俊)·천관우(千寬宇)·고병익(高柄翊)·전해종(全海宗)·민석홍(閔錫泓)·이보형(李普珩) 등이 역사학회를 새로 창립하였는데, 그 학회지 『역사학보(歷史學報)』가 오늘날까지 계속 간행되고 있다.

역사학회는 역사관계의 종합 학회로서 단일하게 출발하였으나, 시대의 요청으로 1957년에 한국서양사학회가 창립되고 1966년에는 한국동양사학회가, 비슷한 시기인 1967년에 한국사연구회가 결성되었다. 근래에 역사학 연구자가 많아지면서 한국사는 물론 동양사나 서양사 분야에서 경제사나 사상사 등 여러 영역의 분류 사학회가 조직되었는가 하면, 고대나 중세 등 각 시대를 조명하거나 영미(英美)의 여러 나라는 물론이거니와 중동(中東) 등 특수한 국가나 지역을 연구하는 학회가 성립하였다. 이렇듯 한국의 역사학 연구는 양적인 팽창과 함께 그에 따른 질적인 수준이 심화되었다.

점점 많아지는 역사학 논문에 대해 일정한 비평을 거쳐 정리할 필요를 느끼면서, 한국 역사학의 연구경향을 조명하고 앞으로의 과제를 해결하려는 노력이 경주되었다. 그러한 작업으로 광복 후 한 세대의 역사학 성과를 조명한 것이 역사학회가 편찬한 『현대 한국역사학의 동향』(일조각, 1982)인데, 동양사나 서양사에 비해 한국사가 보다 잘 정리되었다. 이후 한국사 연구 성과는 『한국사론(韓國史論)』(국사편찬위원회) 등에서 간혹 정리되었지만, 1984년 이후 매년 역사학회는 『역사학보』의 '회고와 전망' 난에서 역사학 전반의 연구 성과를 정리하였다.[1]

광복 50주년과 2000년대를 맞으면서 주로 한국사 연구 성과가 충실하게 정리되어, 「한국사 연구 50년 점검 ; 한국사학편」(『한국학보』 79, 1995, 일지사)과 「한국사 연구의 회고와 전망」(『한국사론』 30, 2000, 국사편찬위원회)으로 결실을 맺었다. 그러다가 1987년에는 한국과 일본의 역사가들이 양국의 역사를 서로 이해하려는 뜻에서, 『1945년 이후 한·일 양국에서의 역사연구 동향』(韓·日 歷史家會議 組織委員會, 국학자료원)을 간행

---

1) 1984년에서부터 1997년에 이르기까지 매년 12월에 간행되는 『역사학보』의 「회고와 전망」난은 국사와 동양사·서양사의 연구 성과를 각각 3년에 한 번씩 번갈아 실었다. 그러다가 1998년 이후부터 매년 9월에 간행되는 『역사학보』의 「회고와 전망」난에 국사와 동양사·서양사의 연구 성과를 함께 실었으나, 2000년 이후에는 한국사의 연구 성과를 매년 실었고 동양사와 서양사의 연구 성과를 격년으로 실었다.

하였다. 이 책은 한국사는 물론 동양사와 서양사의 연구경향을 비교적 잘 제시하였다. 광복 60주년을 맞아 역사학회는 한국 역사학계를 뒤돌아보는 목적에서 하계학술 심포지엄을 열고 그 성과를 『광복60년 한국역사학의 성과와 과제』(2005)로 간행하였다. 이 글은 『역사학보』에 실린 「회고와 전망」을 참고하면서 『광복60년 한국역사학의 성과와 과제』에서 제시한 내용이나 토론을 중심으로 작성하고자 한다.

일본 역사학의 잔재는 아직도 뿌리 깊게 이어지고 있다는 느낌을 준다. 일본의 국사교과서 왜곡 문제로 불거진 논쟁이 이를 알려주는데, 거기에는 흔히 민족감정이 개입되어 있기 마련이다. 역사학은 객관적이고 과학적이어야 한다. 한국 역사학은 엄정한 학문적 수준을 유지하면서 한편으로 새로운 문화를 창조하는 역할을 담당해야 한다. 선입견을 가지고 과거의 사실을 바라보아서는 역사적 진실을 찾을 수 없다. 객관적 사실에 대한 접근이 역사적 진실을 추구하게 함으로써, 역사학은 진리를 추구하는 학문으로 남을 수 있을 것이다.

그 동안 한국사회는 광복의 혼란 속에서 70년대의 유신체제와 80년대의 민주화 및 산업화 시대를 거쳤으며, 90년대 이후 세계화와 정보화의 시대에 돌입했다. 그러한 과정에서 역사학 연구가 이념을 중시하는 성격을 가지면서 다양한 연구경향을 낳았다. 그것은 역사학 연구가 성숙해간 것으로 생각되지만, 한편으로 통합되면서 공동으로 추구해야 할 목표를 상실하기도 했다. 이 글은 한국 역사학의 연구 성과를 개관함으로써 앞으로 나아갈 바를 제시하고자 한다.

2) 한국사의 시대별 연구 성과

근년에 와서 역사학 중 한국사 부분의 연구는 양적으로 증가하였다.

한 해에 출간된 한국사 관련 저서가 무려 1천 권을 넘어서며, 논문 또한 2천 편을 훨씬 상회한다. 이러한 연구 총량은 10년 전과 비교하여도 약 10배나 증가하였다. 이는 다른 학문 분야의 연구 성과와 비교하여 결코 적은 양이 아니다. 그 중 가장 많은 연구 성과를 낸 시대는 조선과 근·현대이며, 각각 전체 연구의 40%와 35%에 육박한다. 이에 비해 고려시대의 연구는 극히 미비하여 5%에 머물렀다.[2] 90년대 중반 이후 국사과목이 교양 필수에서 빠짐으로써, 교육 시간이 대폭 축소되고 각종 국가시험에서조차 제외되었다. 그럼에도 불구하고 한국사 연구는 양적인 면에서 괄목할 만하게 성장하였다.

고대사의 연구 성과는 양적으로 풍부할 뿐만 아니라 그 수준 역시 높다. 성읍국가나 연맹왕국 또는 중앙집권적 귀족국가의 개념이나 성립 시기가 대체로 정리되었고, 사회구조나 통치체제 및 중세사회로의 전환 등에 대해 많은 접근이 이루어졌다.[3] 중국의 '동북공정(東北工程)' 이후 고구려연구재단(高句麗硏究財團)이 설치되어 많은 연구 성과를 내었다.[4] 최근에는 한국고대사 관련 학술지가 시대나 국가별로 세분화되었다.[5] 그것은 한국고대사의 연구 주제를 다양화하는 계기로 작용하였다. 신라사에 비해 고구려나 백제·가야사(加耶史) 등에 대한 연구가 크게 증가하고

---

2) 鄭萬祚, 「總說 -回顧와 展望, 한국사편-」(『역사학보』 179, 2003, p.5).
3) 文昌魯, 「한국고대사 연구의 주요 성과와 과제 -식민사학의 극복과 한국고대사의 체계화를 위한 노력」(『광복60년 한국역사학의 성과와 과제』, 역사학회, 2005, p.36).
4) 고구려연구재단은 중국에서 연구된 고구려사나 발해사를 비롯하여 東北邊疆史의 연구 업적과 경향을 여러 책으로 출간하였다. 아울러 고구려나 고조선·부여에 대한 많은 연구 성과를 내었고, 학술잡지인 『北方史論叢』을 계속해서 간행하였다. 또한 고구려나 발해에 대한 사료를 수집·정리하여 출간하였다.
5) 『韓國古代史硏究』 외에 『白山學報』·『高句麗硏究』·『新羅文化』·『新羅史學報』·『百濟硏究』·『馬韓·百濟文化』·『孤雲學報』·『단군학연구』·『先史와 古代』·『韓國上古史學報』 등이 있다.

있는 현상은 바람직하다. 앞으로 부여(夫餘)나 발해사(渤海史)를 보다 활발하게 연구할 필요가 있다. 지방에서 발견된 비문이나 선종산문(禪宗山門)에 대한 관심도 고대사 연구가 중앙 국가의 지배 기구에서부터 벗어나 지방사회로 눈을 돌리게 하였다.

한국고대사 연구에서 특정 주제에 대한 분석이 집중적으로 행해졌다. 인접 학문과의 학제간(學制間) 연구도 비교적 활발히 전개되었다. 일찍이 영세한 문헌사료의 한계를 극복하기 위해 한국고대사 연구는 고고학 자료의 도움을 받거나 인접 학문의 이론을 도입하려는 경향을 지녔다. 근래에는 연관된 중국 및 일본고대사 연구 성과를 흡수하면서, 한국고대사 연구에서 남북한 학자의 교류가 추진되었다. 한국고대사학회 회원들이 북한을 방문하였고, 단군학회(檀君學會)는 단군 및 고조선에 관한 남북 역사학자들의 공동 학술토론회를 개최하였다. 고대 동북아 국제관계사의 영역을 확대시키면서 한국고대사는 중국 및 일본고대사와의 비교연구를 시도하고 있다.

고려사에 관한 연구 성과는 비록 양적인 면에서 적다고는 하지만, 연구 수준이 괄목할 경지에 도달하였다. 고려가 귀족사회라는 주장은 오래되었고, 또한 많은 연구자들의 지지를 받았다. 그러나 관료나 귀족사회라는 등의 고려사회의 특성을 강조하는 것에서 벗어나 한국사 전체의 흐름과 관련하여 논의하려는 경향이 나타났다.[6] 아울러 묘지명(墓誌銘)이나 비문(碑文)을 포함한 금석문(金石文)을 정리하고 해설하는 등의 자료 발굴과 정리가 병행되었는데, 이러한 작업은 자료 정리의 수준을 훨씬 상회한 것이다.[7] 현재 진행되고 있는 『고려사(高麗史)』의 역주 작업도 이 시대의 연구를 심화시킬 것이다.[8] 고려시대사는 지방제도뿐만 아니라 지방세력

---

[6] 金塘澤,「고려시대사 연구의 쟁점과 과제」(『광복60년 한국역사학의 성과와 과제』, p.67).

의 구성과 성격에 이르기까지 다양한 특정 문제에 대한 연구로 나아갔다.

조선시대의 연구가 확산되는 것은 일단 국내외의 정세와는 무관하다. 1960년대 이후 조선초기의 양천제설(良賤制說)과 조선후기의 내재적 발전론에 대한 논쟁이 정리되었다. 그 동안 조선시대사의 연구 방법은 특정 문제를 같은 시대의 다른 문제와 서로 연관시켜 파악했으며, 또한 조선전기와 조선중기 또는 조선후기의 사실을 서로 연결하여 살펴보거나 다른 나라와의 역사적 사실과 비교하면서 역사 이론을 원용하는 수준에 도달하였다. 비교적 소홀히 되었던 인구 문제나 의술·기술·물가·사회보장 문제나 과학사 등을 연구하였다.[9]

조선후기에 관한 사료 정리가 가속화되었고, 그것은 조선시대사의 연구를 왕성하게 만드는 요인으로 작용하였다. 한국학중앙연구원(韓國學中央硏究院)이나 국사편찬위원회(國史編纂委員會) 등이 고문서 관계의 자료집이나 해설집을 대량으로 발간하였다. 한국학중앙연구원은 『고문서집성(古文書集成)』·『한국사료총서(韓國史料叢書)』·『한국학자료해제(韓國學資料解題)』 등 매년 수십 권의 책을 간행하였다. 물론 국사편찬위원회도 『각사등록(各司謄錄)』을 위시하여 많은 양의 사료를 편찬할 뿐만 아

---

7) 金龍善의 다음과 같은 연구 성과가 돋보인다.
   김용선, 『高麗墓誌銘集成』(한림대학교 아시아문화연구소, 1993).
   김용선, 『역주 고려묘지명집성』(한림대학교 아시아문화연구소, 2001).
   김용선, 『고려 금석문 연구』(일조각, 2004).
8) 『高麗史』에 대한 譯註本으로 다음 업적이 주목된다.
   東亞大 고전연구실편, 『譯註 高麗史』 10책(동아대학교 출판부, 1965~1971).
   李基白, 『高麗史兵志譯註』(고려사연구회, 1969).
   車柱環, 『高麗史樂志』(을유문화사, 1972).
   현재 『고려사』의 전면적인 역주작업이 동아대학교 고전연구실에서 진행 중이다. 또한 한국학중앙연구원에서는 許興植이 중심이 되어 『고려사』의 志에 대한 역주작업이 이루어지고 있으며, 그 연구 결과가 『고려사연구』라는 잡지 형태로 출간되고 있다.
9) 정구복, 「사학사적 관점에서 본 광복후 60년간의 조선시대사 연구 성과 검토」(『광복60년 한국역사학의 성과와 과제』, p.108).

니라, 10개년 계획으로 방대한 『승정원일기(承政院日記)』 등을 전산화하는 작업을 추진하고 있다.

아직도 조선후기의 자료는 방대하게 전한다. 그 중 고문서나 일기(日記)·문집 등은 사료적 가치가 높기 때문에 인멸될 위험에 대비하여 가능한 빨리 조사·정리하여야 한다. 이렇듯 개인 자료가 새로 발굴되어 자료적 측면을 크게 보완하였다. 한편 지방 대학의 연구소나 자치단체가 중심이 되어 지역의 문화유적은 물론 특정 유학자의 행적이나 사상 등을 집중적으로 조명하였다. 특히 인물에 대한 연구는 후손들에 의해 기획하여 추진되었다. 대체로 그럴 경우 개인의 위대성이나 업적을 현창(顯彰)하는 성격을 지닌다.[10] 이러한 현상을 순수한 학문적 동기에서만 바라볼 수는 없다. 이렇듯 조선시대사의 연구는 성과가 많은 것과 비례하여 객관성을 배려하면서 수준을 높였다고는 생각하지 않는다.

한국근현대사 연구에 관심이 집중되는 이유는 긴박하게 돌아가는 국내외의 정치 정세에서 찾아진다. 우선 국내에서 과거사 문제를 정리하려는 분위기가 고조되었고, 일본 우익에 의한 역사교과서 왜곡이나 독도(獨島)의 영유권 주장 등이 돌출되었다. 그런 속에 중국의 '동북공정(東北工程)'도 국제정치를 긴박하게 돌아가게 했다. 2004년 제47회 전국 역사학대회의 공동주제가 '세계화시대의 역사분쟁'이었고, 2005년 제48회 전국 역사학대회의 공동주제는 '을사(乙巳)조약과 20세기 초의 한반도'이다. 이러한 주제의 논의는 오늘의 역사학 연구가 반성과 화해·공영을 추구하는 새로운 사회질서를 성숙시키려는 의도를 지녔다.

2005년은 을사조약 100주년과 광복 60주년이 되고, 아울러 한일 국교정상화 40주년이 되는 해이다. 이에 맞추어 한국과 일본 두 나라의 질곡으

---

10) 정만조, 앞의 글(p.7).

로 이어진 역사의 응어리를 풀려는 시도가 계획되었다. 한일(韓日) 우정의 해는 바로 그런 의미에서 선포되었다. 한국근현대사의 연구는 대한제국기(大韓帝國期)보다 일제강점기 이후를 조명하였다. 그 동안 주류를 이루었던 민족 독립운동사에 대한 열기가 가라앉으면서, 이 시대에 대한 연구는 탈민족(脫民族)·탈국가(脫國家)의 방향으로 선회하였다. 제국주의 침입 이후 일제강점기나 광복 이후의 한국사회를 총체적으로 이해하려는 연구가 시도되었다. 특히 근래에는 현대사 분야에서 제주 4·3사건이나 6·25전쟁 때의 양민 학살을 다룬 논문이 발표되었다.

3) 분류사(分類史) 연구의 현황

광복 이후 한국사 연구에서 정치사와 역사지리(歷史地理)는 가장 침체되었던 분야이다. 왜냐하면 정치사가 식민(植民)사학에서 크게 부각되었으며, 역사지리는 일제의 대륙침략이나 수탈 정책과 표리가 되어 연구되었기 때문이다.[11] 그러나 한국사 연구가 제자리를 잡기 위해서는 정치사는 물론, 역사지리에 대해서도 심도 있게 접근해야 한다. 제도나 사회경제사에 관한 연구는 당대의 정치 상황과 밀착시켜 분석해야 하며, 심지어 문화나 사상의 전개도 정치 현실과 유기적으로 연결된다. 이처럼 정치사에 대한 접근은 한국사 연구 전반의 수준을 높일 수 있다.

---

11) 日帝 때에 역사지리에 대한 연구는 붐을 이룰 정도로 매우 성행하였다. 그 중 다음 논문이 참고된다.
津田左右吉, 『朝鮮歷史地理』 2책(南滿洲鐵道株式會社, 東京, 1913).
白鳥庫吉, 『滿洲歷史地理』 2책(남만주철도주식회사, 1913)
그 외 東京帝國大學 文科大學에서 학술지인 『滿鮮地理歷史研究報告』(1~16, 1915~1941)를 간행하였다.

근래에 한국근대사를 중심으로 정치 부분에 대한 연구가 양적으로 많아졌으며, 비례하여 전통사회의 정치사에 대한 관심도 고조되었다. 다만 양적인 팽창과 함께 정치사연구의 수준을 높이기 위해서는 그 뒤안에서 실제로 역사를 주도해간 인간에 대한 분석이 뒤따라야 한다. 특별히 정치와 직결된 제도에 대한 연구에서 이런 면이 고려되어야 한다. 정치사와는 달리 역사지리에 대해서는 거의 연구하지 못했다. 정치와 문화를 주도해 간 인간들이 활동하는 공간 즉, 풍토에 대한 이해는 반드시 추구되어야 한다. 앞으로 역사지리에 대해 필수적으로 접근함으로써 한국사 연구는 균형을 잡고 발전할 수 있을 것이다.

정치사에 비해 사회경제사 분야의 연구는 비교적 많이 진전된 편이지만, 요즘에는 현저하게 줄어들었다. 사회사에 대한 연구는 향촌(鄕村) 내지 지방사 영역을 새로 개척하면서 경제사에 비해 상대적으로 활기를 띠었다. 지방자치제의 실시도 이러한 분위기를 도왔다. 반면 경제사 분야의 연구는 매우 침체되었다. 일찍이 왕성했던 신분사(身分史) 특히 신분 변동에 대한 열기가 식었을 뿐만 아니라, 내재적 발전론에 근거한 자본주의의 맹아(萌芽)나 근현대사에서 식민지 근대화론 등이 관심을 잃었다. 경제사가 제도를 중심으로 연구된 점도 식상하게 만드는 요인이 되었다.

한국사에서 가장 왕성하게 연구된 분야는 문화나 사상사이다. 지방 자치단체가 선양하려는 문화유적에 대한 조사 연구가 쏟아져 나왔다. 여러 종교 단체가 중심이 되어 각자의 교리를 선양하려는 활발한 움직임도 사상사 연구의 양적인 증대를 가져왔다. 이러한 연구경향이 문화나 사상사 연구를 위해 반드시 바람직한 것은 아니다. 한편으로 역사 현상에 대한 종합적인 이해를 인간행위의 근원인 사상에서 구하려는 욕구로 인해 사상사에 대한 관심이 증폭되었다. 퇴계(退溪)나 율곡(栗谷) 등 유학자들의 사상에 대한 연구가 증가하였다. 또한 한국고대사의 경우 남겨진 자료가 신이(神異)한 관념적 성격을 띠기 때문에, 사상사 연구에 대한 접근을 보다 쉽게 하였다.

　교리를 추구하다보면 불교나 유학사에 대한 연구가 사변적(思辨的)인 접근으로 시종되기도 한다. 사상사 연구가 정착되어 수준을 높이기 위해 사회사상사로 정립되어야 한다.12) 어떠한 사상도 뿌리박고 있는 사회와의 관련 속에서 분석할 때에 생동감을 갖는다. 아울러 유교·불교·도교 등의 경전에 대해 깊이 이해해야 한다. 경전이 편찬될 당시의 문제의식, 그리고 그 이념이 시대와 사회 변화 속에서 달라지는 사상의 변용에 대해 접근해야 한다. 그런 면에서 경전이 주석될 당시에 새로 추구되는 이념에 대한 이해가 요망된다.13)

　사상사의 연구가 한국사의 통합적 이해를 위해 바람직하지만, 아직은 방법론상으로 성숙하지 못했다. 자연히 거시적인 안목을 요구하는 생활사 연구는 거의 이루어지지 않았다. 최근에는 미시(微視)사학의 영향으로 민속이 각광을 받으면서, 문학 작품 속에서도 시대상을 추출하고 그것으로 역사 연구의 소재로 삼았다. 아울러 과학사(科學史) 방면의 진전은 한국 역사학을 더욱 풍성하게 한다. 의학사(醫學史)는 비교적 일찍부터 연구되었고, 농업사 부분에서도 과학 내지 과학 기술사와의 접목이 시도되었다.14) 현재 한국과학사학회(韓國科學史學會)가 조직되어 활발한 연구 활동을 전개하고 있다. 그들은 대체로 자연과학도인데, 앞으로는 역사학자가 과학 기술에 대한 이해를 심화하면서 과학사 연구에 매진할 필요가 있다.

　고고학(考古學)과 미술사의 연구는 양적으로도 풍성하면서 괄목할 수준에 이르렀다. 개발에 밀려 구제(救濟) 발굴이 강행되었고, 발굴된 유적

---

12) 金杜珍,「宗敎思想史 연구의 方法論 모색」(『歷史上의 國家權力과 宗敎』, 일조각, 2000, p.15).
13) 김두진, 위의 논문(p.18).
14) 이런 연구로 다음이 주목된다.
　李泰鎭,『의술과 인구 그리고 농업기술 -조선 유교국가의 경제발전 모델-』(태학사, 2002).

의 조사보고서가 쏟아져 나왔다. 선사고고학에서 가장 문제되는 것은 역시 발굴된 유물의 편년(編年)이다. 편년에 대한 논의와 함께 당시의 사회상이나 실생활 및 신앙 등을 밝혔다.[15] 역사고고학의 경우 역사학, 특히 정치사의 틀 안에 머무는 경향도 있지만, 고고학 연구가 전쟁·교육·기술·생산 등의 문제를 해결하면서 심화되었다.[16] 미술사 분야는 도자(陶瓷)나 청자 또는 불교 조각에 관한 연구로 치우쳐 있지만, 새로운 자료를 발굴하면서 주제가 다양화되었다.[17] 미술사학이 단일한 시각에서 벗어나면서 실증적 연구를 정착하기 위해 인접 학문에 대한 이해를 넓히려는 것은 바람직하다.[18] 앞으로 미술의 장르에 따른 분야별 연구 성과가 축적되기를 바란다.

4) 동양사학이 걸어온 길

한국사에 비해 동양사는 우선 양적인 면에서 대단히 부진한 편이지만, 연구 수준은 심화되었다. 그 동안 국민국가를 만들었던 근대화 시기에는 자국사(自國史) 중심의 국사 연구가 일반적으로 행해졌다. 그러한 분위기에 편승하여 특히 동양사 연구는 한국과의 관계사 분야로 집중되었다. 사실 동양사 연구자들이 한국학계에 나타난 것은 광복 직후였다. 광복과 함께 일본에 유학한 동양사학자들이 일본 동양사학계의 영향을 받아 중국사 중심의 수준 높은 연구를 수행하였다. 그러나 한국전쟁으로 동양사 연구

---

15) 李榮文,「先史考古學 -회고와 전망, 고고학편-」(『역사학보』 183, 2004, p.421).
16) 李盛周,「歷史考古學 -회고와 전망, 고고학편-」(『역사학보』 183, p.437).
17) 朴恩和,「美術史 -회고와 전망, 미술사편-」(『역사학보』 179, 2003, p.492).
18) 鄭于澤,「미술사연구 현황과 과제」(『역사학보』 187, 2005, p.378).

는 극히 빈약하여 한중(韓中)관계사로 정착되었지만, 한국과 중국의 단순한 교섭이 아니라 상호 교류에 의해 촉성된 한국문화의 계통과 발전상을 확인함으로써, 그 범위도 중국만이 아닌 동방 여러 나라와의 문화적·정치적 교섭을 추구하였다.[19]

한중관계사의 연구는 동양사학의 정체성 약화와 한국사의 외연적(外緣的) 존재라는 비판을 낳았다. 그 결과 중국사 자체에 대한 관심이 고조되었고, 이와 함께 중국의 북방과 동북, 즉 만주와 몽고 일대에서 활약하거나 일시 중국을 정복하여 왕조를 건설한 여러 민족에 대한 연구가 활발해졌다. 이러한 연구는 중국 왕조의 외연이라는 성격을 강하게 갖지만, 한편으로 동양사의 범위를 중국의 외곽으로 확대시켰고, 동북아시아는 물론 중앙아시아 유목사회의 역사를 포함하는 동양사학을 성립시켰다.[20]

근래에 동양사에 관한 전문 연구가 괄목할 만큼 증대되었다. 중국사의 각 시대사에 대해서는 세분된 학회가 조직되었으며, 소수이지만 베트남사는 물론 터키 등 이슬람 사회의 중동사(中東史)가 연구되었다. 월남전을 계기로 주목된 베트남사는 동남아시아의 유교나 불교, 또는 한자 문화권이라는 점에서 주목되었다. 베트남사가 점차 동아시아사로 확대되는 것은 자연스러운 일이지만, 동남아시아의 회교(回敎)와 힌두문화는 다시 인도·서아시아·중앙아시아의 연구로 연결되었다.[21] 외국사를 연구하는 분야가 다양해지면서 저변이 넓혀졌다. 이리하여 한국의 동양사 연구는 아시아사 연구로 확대되었다.

동양사학계의 또 하나의 중요한 변화는 일본사 연구가 비약적으로 발전한 것이다. 일본사에 대한 관심은 처음부터 왕성하게 일어났지만, 민족

---

19) 김상기,『동방문화교류사논고』(을유문화사, 1948).
20) 이성규,「한국 동양사 연구 60년」(『광복60년 한국역사학의 성과와 과제』, p.174).
21) 이성규, 위의 글(p.175).

감정과 정치적 이유에서 전공 연구자를 배출하지 못하였으나, 지금 일본사는 중국사 다음으로 많은 전문 연구자를 확보하고 있다. 1965년 한일회담을 계기로 형성된 일본사 연구의 맹아는 1994년 일본사학회의 결성으로 활성화되었다. 그리하여 한국의 일본사 연구는 일본의 자국사나 영미권의 일본사 연구를 모방하는 것에서 벗어나, 식민지로서의 경험과 동아시아의 주변이라는 현재의 위상을 적극적으로 살리면서 독자의 방법론을 모색해 왔다.[22]

연구 범위의 확대와 함께 연구 방법이 심화되었다. 중국의 개혁·개방으로 인해 현지답사와 자료 수집이 쉬워졌고, 국제학술 교류 등 연구 환경이 개선되었다. 간독(簡牘)·백서(帛書) 등의 발굴 자료를 연이어 정리·간행함으로써, 그것은 초문화권(楚文化圈)을 밝히는 등, 새 자료를 이용한 중국고대사 연구를 활성화하였다.[23] 또한 국가공문서[檔案]나 지방지(地方志)는 물론 다량의 민간 문헌자료를 접함으로써 명청사(明淸史)·근대사[淸末·民國] 연구의 폭을 넓혔다. 종래 정치사·사회경제사·제도사·대외관계사가 중심을 이룬 중앙 국가사에 대한 비중이 차츰 줄면서 지방사 연구가 촉진되었다. 그리하여 신사층(紳士層)에 대한 관심을 넘어 지역의 유력자로서 상인층이나 종족(宗族)의 역할 등으로 연구 범위를 확대하였다. 그 외 당(唐)의 율령제 국가체제나 송대의 외교관계, 원대(元代) 법제사(法制史)의 사료 발굴 등이 주목된다. 명청대에는 황제와 관료, 중앙과 지방과의 관계나 체제 개혁 등이 중요하게 연구되었다.[24]

한국의 동양사연구는 처음 교류사에 편중되었다. 그것은 한국과 중국

---

22) 임성모,「해방 60주년 한국 일본사 연구의 성과와 과제」(『광복60년 한국역사학의 성과와 과제』, pp. 231~236).
23) 曺秉漢,「總說 -회고와 전망, 동양사편-」(『역사학보』 183, p. 183).
24) 조병한, 위의 글(p. 206).

이 국교는 물론 교역이 단절되어, 서로의 문화를 심도있게 추구하기 어렵던 때에 나타났다. 그 동안 역사 연구가 괄목할 정도로 진전되었다. 때문에 두 나라는 교류사에서 벗어나서 상대국의 전통문화에 대한 현대적 의미를 공동으로 추구해왔다. 근래에 기술문명이 발달하면서 경제 성장을 이끌고 있는 동아시아의 여러 국가는 모두 유교적 전통을 계승하였다. 또한 서구문명이 더 이상 추구해야 할 발전 모델이 아니라는 인식이 퍼지면서, 서양은 물론 많은 중국인들은 중국의 전통이 현대문명의 중요한 요소로 계승될 수 있다고 확신하고 있다.[25]

최근 한류(韓流)와 곁들여 한국의 전통이 현대문명에 어떻게 연계되었는가를 추구한다. 다만 그러한 논의는 중국이나 아시아의 전통과 떠나 진행될 수 없기 때문에 그것의 현대적 의미를 밝혀야 한다. 한국의 동양사 연구는 아시아사라는 지역사를 정립하면서, 세계사의 조류 속에서 이해하고 연구되어야 한다. 적어도 민족과 국가가 당면한 현실적 이해에서 벗어나 당대 사회의 실제 모습을 객관적으로 부각하는 역사학의 보편적인 방법론을 정착시키는 것이 중요하다. 이미 청대(淸代)에 확립된 고증학(考證學)이나 조선후기 실학(實學)의 이해는 실증적 학문연구를 수립하는데 보탬이 될 것이다. 아시아라는 지역사에서 세계사로 발돋움하는데 민족주의를 배제한, 실증적인 연구방법을 도입해야 한다.

5) 서양사학의 성과와 세계사

서양사학이 본격적인 학문으로 연구되기 시작한 것은 광복 이후부터

---

[25] 이성규, 「韓國 中國史硏究의 動向」(『1945년 이후 한·일 양국에서의 역사연구 동향』, 韓·日歷史家會議 組織委員會, 국학자료원, 1987, p.123).

이다. 광복 60년간 한국 서양사학은 양적으로나 질적으로 괄목할만한 성장을 이루었다. 우선 연구 인력 면에서 볼 때 한국서양사학회의 공식 회원 수가 500명을 넘어섰다. 초기 10년간의 논문 편수는 년 평균 4~5편에 불과했으나, 최근에는 매년 200편 이상의 논문이 발표되고 있다. 그러면서 서양사 연구자들은 외국인 학자와 맞먹는 국제적 수준의 전문성을 갖추면서, 한국인의 눈으로 보는 외국사라는 국내 학계의 요구에 부응하였다. 그러나 한국사 분야와 비교할 때 서양사학의 성장은 오히려 부진하다는 인상을 준다. 그 이유는 일제강점기에 서양사 연구나 교육이 기피되었으며, 광복 후에도 서양사학자들이 거의 배출되지 않았을 뿐만 아니라 연구 여건이 열악하였고, 서양사의 중요성에 대한 사회적 인식이 결여되었기 때문이다.[26]

역사학회 다음으로 창립된 한국서양사학회가 서양사 관계의 유일한 학회였으나, 1990년도 이후에는 시대별 국가별 전문학회가 늘어났다. 미국사학회를 비롯해서 영국·프랑스·독일사학회 등 각국사 연구자나 서양고대역사문화학회 등 시대사 연구자들이 활발한 연구 활동을 통해 다양한 업적을 쌓았다. 연구 영역도 서유럽과 미국 일변도에서 벗어나 이제는 동유럽·남유럽·오리엔트 지역으로 넓혀졌으며 멀지 않아 아프리카 지역으로까지 확대될 것으로 기대한다.[27] 러시아나 중세사의 연구는 다소 위축되었지만, 연구 수준은 오히려 향상되었다. 반면 소수이긴 하지만 스페인·중남미사에 대한 연구 업적은 소중한 것이다.[28]

서양고대사 분야에서는 문화사에 대한 논문이 높은 비율을 차지하였

---

26) 김영한, 「한국의 서양사 연구 60년 : 성과와 과제」(『광복60년 한국역사학의 성과와 과제』, pp.134~135).
27) 崔甲壽, 「한국의 서양사학 2003~04 : 새로운 학문적 정체성을 위한 모색기」(『역사학보』 187, 2005, p.186).
28) 朱明哲, 「총설 -회고와 전망, 서양사편-」(『역사학보』 179, p.289).

다. 중세사 분야의 학문적 관심은 정치나 사상에서 벗어나서 다양한 주제, 특히 가족·여성·예술 등의 분야로 넓혀졌다. 초기에는 서양의 근대화에 초점을 맞추어 사회경제사 연구가 주류를 이루었으나 1980년대에 들어서면서 산업화와 민중 문제에 역점을 둔 사회사와 노동사의 비중이 커졌다. 이에 따라 연구의 중심도 근대사에서 19세기 이후의 현대사로 이동하였다. 또한 현대사의 비중이 커지는 것은 1990년대 이후 학계에 입문한 새로운 세대가 근대성 내지 탈근대성에 대해 선배들과 다른 인식을 가졌음을 반증해 준다.[29] 시대사 분야뿐만 아니라 미국을 비롯하여 영국·독일·프랑스 등 각국에 대한 연구가 활발하여, 각국사 분야에서도 새로운 주제를 발굴하는 작업이 계속되었다.

포스트모더니즘의 등장과 정보화·세계화의 추세는 자국사 중심의 근대화에서 벗어나서, 역사연구의 개방화와 통합화를 요구한다.[30] 지금까지 역사인식의 기본 단위는 민족·국가나 계급이었다. 민중사관이 대두하면서 상대적으로 민족이나 계급 단위의 역사관은 의미를 잃었다. 특히 세계의 동향을 단일화·획일화하고는 서구 중심의 가치관을 수정하게 만들었다. 서구 중심주의를 극복하는 길은 세계사적 관점에서 역사를 고찰하는 것이다. 세계사적 가치는 자유·평등·인권의 보편적 이념에서 추구될 수 있다. 서구와 비서구(非西歐) 사이의 정치경제적 힘이 균형을 이룰 때 가능한 것이기도 하지만,[31] 서구 중심주의를 넘어서서 세계사를 정립시키는 것은 보편적인 이념이나 가치로 역사를 연구함으로써 가능해진다.

자기 민족 중심의 국가사를 벗어나 지역사와 세계사로의 접근은 통합

---

29) 최갑수, 앞의 글(p.185).
30) 金榮漢, 「韓國 西洋史 연구의 동향과 전망」(『1945년 이후 韓·日兩國에서의 歷史硏究動向』, 韓·日歷史家會議 組織委員會, 국학자료원, 1987, p.63).
31) 姜正仁, 「서구중심주의를 극복하기 위한 예비적 시론」(『국가전략』 6 : 3, 2000, p.47).

된 역사학을 성립시킬 수 있다. 근래에 동아시아 여러 나라 사이의 상호 인식이나 교류에 대한 관심이 고조되었다. 몽골·만주·티베트 지역에 대한 연구는 중국사를 넘어선 아시아사의 정립을 가능하게 한다.[32] 역사학을 국사·동양사·서양사로 구분한 것은 일본학계의 영향이며, 어디까지나 편의적인 것에 지나지 않는다. 역사학에서 민족국가의 경계가 무의미해지면, 서양사와 동양사는 한국사와 통합되고 앞으로는 하나의 역사학만이 필요하게 될 것이다.[33]

역사학의 각 분야는 나름대로의 특성을 갖지만, 목표는 하나로 수렴된다. 곧 그것은 인간의 이해이며, 그러한 기반 위에 진실(진리)을 추구하면서 새로운 문화를 창조하려는 것이다. 이제는 민족의 역사에서 인류의 역사로, 계급의 역사에서 인간의 역사로 나아가야 한다.[34] 지배와 종속·갈등의 역사는 화해(和解)와 협력·공영(共榮)의 역사로 바뀌어야 한다. 역사학자는 물론 문학자·철학자들도 함께 가야할 동반자이다. 역사학 연구는 인문학이 공기와 같은 존재라는 사실을 깨닫는 데에서부터 출발해야 한다. 오늘날 인문학이 위기에 봉착했다고는 하지만, 그 존재 의미를 부정하는 사람 또한 아무도 없다.[35] 오히려 인문학은 정예화(精銳化)하여 합당한 역할을 수행하도록 정책을 수립하는 계기를 맞은 것이다.

---

32) 조병한, 앞의 글(p.205).
33) 김영한, 「韓國 西洋史 연구의 동향과 전망」(『1945년 이후 韓·日 兩國에서의 歷史硏究動向』, p.62).
34) 김영한, 위의 글(p.65).
35) 李成珪, 「韓國 中國史硏究의 動向」(『1945년 이후 한·일 양국에서의 역사연구 동향』, p.124).

6) 한국 역사학의 과제

역사학은 과학적이어야 하고 감정을 개입하지 않는, 곧 냉엄한 객관성을 요구한다. 좌우의 대립이나 국토의 분단으로 자유로운 학문 활동이 제약을 받았고, 냉전의 종식이나 민주주의의 성장으로 의식화된 역사관이 등장하였다. 그러나 그것은 사회문제로 말미암아 형성되었고 또 다른 사회여건에 따라 바뀌기 마련이어서, 역사적 사실을 바로 보는 척도를 제시할 수 없다. 이제 민족과 현실문제에 대한 과잉된 집착과 관심에서 역사학은 한 걸음 물러서야 한다. 무엇보다도 실증적 연구 방법의 확립은 역사학의 기초를 다지는 것이다.[36]

광복후 한국 역사학은 일본 역사학에서 벗어나면서 랑케사관이나 마르크스사관에 치중한 서양의 역사학을 편향적으로 수입하였다.[37] 그리하여 자료나 문헌 분석에 집중한 나머지 종합적 역사 해석을 소홀히 하거나 보편성의 추구에 몰입한 결과, 구체적 사실을 도외시하고 도식적으로 해석하는 경향이 나타났다. 자연히 역사 연구는 구체적 개별 사실을 실증적으로 추구함으로써, 역사적 의미를 종합적으로 추출하여 보편적 법칙 곧 진리에 도달하는 것이다.

역사적 개별 사실이 갖는 종합적인 의미를 이끌어 내기 위하여서는 구조기능적(構造機能的) 방법으로 접근하는 것이 바람직하다. 즉 역사적 개별 사실과 당대 사회의 정치·문화·사회경제 등의 여러 구성 요소와의 관계를 하나씩 분석해 가는 것이다.[38] 그렇게 하여 모아진 연구 성과는 역

---

36) 閔賢九,「發展的인 韓國史像의 追究와 새로운 연구방법의 摸索」(『1945년 이후 한·일 양국에서의 역사연구 동향』, p.153).
37) 차하순,「韓國 歷史學의 遺産과 未來」(『광복60년 한국역사학의 성과와 과제』, 기조연설 내용).
38) 김두진,「統一新羅 思想」(『韓國史論』 1, 국사편찬위원회, 1977, p.298).

사적 사실이 배태될 수 있는 당대 사회의 전체 구조나 문화역량을 밝히게 된다. 곧 개별 사실이 당대 사회의 문화풍토 속에서 반드시 배태될 수밖에 없는 필연성을 발견함으로써, 역사상에서 새로운 문화가 창조되는 과정을 이해하게 한다.

그러나 구조기능적 방법으로 역사를 연구하는 것은 한 개인의 작업으로는 많은 노력과 시간을 요구한다. 비록 일관성은 떨어질 지라도 한 주제에 대해 여러 분야가 참여한 공동연구는 비교적 짧은 시간에 성과를 낼 수 있다. 공동연구 방식은 사실의 해명과 종합적인 이해를 위해서 매우 바람직한 일이다. 아울러 한국이나 북한은 물론 중국 또는 일본의 역사학자들이 연구 방향이나 방법론, 사료 검토에서부터 사전 계획과 역할을 분담하면서 공동연구를 수행할 필요가 있다.

국내에서는 크게 문제될 수 없지만 여러 나라의 학자가 참여하는 공동연구의 주제는 이질성이 적으면서 서로가 공감할 수 있는 분야에서 선택해야 한다. 그러한 공동 연구의 주제로서 집중적으로 추구될 수 있는 분야는 유적이나 유물 등의 고고학 내지 미술사 또는 유교나 도교·불교 등의 사상사이다. 또한 정치나 사회경제사와는 달리 문화나 사상은 상호 영향을 주고받기 쉽다. 그러나 장기적으로는 제도사 등을 접근하면서 정치사나 사회경제사에 대한 연구로 나아가야 한다.

앞으로 한국 역사학은 비교연구를 심화하여야 한다. 특히 공동연구의 주제는 비교연구되는 것이 바람직하다. 그러나 역사적 개별 사실 사이에 단순히 공통점과 차이점을 파악하는데 그쳐서는 안 된다. 그것은 예시(例示)연구라 할 수 있다. 따라서 비교연구는 구조기능적 방법으로 수행되어야 한다.[39] 역사적 사실은 당대 사회의 문화풍토 속에서 갖는 기능 면을

---

39) 김두진, 앞의 글(『韓國史論』 1, p.299).

고려할 때에 진정한 비교연구가 이루어진다. 또한 한국 또는 중국·일본 등 비슷한 시기 주변 국가의 역사적 개별 사실을 비교 연구할 경우에도, 각 나라의 사회나 문화전통 속에서 갖는 기능 면을 파악해야 한다.

그리하여 진정한 비교연구는 각 나라의 사회나 문화전통에 대한 체계적인 이해에 접근할 뿐만 아니라 정치사나 사상사·신분사·경제사·제도사 등의 분류사(分類史)에 쉽게 접근하게 한다.[40] 한국의 역사학 연구가 심화되기 위해서는 연구 방법이 다양화하면서 전문적 영역이 세분되고, 거기에 따른 연구자가 확충되어야 한다. 문학은 물론·민속학·종교학·인류학·사회학·경제학 등의 인접 학문이나 사회과학의 방법론을 도입할 필요가 있다. 그렇지만 보조 과학에 의한 이론을 앞세우기 이전에 먼저 역사적 사실의 객관적 현상에 대한 이해를 우선시해야 한다.

한국역사학 연구에서 시급하게 요구되는 것은 '탈정치화(脫政治化)'이다. 역사학은 국내외의 정치적 요인이나 압력으로부터 자유로워짐으로써, 연구의 진정한 독자성이 확보될 수 있다. 아울러 가문(家門)이 중심이 되어 조상을 현창하려거나 지자체(地自體)가 문화유적이나 인물을 내세우려는 이른바, 중세적인 문중사학(門中史學)에서 벗어나야 한다. 그리하여 역사학은 역사적 진실을 밝힘으로써 진리를 추구하게 된다. 적어도 정치 세력이나 가문이 역사가 전개되는 여러 복잡한 사정을 모두 인정하면서, 만족스럽지 못한 과거의 사실이나 역사 해석을 담담하게 수용할 수 있는 개방적 정신을 가져야 한다.[41] 역사학의 탐구가 객관성을 유지하면서 비판적 사고를 요구하는 이유를 이런 면에서 발견하게 된다.

끝으로 한국 역사학의 연구 성과를 대중화하는 작업을 추구해야 한다.

---

40) 김두진, 「종교사연구의 방법론 모색」(앞의 책, p.17).
41) 차하순, 「한국역사학의 유산과 미래」(『광복60년 한국역사학의 성과와 과제』, 기조연설 내용).

역사에 대한 일반 대중의 관심은 매우 높아졌다. 대중화의 방향은 전문성이 제고되면서 쉬운 문제를 사용하여 대중의 요구를 충족시켜야 한다. 그것이 일부에서이긴 하지만 민중을 의식화하는 수단으로 활용되어서는 안 된다. 의식은 패션계의 유행처럼 바뀌기 마련이다. 사회가 아무리 요동 쳐도, 따라 변하지 않는 학문의 영역이 고수되어야 한다. 연구자들이 대중적인 글에 몰두하거나 학술 논문이 대중을 직접 상대하는 것이 타당한 지는 역시 의문으로 남는다. 역사 연구의 성과를 대중화하기 위한 DB 구축 작업은 바람직하다. 역사연구 업적이나 기본 사료를 전산화하는 작업은 빠른 시일 내에 추진하였으면 한다.[42] 물론 DB 구축에 앞서 자료나 연구 성과를 정리하는 기초 작업이 엄정한 학문적 수준에서 진행되어야 하고, 전산 처리된 업적이 연구자나 대중에게 쉽게 이용될 수 있어야 한다. 때문에 전산에 익숙한 역사학자들의 동참이 절대적으로 필요하다.

7) 지역사와 세계사로의 정립

한국 역사학 중 한국사의 연구는 양적으로 증가하였다. 한국사의 각 시대나 신라·고구려·백제 등의 개별 국가를 연구하는 학회가 조직되었고, 경제나 사상·과학사 등의 분류사를 연구하는 학회의 활동도 왕성하여졌다. 한국사 연구방법도 다양해졌다. 문헌 기록을 보충하기 위해 유물이나 고고학 자료를 사용하거나 인접 학문의 이론을 도입하기도 한다.

한국사에서 가장 많은 연구를 낸 시대는 조선이나 근현대사이며, 분류사 중에서는 문화사나 사상사이다. 긴박하게 돌아가는 국내외의 정치 정

---

42) 정만조, 앞의 글(p.15).

세는 근현대사 연구의 열기를 높여 주었다. 아울러 지방 자치단체가 중심이 되어 지역의 문화 유적을 집중적으로 조사하고, 인물의 행적이나 사상을 애써 조명함으로써 조선시대나 문화사·사상사의 연구가 풍부해졌다. 가문의 인물을 현창(顯彰)하려는 것도 이런 분위기를 도왔다. 반면 고려시대나 사회경제사 분야의 연구는 비교적 침체되었다. 다만 한국고대사 연구는 꾸준히 지속되었다. 의학사나 과학사 방면의 연구가 진전된 것은 한국사 연구를 보다 폭넓게 한다. 농업사 부문에서는 과학 기술이 접목되어 농업기술사 연구가 진행되었다.

한국사에 비해 동양사나 서양사의 연구는 양적인 면에서 부족하지만, 상대적으로 수준이 높은 편이다. 동양사나 서양사의 각 시대는 물론 미국을 비롯하여 프랑스나 독일뿐만 아니라 당(唐)·송(宋)·원(元) 등의 국가를 연구하는 학회가 조직되었다. 또한 중남미나 스페인·동구(東歐)는 물론 베트남·중동·티베트·몽골 등의 지역에 대한 연구로 영역이 넓혀졌다. 종래에 정치사·사회경제사·제도사 등이 중심을 이룬 중앙 국가사의 비중은 줄면서 지방사 연구가 촉진되었다.

처음 동양사나 서양사는 한국사와의 관계, 곧 교류사 중심으로 연구되었다. 역사학을 국사와 동양사·서양사로 구분하는 것은 일본학계의 영향으로 이루어졌다. 역사학이 탈민족(脫民族)과 탈근대(脫近代)를 표방하면서 민족국가의 개념이 모호해졌다. 서양사와 동양사는 한국사와 통합하여 하나의 역사학만이 필요하게 된다. 민족과 계급을 초월함으로써 지배와 종속·갈등의 역사는 화해와 협력·공존의 역사로 바뀌어야 한다.

이제 한국 역사학은 아시아사라는 지역사를 정립하면서, 세계사의 조류 속에서 이해되어야 한다. 민족과 현실 문제에 대한 관심이나 집착에서 벗어나 보편적인 역사학의 방법론을 정착시킬 필요가 있다. 우선 엄정한 실증적 연구 방법을 확립함이 역사학의 기초를 다지는 것이다, 선입견이나 경향화한 의식에서 벗어나 역사적 사실을 객관적으로 조명해야 한다.

무엇보다도 한국역사학 연구는 정치현실에서 초연해야 하며, 적어도 문중사학의 성격에서는 벗어나야 한다.

한국역사학 연구가 보다 심화되기 위해서는 구조기능적 방법을 정착시켜야 한다. 역사적 개별 사실은 배태될 수밖에 없었던 사회나 문화의 전체구조 속에서 이해하는 것이 바람직하다. 즉 사회의 모든 구성 요소와의 관계를 하나씩 하나씩 규명하면, 역사적 개별 사실이 갖는 문화전통에 대한 이해를 가능하게 한다. 그러나 이러한 작업은 많은 시간과 노력을 요구하기 때문에 개인에 의해서라기보다는 공동연구가 행해질 필요가 있다. 앞으로 공동연구는 보다 활성화되어야 하겠지만, 일관성을 갖도록 기획되어야 한다.

비교연구도 역사학의 수준을 높일 것이다. 물론 지금까지도 비교연구는 간간이 진행되었지만, 단순히 두 사실 사이의 같은 점과 차이점을 제시하는데 머물렀다. 그것은 진정한 의미의 비교연구가 아니며, 일종의 예시연구라 할 수 있다. 비교연구의 수준을 높이는 방법은 구조기능적 방법을 곁들이는 것이다. 즉 역사적 개별 사실이 각각 배태된 사회나 문화 구조 속에서 갖는 의미까지를 비교하게 되면, 그것은 문화전통에 대한 이해의 폭을 넓히는 결과를 가져온다.

구조기능적 방법으로 역사를 연구하면, 분류사로의 접근을 쉽게 한다. 사실 한국역사학 연구는 많은 전문 영역으로 세분되어 그 내에 연구자의 수가 확충될 때에 분명 발전된 모습을 보여줄 것이다. 따라서 문학은 물론 민속학·종교학·인류학·경제학·정치학 등의 인접 학문의 방법을 도입하면서 역사 연구의 폭이 넓어지고 많은 연구 성과를 축적할 수 있다. 그러나 인접 학문의 이론을 적용하기 전에 역사적 사실을 개관적으로 이해하는 작업이 먼저 이루어져야 한다. 아울러 역사학은 미세한 영역에서 전문화의 길을 밟으면서도 보편적인 통합된 의미를 추출할 수 있어야 한다.

이제 한국역사학 연구는 세계화로의 항해를 계속해야 한다. 그것은 보편성을 추구하면서도, 한편으로 국제적 연대를 요구한다. 북한을 포함하여 중국·일본 등 이웃 나라와 공동으로 역사학을 연구하는 방법을 모색해야 한다. 요즘 북한 역사학에 대한 관심이 고조되는 것은 바람직하다. 중국이나 일본과의 공동 연구는 교류사에 치중되었으나, 한국은 물론 아시아나 중국의 문화 전통을 이해하고, 그것의 현대적 의미를 공동으로 밝혀야 한다. 아울러 이러한 공동 역사연구의 분야는 보다 이질성이 적으면서 서로가 공감할 수 있는 고고학의 유적과 유물 등에 관한 문화사나 불교·유교 등의 사상사에서 출발함이 좋다. 그러면서 정치사나 경제사로 확대함과 동시에, 각국의 문화나 전통에 대한 연구 업적의 대중화를 공동으로 추구해야 한다. 『한국역사학의 성과와 과제』, 일조각, 2007, 2, 20, 역사학회

2. 한국사연구의 저변 확대와 종합적 이해

1) 한국 역사학계의 동향

현대 한국사학은 장족의 발전을 거듭해 왔다. 우선 모두 소화하기 어려울 정도의 엄청난 연구 업적이 쏟아져 나오고 있다. 세분된 전문 영역에서의 연구가 심화되어가는 모습을 느끼게 한다. 반면 개중에는 양산되어 수준이 떨어지는 연구 논문도 섞여있기 마련이어서, 창의적인 연구 풍토의 조성을 어렵게 만들었다. 이제 한국사학은 전문 영역의 연구를 확대시켜 다양성을 추구하는 한편, 연구 업적을 비평하면서 종합하는 작업을 시도해야 한다. 연구사를 정리하거나 논단이나 서평을 통한 비판적 성찰은 앞으로 한국사학이 나아갈 바를 가늠하는데 도움을 줄 것이다.

근래의 한국사 연구에서 '민족국가(民族國家)'라는 개념의 중요성이

상실되어 가는가 하면, 이와 병행하여 지방사에로 연구의 저변이 확대되어 갔다. 때마침 정보화와 세계화에 편승하여 한국사를 세계사의 조류 속에 이해하였고, 이는 동북아시아나 동아시아 문화공동체를 성립시키려는 지역사로의 정립을 가능하게 하였다. 때문에 이 글은 지방사로의 저변을 확대하면서 아울러 지역사로의 종합된 이해를 갖추어야 할 한국사학의 모습에 대해 서술하고자 한다.

근대적인 학문으로 성립된 이래, 한국사학은 민족국가 중심으로 연구되어왔다. 한국사 연구에서 민족이나 국가 개념을 완전히 도외시하기는 어려우며 또한 그럴 필요도 없다. 다만 다양한 연구 성과를 종합하여 정리된 체계를 세우는데, 민족국가라는 범위를 넘어서서 보편적 이해를 제시하는 것은 바람직하다. 앞으로 한국사학은 비판을 통해 연구수준을 높여야 할 많은 과제를 안고 있다. 이 글은 주로 지역사 정립을 위한 방도를 모색하는데 그침으로써, 한국사학 전반에 대한 구체적인 연구방법을 제시하지는 못하였다. 각 시대사나 분류사가 갖고 있는 방법론적인 문제를 검토하면, 이를 종합한 향후의 과제를 총체적으로 이끌어 낼 수 있을 것이다.

피난 수도 부산에서 1952년에 역사 관련 유일한 학회로 출범한 역사학회는 오늘날까지 학회지『역사학보』를 꾸준히 발간하고 있지만, 한국서양사학회와 동양사학회의 창립에 이어 1967년에는 한국사 전문학회인 한국사연구회가 결성되었다. 이후 동·서양의 각국사를 비롯해서 현재, 한국사나 한국문화를 연구하는 학회는 무수하게 많이 설립되어 있다. 한국사의 각 시대는 물론, 경제사를 비롯하여 사상사나 사학사(史學史)·과학사 등의 각종 분류사(分類史)를 포함한 세분된 전문 영역의 학회가 활동하고 있다.

1980년대 이후 한국사의 연구는 양적으로 팽배하였는데, 그에 따른 질적인 수준을 높이려는 시도가 모색되었다. 국사편찬위원회가 발간한『한국사연구휘보』에 실린 2006년도 한국사 관련 연구 단행본이 약 800권에 이르고, 논문은 2000여 편을 훨씬 상회한다. 10년 전의 연구 성과와 비교하여도 무려 10배 이상에 달한다. 또한 아시아해양사학회(海洋史學會)와 서원학회(書院學會) · 한국목간학회(韓國木簡學會) 등 전문학회가 꾸준히 결성되었다.1) 이로 보면 아직도 한국사의 연구가 전문화 · 세분화되는 경향을 보여주지만, 곁들여 이를 종합하고 비평하는 작업이 만족스럽게 진행되었는지는 의문으로 남는다.

역사학회의 2005년도 하계학술 심포지엄이 '광복 60년간 한국역사학의 성과와 과제'라는 주제로 개최되어, 그 결실이 『한국 역사학의 성과와 과제』(일조각, 2007, 2)로 간행되었다. 본래 이 학술심포지엄은 일제 식민사학의 수준을 넘어섰다는 전제로 기획되었다. 때문에 일본 역사교과서 문제는 그 잔영(殘影)에 불과한 것으로 주장되었으나2) 실제로 토론 과정에서는 식민사학을 극복하려는 논의가 비교적 강하게 나타났고, 미흡하지만 광복 이후 한국사학사의 체계를 세우려는 노력이 시도되었다.

우선 제49회 전국역사학대회의 공동주제와 발표 논문으로 2006년도 역사학계의 동향을 가늠할 수 있다. 그 동안 중국의 동북공정 및 일본의 역사교과서 왜곡이나 독도 문제에 대처하는 것이 역사학계의 현안으로 떠올랐다. 마침 2005년은 을사조약을 맺은 지 100주년과 광복 60주년 및 한일 국교정상화 40주년이 되는 해였다. 자연 제48회 전국역사학대회의 공동주제가 '을사조약과 20세기 초의 한반도'로 결정되었다.

한편 참여정부가 들어서면서 과거사 문제나 행정수도 이전 문제로 계층이나 지방 간 갈등의 골이 깊어졌다. 이렇듯 국내외 산적한 현안에 대처

---

1) 아시아海洋史學會는 한 · 중 · 일 삼국은 물론 중동에 이르기까지 해양 교류사를 연구할 목적으로 2006년 4월 21일 창립되었다. 또한 韓國木簡學會는 2006년 4월 22일에, 書院學會는 2006년 11월 23일에 각각 창립되었다.
2) 文昌魯, 「한국고대사 연구의 주요 성과와 과제 -식민사학 극복과 한국 고대사 체계화를 위한 노력-」(『한국 역사학의 성과와 과제』, 일조각, 2007, pp.108~109).

하기 위해 우선 국내 상황에 대해 정확하게 통찰할 필요에서 제49회 전국 역사학대회의 공동주제를 '역사에서의 중앙과 지방'으로 잡았다. 마침 전국역사학대회가 서울이 아닌 지방 즉, 청주의 충북대학교에서 처음 개최된 것도 지방사 연구를 일깨우는 계기가 되었다. 그러나 2006년도 역사학회의 하계 학술심포지엄의 주제는 '한국 근·현대사 교과서의 독립운동사 서술과 쟁점'으로 결정되었다. 이는 한국사 연구가 지방사로의 저변을 확대시키면서도, 일본 역사교과서 개편에 따른 현실적인 문제를 외면하지 못했음을 알려준다.

전국역사학대회의 분과별 발표에서 많은 관심을 끌었던 것은 한국사학사학회의 주제였던 '우리 시대의 역사가를 말한다'였는데, 이기백(李基白)·민석홍(閔錫泓)·민두기(閔斗基)뿐만 아니라 생존한 김용섭(金容燮)의 사학을 다루었다. 일주일 뒤인 6월 5일에는 한림대학교 한림과학원이 '고(故) 고병익(高柄翊), 이기백선생 2주기 추모학술대회'를 개최하였다.[3] 또한 역사학회는 초대 회장을 지낸 고병익 선생을 추모하기 위해 '동아시아 속의 한국과 세계'라는 주제로 공동연구를 기획하였고, 그 결실이 국사편찬위원회와의 공동 학술심포지엄으로 다음 해인 2007년 5월 18일에 개최되었다.

한국 현대사학사를 체계화하려는 작업은 매우 중요하면서도 어려운 연구 분야이다. 사론으로 다루려는 학자가 10년 전까지만 해도 생존하였기 때문에 연구의 객관성을 이끌어 내는 것이 무엇보다도 중요하다. 하물며 생존한 학자의 사론을 연구 대상으로 삼는 것은 연구자는 물론 다루려는 학자에게 부담을 주거나 누를 끼칠 수 있다. 다만 현대 한국사학은 일생동안 오로지 학구적 자세를 견지한 역사학자들의 정치한 연구 성과를 바탕

---

3) 그 결실이 한림과학원 엮음, 『고병익·이기백의 학문과 역사연구』(한림대학교출판부, 2007, 4)로 간행되었다.

으로 정립되었다. 이를 비판적으로 계승·발전시키기 위해 진단학회(震檀學會)[4] 등 연구기관은 물론 이병도(李丙燾)를 비롯해서[5] 광복 후 한국사학이나 문화를 창도한 학자들의 사론을 심층적으로 분석하여야 한다.

2) 지방사 연구로의 저변 확대

국내외의 정세에서 떠나 객관적으로 역사를 연구하는 것은 원칙적인 문제이지만, 실제로 이런 면에 초연하면서 한국사가 연구되었는지는 의문이다. 한국사의 각 시대사 중에서 근·현대사나 고대사 분야의 연구 성과가 많은 점이 이를 단적으로 알려준다. 근·현대사에 관한 논문은 전체 논문 편수의 33%에 이르며, 고대사 분야의 논문도 무려 20%에 이른다. 이렇듯 두 분야에 대해 집중적으로 연구하게 된 동기는 국내외적으로 전개된 정치 상황이나 외교 분쟁에서 찾아진다.

정치권에서 과거사 문제의 진상을 밝히려는 움직임은 근대사보다 현대사에 대한 관심을 고조시켰다. 사실 현대사에서 중요하게 다루어야 할 분야는 광복 이후의 좌우대립 문제나 미군정에서부터 이승만(李承晚)이나 자유당정권이 등장해 가는 과정에 대한 이해이다. 그런데 실제로는 5·18광주항쟁에 대한 연구가 주류를 이루고 있다. 그러한 연구는 한국의 민주화운동을 끌어내려는 저의를 가졌지만,[6] '과거청산'이나 '과거사 유산' 등을 주제로 선정하는 등 정치적 의도를 읽게 한다. 아울러 80년대의

---

4) 歷史學會를 비롯해서 역사 관련 학회나 연구 기관에 대한 자료가 정리되어야 한다. 震檀學會六十週年記念事業 準備委員會, 『震檀學會六十年誌, 1934~1994』(震檀學會, 1994)는 일제시대나 광복초기의 한국학이나 진단학회의 활동을 연구하는데 도움을 준다.
5) 『斗溪先生 著作集』이 현재 편집 중에 있다. 그 외 震檀學會編, 『歷史家의 遺香 -斗溪李丙燾先生 追念文集』(일조각, 1991)이 이병도의 사학을 이해하는데 도움이 된다.

학생운동이나 노동운동 또는 12·12쿠데타나 '개발독재' 등과 같은 선입된 가치 이념을 그대로 표출하였다.

현대사에 비해 근대사의 연구는 비교적 차분하게 제자리를 잡아가는 느낌을 준다. 물론 일본의 역사교과서 개편이나 독도 문제로 역사교육 또는 영토나 역사 분쟁에 대한 연구가 성행하였다. 꾸준하게 연구된 독립운동사도 미국이나 러시아를 포함한 국제관계 속에서 파악함으로써 보다 합리적인 결론을 이끌어 내었다. 특히 해외에서 활동한 한인(韓人)사회를 대상으로 광복과 함께 귀환한 한인은 물론 미귀환(未歸還) 한인에 대한 대책을 강구하려는 노력은 중요하다.[7]

중국의 동북공정(東北工程)에 대항하기 위해서인지 고대사의 경우, 고구려연구재단을 중심으로 고구려나 고조선·부여·발해에 대한 연구가 쌓였고, 상대적으로 그에 대한 많은 자료가 정리되었다. 이러한 연구가 대체로 연구사나 자료를 소개하거나 정리하는 데에 그쳤으며, 창의성을 가졌는지는 불분명하다. 양적으로 많은 업적을 내지는 않았으나 백제나 신라사도 꾸준하게 연구되었고 접근 방법 또한 심화되었다. 곁들여 한국사의 시대사 중 고려시대에 대한 연구가 양적으로 가장 적지만, 질적인 수준에서 심화되었던 것은 시사성을 준다.

조선시대사에 관한 연구도 왕성하여, 관련 논문이 한국사 전체 논문의 약 25%에 이른다. 조선후기에 대한 사료정리의 가속화가 이런 결과를 초

---

6) 윤선자, 「5·18광주항쟁과 1980~1990년대 한국민주화운동」(『민주주의와 인권』 제5권 2호, 5·18연구소, 2005).
7) 張錫興, 「1940년대 전반 미국무부의 해외 한인정책」(『韓國學論叢』 29, 2006)이나 장석흥, 「해방후 연변지역 한인의 귀환과 현지 정착」(『연변조선족 사회의 과거와 현재』, 고구려연구재단, 2006)이 참조된다. 또한 국민대학교 한국학연구소가 해외 韓人에 대한 실태를 조사·정리하였는데, 일본·중국·대만 지역에서의 한인 歸還과 그 정책에 대한 자료를 10책(역사공간, 1993~1996)으로 간행하였다.

래한 요인으로 작용하였다. 국사편찬위원회나 한국학중앙연구원이 중심이 되어 방대한 관련 자료를 연차적으로 정리하고 있다. 이미 『조선왕조실록』이 전산화되었고 『승정원일기』 등은 전산화되는 중에 있다. 자료적 가치가 높은 고문서나 일기 또는 문집 등이 새로 발간되어, 한국사 연구에서 사료적 측면이 크게 보완되었다. 원사료(原史料)에 대한 쉬운 접근이 연구를 활성화하기 때문에, 앞으로도 조선사뿐만 아니라 한국사 전반에 걸친 자료정리 작업은 강화되어야 한다. 곁들여 사료의 정치한 역주 작업은 물론이고, 근대사나 현대사의 경우 일실되기 쉬운 자료를 수집하고는, 사료 비판을 거쳐 안심하고 이용할 수 있도록 분류하는 노력은 한국사 연구의 수준을 높여 줄 것이다.

근래에 계속해서 가문이나 지방의 대학 연구소 또는 자치단체(自治團體)가 중심이 되어 관련 인물이나 유적을 추숭(追崇)하면서 조선시대사의 연구가 활발해졌다. 실제로 조선시대사 연구의 대부분은 인물이나 지방의 문화유적을 집중적으로 조명하였다. 특히 인물에 대한 연구는 후손들이 기획하여 추진하였다. 대체로 이런 경우에는 개인의 업적을 현창(顯彰)하는 성격을 지닌다.[8] 문중사학(門中史學)이라 부를 수 있는 이런 현상을 순수한 학문적 동기에서만 바라볼 수 없다. 역사학은 객관적 사실을 토대로 연구하여야 하며, 이는 역사적 진실 즉 진리를 추구하는 길이다.[9] 역사학에서의 현재성은 당대의 개별 사실이 지금에 이르는 과정에 대한 객관적인 체계화를 뜻한다.[10] 오늘에까지 이어짐으로 해서 역사적 해석이 종교적 교리나 신앙 또는 단체의 강령에 제약을 받아서는 안 된다. 이

---

8) 정만조, 「總說 -회고와 전망(한국사편)」(『역사학보』 179, 2003, p.7).
9) 이기백, 『韓國史像의 再構成』(일조각, 1991, 머리말).
10) 이기백, 「韓國史 理解에서의 現在性 問題」(『文學과 知性』, 1978, 여름호 ; 『韓國史學의 方向』, 일조각, 1978, p.146).

렇듯 문중사학에서 초연하게 객관적 연구 자세를 견지할 때에 한국사학의 수준은 보다 향상될 것이다.

지방의 인물이나 문화 유적에 대한 관심은 비록 수준이 높지 않더라도, 지방사 연구를 촉진시키는 역할을 담당하였다. 그 동안 지방사 연구에 대한 열의가 꾸준히 이어져 왔다. 전년도에 비해 문화나 사상사 분야의 연구가 다소 줄어들었다고 하더라도 조선시대사는 지방사 연구를 선도해 왔다. 중앙의 정치적 지배기구에 집중되었던 역사학이 지방 향촌사회의 구조를 밝히려는 면으로 시야를 확대하였다. 그러한 현상은 역사학 전반에서부터 한국사의 각 시대사에까지 공통으로 나타났다. 중국사의 경우 현지답사와 지방 자료의 수집이 쉬워지면서, 지방사 연구는 촉진되어 신사층(紳士層)이나 지방의 유력 상인층(商人層) 또는 종족(宗族)의 역할을 밝히는 등 범위를 확대시켰다.[11] 지방에서 발견된 비문이나 선종산문(禪宗山門)에 대한 관심은 한국고대나 고려시대의 지방제도뿐만 아니라 지방세력의 규모와 성격에 대한 연구로 이어졌다.[12] 특히 독립운동사에 편중되었던 근대사에서도 문화나 사상사에 대한 관심이 고조되었다.

세분된 구체적 사실에 대한 전문 연구는 지방사 연구로 확대되면서 한국사학의 수준을 높이는 역할을 담당하였다. 한국사에서 지방사 연구는 날로 확장되는 추세에 있으며, 앞으로도 계속해서 장려하여야 할 분야이다. 2006년도 제49회 전국역사학대회의 공동 주제는 이러한 추이를 반영하여 '역사에서의 중앙과 지방'으로 결정되었다. 그러나 아직은 지방사 연구가 향토애나 지방색을 노출하는가 하면, 향토사가(鄕土史家)들에 의해 신비주의적 성격을 가미하면서 학구적 자세를 갖추지 못한 것으로 의

---

11) 曹秉漢,「總說 -회고와 전망(동양사편)」(『역사학보』 183, 2004, p.183).
12) 김두진,「한국 역사학의 연구 성과와 과제」(『한국 역사학의 성과와 과제』, 역사학회편, 일조각, 2007, pp.44~47).

심을 받았다. 지방사는 아무리 독특해도 한국사 전반의 추이 속에서 파악되어야 한다. 지방사가 한국사의 일부로서 제자리를 잡아갈 때에, 비로소 한국의 역사학은 세계사 속의 지역사로 다시 한 번 크게 도약하리라고 기대된다.

3) 지역사의 정립

한국사의 분류사 중에서 가장 많이 연구된 분야는 사상사 내지 문화사이다. 그렇게 된 이유는 문중이나 지방 자치단체가 내세우는 인물의 사상이나 유적의 문화적 성격을 추구한 데에서 찾아진다. 많은 연구 성과에도 불구하고 사상사연구의 수준이 크게 향상되지는 않았다. 적어도 그것은 사회사상사로 정립되어야 한다. 사변적으로 접근하기보다는 배태된 사회구조 속에서 사상을 분석해야 한다. 그럴 경우 사상사연구는 인간 행위의 근원을 추구함으로써 역사 현상에 대한 종합적인 이해를 가능하게 한다.[13]

지방사 연구로 저변이 확대된 현대 한국사학은 미세한 전공 영역으로 나뉘어 다양하게 연구되면서도, 종합적인 이해 체계를 세워가야 한다. 역사에서 중앙과 지방문화는 대조적인 성격으로 성장하였고, 다시 통합하면서 조화와 함께 절제된 조형미를 갖는 방향으로 종합되었다. 그런데 근래의 역사 연구에서 탈민족(脫民族 또는 脫國家) 내지는 탈근대(脫近代)를 표방하는 경향이 나타났다. 민족이나 국가 관념 또는 근대화의 문제는 한국사를 주체적으로 인식함으로써 자국사(自國史) 중심의 역사의식을 낳

---

13) 김두진, 「宗敎思想史 연구의 方法論 모색」(『歷史上의 國家權力과 宗敎』, 일조각, 2000, p.15).

았다. 외국인이 아닌 경우 한국사를 자국사로 인식하지 않는 연구자가 존재할 수는 없다. 객관적 인식 자체를 어렵게 만드는 자국사가 민족주의를 넘어서서, 국수주의적 역사의식으로 흐르는데 문제가 있다.

설사 객관적 입장을 고수한다고 하더라도 자국사가 역사연구의 목적이 되어서는 안 되며, 한국사의 전통과 독창성을 이해하기 위한 수단에 머물러야 한다. 이제 한국사학은 세분된 전공이나 지방사 연구로 확대된 영역을 종합하면서도 자국사나 민족사로 종합되는데 그쳐서는 무의미하며, 적어도 세계사의 조류 속에서 호흡을 함께 할 수 있는 지역사로의 정립을 모색해야 한다. 마침 『이기백한국사학논집(李基白韓國史學論集)』 15책 (일조각, 2006)의 출간은 그런 의미에서 유념된다. 이기백은 민족을 중시하였지만 오히려 민족주의 사학을 비판하였고, 민족 자체라기보다는 내부에 존재한 여러 개별 사실이나 계층의 존재 양상을 보편적인 시각으로 분석하였다.[14]

민족문화나 한국사 속의 특정 사실이 독특하게 보일지라도, 그 보편성을 객관적으로 추구하면 자국사를 넘어선 지역사를 정립시킬 수 있다. 그러나 '자국사와 보편사(普遍史)'의 문제는 역사상의 특수성과 보편성을 추구하는 난국(難局)으로 귀결되기 때문에 쉽게 해결될 수 있는 것은 아니다. 근래에 더욱 빈번해진 독도 영유권이나 일본 역사교과서의 왜곡 서술, 또는 중국의 동북공정 등 역사 분쟁과 그 해결책은 역사 인식을 자국사 중심에서 동북아 지역사로 확대시키는데 기여하였다.

역사 분쟁에 대처하려는 정부의 노력도 지역사를 정립하는데 도움을 주었다. 그 동안 한일역사공동연구위원회가 설치되어 활동하였거니와 이와는 별도로 한국과 일본의 대학 연구소가 중심이 되어 한일공동의 역사

---

14) 이기백, 「韓國史의 새로운 이해」(『韓國史新論』, 일조각, 1976, pp.5~6).

교과서를 편찬하였다.[15] 동북공정에 대처하기 위해 설립된 고구려연구재단이 2006년에 확대 개편된 동북아역사재단(東北亞歷史財團)은 중국의 고구려사 왜곡뿐만 아니라 독도 등 영토 문제를 다루면서 실질적으로 동북아를 중심한 지역사 정립을 위해 노력하였다. 최남선의 불함문화권으로까지 소급될 수 있을지는 알 수 없으나 환황해문화권(環黃海文化圈)이 꾸준하게 주장되었고,[16] 국민정부가 들어서면서 표방한 동북아 문화공동체론은 참여정부에서도 계속 추진되었다.[17]

2003년과 2004년의 역사학회 연례 학술심포지엄의 주제도 각각 '전쟁과 국제 질서' 및 '공존 번영을 위한 동북아시아의 반성적 성찰'이었는데, 이를 묶어 『전쟁과 동북아의 국제질서』(일조각, 2006)로 출간하였다. 2006년 6월에는 '동아시아의 전쟁과 고구려'라는 주제로 고구려연구회의 학술심포지엄이 개최되었다. 지역사가 어느 특정 지역으로 한정해서 정립될 필요는 없겠지만, 동아시아나 또는 아시아사로 확대되는 모습을 보여준다. 이미 동양사에서는 한정된 중국사에서 벗어나 중동이나 서역 또는 월남을 포함한 아시아사가 모색되고 있다.[18] 서양사도 자국사 또는 서구 중심주의에서 벗어나 보편적인 이념이나 가치에 의한 세계사적 관점으로 역사를 연구하였다. 지역사를 정립시키고 세계사의 조류 속에서 이해하려면, 역사학에서 민족국가의 경계는 무너져 국사·동양사·서양사의

---

15) 역사교과서연구회(한국)·역사교육연구회(일본) 지음, 『한일공동역사교재 한일교류의 역사』(혜안, 2007).
16) 인천시가 중심이 되어 한·중·일 3국을 묶는 문화공동체론을 전개하였고, 요즘에는 경기도와 충정도가 함께 백제문화권을 환황해문화권으로 확대시켜 이해하려고도 한다.
17) 경제·인문사회연구회가 펴낸 2006년도 협동연구총서 13권은 모두 동북아문화공동체론에 관한 것인데, 그 중 중요한 것을 들면 다음과 같다.
   김국신 외 공저, 『동북아문화공동체 추진의 비전과 과제』·문옥표 외 공저, 『동북아 대중문화 교류의 활성화를 위한 한국의 역할』·이우영 외 공저, 『동북아 문화공동체 형성을 위한 국가의 역할』 등.
18) 조병한, 앞의 글(p.205).

구분은 무의미해진다.[19] 이제 한국사학은 통합과 조화를 추구하면서 세계사의 흐름과 호흡을 같이하고, 지역사로 정립하기 위해 화합과 공영의 길을 모색해야 할 것이다.

4) 향후 과제

현재 한국사학의 나아갈 바를 가늠하기 위해, 세부 전공영역의 확대에 따른 방대한 연구 성과를 종합하고 정리해야 한다. 대학이나 개인 연구소를 비롯해서 무수히 많은 전문 학회에서 매년 엄청난 연구논문이 쏟아져 나오고 있다. 이에 대한 견실한 비평이 따라야 한국사의 연구수준이 향상될 것이다. 비판적인 안목으로 연구 성과를 정리하는 것이 중요하다. 한국사학의 전통을 수립하기 위해 비판과 충고를 아껴서는 안 된다. 오히려 학연이나 인연에 따라 편의적으로 자행된 비판의 기피 현상은 학문 활동을 침체시킨다. 무엇보다도 역사학계에 비판적인 풍토를 정착시키는 것이 급선무이다. 연구사를 검토하거나 서평을 통해 한국사학이 고민하면서 성장하는 모습을 제시할 수 있다.[20]

『역사학보』나 국사편찬위원회에서 발간하는 『한국사론』이 정기적으로 연구 성과를 정리하고는 있지만, 대체로 연구 논문을 나열하여 소개하는데 그치는 경우가 많다. 논단(論壇)을 강화하여 비평논문이나 서평 등을 활성화하고, 학회에서 학보를 엄중하게 편집하는 풍토가 조성되어야

---

19) 金榮漢, 「韓國 西洋史 연구의 동향과 전망」(『1945년 이후 韓·日 兩國에서의 역사연구 동향』, 국학자료원, 1987, p.62).
20) 민현구, 「總說 -韓國史 연구, 1993~1995」(『韓國史學의 성과와 전망』, 고려대출판부, 2006, p.249).

한다. 특히 한국사학의 성과를 분명하게 흡수하여 종합하는데 연구사의 검토는 매우 중요하다. 그리하여 원사료와 함께 처음으로 연구된 성과를 시기별로 가려서 정리함으로써, 현대 한국사학을 체계화할 수 있다.

자국사 중심의 민족국가나 근대화 이념에서 벗어나게 만든 것은 민중사학의 등장과 연결된다. 그것은 지역사로의 보편성을 추구하면서도 역사연구에 이념이나 의식을 강조하는 결과를 초래하였다. 즉 사회 현실이나 지금의 정치 상황에 비추어 역사적 사실을 자의적으로 왜곡하는가 하면, 지배자 중심으로 윤색되었기 때문에 문헌 자체를 불신하기도 한다. 그러나 실제로 중요한 것은 사료가 알려주는 역사적 사실의 진면목을 밝히는 작업이다. 그런 다음에 역사적 의미와 성격을 한국사의 전통 속에서 찾아야 한다. 때문에 현실 문제에 대한 과잉된 집착에서 한 걸음 물러나서, 실증적 연구방법을 확립하는 길이 한국 역사학의 기초를 다지는 것이다.[21]

지역사로 정립시키기 위해 비교사학의 방법을 심화하고, 아울러 교류사 연구를 확대해야 한다. 근래에 해양교류에 대한 연구가 활성화된 것은 바람직하다. 일찍부터 서역이나 인도에 이르는 육로 교통로와 함께, 한·중·일은 물론 동남아시아에서 대식국(大食國)에 이르기까지 해상 교통로가 개척되어 있어서 실제로 빈번한 교류가 이루어졌다. 또한 역사적 사실이나 사상을 동아시아 여러 국가의 그것과 비교 연구하려는 태도도 주목된다. 다만 그러한 연구를 통해 지역사 연구가 바람직하게 정립되기 위해서는 비교하려는 국가 또는, 교류가 행해진 지역의 문화풍토나 사회구조에 대한 이해를 곁들여야 한다.

단순한 비교나 교류 차원에 그치기보다는, 소속된 사회의 구조나 문화

---

21) 閔賢九,「발전적인 韓國史像의 追究와 새로운 연구방법의 摸索」(『1945년 이후 한·일 양국에서의 역사연구 동향』, 국학자료원, 1987, p.153).

풍토에서 갖는 기능을 고려하면서 비교사나 교류사 연구를 진척시켜야 한다. 그러나 이러한 작업은 개인이 담당하기에는 매우 힘들 정도로 시간과 노력이 필요하기 때문에 공동연구로 기획되는 경우가 많다. 특히 국제적인 공동연구를 자주 기획할 필요가 있다. 이를 통한 여러 국가나 지역에 대한 문화나 역사적 전통에 대해 공감하는 영역을 확대하는 작업이 지역사 정립에 보다 다가서는 길이다. 다만 개인의 연구로 이루어진 것이 아니기 때문에 부수되는 한계성을 줄이기 위해, 공동연구의 주제나 내용은 일관성을 갖도록 기획되고 무엇보다도 서로 이해가 가능한 분야에서부터 선정되어야 할 것이다.

한국 역사학의 연구 성과를 대중화하는 작업의 중요성은 계속 주장되었다. 역사학은 정치 현실에서 벗어나야 하겠지만, 일반 대중이 역사를 이해하고자 하는 갈증을 풀어주어야 한다. 일반 대중의 역사에 대한 관심은 매우 높아졌는데, 그 자리에 의식화된 민중사학이나 국수적인 재야사학이 파고들어 있다. 그리하여 사실에 근거하기보다는 비합리적 창작물이 역사학으로 둔갑하기에 이르렀다. 역사학이 대중적인 글에 몰두하거나 의식화를 위해 대중을 직접 상대하는 것은 바람직하지 않다. 결코 학구적인 자세를 흩트리지 않고 전문성을 유지하면서도, 쉬운 문체를 사용하여 작성한 논문은 자연스럽게 대중의 욕구에 부응하게 된다.

역사학의 축적된 연구 업적이나 기본 사료를 전산화하는 작업은 대중의 접근을 쉽게 한다. 다만 DB구축에 앞서 자료나 연구 성과를 정리하는 기초 작업이 엄정한 학문적 수준에서 진행되고, 전산 처리된 자료는 연구자나 대중이 쉽게 이용할 수 있어야 한다.[22] 그러기 위해 전산에 밝은 역사학자들이 직접 DB구축 작업에 참여하는 것이 좋다. 아울러 한국사학의

---

22) 김두진, 「한국 역사학의 연구 성과와 과제」(앞의 책, p.60).

콘텐츠작업을 병행해야 한다. 이는 한국사학의 대중화뿐만 아니라 중국이나 동남아지역에 부는 한류(韓流)를 촉진시킬 것으로 기대된다. 왜냐하면 한국사의 연구 성과나 원자료(原資料)의 내용은 콘텐츠를 구성할 원형을 무한정으로 제공할 수 있기 때문이다. 콘텐츠를 통해 한국사학은 생활 속에 응용되는 길을 모색할 것이다.

5) 국제 역사학계와의 교류

축적된 연구 성과를 비판적으로 종합하는 숙제를 떠맡은 한국사학은 국내외의 정치적 요인이나 또는 가문이나 지방자치 단체가 조상이나 문화유적을 현창하려는 중세적인 문중사학의 인습에서 벗어나야 한다. 적어도 정치세력이나 가문 등 사회지도층이 역사전개의 복잡성을 모두 인정하면서, 즐겁지 않은 과거사나 달갑지 않은 역사 해석을 담담하게 수용할 만큼 충분히 '개방적인 정신'을 가져야 한다.[23] 의식이나 이념뿐만 아니라 정치적 이해를 떠나 실증사학에 바탕을 둠으로써, 한국사학은 객관성을 유지하면서 비판적 풍토를 정착할 수 있다.

앞으로 북한 역사학계와의 교류는 무엇보다도 중요하다. 북한 역사학의 연구 성과가 이념 편향적이어서 수준에 못 미치거나 또는 다분히 선전적 의도를 지님으로써 거론하기 거북한 것일 수 있다. 남북한 역사학의 이질성을 극복하기 위한 방도를 모색하기 위해 우선 북한 역사학의 연구 성과를 비판적으로 정리하는 한편, 정치성이 적으면서 같은 관심사에 속한 영역에 대해 남북한 학자가 함께 참가하는 공동 연구를 진행해야 한다. 이

---

23) 차하순, 「한국 역사학의 遺産과 21세기의 과제」(『한국 역사학의 성과와 과제』, 일조각, 2007, p.35).

와 곁들여 현재 한·일 간 역사가회의가 열리고 있는데, 한·중 간의 역사가회의 또는, 한·중·일 3개국 간의 역사가회의가 정기적으로 열리는 것이 필요하다. 아시아지역 역사가들의 공동학술 개최는 물론 국제 역사학계와도 광범한 교류를 추진해야 한다. 이는 한국사학을 세계 속에 홍보하는 길이면서 한편으로 지역사를 정립시키는 첩경이 된다.

　분류사 중 사상사는 종합적인 관념을 연구하기 때문에 지역사를 정립시키는데 능동적으로 작용하였다. 단순히 사변적인 논리의 추구에 머물지 않고 사회사상사로 발돋움할 때에, 그것은 종합적인 사고를 가지면서 지역사의 정립에도 유용하게 작용하게 된다. 이와는 달리 광복 이후 지금까지 역사지리에 대한 연구는 일제 식민사학의 표적으로 인식되어서인지 거의 진척되지 못하였다. 지역적인 풍토와 문화적 전통이 어우러진 속에서 행해진 인간의 삶이 역사로 전개되었다. 따라서 역사학을 종합적으로 이해하는데 지역적 풍토나 문화적 전통 즉 역사지리에 대한 식견은 대단히 중요하다. 애써 역사지리에 대해 관심을 가지면서, 그 연구를 활성화시켜야 한다.

『역사학보』 195, 2007, 9

3. 한국 금석문 종합영상 DB 구축사업의 기획과 방향

1) 한국 금석문 정리의 현황과 활용

　금석문의 서체(書體)와 내용은 서예나 고고미술사학 또는 역사학에서 중시되었다. 처음에는 서체를 중시하여 탁본(拓本)을 서첩(書帖)으로 보관하였는데, 근대에 오면서 금석문은 역사연구의 중요한 자료로 사용되었다. 금석문에 대한 관심은 문헌 기록이 적은 한국고대사나 중세사의 연구자들에 의해 더욱 고조되었다. 그런데 판독(判讀)의 오류나 오자(誤字)·탈자 등으로, 그것을 이용할 때의 불편은 상존하였다. 마침 문화재연구소가 한국 금석문 종합영상 DB 구축사업을 마련하였으므로, 정확한 금석문을 쉽게 구해 볼 수 있을 것으로 기대된다.

　물론 금석문 종합영상 DB 구축사업은 금석문 자료의 DB를 구축하는데 더 비중을 두었겠지만, 이를 성공적으로 수행하기 위해서는 금석문 자료의 충실한 기초조사와 원문을 교감하고 분석하는 작업이 뒤따라야 한다. 이 글은 금석문 종합영상 DB 구축사업이 추구해야 할 방향을 제시하는데 목적을 두고 작성될 것이다. 그것은 크게 두 방향에서 추진되어야 한다. 하나는 금석문 자료를 충실하게 조사·정리하여 그 정확성을 높이는 것이다. 그런 방향에서 한국 금석문을 종합적으로 정리하는 방법과 각 금석문을 교감하여 번역·주석하는 작업을 제시하고자 한다. 또 하나는 종합영상 DB로 구축된 금석문을 학문적 자료로 쉽게 응용하는 것이다. 그 결과 금석문 종합영상 DB의 검색망(檢索網)을 편리하게 이용하도록 설정하면서, 한국 금석문을 보전하고 없어지거나 파손된 금석문을 복원하는 방법을 찾고자 한다.

　금석문 종합영상 DB 구축사업은 종합학문인 금석학을 수립하려는 방향에서 추진되어야 한다. 다만 금석문 자체에 무뢰한이고 역사학을 연구하는 입장에서 그것을 제시하려 할 때, 한계성이 따름은 물론이다. 이런 면은 금석문 종합영상 DB 구축사업에 전산 전공자는 물론 역사학·고고학·서예·문학 등 인접학문을 전공하는 자가 보다 많이 참여하고 관심을 보임으로써 극복될 것이다.

　금석문은 쇠나 돌에 새겨진 글씨를 말하는데, 넓은 의미에서 그것에 새겨진 그림까지를 포함한다. 그림이 특정한 신앙이나 역사적 의미를 전달해 줄 뿐만 아니라 발해 압자와(押字瓦)의 문양은 문자로도 인식되어 글자와 그림의 구별을 모호하게 한다.[1] 한국 금석학은 처음에 서화가의 서체

탐미나 호고가(好古家)의 취미 활동에서부터 시작하여 실학자의 글자 고증작업으로 성립되었고, 오늘날은 역사학·문학·서예·사회학 등의 학문을 연구하는데 기초가 되는 종합 학문으로 인식되었다.[2]

조선 숙종 때에 낭선군(朗善君) 이우(李俁)·낭원군(朗原君) 이간(李偘) 형제가 금석문을 수집하여 편찬한 『대동금석첩(大東金石帖)』이 최초의 한국 금석문집으로 알려져 있지만, 현재 그것은 산실(散失)되었고 그 표본(標本)만을 모은 것이 현종 8년(1667년)에 간행되었다. 서첩 형태로 간행된 금석문은 내용의 판독(判讀)보다는 서예의 교본으로 사용되는 데에 비중을 두고 편집되었다.[3] 그러다가 우리나라 최초의 금석문 연구서는 김정희(金正喜)가 편찬한 『금석과안록(金石過眼錄)』이다. 이는 황초령비(黃草嶺碑)와 북한산비(北漢山碑)를 『삼국사기』나 중국의 서적을 참고하여 판독 고증한 것이다. 김정희의 금석학 연구는 후학을 지도하여 조선 금석학파를 성립시켰다.[4] 이후 철종 9년(1858년)에 오경석(吳慶錫)은 『삼한금석록(三韓金石錄)』을 편찬하였고, 중국과의 문화교류로 말미암아 중국에서도 한국 금석문을 모은 책이 편찬되었다.[5] 일제강점기에 『조선금석총람(朝鮮金石總覽)』 3책(조선총독부, 1919 ; 補遺, 1922)이 간행되었다. 이 책은 전국에 산재한 금석문의 소재를 먼저 조사하였고, 그 중에서 중요한 금석문을 자료집으로 간행한 것이다. 이러한 작업이 기반으로 되어 우

---

1) 경상남도 남해군 상주리에 있는 굵은 선의 면각화는 그림으로 보아야 하겠지만, 또한 문자를 새긴 것처럼 보여서 '徐市過次' 라고 해독하기도 한다.
2) 朴現圭, 「해동 금석문의 신자료인 청 翁樹崐 《碑目瑣記》에 대하여」(『書誌學報』 20, 1997, p.83).
3) 趙東元, 「한국 金石文연구 300년」(『于松趙東杰선생 停年紀念論叢 1, 韓國史學史硏究』, 나남, 1997, p.428).
4) 조동원, 위의 논문(위의 책, p.429).
5) 박현규, 앞의 논문(앞의 책, p.84).
중국에서 편찬한 중요한 금석문집으로 劉喜海, 『海東金石苑』(中華民國)과 劉承幹, 『海東金石苑 補遺·附錄』을 들 수 있다.

리나라 금석문 전반을 체계화한 카즈라시로(葛城末治), 『조선금석고(朝鮮金石攷)』(大坂屋書店, 1935)가 나왔다.

광복 이후 한국미술사학회가 조직되고, 계속해서 발굴·발견되는 유물이나 금석문은 역사 연구를 보다 심화시켰다. 자연히 금석문에 대한 정리와 판독 작업이 추진되었다. 이난영(李蘭英), 『한국금석문추보(韓國金石文追補)』(중앙대 출판부, 1968)와 황수영(黃壽永), 『한국금석유문(韓國金石遺文)』(일지사, 1976)은 『조선금석총람』이 간행된 이후 새로 발견된 금석문을 수록하거나 또는 보완한 것으로, 금석학이 역사학 연구로 활성화되는데 일익을 담당하였다. 1979년에 아세아문화사(亞細亞文化社)가 그간의 금석문집을 모아 간행한 것도 이러한 분위기를 대변해 주었다.

1979년부터 지금에 이르기까지 금석문에 대한 관심은 더욱 고조되었고, 몇 분들의 개인적인 헌신이나 기관의 관심으로 금석학은 궤도에 올랐다. 그러한 괄목할만한 금석문의 정리와 연구 성과를 제시하면 다음과 같다.

① 趙東元, 『韓國金石文大系』(1~7권, 1979~1998)
② 許興植, 『韓國金石全文』(3권, 아세아문화사, 1984)
③ 任昌淳, 『韓國金石文集成』(일지사, 1984)
④ 方東仁, 『嶺東地方 金石文資料集』(2권, 관동대 영동문화연구소, 1984·1989)
⑤ 金龍善, 『高麗墓誌銘集成』(한림대 아시아문화연구소, 1993)
　김용선, 『역주 고려묘지명집성』(상·하 2권, 한림대 아시아문화연구소, 2001)
⑥ 李智冠, 『校勘譯註 歷代高僧碑文』(1~6권, 伽山佛敎文化院, 1994~1998)

이 중 조동원과 허흥식의 업적이 돋보인다. 조동원은 고대에서부터 1900년까지 남한에 현재 전하는 금석문을 조사 탁본하여, 무려 711종에 달하는 자료를 도별(道別)로 나누어 정리하였다. 그는 금석문을 탁본하여 원형을 축소 영인하였고, 이것과 병행하여 그 한 부분을 실물 크기로 실었으며, 판독이 불가능한 351종에 대해서는 관계 문헌에서 원문을 찾아 다시 수록하였다.[6] 허흥식의 『한국금석전문』은 고대로부터 고려 말까지의 금석문 총 649종을 년대별로 배열하고, 각 금석문의 소재지·건립 연대·크기 등을 명기하였다. 특히 고대편의 부록에는 각 금석문에 관한 고증(考證) 자료와 연구 논문을 실었다.

그 외 임창순·방동인·김용선·이지관은 금석문의 특정 분야에 대해 정리했는데, 주목될 수 있다. 김용선의 『고려묘지명집성』은 현재 전하는 묘지 외에도 문집이나 족보 혹은 저서 등 다른 기록에 수록된 고려시대의 묘지명을 모두 망라하였으며, 매지권(買地券)·석관지(石棺誌) 등도 일부 수록하였다.[7] 그 속에는 308종의 묘지명이 나오는데, 모두가 전거를 밝힌 것이다. 『역주 고려묘지명집성』은 『고려묘지명집성』을 번역하여 주석을 붙인 것이다. 『한국금석문집성』은 선사시대 암각화(岩刻畵)를 주로 소개하였지만, 임창순은 실제로 금석문의 많은 탁본을 소장하고 있었다. 그것이 기반이 되어 안동의 한국국학진흥원에서 『금석문총선』 30권이 연차적으로 방대하게 편찬될 것이라 하는데, 현재 1권이 간행되었다. 방동인과 이지관은 각각 영동지역의 금석문과 불교의 고승비문을 모아 책으로 간행하였다. 특히 이지관은 고승비문을 번역하여 주석을 붙였고, 그 원문에 대해 자세하게 교감을 붙였다.

학회나 연구소 또는 기관이 금석문을 모아 편찬하였다. 국내에서 탁본자료를 비교적 많이 소장한 곳은 국립도서관의 위창문고(葦滄文庫)·서울대 도서관·한국학중앙연구원 도서관 등이고, 한신대 박물관은 최근에 탁본한 자료를 비교적 많이 가지고 있다. 특히 한국학중앙연구원이 『장서각탁본목록(臧書閣拓本目錄)』(國一印刷, 1991)을 간행하였는데, 그것은 장서각 소장 966종의 탁본과 새로 구입한 130종의 탁본을 정리한 목록집이다. 물론 한국학중앙연구원은 이미 『장서각소장탁본자료집(臧書閣所

---

6) 조동원, 앞의 논문(앞의 책, p.433).
7) 金龍善 編著, 『고려묘지명집성』(한림대 아시아문화연구소, 1993, 일러두기 참조).

藏拓本資料集)』(고대・고려편, 1979)과 『광양백계산고려쌍비(光陽白雞山高麗雙碑)』(동연구원, 1987) 등을 편찬한 바 있다. 또한 한국고대사연구회는 『역주(譯註) 한국고대금석문(韓國古代金石文)』(3권, 駕洛國事蹟開發硏究院, 1992)을 간행하였다. 이 책은 16명의 전공자들이 각 금석문을 개관하고 그 원문의 교감과 주석 및 연구업적을 수록한 것이다. 이와는 별도로 국사편찬위원회, 『한국금석문자료집(韓國金石文資料集)』(3권, 1995~1996)이 간행되었다. 이는 각 금석문의 내용을 실린 문헌 별로 소개하고, 아울러 관계된 문헌이나 연구논문을 실은 것이다.

최근 국민대학교 한국학연구소는 교육인적자원부의 BK사업의 일환으로 금석문 자료를 정리하여 왔다. 아직 그 연구 업적이 책으로 간행되지는 않았으나 이미 알려진 금석문에 대해서는 교감과 함께 주석 및 연구 성과를 정리하였고, 알려지지 않은 자료를 문집 등에서 찾아내려는 노력을 계속하였다. 특히 금석문의 교감과 주석은 당대의 기본적인 연대기 자료와 연결하여 행해졌고, 조선시대의 묘지명・신도비・묘표・묘갈 등을 『문집총간』에서 새로 뽑아 제시하였다.

앞으로 5년간에 걸쳐 한국 금석문 종합영상 DB를 구축하면서, 지금까지 산발적으로 연구되거나 정리된 금석문은 일관된 체계를 가지면서 총체적으로 재정리되어야 한다. 이러한 작업과정에서 그 동안 심혈을 기울여 연구해 온 개인이나 연구소 또는 기관의 연구 성과가 잘 반영되어야 한다. 그러기 위해 연구자나 기관은 이번 금석문 종합영상 DB 구축사업 주체와 유기적으로 협동하는 방안이 모색되어야 할 것이다. 금석문 자료가 아무리 유익한 것이라 하더라도 그 정확성이 보장되지 않으면 사료적 가치는 떨어질 수밖에 없다. 금석문 자료는 오랜 세월을 지나면서 마모되거나 훼손되어 정확한 글자를 판독하기 어려운 경우가 많다. 마모된 글자를 정확하게 판독하거나 훼손된 글자를 복원하는 작업은 금석학에 대해 조예가 깊은 전공자에 의해 수행될 수 있다.

금석문 종합영상 DB 구축사업은 각 금석문이 세워졌을 때부터 지금까지의 마모되어 간 모습을 가능한대로 모두 영상에 담아야 한다. 때문에 일차적으로 그것은 현재 전하는 금석문의 모습을 사실적으로 수록하고는, 그 이전의 모습을 가능한 한 찾아서 곁들여야 한다. 그런 다음 현재의 마모되거나 훼손된 금석문의 본 모습을 복원하려는 노력을 경주하여야 한다. 금석문의 현재 상태를 그대로 영상으로 담는 작업은 능숙하게 탁본할 수 있는 능력을 가진 자에 의해 수행되면 보다 성공적으로 이루어 질 것이다. 그러나 이전의 모습을 찾는 작업이나 원 모습을 복원하는 작업은 고도의 심화된 전공영역을 필요로 한다. 금석문 종합영상 DB 구축사업이 지금까지 금석문에 대해 혼신의 노력으로 연구를 계속해 온 자들을 필요로 한 이유를 바로 이런 데에서 찾을 수 있다.

2) 금석문 자료의 정확성 제고

(1) 기초자료의 충실한 조사

한국 금석문 종합영상 DB를 구축하기 위해서는 현재 전하는 금석문은 물론 파손되거나 없어진 금석문을 모두 모아 정리하는 작업이 선행되어야 한다. 곧 한국 금석문의 종합목록을 만들 필요가 있다. 사실 일제 때 편찬된 『조선금석총람』은 먼저 전국에 산재한 금석문의 종합목록이 작성된 기반 위에서 편찬되었다. 금석문의 종합적인 목록으로 이미 편찬된 업적은 다음과 같다.

① 張忠植, 『韓國金石總目』(동국대 출판부, 1984)
② 金東洙, 『金石文資料便覽』(京仁文化社, 1991)

『한국금석총목』은 삼국시대부터 1980년까지의 금석문 목록집으로, 금석문을 도별(道別)·지역별·연대순으로 배열하였다. 이에 비해『금석문 자료편람』은 무려 1932종의 금석문을 묘지명·탑비(塔碑)·등명(燈銘)·불상명·종명(鐘銘)·기명(器銘) 등의 종류별로 배열하였다. 두 책은 대체로 금석문의 소재지 및 연대·크기·찬자(撰者)·서자(書者) 등을 기록하였다. 다만 장충식이나 김동수는 금석문의 중요성을 인식하면서, 그것을 학계에서 쉽게 이용할 수 있는 편의를 제공하려는 의도에서 금석문 목록을 작성하였다. 따라서 위의 두 책은 알려진 중요한 자료를 우선적으로 정리하려는 목적을 지녔고, 새로운 자료의 발굴 등에 눈을 돌릴 수 없었다. 이가 바탕이 되어, 앞으로 금석문 자료집을 총체적으로 작성하겠다는 의지는 빠져 있는 셈이다.

학문 연구의 편의를 위한 목록 작업이 기반이 되어, 금석문 자료를 총정리할 수 있는 기초 자료로서의 금석문 종합목록이 작성되어야 한다. 금석문 종합영상 DB를 구축하기 위한 기초자료로서 금석문 종합목록의 작성은 가장 시급한 문제이다. 현재 종합영상 DB의 구축을 위한 금석문으로 약 9000여 종이 알려졌고, 그 중 8000여 종을 자료집 속에 수록할 것이라 한다. 그런데 바로 이런 작업 자체가 너무 안이하게 처리되었다. 그것은 한국 금석문의 종합목록을 작성하는 것과 그 후에 다시 수록할 자료를 선정하는 것의 두 방향으로 나누고, 그 각각의 작업이 충실한 기초조사를 바탕으로 이뤄져야 한다.

한국 금석문 종합목록을 작성하는 작업은 무엇보다도 중요하다. 이것도 엄격하게 두 방향에서 진행되어야 한다. 첫째는 지금까지 전하는 금석문이나 탁본을 조사하는 것이요, 둘째는 알려지지 않았던 금석문을 새로 찾아내는 것이다. 대체로 고려시대 말에 이르기까지에는 알려진 금석문을 철저하게 수록하는 작업이 주가 되겠지만, 조선시대에는 알려지지 않은 금석문을 새로 찾아내는 작업도 중요할 수 있다. 금석문 종합목록의 작성과정에서 지금까지 연구하고 정리한 금석문 관련 연구 성과가 충실하게 흡수되어야 한다. 그런 면에서 헌신적으로 연구한 개인이나 기관의 업적은 소중한 것이다.

지방 자치단체에서 기획하고 정리한 금석문집도 유념해야 한다. 그 중 중요한 것을 들면 다음과 같다.

① 『京畿金石大觀』(1~7권, 1982~1996)
② 『서울金石文大觀』(1·2권, 1987·1988)

그 외에도 『부산시금석문(釜山市金石文)』 등이 전한다.[8] 이들 금석문집은 고대에서 1910년에 이르기까지 해당 지역에 존재하는 금석문의 원문을 싣고, 이를 번역·주석한 것이다. 그 외 각 금석문의 연대나 크기 등을 기재하였다.

광역 자치기관의 금석문에 대한 관심은 지방의 시군(市郡) 자치기관으로까지 확산되었고, 그 지역의 금석문집이 간행되었다.[9] 대체로 지방의 시군 문화원은 그 지역의 금석문집을 간행하였고, 그러기 위해 해당 지역 금석문의 탁본을 소장하고 있다. 금석문집을 간행하지 않았다고 하더라도, 시군의 문화원은 그 지역 금석문의 소재를 대체로 소상하게 파악하였을 뿐만 아니라 현재 전하는 금석문의 탁본을 소장하고 있다. 금석문 종합목록을 작성하면서 지방 자치단체의 문화원과 긴밀한 협조체제를 구축해야 한다.

---

8) 부산산업대 향토문화연구소, 『부산시금석문』(도서출판 地平, 1984)은 지방 자치기관이 편찬한 것은 아니다. 총 122종의 금석문을 연대순으로 배열하였고, 각 금석문의 소재지·건립 연대·서체와 함께 금석문의 번역 및 주요 탁본의 영인을 실었다.
9) 경기도의 경우 각 市郡의 문화원이 금석문집을 간행하였는데, 『高陽金石文大觀』(1권, 1988)·『抱川금석문대관』(1권, 1988)·『비문으로 본 양주의 역사』(2권, 1988) 등이 이에 속한다. 이들 금석문집에는 원문과 함께 번역·주석은 물론, 금석문의 사진과 탁본을 수록하기도 하였다. 또한 始興郡誌 편찬위원회는 『시흥 금석총람』(1988)을 편찬한 바 있다.

특히 각 지방 자치기관의 문화원은 지금까지 잘 알려지지 않은 금석문의 소재를 파악하고 있는 경우가 많다. 물론 이런 금석문은 그 가치가 입증되지 않은 것이지만, 종합목록 속에 반드시 수록되어야 한다. 또한 개중의 어떤 것은 의외의 가치를 지닐 수도 있다. 조선시대에 지방 백성이 동원되어 개천의 다리를 건설하는 등 중요한 공역 관계를 기록한 비가 건립되었다. 그러한 비문은 잘 알려지지 않은 것이 많은데,10) 사실 그 내용은 당대 사회사를 이해하는데 대단히 중요하다. 이와 곁들여 해외에 있는 금석문의 소재를 파악해야 한다. 아직도 중국이나 일본 등 지역에는 알려지지 않은 한국관계 금석문이 존재하고 있다.11) 해외에 소재한 금석문을 수집하고 새로운 것을 발견하려는 노력은 계속되어야 한다.

조선시대의 묘지명·신도비·묘갈·묘표 등은 알려져 있지 않은 것이 매우 많다. 이러한 금석문을 찾아 정리하는 작업이 함께 행해져야 한다. 조선시대의 문집이 240여 권에 달하는 『한국문집총간』으로 간행되었다. 이들 문집 속에는 무수한 묘지명이나 신도비명 등이 실려 있다. 이들은 대체로 당대에 금석문으로 건립된 것이 많다.12) 『한국문집총간』의 한 책 속에 평균 25개 정도의 묘지명이나 신도비명 등이 나온다. 현재 『한국문집총간』 속에 전하는 금석문을 찾아내는 작업은 국민대학의 한국학연구소에서 진행 중이라 그 결과를 정확하게 알 수는 없지만, 240여 권의 『한국문집총간』 속에는 약 3500여 종의 묘지명이나 신도비명 등이 수록되어 있

---

10) 「德水慈氏橋碑」는 현종 1년(1660) 고양군 東山洞에 세워졌는데, 지금도 통일로 변의 숫돌 고개에 위치하고 있다. 그것은 한양과 북부 지방을 연결하는 關西路 중 고양 德水川(또는 昌陵川) 위에 다리를 건립한 사실을 기록하였다. 그 내용은 공사의 진행 기간, 사용 경비 그리고 도움을 준 사람들의 이름을 기록한 것이며 이두로 적고 있다. 이와 비슷한 성격으로 건립된 「新院德明橋碑」가 신원동에 있다. 이 두 비는 매우 중요한 것임에도 잘 알려져 있지 않다.
11) 공개되지 않은 것이지만 중국 定州 지역에서 최근에 義慈王碑가 발견되었다고 한다.

다고 추측된다. 그러한 묘지명의 주인공들은 알려진 자들도 있지만, 평생을 잘 알 수 없거나 여자인 경우도 많다.

일단 한국 금석문 종합목록에 수록될 금석문이 결정되면, 그 각각에 대한 실증적 자료를 첨부해야 한다. 왜냐하면 그러한 실증적 자료는 그것을 선별하여 자료집으로 재구성할 때에 필요하기 때문이다. 조사된 실증적 자료는 금석문 종합영상 DB를 구축할 때에 함께 수록되어야 할 부분이기도 하다. 우선 현재 전하는 금석문을 조사하거나 탁본하는 경우 그것의 소재지나 크기 등을 조사해야 하겠지만, 이와 함께 금석문 자료가 발견된 원래 지역의 환경에 대해 기록해야 한다. 아울러 『조선고적도보』 등의 문헌에 실린 발견 당시의 모습을 알려주는 사진자료가 참고될 수 있다. 그 외 금석문 자체의 상태나 돌의 재질 또는, 종명(鐘銘)·탑명(塔銘)·기명(器銘) 등에서 문자가 새겨진 위치나 음각(陰刻)·양각 등을 기록해야 한다. 다음으로 각 금석문의 출전을 철저하게 조사하고, 탁본의 경우 여러 곳에 산재한 소장처를 가능한 한 모두 기록으로 남겨야 한다.

금석문 종합목록이 완성되려면 수집된 자료를 분류하여 체계적으로 정리하고, 마지막으로 참고하기 쉽게 해야 한다. 우선 금석문은 지역별·연대별·내용별로 구분되어야 하고,[13] 그것이 모두 불분명한 자료는 따로

---

12) 물론 『한국문집총간』에 나오는 묘지명이 모두 건립된 것은 아닐 것이다. 그 중 신도비명에 書者가 기록된 경우가 허다하다. 尹斗壽, 『梧陰遺稿』 附錄에 윤두수의 「神道碑銘」이 나오는데, 그것을 崔岦이 찬술하였고, 汪煇가 글씨를 썼으며 그 篆字를 金尙容이 썼다고 하였다. 글쓴이가 기록된 묘지명은 세워졌음이 분명하다. 그렇지 않는 경우에도 문집 속에 나오는 묘지명이나 신도비가 세워졌을 가능성이 많다. 『栗谷全書』 拾遺 권6에 실린 「平海郡守申公墓碣銘」에는 "求碣銘于珥"라고 하였다. 곧 申碩汀의 묘갈명이 세워졌음을 알려 준다. 또한 尹淳, 『白下集』 권6에 실린 「贈弘文館副修撰李君墓表」는 윤순이 찬술한 李山培의 묘표인데, 글쓴이가 적혀 있지 않다. 그러나 이 묘표는 세워졌고, 현재 경기도 양평군 西宗面 水入里에 전한다. 지금 전하는 「이산배묘표」에는 윤순이 찬술하고 아울러 글씨를 썼다고 기록되어 있다. 이로 보면 문집총간에 나오는 묘지명이나 신도비명 등은 대체로 세워졌을 것으로 추측된다.

구분하되 수록된 문헌의 연대별로 정리하거나 용도나 소재(문헌의 형태) 별로 배열할 수도 있다. 일단 금석문 종합목록이 작성되면 그 중 각각의 금석문을 선별하여 자료집으로 정리하는 작업은 대체로 새로 발견되었거나 잘 알려지지 않았던 금석문을 중심으로 진행될 것이다. 그러나 그 선별작업은 고도의 전문성이 요구된다. 전문가로 구성된 선정위원회를 만들어야 한다. 한국 금석문 종합목록의 각 금석문은 선정위원회에서 심의를 거쳐 최종의 확실한 종합영상 DB의 자료로 선정되어야 한다.

(2) 교감 · 번역 · 역주작업

금석문이 종합영상 DB의 자료로 선정되었을 경우, 그것을 정확하게 판독하여 교감 · 번역 · 주석하는 작업은 서로 연결된다. 교감을 통해 정확하게 판독된 금석문을 번역 · 주석해야 하기 때문인데, 한편으로 그것을 주석하여 의미를 부각할 수 있을 때에 정확한 교감이 이뤄진다. 그러므로 교감과 번역 · 주석 작업은 그 선후나 중요도를 가릴 수 없다. 하물며 금석문 중 마모된 글자를 판독하거나 훼손된 부분을 복원하는 것은 단순한 교감의 영역을 넘어설 수밖에 없다.

지금까지 정리된 한국 금석문집 속에 수록된 금석문에는 오자(誤字)가 많은데, 우선 이를 바로 잡는 것이 중요하다. 오자를 수정하는 작업은 비교적 단순한 교감으로도 가능하다. 탁본을 구해 대조함으로써 그것의 수정이 가능하다. 마모되거나 훼손된 금석문의 경우 훼손되기 이전의 금석문을 구해볼 수 있으면, 오자나 결자를 쉽게 찾아낼 수 있다. 그러나 금석문의 마모나 훼손은 단시일에 일어난 것이 아니고 오랜 시일에 걸쳐 서서히 진행되기 때문에, 탁본에도 문제된 부분이 실제로 정확하게 나타나지

---

13) 허흥식,「韓國 金石文의 정리현황과 전망」(『民族文化論叢』2 · 3, 영남대, 1982, p.243).

않은 경우가 많다. 이런 문제를 해결하기 위해서는 교감과 주석 작업은 전공자들에 의해 심화된 방법으로 추진되어야 한다.

금석문의 교감에서 가장 중요한 것은 감식(鑑識)에 의한 연대를 확실히 하는 작업이다. 사실 고대의 금석문은 간지(干支)로 표기되거나 아예 간지까지 없는 경우가 많아, 그 연대를 규명하는 일이 쉽지 않다. 역서(曆書)를 응용하여 일간지(日干支)나 윤월(閏月)로써 연대를 확정하거나 또는 피휘(避諱)나 결획(缺劃)·서체(書體) 등으로 연대를 추정해야 한다.[14] 연대가 확정되면 다음으로 각 자료를 대조하여 가장 신빙성 있는 자료를 토대로 표준이 되는 원본을 작성하고, 표준본 금석문을 정리하기 위한 교감기(校勘記)를 따로 만들 필요가 있다.[15] 탁본을 서로 대조하는 작업도 중요하다. 오래 전에 만들어진 탁본은 최근의 것보다 파손되지 않는 금석문의 모습을 담고 있다. 판독하여 수록한 기록도 오래된 것이 더 확실하다. 문집에 수록된 금석문과 현존하는 금석문의 탁본을 대조하는 작업도 중요하다.

감식에 의한 교감은 가장 중요하면서도 각 금석문과 그것의 탁본이 상당수 남아 있어야 가능하다. 또한 유물의 형태나 금석문의 내용을 분석하여 금석문을 교감하고 주석할 수 있다. 그러기 위해 각 금석문과 관련된 문헌이나 연구 논저를 정리하는 작업을 병행해야 한다. 물론 금석문과 연관된 문헌이나 연구 논저의 정리는 금석문 종합목록을 작성할 때 함께 수록해야겠지만, 그것의 분석을 통해 실제로 금석문의 교감과 주석이 이뤄져야 한다. 김정희의 『금석과안록』은 미흡하지만 그러한 것이다.

금석문의 내용은 작성될 당대의 연대기 자료나 문집과 연결하여 분석함으로써 보다 분명한 실체를 드러낸다. 금석문의 오자나 결자는 이런 방

---

14) 허흥식, 앞의 논문(앞의 책, p.244).
15) 허흥식, 앞의 논문(앞의 책, p.244).

법으로 보완될 수 있다. 특히 금석문의 탁본은 전체의 모습을 그대로 알려주는 것도 있지만, 서첩(書帖)으로 전하기도 한다. 서첩은 보존하고 열람하기에 편리하게끔 대형의 탁본을 행마다 오려내어 위치를 변경함으로써, 전체의 모습을 파악하기 어렵게 만들었다.[16] 또한 그것은 금석문의 내용보다는 서예를 공부하기 위한 목적을 지녔다. 때문에 그 중의 어떤 것은 오려낸 행을 뒤바꾸어 배접한 경우도 있다. 그런데 탁본의 서첩은 대개 고려 때까지 세워졌던 오래된 금석문을 대상으로 한 것이어서, 금석문 유물 자체나 완전한 모습의 탁본을 구해 볼 수 없는 것이 대부분이다. 그럴 경우 탁본의 서첩은 대단히 중요하지만, 전후 문장이 바뀌었을 가능성을 가졌다. 실제로 일연비(一然碑)의 음기(陰記)는 원 모습을 잘 알 수 없게 배열된 것이다.[17] 금석문 내용의 참 모습을 당대의 문집이나 역사서 속에서 구체적으로 찾아내어, 뒤바뀐 문장이나 글자를 교정하는 작업은 중요하다.

다음으로 교감이나 주석 작업의 수준을 높이기 위해 각 금석문의 내용에 대한 연구 업적을 학설사적 측면에서 검토해야 한다. 아울러 각 금석문의 내용을 분석하는 연구 작업이 병행되어야 한다. 그런 면에서 다음과 같은 학회의 업적은 소중한 것이다.

① 丹陽赤城碑에 대한 종합 토론회(1978, 『史學志』 12에 종합 정리되었음)

---

[16] 허흥식, 「韓國 金石文의 현황과 과제」(『韓國史學』 16, 한국정신문화연구원, 1996, p.113).
[17] 一然碑의 陰記를 복원하려는 최초의 연구는 다음과 같다.
蔡尙植, 「普覺國尊 一然에 대한 연구」(『한국사연구』 26, 1979).
채상식, 「麟角寺 普覺國尊 一然碑 陰記에 대하여」(『語文研究』 통권 25·26합집, 蘭汀 南廣祐박사 화갑기념 특집호, 1980).
그 후에도 일연비를 복원하려는 노력은 계속되었고, 다음과 같은 연구가 있다.
朴永弴, 「高麗 麟角寺 普覺國師碑銘」(『古書研究』 남애安春根先生 화갑기념논문집, 한국출판판매 주식회사, 1986).
金相鉉, 「인각사 보각국사비」(『한국학보』 62, 1991, 봄호).

② 中原高句麗碑에 대한 종합 토론회(1979, 『사학지』 13에 종합 정리되었음)

이는 단양적성비와 중원고구려비의 판독에서부터 교감과 함께 그 내용을 전문학자가 공동으로 분석하고 종합적으로 연구한 것이다. 그 외에도 새로 발견된 영일(迎日) 냉수리신라비(冷水里新羅碑)나 울주(蔚州) 천전리서석(川前里書石)·무령왕릉(武寧王陵)의 지석(誌石)·영천(永川) 청제비(菁堤碑)·남산신성비(南山新城碑)·진흥왕 순수척경비(巡狩拓境碑)·광개토왕릉비(廣開土王陵碑) 등에 대한 집중적인 연구가 이뤄졌다. 또한 이우성(李佑成), 『신라사산비명(新羅四山碑銘)』(아세아문화사, 1995)이나 최영성(崔英成), 『역주(註解) 사산비명(四山碑銘)』(아세아문화사, 1987) 등도 금석문의 역주 작업으로 중시된다.

금석문 각각의 내용을 종합적으로 검토하는 연구 업적이 쌓이면서, 그것을 교감하고 역주하는 수준은 자연적으로 높아질 것이다. 그런 면에서 금석문 종합영상 DB를 구축하려는 사업 기간이 5년에 한정되는 것은 바람직하지 않다. 금석문의 완전한 교감과 주석은 단시일에 이뤄질 수 없다. 새로 발견되는 묘지명이나 금석문 속에 나오는 인물에 대한 사서(史書)의 열전이나 행장 등을 참조하여,[18] 그 가계나 평생 또는 중요한 업적이나 행적을 수록하여야 한다. 오랜 시일을 두고 중요한 금석문의 내용에 대한 종합적인 검토가 학술토론회 형식으로 계속해서 진행되어야 한다. 아울러 금석문의 주변 상황에 대한 것을 문헌 자료 속에서 찾아 수록하면서, 그 내용에 대해 전문적으로 연구해야 한다.

---

18) 허홍식, 「한국 금석학의 현황과 과제」(앞의 책, p.115).

3) 금석문 종합영상 DB의 학문적 응용

(1) 자료 이용의 편리한 방법 모색

한국 금석문 자료가 방대하게 수집·정리되었을 경우, 그것을 편리하게 이용할 수 있는 방법이 모색되어야 한다. 이는 금석문 종합영상 DB를 용이하게 사용하는 방법과 바로 연결된다. 그런 의미에서 한국 금석문 총색인이 필요하다. 궁극적으로 색인은 이용자들에게 편의를 제공하려는 목적을 가졌다. 금석문 총색인이 다양한 분류 방법에 의해 여러 가지 측면에서 세밀하게 작성되면, 이를 기초로 금석문 종합영상 DB의 이용을 쉽게 하는 방도를 이끌어 낼 수 있다.

한국 금석문집 자료가 다소 정리되었지만, 그 종합적인 색인이 이뤄지지 않고 있다. 현재 한국 금석문에 대해 부분적인 색인이 이뤄진 것은 다음과 같다.

① 김용선 편저, 『高麗墓誌銘集成 索引』(한림대 아시아문화연구소, 1997)
　김용선 편저, 『고려묘지명집성 색인』(원문·역주, 한림대 아시아문화연구소, 2001)
② 權悳永 편저, 『韓國古代 金石文綜合索引』(學研文化社, 2002)

김용선은 『고려묘지명집성』을 방대하게 편찬하였고, 묘지명 속에 나타난 인명·관직명·지명 등 기타의 중요한 사항을 뽑아서 발음순으로 배열하여 그 색인을 편찬하였다. 1993년에 『고려묘지명집성』이 처음 간행되었을 때에는, 「人名索引」을 권말의 부록으로 붙였다. 1997년에 『고려묘지명집성』의 개정판이 출간되면서, 색인도 대폭 증보하여 별책의 종합 색인집으로 간행되었다.[19] 『고려묘지명집성 색인』(원문·역주)은 『고려묘

---

19) 김용선 편저, 『개정판 고려묘지명집성 색인』(한림대 아시아문화연구소, 1997, 머리말).

지명집성』과 그 역주본을 함께 묶어 색인을 작성한 것이다.

권덕영은 BC. 2세기경부터 10세기 중엽까지 약 1200년 동안의 우리나라 금석문 600여 점을 대상으로 금석문 종합색인을 작성하였다. 『한국고대 금석문종합색인』에는 금석문 가운데 고유명사를 중심으로 인물, 지리, 관직, 사찰·탑·상(像)·종(鐘)·비(碑), 국가·연호(年號)·궁궐·능묘(陵墓)·건축물, 성씨·가문·종족, 전적·시문 등 8항목으로 분류하고 각 항목을 다시 세분함으로써, 연구자들이 쉽게 관련 내용을 찾아볼 수 있도록 정리하였다.[20] 특히 이 책에는 3600여 항목에 이르는 각주가 붙여졌다. 각주가 많아진 이유는 이 책이 특정한 자료집을 저본으로 정하지 않고, 실물 혹은 그것의 탁본을 대상으로 하여 여타의 자료집에서 판독한 글자와 대조하고, 각각의 판독문 사이에 이동(異同)이 있으면 각주로 달았기 때문이다.[21]

『한국고대 금석문종합색인』은 주제별의 분류 색인과 함께 발음순의 종합색인을 함께 제시하였다. 이 책은 부록으로 금석문 원자료의 각각에 대해 수록한 문헌을 제시하였을 뿐만 아니라 그것을 판독하여 동이를 교감할 때 사용된 금석문집을 모두 나열하였다. 또한 앞의 두 색인집은 작성할 때의 문제점을 '일러두기'에서 상세하게 제시하였다. 이런 면은 앞으로 한국 금석문 총색인을 만드는 작업에서 충분히 고려해야될 부분이다. 현재 한국 금석문 총색인 작업은 한국고대 또는 묘지명에 한하여 작성되었다. 이러한 작업이 기초가 되어 다음으로 고려·조선 등 시대별 또는 묘지명뿐만 아니라 탑비나 기명(器銘) 등 유물의 종류별로 각각 색인 작업이 이뤄져야 한다. 이런 작업을 거치면서 한국 금석문 총색인은 보다 완전하게 만들어질 수 있다.

---

20) 권덕영 편저, 『한국고대 금석문종합색인』(학연문화사, 2002, pp.6~7).
21) 권덕영 편저, 위의 책(p.5).

금석문 총색인을 만들면서 무엇보다도 중요한 것은 표제어를 뽑아내는 작업이다. 이는 원칙적으로 고유명사를 중심으로 선정해야 하지만, 일반적인 역사나 불교용어 등은 물론이거니와 내용상으로 중요한 것 또는 은유나 비유의 표현 등을 유념해야 한다. 아울러 교감에 의해 달라진 여러 표현들도 모두 망라해야 한다. 표제어의 선정 작업에 금석문 각각의 내용이나 연구 성과에 정통한 전공자가 동원되어야 한다. 특히 내용상으로 중요한 표제어를 선정하는 작업은 전문성을 요구할 뿐만 아니라, 비슷하면서도 달라 보이는 표제어를 항목으로 설정하는 작업 역시 역사적 사실에 정통해야 쉽게 수행될 수 있다. 선정된 항목은 일단 발음순의 통합색인으로 작성하고, 그런 다음 주제별의 분류색인을 따로 만든다. 분류별 색인 작업이 충실하게 이뤄졌을 경우, 이를 이용한 금석문 종합영상 DB의 검색작업은 한층 용이해진다.

　한국 금석문 총색인은 금석문 종합영상 DB의 검색작업을 성공적으로 이루는데 도움이 되겠지만, 두 영역이 반드시 일치하는 것은 아니다. 그 이유는 후자가 전자와는 달리 금석문의 일부분 또는 특정 글자나 그 획(劃) 등을 구체적으로 찾아보려는 의도를 지녔기 때문이다. 금석문 종합영상 DB의 검색작업은 금석문 총색인은 물론 앞에서 언급한 한국 금석문 종합목록을 함께 이용하면서 구축된다. 또한 DB의 검색에 필요한 금석문 종합목록이나 총색인의 분류는 다소 반복될 지라도, 여러 방면에서 세분화하여 체계화할 필요가 있다. 발음순 외에 종합목록은 지역별·시대별(왕조별)·자료별·실린 문헌별 등으로 다양하게 나누고, 이러한 분류에 따른 색인을 따로 만든다. 다만 금석문의 종합적인 분류별 색인은 대단히 중요하지만, 이를 어떻게 설정하는지의 문제는 충분한 논의를 거쳐야 한다. 금석문 속에 나오는 모든 고유명사와 중요한 내용의 일반 명사나 비유적인 표현 등을 인명이나 지리·관직 등의 항목뿐만 아니라 정치·사회·경제·문화 등으로 나누고 또한 그것을 세부 영역으로 구분해 정리한다.

그리하여 하나의 표제어가 분류된 가능한 많은 항목 속에 나타나도록 설정함이 바람직하다.

마지막으로 금석문 종합영상 DB의 검색망을 작성하는 데에는 전산전문가와 동시에 전산에 밝은 금석학 또는 역사학 전공자가 함께 참석하는 것이 좋다. 아울러 서체에 밝은 자가 같이 작업해야 한다. 그리하여 모든 금석문의 특정 부분이나 문제된 글자 또는 그 획의 모양까지를 확대하여 살필 수 있어야 한다. 물론 금석문 종합영상 DB를 이용하는 자는 역사학 등의 전공자들이다. 그들이 이를 이용하려고 할 때 분류된 어느 항목으로 검색하여 들어가도, 결국에는 찾으려는 자료에 쉽게 접근할 수 있어야 한다. 그렇지 않고 그것을 어느 한 항목에서만 접근할 수 있게 만들었기 때문에, 최종적으로 구하려는 직접적인 자료가 아닌 경우에 찾을 수 있는 안내나 항목을 제시하고 있다. 이는 바람직한 것이 아니다.

금석문 종합영상 DB 구축사업의 처음 1년간은 금석문 원자료를 전산 입력하려는 것으로 계획을 세웠다. 실제로 전산 입력하기 위한 표준 자료를 설정하는 작업은 쉬운 것이 아니고 또한 많은 노력이 든다. 따라서 원자료의 교감 작업은 계속해서 꾸준히 진행되어야 한다. 금석문 종합영상 DB의 검색 작업도 한국 금석문 종합목록이나 총색인이 작성된 후에 시행될 수 있다. 특히 금석문 총색인 작업은 원자료의 교감과 번역·주석 작업이 마무리된 상태에서 이뤄진다. 그러므로 기계적인 원자료의 전산 입력 후에도 금석문의 기초 정리 작업은 계속되어야 하고, 특히 금석문의 총색인과 DB의 검색 작업은 병행하여 이뤄져야 한다.

(2) 금석문의 보존 작업

금석문은 역사 연구의 일차 자료로써, 특히 문헌이 부족한 한국고대사 연구에 도움을 준다. 대체로 주인공을 미화하는 특성을 가진 것을 감안하면, 금석문은 당대 사람들이 직접 남긴 자료로서 역사연구에 매우 소중한 자료이다. 행적이나 사적이 오랫동안 남겨지기를 원했기 때문에 금석문은 끊임없이 제작되었다. 그러나 그것은 오랜 기간 존속하면서 자연적으로 또는 인위적으로 파괴되기도 하였다. 금석문을 앞으로 잘 보존하는 작업은 파괴되는 경위를 정리하여, 그 원인을 제거하는 방향에서 이뤄져야 한다.

금석문을 포함한 모든 유물은 시간이 지날수록 원래의 모습에서 멀어지게 마련이다. 자연적인 파손은 기후나 재난 등으로 발생하지만, 비문은 인위적으로 파손되는 경우가 많은데, 부주의해서라기보다는 고의로 파괴되었다. 고의적으로 파손된 동기는 시대별로 달라지는 경향을 보이기 때문에, 이를 정리하면 비문과 얽힌 사회사의 일면을 엿볼 수 있다.[22] 우선 한 왕조가 이전 왕조의 금석문을 파괴하는 경우가 많다. 그 이유는 풍수지리설에 의해 지세를 끊거나 또는 금석문의 문장이나 문체가 마음에 들지 않기 때문이다. 특히 조선시대에는 고려시대의 비석이 수난을 당하였다. 사대부나 고급 관료의 신도비나 묘비가 많이 세워지면서 조선시대에는 비석재료의 수요가 확대되었다. 그러나 석재의 감별과 채취나 운반 기술이 향상되지 않아 그 공급이 부족하게 되자, 고비(古碑)를 깎아 신도비를 만들었다.[23]

오래된 비석에 대한 수난은 고려시대에 만연했던 풍수설이 조선시대의 문중의식에 편승하여, 출세를 위한 음덕(陰德)을 얻고자 갈망함으로써 더욱 부채질되었다. 고비가 세워진 자리는 음택(陰宅)으로서는 길지(吉地)라고 보아, 조선후기의 사족들이 이를 파괴한 다음에 거기에 묘지를 조성하였다.[24] 또한 조선시대에는 서예를 위해 탁본을 제작하는 경우가 많

---

22) 허흥식, 「금석문의 破損원인과 復原방법」(『정신문화연구』 16권 3호, 1993, p.88).
23) 허흥식, 위의 논문(위의 책, pp.89~90).
24) 허흥식, 위의 논문(위의 책, p.92).

았는데, 그 과정에서 금석문에 치명적인 손상이 생길 수도 있었다. 탁본할 시기를 잘못 선택하거나 석질(石質)을 감안하지 않고 탁본을 뜨면 파손되기 쉽다.[25] 또한 세도가의 하인이나 그 지휘를 받은 노복들이 탁본을 행하면서 민폐를 끼치기 때문에, 이에 대한 지방 백성들의 분노를 자아내었다. 유명한 서체로 쓰인 비석의 탁본은 매우 빈번하게 행해졌기 때문에, 왕희지(王羲之) 서체로 집자(集字)한 보각국존비(普覺國尊碑 : 일연비)나 홍각(弘覺)선사비의 수난은 더욱 심하였다. 그리하여 비를 찾거나 탁본을 요구하는 것을 귀찮게 여긴 지방관이 앞장서서 비석을 파괴하였다. 혹은 비석을 마구간이나 마루 밑에 숨기기도 하였다.

파손되어 없어진 금석문을 정리하는 작업은 그것의 복원과 보존을 위해 매우 중요하다. 있다가 없어진 일비(佚碑)나 파손된 일부분이 남아 있는 단비(斷碑 또는 殘碑)를 세밀하게 조사하여 그 목록을 작성해야 한다. 비문의 파편이나 탁본의 일부를 찾아내면, 그것은 소재지나 형태를 확인시켜 줄 귀중한 자료로 활용될 수 있다. 이 부분에 대해서는 이미 허홍식이 14세기까지의 금석문 약 670종 중에서 150종 가량의 일비나 단비의 목록을 개인적으로 작성한 바 있다.[26] 또한 국외로 유출된 금석문의 소재와 내용의 확인 작업을 서둘러야 한다.[27]

일비나 단비의 목록이 종합적으로 작성되기 위해서는 앞으로 고고학의 발굴에 기대를 걸어 본다. 이와 함께 성곽의 석축(石築)이나 가옥의 주춧돌, 건물의 축대 등을 지표조사하면 일비나 단비 등을 찾아낼 수 있다.

---

25) 탁본은 계절과 관련이 크므로 초여름이나 초가을에 행하는 것이 가장 좋고 겨울에 행해서는 안 된다. 탁본은 주로 濕拓을 행하기 때문에 물기가 마르지 않고 얼어붙으면, 아무리 석질이 우수한 비석이라 하더라도 파손되기 쉽다. 실제로 비석은 습기를 머금고 있을 때에 가장 풍화하기 쉽다.
26) 허홍식, 「금석문의 훼손원인과 복원방법」(앞의 책, p.94).
27) 조동원, 「한국 금석문 연구의 現況과 課題」(『국사관논총』 78, 1997, p.80).

북한에서 제작·정리·출간된 자료를 종합적으로 수집하면서, 북한에 소재하고 있는 수많은 금석문을 조사할 필요가 있다.[28] 그러면서 『한국문집총간』 속에 나오는 묘지명 등의 금석문을 발췌해야 한다. 아울러 금석문이 나올 충분한 가능성을 가진 유물들, 예를 들어 왕릉비(王陵碑)나 축성비(築城碑) 등을 찾으려는 노력을 계속해야 한다.

금석문을 보존하는 방법은 우선 현재 전하는 금석문의 상태를 사실적으로 영상에 담는 것과 동시에 그 원 모습을 복원하는 작업이다. 이와 연관하여 이미 세워진 중립비(重立碑)와 복원비가 주목될 수 있다. 그 중 중립비는 본래의 비석에 새로운 사실을 추가하여 세웠기 때문에 본래의 비를 판독하고 해석하는데 도움을 준다. 없어진 비의 원형을 복원하는데, 탁본이나 사진 또는 문집본이 근거가 된다. 전지를 그대로 보존한 탁본의 경우 금석문의 원형을 복원하는데 유리하다. 그러나 서첩으로 된 탁본이나 기록만 남은 금석문의 복원은 대단히 어려운 작업이다.

금석문의 복원 작업에서 우선 중시될 수 있는 것은 지표조사이다. 지리지나 기행문 등을 참조하여 세밀하게 조사해야 한다. 금석문은 당시의 유적과 밀접한 관련을 갖기 때문에 인근의 사지(寺址)나 고분·읍치(邑治) 등 유적과의 거리나, 그것에 관한 구전(口傳) 등을 참조하면서 조사해야 한다.[29] 아울러 유적이나 유물에 관한 고적도보의 사진이 있을 경우 참조된다. 마모된 금석문의 복원에는 현대의 첨단 과학기술의 도움이 필요하다. 첨단 과학기술을 이용하여 훼손되기 이전의 모습을 재현시키고 마모된 글자를 정확하게 판독함으로써, 금석문의 원형을 복원하는 기초 자료를 마련할 수 있다.[30]

---

28) 조동원, 위의 논문(위의 책, p. 81).
29) 허흥식, 「금속문의 훼손원인과 복원방법」(앞의 책, p.96).
30) 조동원, 「한국 금석문 연구의 현황과 과제」(앞의 책, p.81).

다음으로 금석문을 잘 보존하는 방법은 이를 활용한 학문연구의 영역을 심화하는 길이 된다. 그런 면에서 금석문은 역사학이나 서예 또는 고고미술사학에서 방계의 보충 자료로 활용하는 범위를 넘어서서, 금석학으로서의 자리를 확립해야 한다. 종합 학문으로서의 금석학이 정립되기 위해 우선 금석문 관계의 논저(論著)목록을 작성해야 한다. 그러한 업적으로 다음은 참고가 된다.

조동원 편저, 『韓國金石文論著總覽』(성균관대학교 출판부, 1988)

조동원은 『한국금석문대계』(7권)를 완간하고는, 그러한 금석문을 활용할 필요에서 금석문 관계 논저목록을 저술하였다. 이 책은 총 3부와 부록으로 구성되었다. 제1부는 금석문 관련 저서를, 제2부는 금석문 관련 논문(인명별 분류), 제3부는 금석문 관련 논문(시대별 분류)을 실었고, 부록에는 주요 금석문의 소재를 소개하였다. 기존의 목록과 달리 이 책은 논저의 목차까지를 수록하여 논지를 쉽게 파악할 수 있게 함으로써, 연구자들에게 금석문 관련 논저의 현황을 알게 하였다.[31]

금석문 관련 논저목록과 함께 해설을 종합하여 제공하면, 금석학의 연구는 심화될 수 있다. 삼국시대의 금석문에 대해서는 문체와 어휘(語彙)의 연구를[32] 넘어서서 심화된 연구가 이뤄졌고, 금석문의 정리 및 연구 현황과 그 과제를 파악하려고 노력하였다.[33] 이 시대의 금석문이 역사연구의 주요 자료로 된 것은 이러한 연구와 관심으로 말미암아 이루어졌다. 금석문을 이용한 연구 성과가 기반이 되어 나온 다음과 같은 종합적인 연구는 주목된다.

---

31) 조동원, 『韓國金石文論著總覽』(성균관대학교 출판부, 1988, 머리말).
32) 梁光錫, 「삼국시대의 금석문과 그 변천 -文體의 전개 양상을 중심으로-」(『성신여자대학 연구논문집』 28, 성신 인문과학연구소, 1989).

金昌鎬, 『六世紀 新羅 金石文의 釋讀과 그 분석』(경북대 박사논문, 1994)

김창호는 이미 신라 금석문의 연구사를 정리한 바 있으며,[34] 이 책은 단양 적성신라비 · 창녕 진흥왕척경비 · 북한산 진흥왕순수비 · 마운령 진흥왕순수비 · 영천 청제비 병진명(丙辰銘) · 명활산성작성비(明活山城作成碑) 등의 내용을 해석하는 것과 함께, 이를 통해 신라의 6부와 지방 통치체제를 분석하였다.

동국대 신라문화연구소가 중심이 되어 「신라 금석문의 현황과 과제」라는 주제로 종합 학술토론회가 개최되었고, 그 연구 성과가 간행되었다.[35] 학회가 중심이 되어 금석문 연구를 종합 학술토론으로 이끄는 것은 중요하다. 삼국시대에 한정하지 않고 금석문의 종합 연구가 고려시대나 조선시대로까지 확대되어야 한다. 그런가 하면 각 대학원의 사학과나 고고미술사학과의 교과과정에 형식적인 금석학 강좌가 아닌 실질적인 강좌가 개설되어야 하며, 금석학이 타학문 분야의 보조과학이 아니라 독립적인 종합학문 영역으로 발전되어야 한다.[36]

마지막으로 금석문의 보존과 복원을 위해 학문적 연구와 병행하여 제도적 뒷받침이 요구된다. 우선 이동하기 쉬운 금석문 유물에 대한 정리가 필요하다. 화엄사의 석경(石經)은 산산조각이 난 채, 그 관리가 소홀히

---

33) 삼국시대의 금석문 연구 현황을 정리한 연구업적은 다음과 같다.
　　張忠植, 「신라 금석문 調査연구의 현단계」(『新羅文化祭 학술발표회논문집』 5, 1991).
　　조동원, 「고구려 금석문의 所在와 연구현황」(『阜村申廷澈교수정년퇴임기념 史學論叢』, 1995).
　　朴性鳳, 「고구려 금석문의 연구현황과 과제 -廣開土好太王碑와 中原高句麗碑를 중심으로-」(『국사관논총』 78, 1997).
34) 金昌鎬, 「古新羅 금석문의 硏究小史」(『芝邨金甲周교수화갑기념 史學論叢』, 1994).
35) 東國大 신라문화연구소, 『신라문화제 학술논문집』 23(2002).
36) 조동원, 「한국 금석문 연구의 현황과 과제」(앞의 책, p.81).

되었다. 고려 묘지명도 국립 중앙박물관 창고에 쌓여있는 채 방치되었으며, 그 외의 것은 개인 소장으로 이미 흩어져 보관되고 있다. 중요한 금석문은 문화재로 지정하여 관리되어야 한다. 우선 고려시대까지의 금석문은 일차적으로 지정되어야 하며, 조선시대의 금석문도 중요한 것은 문화재로 지정하여 관리하여야 한다. 같은 시대의 것인 경우 전적보다는 금석유물의 가치가 더 인정된다.

인위적인 파괴를 막는다면 금석문이 전적에 비해 오래 보존될 수 있지만, 비바람 등 자연 상태에 그대로 노출되어 있다. 그것은 세월의 그림자가 드리워져 서서히 훼손되었고, 앞으로도 그러한 훼손은 계속될 것이다. 인위적인 훼손에 비해 자연적인 훼손은 심각한 것은 아니라 하더라도, 가능한 금석문을 온전하게 보전할 수 있는 방도를 생각해야 한다. 비각(碑閣)을 설치하면서 자연적인 훼손을 가능하면 줄이는 것도 한 방법이 된다. 중요한 금석문의 경우 모조형을 만들고는, 진본을 따로 보관할 필요가 있다. 모조된 금석문을 탁본하게 함으로써, 탁본하면서 생기는 원래 금석문의 피해를 미리 막을 수 있다. 금석문을 보존하는 길은 이미 파손된 금석문이나 일비 등을 복원하는 것이고 또 하나는 현재의 금석문을 가능한 한 그대로 전하는 것이다.

4) 종합학문으로서의 금석학 정립

금석문은 서예나 호고가(好古家)의 관심을 끌다가 근대에 들어와서 학문 연구의 대상으로 되었다. 물론 처음에는 역사 연구의 보조 수단으로 사용되었으나, 문헌 기록이 많지 않은 한국고대사의 경우 금석문의 사료적 가치는 높아졌고 학문적 중요성은 점점 고조되었다. 이와 함께 한국 금석문집도 여러 종류로 편찬되었다. 그러나 막상 그것을 사료로 이용할 경우

오자나 탈자가 많아 어려움을 겪었다. 문화재연구소가 앞으로 5년간 한국 금석문 종합영상 DB 구축사업을 추진할 것이라 하니, 정확한 금석문이 종합적으로 정리되리라고 기대한다.

　지금까지 조동원·허흥식 등 몇 분의 개인적인 헌신과 관심을 가진 연구소나 기관 등에 의해 한국 금석문의 대체적인 자료정리가 이뤄졌다. 한국 금석문 종합영상 DB 구축사업은 이 분들의 노력이나 연구소 또는 기관의 연구 성과를 충분히 흡수할 수 있는 체제를 갖추면서 진행되어야 한다. 금석문이 종합영상 DB로 구축되기 위해서는 우선 기초 자료가 충실하게 조사되어야 한다. 지금까지 정리된 한국 금석문집의 결함은 오자와 탈자의 문제를 잘 해결하지 못한 데에 있다. 따라서 금석문 자료의 정확성을 높이는 작업은 무엇보다도 중요하다.

　금석문 자료의 기초 정리는 한국 금석문 종합목록을 작성하는 것에서부터 시작해야 한다. 그리하여 현재 전하는 금석문은 물론 없어진 금석문까지를 모두 망라할 필요가 있다. 때문에 전적 속에 전하는 금석문이나 묘지명 등을 조사해야 한다. 일단 금석문 종합목록을 만들고, 이를 통해 이루어진 자료집은 교감과 번역·주석 작업을 거치면서 종합영상 DB로 구축된다. 교감과 번역·주석 작업은 각 금석문의 당대 전적이나 연구 성과를 이해하면서 추진되어야 하기 때문에 단시일에 끝날 수 없다. 따라서 종합영상 DB 구축사업이 진행되는 동안 계속 이러한 작업을 병행할 수밖에 없다.

　교감과 주석을 거친 금석문이 종합영상 DB로 구축될 때, 그 자료의 이용이 편리하도록 검색망이 설정되어야 한다. 편리한 검색망은 한국 금석문 총색인을 작성한 기반 위에서 만들어 질 수 있다. 물론 금석문 총색인은 금석문 중의 고유명사나 중요한 내용 또는 상징적인 용어들을 모두 뽑아 발음순으로 정리하는 것이고, 이와 곁들여 다시 그것을 인명·지명·관직명 등의 분류별로 나눈다. 이러한 금석문 총색인을 기반으로 종합영상 DB의 검색망을 작성할 때에는 전산 전공자 외에 역사학자나 금석문학자로서 전산에 밝은 자가 동참해야 한다. 그리하여 어느 항목으로 검색하여도 목적한 자료를 쉽게 찾을 수 있어야 한다.

다음으로 금석문 종합영상 DB 구축사업은 금석문을 잘 보전하는 방법을 모색해야 한다. 이는 현재 전하는 금석문의 훼손을 방지하면서, 파손된 금석문이나 없어진 금석문을 복원하는 길이다. 그러기 위해 현재 전하는 금석문의 훼손을 줄이는 방안과 함께 금석문을 문화재로 등록하거나 모조형을 만들어 보호하는 방법을 생각할 수 있다. 또한 파손되거나 없어진 금석문의 목록을 작성하여 따로 보관해야 한다. 그것은 앞으로 발굴 또는 발견될 금석문을 위해서도 필요한 작업이다.

무엇보다도 금석문을 잘 보존하기 위해서는 그것에 대한 관심을 고조시켜야 한다. 금석문을 역사학이나 서예 또는 문학 등에서 분리하여 종합학문인 금석학으로 정립하는 것이 매우 중요하다. 그러기 위해서는 금석문에 대한 연구 성과를 철저하게 종합하여야 한다. 금석문 관련 논저의 종합목록을 심도 있게 작성하고, 각 금석문에 대한 심화된 연구 성과가 지속되어야 한다.

한국 금석문 종합영상 DB 구축사업은 전국에 산재한 금석문을 모두 모아 정확한 모습으로 정리해야 하기 때문에, 실제로 5년이란 짧은 세월 속에서 정리될 수는 없다. 특히 그것의 보존 작업은 이후에도 계속해서 관심을 가질 때에 가능하다. 금석문 종합영상 DB 구축사업이 성공적으로 이뤄지기 위해서는 금석문 자체에 대한 관심을 불러 일으켜야 하는데, 그것은 금석학연구회가 조직되고 각 금석문에 대한 연구 성과가 축적될 때에 가능하다. 『한국 금석문 종합영상 DB 구축사업 보고서』, 문화재 연구소, 2001.

2장
한국고대사 연구의 발자취

1. 한국고대사 연구 60년의 성과와 과제

1) 연구의 개관

　한국고대사 연구의 성과를 개관하면서 앞으로 나아갈 방향에 대한 모색은 비교적 일찍 시도되었다. 1960년대 초기에 김철준(金哲埈)은 민족주의 사학의 전통을 유념하면서 고조선에서 통일신라에 이르기까지 국가별로 연구 성과를 조명함으로써, 앞으로 한국고대사 연구가 나아갈 바를 제시하였다.[1] 1980년대에 오면서 신형식(申瀅植)이 한국고대사 연구의 성과를 광복 이후 약 10년에서 15년 단위의 시기별로 나누어 정리하였다면,[2] 이기백(李基白)은 주로 민족·국가나 사회사 등 항목별로 개관하였다.[3] 광복 50주년이 되면서 한국사나 한국학의 성과를 정리하면서 한국고

---

1) 金哲埈, 「韓國古代史學의 방향」(『東方學志』 6, 1963).
2) 申瀅植, 「한국고대사 연구의 成果과 推移」(『現代韓國歷史學의 動向』, 일조각, 1982).
3) 李基白, 「한국학연구 半世紀 -고대사」(『진단학보』 57, 1984).

대사의 연구 경향을 개관하였다.[4] 다만 시기별이 아닌 분류사에 속한 구체적 항목을 기준으로 한국고대사의 연구 성과 전반을 정리하는 작업은 국사편찬위원회가 중심이 되어 공동 연구의 형식으로 수행되었다.[5]

광복 60주년을 맞아 역사학회가 한국 역사학의 성과를 정리하였는데, 문창로(文昌魯)는 한국고대사의 연구 업적을 시기별로 개관하면서도 고고학이나 사회구성 단위 등 쟁점으로 남아 있는 영역별 연구 경향을 지적하였다.[6] 한국의 해외교류사 부분의 연구 경향은 따로 발표되었기 때문에, 이 글은 외교사를 제외한 분류사의 영역에 따라 한국고대사의 연구 성과를 정리하려고 한다. 다만 시기별 연구 경향에 대해서는 간략하게 개관하면서, 한국고대사 연구가 이룬 성과를 일별할 것이다.

광복 이후 지금까지 크게 네시기로 나누어 한국고대사 연구의 특성을 살필 수 있다. 첫째는 1945년으로부터 4·19혁명 이전인 1959년까지로 한국고대사 연구가 정착되는 시기이다. 둘째는 1960년으로부터 광주민주화운동이 발발하는 1980년까지로 고대사 연구에서 새로운 방법론이 모색되는 시기이다. 셋째는 1981년으로부터 한국이 OECD에 가입하기 이전인 1995년까지로 고대사 연구의 발전기이다. 넷째는 1996년부터 지금에 이르는 한국고대사 연구의 반성기이다.

첫째 시기에는 일본에 유학한 이병도(李丙燾)나 김상기(金庠基)·이홍직(李弘稙)을 비롯하여 광복후 1세대 학자인 김철준·이기백 등이 활동하였다. 진단학회(震檀學會)나 1952년에 창립된 역사학회(歷史學會)를 통해 주로 논문을 발표한 이들은 일제의 식민사학을 극복하면서 실증사학을

---

4) 金基興, 「한국고대사 연구 50년」(『한국학보』 79, 1995).
  김영하, 「고대사연구 반세기의 궤적과 논리」(『광복 50주년 國學의 성과』, 한국정신문화연구원, 1996).
5) 國史編纂委員會, 『韓國史論』 권1(고대편, 1977).
6) 文昌魯, 「고대사 연구 60년의 동향과 과제」(『한국고대사연구』 40, 2005).

확립하였다. 일제강점기에 한국고대사 연구경향으로 민족주의사학과 실증주의사학 및 사회경제사학이 있었는데, 광복과 함께 좌우의 대립으로 국토가 양분되는 속에 사회경제사학인 유물사관은 뿌리를 내리지 못하였을 뿐만 아니라 민족주의사학도 실증을 중시하면서 비판적으로 계승되어 신민족주의사학을 성립시켰다. 그러면서 한국고대사를 이해하려는 큰 틀을 마련하였다.

둘째 시기에는 광복후 2세대 학자인 신형식·김정배·이기동 등이 등장하였다. 유신체제(維新體制)가 확립되면서 민족주의가 학문 외적(外的) 요인으로 작용하는가 하면, 오로지 학구적 자세를 견지하면서 고대사 연구를 심화시켰다. 1967년에 한국사연구회가 결성되면서 한국사연구의 전문화 추세는 보다 확산되었다. 특히 민족, 그 중에서도 계층을 실증적으로 밝히고자 하였다. 문헌 자료의 영세성으로 인해 연구의 한계를 인식한 이들은 인접 학문의 이론을 도입함으로써 한국고대사의 지평을 넓혔다. 이미 남당(南堂)이나 신라시대의 친족집단을 밝히면서 나타난 경향이지만, 인류학이나 민속학, 불교학 등은 물론 사회계층이나 국가체제에 대한 다양하면서도 심층적인 이론을 도입하여 고대사를 연구하였다.

셋째 시기에는 노중국·김태식·송기호 등의 많은 소장 연구자가 배출되었다. 한국사회가 민주화 과정을 밟으면서 학문 연구에서도 다양성을 모색하였다. 백제사는 물론 가야나 발해·삼한사 등 비교적 미진했던 부분에 대한 연구가 활발하게 추진되었다. 1987년 한국고대사학회의 창설은 한국고대사가 세분된 전문 영역으로 나뉘어 연구되는 계기를 마련하였다. 그리하여 고대사 내에서도 국가나 전공 영역별로 많은 학회가 결성되었다. 특히 민주화에 부수하여 민중사학이 등장함으로써, 이념이나 의식에 따라 역사적 사실을 달리 해석하려는 경향이 등장하였다.

넷째 시기에는 여전히 역사 해석의 다양성이 그대로 수용되면서도, 쏟아져 나온 연구 성과에 대한 비평과 검정을 요구하는 주장이 제기되었다.

즉 세분화된 전문 영역의 연구를 심화하는 것과 동시에 그것을 종합하여 체계적인 이해를 갖고자 노력하였다. 이는 마침 한국사회가 세계화와 정보화 및 지방화를 추구하는 분위기에 편승하여 나타났다. 일본의 역사교과서 왜곡과 중국의 동북공정(東北工程)으로 인해 2002년에 한일역사 공동연구위원회와 2004년에 고구려연구재단이 설립되었다. 한국고대사 연구는 해양교류사 등으로 눈을 돌리면서, 동북아사 내지 아시아사와 같은 지역사(地域史) 정립에 관심을 가졌다. 그러나 종합적인 이해 체계를 세우기보다는, 아직도 세분된 전문 영역에 대해 천착하는 경향이 있다.

고조선의 건국에서부터 고려가 건국하기까지에 이르는 한국고대사의 긴 여정은 많은 변혁과 발전을 가져왔다. 변혁과 발전의 모습을 분명히 할 수 있다는 것은 바로 한국고대사 연구의 성과로 이어지게 된다. 신석기문화에서 청동기·철기문화로의 전개나 수렵·어로 생활에서 농경문화의 확립, 또는 샤먼적인 무교(巫敎)신앙에서 불교나 유교의 철학체계의 수립 등이 그러한 사례에 속한다. 특히 사회나 국가체제의 정비, 즉 78개에 이르는 성읍국가에서 연맹왕국을 거쳐 중앙집권적 귀족국가 체제를 이루고는 다시 통일왕국으로 단일한 민족문화를 설정하였다.

한국고대사의 연구 성과를 종합함으로써 당대의 사회가 발전해 간 모습을 발견한다면, 이는 자연 한국고대사의 이해 체계를 제시하면서 한국사 속에서 갖는 의의를 이끌어 내게 한다. 한반도나 만주 일대를 무대로 전개된 한국고대사는 팽창하는 중국민족과의 투쟁사로 이해된다. 당시 통일된 한제국(漢帝國)은 주위의 모든 민족을 복속시키면서 중국민족을 형성시켰다. 고조선도 주위의 다른 민족과 마찬가지로 중국민족과의 투쟁 과정에서 패퇴(敗退)한 셈이다. 그러나 다른 민족과는 달리 해체된 고조선을 위시한 한반도의 정치 세력이 다시 결집하고는, 오히려 중국민족과 대항하면서 통일 국가를 이루고 민족문화를 이룰 수 있는 저력을 찾아내려는 노력은 중요하다.

2) 고대사관계 사료의 검토

『삼국사기』에는 신라가 BC. 57년, 고구려가 BC. 37년, 백제가 BC. 18년에 개국(開國)한 것으로 기록되었다. 그러나 실제로 국가의 체제정비는 고구려·백제·신라의 순서로 이루어졌다. 그래서 일찍부터『삼국사기』의 초기 기록은 믿을 수 없는 것으로 치부되었다. 일제강점기에 일본인 학자들은 물론이거니와[7] 민족주의 사학자인 신채호(申采浩)도『삼국사기』초기기록을 신빙하지 않았다.[8] 즉 사대적인 유학사상을 가진 김부식(金富軾) 등이 주체적인 낭불(郎佛)사상을 가진 묘청(妙淸)세력을 꺾고, 자기들을 합리화하기 위해『삼국사기』를 저술하였다고 한다. 이후『삼국사기』의 사료적 가치는 부정되었다.

『삼국사기』의 자료적 가치를 처음으로 인정한 연구자는 김원룡(金元龍)이다.[9] 고고학자인 그는 유물자료를 검토한 결과『삼국사기』에 나오는 삼국의 건국 연대를 그대로 신용할 만하며, 그 기록을 일방적으로 부인할 수 없다고 하였다. 고병익(高柄翊)은『삼국사기』의 의의를 긍정적인 면에서 본격적으로 연구하였는데,[10] 뒤에 편찬된『고려사』등의 사서와 비교하면『삼국사기』가 월등하게 주체적 입장을 견지한다고 하였다. 이후『삼국사기』의 가치를 긍정적으로 연구하려는 분위기가 확산되어 갔다. 그러나 김철준의 연구는 이러한 분위기에 찬물을 뿌렸으며,[11] 그 논지가 신채

---

7) 末松保和,「新羅上古世系考」(『新羅史の諸問題』, 東洋文庫, 東京, 1954).
8) 申采浩,「朝鮮歷史上 一千年來 第一大事件」(『朝鮮史研究草』, 朝鮮圖書株式會社, 서울, 1929).
9) 金元龍,「三國時代 開始에 관한 一考察 -三國史記와 樂浪郡에 대한 재검토-」(『東亞文化』 7, 1967).
10) 高柄翊,「三國史記에 있어서의 歷史敍述」(『金載元博士 華甲紀念論叢』, 1969).
11) 金哲俊,「高麗中期의 文化意識과 史學의 性格 -삼국사기에 대한 再認識-」(『한국사연구』 9, 1973).

호의 결론으로 돌아간 듯한 인상을 주었다. 그는 『삼국사기』를 뒷날 주체성이 결여된 역사서와 비교 연구한 고병익의 잘못을 지적하였다.

이후 『삼국사기』의 사료적 가치에 대한 논쟁은 수그러들었다. 그러나 현전하는 우리나라의 가장 오래된 사서인 『삼국사기』에 대해 오히려 많은 관심을 갖게 하였다. 그리하여 전문 연구자를 배출시키면서, 『삼국사기』의 사학사적 연구가 왕성하게 나타났다. 신형식은 다소 계량적인 방법으로 『삼국사기』의 성격을 추출하였으며,[12] 정구복(鄭求福)은 고려시대 사학사의 조류 속에서 『삼국사기』의 역사인식을 밝혔다.[13] 신형식이 민족의식을 강조하는 입장이라면, 정구복은 현대와의 연관성 면에서 『삼국사기』의 역사의식을 끌어내었다.

긍정적인 평가와 함께 『삼국사기』 사론의 한계성에 대해서도 꾸준하게 언급되었다. 이강래(李康來)는 사학사를 전문적으로 연구하였는데, 『삼국사기』의 사론이 다소 편향된 모습을 지닌다고 하였다. 즉 『삼국사기』는 김부식 자신의 자기 변호와 항의가 함께 노출되었다는 것이다.[14] 이미 노태돈(盧泰敦)도 『삼국사기』의 상대(上代) 기사(記事)를 그대로 신빙할 수 없다고 하였다.[15] 이러한 주장은 김철준의 논지와 다소 비슷하다는 느낌을 준다. 노태돈의 연구는 『화랑세기(花郞世紀)』의 사본이 발견되면서, 진위 문제에 대한 격심한 논쟁을 낳았다.

박창화(朴昌和)가 소장하였던 『화랑세기』의 발췌본이 1989년에 알려졌고, 다시 그 모본(母本)이 1995년에 공개되었다. 한국고대사 연구가 사

---

12) 신형식, 『三國史記硏究』(일조각, 1981).
13) 鄭求福, 「고려시대 史學史硏究 -史論을 중심으로-」(서강대 박사학위논문, 1985).
　　정구복, 「三國史記의 原典 資料」(『三國史記의 原典 檢討』, 한국정신문화연구원, 1995).
14) 李康來, 「삼국사기 史論의 재인식」(『역사학연구』 13, 1994).
15) 盧泰敦, 「삼국사기 上代記事의 信憑性문제」(『아시아문화』 2, 한림대 아시아문화연구소, 1987).

료 부족으로 문헌사학의 한계를 노출하고 있었던 참이어서, 이종욱은 사료적 신빙성을 가진 사서라는 입장에서 필사본 『화랑세기』를 역사연구에 적극 활용하였다.[16] 그러나 노태돈은 발견된 경위를 언급하면서, 『화랑세기』가 위작(僞書)이며 1930년대나 1940년대 초반에 저술된 것이라고 하였다.[17] 두 사람의 이러한 상반된 입장의 학술 논쟁은 뒤에도 계속되었고,[18] 후학들이 이러한 논쟁에 참가하면서 지루하게 이어졌다.[19]

『화랑세기』의 진위를 도식적으로 논하는 작업은 바람직하지 않다. 이기백은 전제주의가 강화되는 신라중대에 김대문이 전제왕권에 대항하여 진골귀족을 대변하려는 의도에서 『화랑세기』를 저술하였다고 하였다.[20] 적어도 이러한 시대분위기 속에서 사료비판을 거치면서 필사본 『화랑세기』의 내용을 검토하여야 한다. 아울러 『삼국사기』 초기 기록의 내용 자체를 부정할 수는 없지만, 연대까지를 정확하게 나타내었는지는 의문시된다. 일정한 사료비판을 거쳐야만 역사연구의 자료로 활용될 수 있다.

3) 국가 · 민족 형성론

『삼국유사(三國遺事)』에 비로소 나타나는 단군신화는 『위서(魏書)』 및 「고기(古記)」의 인용으로 되어 있다. 그런데 『위서』는 물론 『삼국유사』 이

---

16) 이종욱, 「花郞世紀 연구 서설 -史書로서의 신빙성 확인을 중심으로-」(『역사학보』 146, 1995).
17) 노태돈, 「필사본 화랑세기의 사료적 가치」(『역사학보』 147, 1995).
18) 이종욱, 「화랑세기의 신빙성과 그 저술에 대한 고찰」(『한국사연구』 97, 1997).
노태돈, 「필사본 화랑세기는 진본인가」(『한국사연구』 99 · 100 합집, 1997).
19) 권덕영, 「필사본 화랑세기 진위 논쟁 10년」(『한국학보』 99, 2000).
金基興, 「화랑세기 두 사본의 성격」(『역사학보』 178, 2003).
20) 이기백, 「金大問과 그의 史學」(『역사학보』 77, 1978 ; 『韓國史學의 방향』, 일조각, 1978).

전의 다른 문헌에 「고기」의 내용이 보이지 않기 때문에, 광복 이전 일본인 학자들은 단군신화를 부정적으로 연구하였다.[21] 그들이 단군신화를 부정한 연구 의도는 식민사관에 의해 한국사의 체계를 수립하는 한편, 일제에 대항하는 민족 독립운동의 정신적 기저를 없애려는 것이다.

일본인 학자에 대항해서 최남선(崔南善)은 단군신화를 긍정적으로 연구하였다.[22] 일간 신문이나 월간 잡지에 발표된 그의 논고(論稿)들은 뒷날 『육당최남선전집(六堂崔南善全集)』 2(韓國史 II, 玄岩社, 1973)에 대체로 수록되었는데, 어원학(語源學) 내지 민속학·종교인류학·사회학·역사학적인 측면에서 단군신화의 실재를 논증하였다.[23] 그리하여 그것을 동북아 일대의 보편적 신화 체계로 시야를 확대하면서 단군왕검을 사제자인 동시에 정치적 군장의 의미로 해석하였다.

사실 단군신화에 대한 일본인 학자들의 부정적 연구는 하나하나 논박할 필요가 없게 되었다. 1947년에 중국 산동성(山東省) 가상현(嘉祥縣) 무씨사당(武氏祠堂)의 석실(石室)에 붙인 화상석(畵像石)의 내용이 단군고기의 그것과 비슷하다는 김재원(金載元)의 연구가 나왔다.[24] 무씨사당 내에 3개의 석실이 건립되는 연대는 상호 간에 다소 차이가 있을 지라도, 명문(銘文)이 기록된 147년(建和 元年)과 그리 멀지 않은 시기이다. 『삼국유사』가 쓰인 고려후기보다는 약 1,000여 년이 앞서는 시기에, 단군고기와 비슷한 내용의 신화가 산동(山東)반도는 물론 동북아시아 일대에 널리 퍼

---

21) 那珂通世,「朝鮮古史考」(『史學雜誌』 5-4, 1894).
　　白鳥庫吉,「檀君考」(『學習院輔仁會雜誌』 28, 1894).
　　今西龍,「檀君考」(『靑丘說叢』 1, 1929 ; 『朝鮮古史の硏究』, 1937).
22) 崔南善,「壇君論 —朝鮮을 중심으로 한 東方文化 淵源 연구-」(『六堂崔南善全集』 2, 玄岩社, 1973, pp.83~111).
23) 崔南善,「壇君及其硏究」(위의 책, 1973, pp.243~248).
24) 金載元, 『檀君神話의 新硏究』(正音社, 1947 ; 探求堂, 1976).

져 있었던 셈이다.

　이병도(李丙燾)의 연구는 아사달(阿斯達)의 위치나 그 명칭을 고증하는데 많은 비중을 두고 있기는 하지만, 단군신화를 사회사적으로 규명하였다. 즉 천신족(天神族)인 환웅족(桓雄族)과 지신족(地神族)인 웅족(熊族)과의 결합으로 인한 지배 부족의 성립을 단군조선의 개국으로 파악하고, 아울러 새로운 지배 씨족이 등장하여 전자를 대신해서 기자조선(箕子朝鮮)을 성립시켰고, 구지배(舊支配) 씨족은 남쪽 즉 지금 안악(安岳, 眞番)방면으로 옮기게 되었다고 한다.[25] 이 연구는 비록 미약하지만 고조선 사회의 실체를 드러내려는 것으로, 이후 역사학자들의 단군신화에 대한 연구에 영향을 주었다.

　1970년대 국사학자들의 단군고기에 대한 연구는 대체로 이러한 방향에서 행해졌다. 김정배(金貞培)는 단군조선이 신석기문화를 영위하던 즐문토기인(櫛文土器人)의 등장으로 건국되었으며, 청동기시대에 기자조선이 성립되면서 농경을 위주로 한 사회생활이 이루어졌고 지석묘와 석관묘(石棺墓)가 조성되었으며, 위만조선 사회가 되면서 토광묘(土壙墓)가 조성되고 세형동검(細形銅劍)이 사용되었다고[26] 주장하였다. 이와는 달리 천관우(千寬宇)는 고조선이 청동기문화를 이루었다면 기자조선은 철기문화를 성숙시켰다[27]라고 주장하였다. 또한 유이민인 환웅족을 무문토기인(無文土器人)으로 토착족인 웅족이나 호족(虎族)을 즐문토기인으로 설정하여, 전자를 숙신(肅愼)이 포함된 시베리아인종으로 후자를 북몽골인종·알타이어족이라 하였다.[28]

---

25) 李丙燾,「阿斯達과 朝鮮」(『서울大論文集』 人文社會科學 2, 1955 ;『韓國古代史硏究』, 博英社, 1976, p.43).
26) 金貞培,「古朝鮮의 民族構成과 그 文化의 複合」(『白山學報』 12, 1972 ;『韓國民族文化의 起源』, 고려대학교출판부, 1973, pp.171~213).
27) 천관우,「箕子攷」(『東方學志』 15, 1974 ;『古朝鮮史·三韓史硏究』, 일조각, 1989, p.88).

이기백(李基白)은 개국할 당시인 청동기시대에 평양을 중심으로 한 성읍국가였던 고조선이 BC. 4세기경에 연맹왕국으로 성장하였다는 결론을 이끌어 내었다. 즉 성읍국가인 고조선의 정치적 지배자는 자신을 위해 많은 인원을 동원해 지석묘와 같은 거대한 개인묘를 만들 수 있었던 거수(渠帥)였는데, 연맹왕국 시대로 들어서면서 사회분화 과정이 더욱 촉진되어 법조목이 세분화되어 갔지만 아직까지도 공동체적인 유대가 강하게 남아있었다고 한다.[29]

지배세력의 성장을 주목한 이기백은 고조선 왕실의 교체를 언급하였다.[30] 한편 이러한 주장은 이미 기자조선을 부정하면서 고조선 내의 토착적인 지배 씨족이 교체하였다는 이병도의 학설과 연관되는 것이며, 앞으로 고조선 사회의 연구에 마땅히 유념되어야 한다. 이병도도 기자조선이나 위만조선의 실체를 구체적으로 끌어내었다.[31] 단군고기를 신화와 조촐한 역사 기록으로 파악한[32] 김두진(金杜珍)은 BC. 4세기 이전에 고조선은 연(燕)과 대항할 정도의 강력한 연맹왕국을 이루었고, 기자나 위만은 본래 고조선의 연맹왕국 속에 포함된 하나의 성읍국가를 지배하고 있었는데, 세력이 커지면서 차례로 연맹왕권을 장악하였다고[33] 하였다. 기자조

---

28) 千寬宇, 「桓雄族의 登場」(『新東亞』, 1972, p.277).
29) 李基白, 「古朝鮮의 諸問題」(『月刊中央』 1973년 5월호 ; 『韓國古代史論』, 탐구당, 1975, pp.28~29).
30) 이기백, 위의 논문(『韓國古代史論』, p.29).
31) 이병도, 「箕子朝鮮의 正體와 '箕子八條敎'에 대한 新考察」(『市村記念 東洋史論叢』, 1933 ;『韓國古代史研究』, 博英社, 1976).
이병도, 「衛氏朝鮮興亡考」(『서울대논문집』 인문사회과학 4, 1956 ; 『韓國古代史研究』, 1976).
32) 金杜珍, 「단군고기의 이해방향」(『한국학논총』 5, 1983 ; 『韓國古代의 建國神話와 祭儀』, 일조각, 1999).
33) 김두진, 「단군신화의 문화사적 접근」(『한국사론』 11, 한국정신문화연구원, 1990 ; 『한국고대의 건국신화와 제의』, 일조각, p.61).

선을 거쳐 위만조선으로의 교체는 국가가 바뀌는 것이 아니라, 고조선 연맹왕국 내에 연맹왕권 즉 왕실 지배세력이 변화되는 것으로 파악된다.

고조선은 역사가 긴 만큼 사회와 문화에 발전이 있었으므로, 성읍국가에서 연맹왕국 사회로의 발전단계를 가능한 구체적으로 밝히는 작업이 추구되어야 한다. 우선 윤내현(尹乃鉉)은 사회체제를 부각하면서 고조선을 읍제국가(邑制國家)로 정의하였다. 즉 고조선 사회의 기층을 형성하였던 것은 소읍(小邑)이었고, 소읍은 지방의 정치적 중심이었던 진번·임둔 등과 같은 대읍(大邑)에 종속되었을 것이며, 대읍은 중앙의 대읍인 평양, 즉 왕검성에 종속되었다. 따라서 고조선 국가는 소읍·대읍·평양(왕검성)의 순서로 읍(邑)이 누층적 관계로 구조되었으며, 이러한 국가를 읍제국가로 불렀다.[34]

고고학의 연구 성과를 토대로 최몽룡(崔夢龍)은 초기 철기시대에 국가의 실체를 집어내려는 입장에서 위만조선이 무역을 통해 국가를 성립시켰다고 했다.[35] 또한 국가의 기원을 고조선에서 구한 김정배는 위만조선이 철제 무기를 사용하는 등 정복국가 체제를 갖추었다고[36] 주장하였다. 최근에 중국 유민과 토착민과의 관계에서 고조선의 통치체제를 밝히려는 노력은 중요하다. 김남중(金南中)은 위만조선의 지방통치 체제를 끌어내었다. 즉 중국의 통치에 익숙한 주민들이 많이 거주하고 있었기 때문에 위만조선은 지방관을 파견하여 통치하는 것이 가능하였고, 실제로 통치는 읍

---

34) 尹乃鉉, 「古朝鮮의 社會性格」(『韓國古代의 國家와 社會』, 일조각, 1985, p.50).
35) 崔夢龍, 「韓國 古代國家 形成에 대한 一考察 -衛滿朝鮮의 例-」(『金哲埈博士華甲紀念 史學論叢』, 知識産業社, 1983, pp.76~77).
최몽룡, 「古代國家 成長과 貿易 -衛滿朝鮮의 例-」(『韓國古代의 國家와 社會』, 一潮閣, 1985, p.74).
36) 김정배, 「衛滿朝鮮의 국가적 성격」(『史叢』 21·22 합집, 1977 ; 『韓國古代의 國家起源과 形成』, 고대 출판부, 1986, pp.44~45).

락의 대표를 통해 간접적으로 이루어졌지만 한편으로 왕족이나 근신을 분봉함으로써 분열을 막았다고[37] 하였다.

중국고대사를 전공한 김한규(金翰奎)는 중국 측 자료를 충분히 검토하면서, 위만조선은 물론 기자조선이 한국사에서 갖는 의미를 추구하였다. 그리하여 구체적인 사회체제를 밝히지는 않았으나, 고조선과 기자조선을 각각 한국사 속의 민족주의나 책봉 조공관계를 반영하여 기술되었다고[38] 하였다. 진개(秦開)의 침입 등 주로 연(燕)과의 관계를 부각해 왔으나, 최근에는 고조선과 전국시대 여러 국가와의 관계사 연구로 시각을 확대하고 있다. 제(齊)와 연 및 고조선과의 각축 관계를 폭넓게 추구한 박대재는 오랫동안 교류해온 제나 동호(東胡)의 몰락으로 말미암아 고조선이 연에 밀려 만번한(滿番汗)으로 국경을 삼았다고[39] 하였다.

고조선과 연과의 분쟁이나 위만조선의 패망으로 인한 한군현의 설치에 대한 접근은 자연 고조선의 영역 문제를 해결하려는 의도를 지녔다. 조선은 『관자(管子)』에 중국으로부터 8,000리 떨어져 있으며, 『산해경(山海經)』에서 열양(列陽)의 동쪽, 바다의 북쪽, 산의 남쪽에 위치하였다고 한다. 열양의 위치를 규명하는 길이 고조선의 영역을 규명하는데 중요하며, 이와 함께 서쪽 경계인 패수(浿水)의 위치를 밝혀야 한다. 고조선의 중심지가 평양이라고 이해되지만,[40] 요동에 있었다는 설도 민족주의 사학자나 또는 재야 사학자에 의해 주장되었다.[41] 한편 평양은 고조선의 마지막 중

---

37) 金南中,「衛滿朝鮮의 왕권과 地方統治體制」(『한국고대사연구』 33, 2004, pp.170~171).
38) 金翰奎,「위만조선관계 中國側史料에 대한 재검토」(『부산여대논문집』 8, 1980).
   김한규,「箕子와 韓國」(『진단학보』 92, 2001, p.163),
39) 박대재,「古朝鮮과 燕・齊의 상호관계」(『사학연구』 83, 2006, pp.32~33).
40) 이병도,「阿斯達과 朝鮮」(『서울大論文集』 2 人文科學篇, 1955 ; 『韓國古代史研究』, 博英社, 1976, pp.36~38).
   崔南善,「檀君及其研究」(『別乾坤』, 1928년 5월 ; 『六堂崔南善全集』 2 韓國史 II, 玄岩社, 1973, p.198).

심지로 이해되어 위씨조선의 수도인 왕검성이라 하였는데, 이는 고조선의 중심지가 이동하였을 것임을 시사해 준다.[42]

고조선의 중심지가 요동에 있었다는 설은 낙랑 및 한군현이 대동강 유역에 설치되지 않았다는 가설을 뒷받침하려는 의도를 지녔다. 그러나 위만조선의 도읍을 평양인 왕검성(王儉城)으로 설정하면서도 조법종(趙法鍾)은 왕검성을 낙랑군과 관계없다는 결론을 이끌어 내었다. 즉 위만조선이 완전히 붕괴되기 1년 전인 BC. 108년에 낙랑군은 평양이 아닌 지역에 설치되었다고[43] 하였다. 다만 한국고대 사회의 생생한 모습을 알려주는 『위서』 동이전의 기사는 낙랑군과 대방군이 한반도 북부 지역에 있었음을 인정하지 않고는 해석될 수 없다.[44] 무엇보다도 중요한 것은 과연 이 지역에 고조선이나 낙랑군이 존재하지 않았다면, 같은 시대에 그 곳에 있었던 정치세력은 무엇이었느냐를 밝히는 작업이 우선되어야 한다.

고조선과는 달리 부여(夫餘)에 대한 연구는 극히 미진하다. 일본인 학자[45] 외에 국내 학자로는 이병도의 연구가 효시를 이루는데, 부여의 시원(始原)이나 정치조직·대외관계·사회생활·산업 등을 다루었다.[46] 민속의 윷판과 비교하여 부여의 행정구역으로 오부(五部, 五方)제를 들고, 중

---

41) 申采浩, 「平壤浿水考」(『朝鮮史研究草』, 朝鮮圖書株式會社, 1930, pp.65~66).
   鄭寅普, 『朝鮮上古史』 上(1947 ; 延世大出版部, 1983, pp.52~62).
   尹乃鉉, 「中國文獻에 나타난 古朝鮮 認識」(『韓國史論』 14, 韓國古代史의 諸問題, 국사편찬위원회, 1985, p.168).
42) 김남중, 「위만조선의 영역과 왕검성」(『한국고대사연구』 22, 2001).
43) 趙法鍾, 「위만조선의 붕괴 시점과 王險城·樂浪郡의 위치」(『한국사연구』 110, 2000, pp.27~28).
44) 제2회 韓國史 學術會議인 「韓國古代文化의 再認識」의 토론 내용 중 金哲埈의 발언 속기록(『韓國史論』 14, 국사편찬위원회, 1985, p.250).
45) 池内宏, 「夫餘考」(『滿鮮地理歷史研究報告』 13, 1932 ; 『滿鮮史研究』 上世篇, 吉川弘文館, 1951).
   日野開三郎, 「夫餘國考」(『史淵』 34, 1946).
46) 이병도, 「부여고」(『한국고대사연구』, 박영사, 1976).

앙의 국도에 국왕이 있었는가 하면 사출도(四出道)의 사방(四方)에 족장층인 가(加)가 거주하였다고 한다. 다만 『위서(魏書)』에 사출도는 제가(諸加)가 관장한 것으로 기록되었다. 사출도에 대한 접근은 이후에도 이루어졌다.[47] 윤내현은 중앙에 왕의 직할지역이 있고 지방에는 가(加)가 다스리는 사출도가 네 개의 구역으로 나뉘어져 있다고 하였으며,[48] 문창로(文昌魯)는 사출도를 제가들이 본래 관할하던 세력기반으로 파악하였다.[49]

부여의 제의나 관직을 구체적으로 제시하는 작업은 중요하다. 사출도의 크기에 따라 중앙으로 편제된 귀족들의 지위가 구별된다고 이해한 문창로는 국왕이 제가세력을 결속시키면서 왕권을 강화하기 위해 제천의례를 거행하였다고 주장하였다.[50] 또한 고구려의 가계급을 밝힌 김광수(金光洙)는 부여의 대사직(大使職)이 종래 가의 사역인(使役人)이던 사자(使者)에서 이어지는 것이며, 수장층인 가계층과는 상대적인 위치에 있었던 실무담당인 막료(幕僚)계열의 관직이라 하였다.[51] 앞으로도 부여의 국가체제나 제도에 대한 구체적 양상을 밝히는 작업은 보다 활성화되어야 한다.

노태돈(盧泰敦)은 3세기 전반까지 부여국의 중심지는 현재의 길림시(吉林市) 지역이었으며, 이후 모용씨의 침입을 받아 쇠퇴하거나 변화하는 모습을 제시하였다.[52] 4세기 전반 고구려가 북옥저 지역의 부여국을 장악하자 동부여(東夫餘)가 자립하여 존속하였다.[53] 그러나 공석구(孔錫龜)는 고구려가 동쪽에 있던 부여족 계통의 세력을 지칭한 것에 불과하며, 동부

---

47) 李道學, 「方位名夫餘國의 성립에 대한 검토」(『백산학보』 38, 1991).
48) 윤내현, 「東扶餘의 국가와 사회 성격」(『백산학보』 49, 2000, p.63).
49) 文昌魯, 「부여의 왕과 祭天儀禮」(『북악사론』 10, 2003, p.42).
50) 문창로, 위의 논문(『북악사론』 10, p.43).
51) 金光洙, 「夫餘의 '大使'職」(『水邨朴永錫敎授華甲紀念 韓國史學論叢』 上, 1992, p.68).
52) 盧泰敦, 「扶餘國의 境域과 그 변천」(『국사관논총』 4, 1989, p.52).
53) 노태돈, 위의 논문(『국사관논총』 4, p.53).

여는 예족(濊族) 집단에 대한 다른 호칭이라 하였다.[54] 이미 이병도는 부여족이 예맥족(濊貊族)의 하나라고 주장하였다.[55] 그러나 예맥은 혼칭(混稱)된 것으로 부여족은 본래 예족(濊族)으로 파악되었다.[56]

고조선을 이은 부여의 성립에 관한 문제는 자연스럽게 민족의 형성문제로 귀결된다. 왜냐하면 고구려는 물론 백제도 부여족의 일파로 파악되기 때문이다. 러시아 학자인 시로꼬고로프(Shirokogoroff)는 한민족(韓民族)의 조상을 고(古)아시아족이라고 주장하였으나, 양자강(揚子江) 유역에 살고 있다가 북쪽으로 이동하여 만주 및 시베리아에 정착하게 되는 퉁구스족이라는 주장을 배제하지는 않았다.[57] 시라도리(白鳥庫吉)은 사슴에 관한 전설을 가진 예맥족을 동호(東胡)·오환(烏桓)·선비(鮮卑)·거란(契丹) 등과 같은 퉁구스족으로 우리 민족의 토대를 이루지만, 순수 퉁구스족인 읍루(挹婁)·물길(勿吉)·말갈(靺鞨)·여진족(女眞族)과는 다르다고 하였다.[58]

한국 민족의 근간은 문헌에 보이는 한(韓)이나 예맥족(濊貊族)으로 생각된다. 이미 김상기(金庠基)는 중국 서북의 기주(岐周) 지역에서 이동하여 온 동이족 중, 한(韓)·예(濊)·맥족(貊族)이 우리 민족의 근간을 이룬다고 하였다.[59] 그런데 삼한을 이룬 한족(韓族)과는 달리 예와 맥족에 대해서는 일치된 견해를 갖고 있지 못한 실정이다. 우선 윤무병(尹武炳)이

---

54) 孔錫龜,「廣開土王陵碑의 東夫餘에 대한 고찰」(『한국사연구』 70, 1990, p.31).
55) 이병도,「부여고」(『한국고대사연구』, p.217).
56) 金賢正,「夫餘의 성립에 대한 一考察」(『詳明史學』 창간호, 1993, p.51).
57) S.M.Shirokogoroff, *Social Organization of Northern Tungus*, 1929, Anthropological Publication Dosterhout N.B.—The Netherlands, 1966, p.145.
58) 白鳥庫吉,「穢貊は果して何民族と貝做すべきか」(『史學雜誌』 44-7, 1933, p.12).
59) 金庠基,「韓·濊·貊 移動考」(『史海』 1, 1948 ; 『東方史論叢』, 서울대 출판부, 1974).
김상기,「東夷와 準夷·徐戎에 대하여」(『東方學志』 1·2, 1954·1955 ; 『동방사논총』, 1974).

나 미우에(三上次男)는 예와 맥족이 다른 종족으로 구별되며, 각각 즐문토기와 무문토기를 사용하였다고 주장했다.[60] 반면 이병도는 같은 종족인 '고마' 혹은 '개마'족의 음역(音譯)이 예나 맥 또는 예맥인 연칭(連稱)으로 나타났다고 하였다.[61] 동일한 종족이라는 입장을 취하면서도 이홍직(李弘稙)과 김정학(金廷鶴)은 예와 맥족은 뒤에 분화한 것으로 보아, 부여와 고구려와 같이 명칭을 달리하였고 주장하였다.[62]

대만(臺灣)학자인 예일부(芮逸夫)의 학설을 수용하여, 한과 예맥이 동일 종족이지만 지역에 따라 나뉜 것으로 본 김정배(金貞培)의 주장이 비교적 설득력을 지닌다.[63] 그러나 우리 민족의 근간을 단일 민족으로 규정하려는 접근 방식은 바람직하지 않다. 그것은 통일신라 이후 근래에 이르도록 민족을 바라보는 척도로 작용해 왔다. 상고대에 민족 이동의 파문은 여러 번에 걸쳐 한반도에까지 밀려 왔으며, 이를 모두 동일 종족으로 파악해서는 안 될 것이다. 많은 다른 종족이 이동해 오면서 뒤에 서서히 우리 민족으로 갖추어져 갔다.

---

60) 尹武炳,「濊貊考」(『白山學報』1, 1966, p.21).
三上次男,「朝鮮に於ける櫛目文土器社會と穢人」(『朝鮮學報』3, 1952 ;『古代東北アジア史研究』, 吉川弘文館刊, 1986, pp.407~409).
61) 이병도,「原始共同體의 起源과 민족의 명칭」(『韓國古代社會와 그 文化』, 瑞文堂, 1973, pp.37~43).
62) 李弘稙,「高句麗의 興起」(『국사상의 제문제』4·5, 국사편찬위원회, 1959 ;『韓國古代史의 연구』, 新丘文化社, 1971, pp.117~119).
金廷鶴,「韓國民族形成史」(『韓國文化史大系』Ⅰ, 民族國家史, 1964, pp.347~348).
63) 金貞培,「古朝鮮의 民族構成과 그 文化의 複合」(『白山學報』12, 1972 ;『韓國民族文化의 起源』, 1973, pp.162~208).

4) 귀족국가의 성립과 남북국시대

(1) 중앙집권적 귀족국가의 성립

한국고대사 연구에서 가장 활발하면서도 많은 논쟁을 불러일으킨 분야는 정치사라고 할 수 있다. 삼한 사회에는 78개의 크고 작은 국가가 존재하였고, 그것이 서로 통합되면서 영역국가인 고구려·백제·신라의 삼국을 정립시켰다. 그러기까지 삼국은 흡수하거나 연합한 소국이나 읍락의 지배자를 편제하면서 중앙집권적 귀족국가 체제를 정비하였다. 그래서 왕실이 중심이 되어 국가체제를 정비하는 과정에 대한 이해가 중요하다.

고대사를 전공하지는 않았으나 한우근(韓㳓劤)은 삼국이 영역국가로 발전하는 과정에서 정복한 소국의 지배자 대책을 밝혔다.[64] 이 연구는 물론 기인제(其人制)의 기원을 논하면서, 복속된 국가의 지배자나 백성을 편제하는 시책을 다룬 것이다. 삼한 78국의 위치를 비정하는 작업은 그것을 통합하여 영역국가를 이룬 삼국의 국가체제를 편제하는 양상을 이해하게 한다. 그런 뜻에서 이병도의 연구는 노작이 아닐 수 없다.[65] 삼국이 이웃 소국을 병합하는 과정을 밝히면서 골벌국(骨伐國)이나 이서국(伊西國) 등의 위치를 밝히거나[66] 부분적으로 잘못 고증된 국가의 위치를 지적한 연구가 있기는 하지만, 이들은 삼한 78국 전체를 비정한 이병도의 연구 수준을 능가하지 못한 셈이다.

영역국가로 발전하면서 삼국은 박혁거세나 온조·주몽이 건국할 당시의 소국에서 출발하여 내물왕이나 고이왕·태조왕을 실질적인 시조로서

---

64) 韓㳓劤,「古代國家 成長過程에 있어서의 對服屬民施策 -其人制 起源說에 대한 검토에 붙여서-」(『歷史學報』 12·13, 1960).
65) 李丙燾,「三韓문제의 新考察」(『震檀學報』 1~8, 1934~1937).
66) 李炯佑,「骨伐國考」(『嶠南史學』 3, 1987).
이형우,「伊西國考 -초기 新羅의 西南方 진출과 관련하여-」(『韓國古代史硏究』 1, 1987).

인식하는 연맹왕국을 성립시켰다.[67] 그후 법흥왕이나 침류왕·소수림왕 때에 불교를 공인하면서 율령을 반포하여 체제를 정비하는가 하면, 진흥왕이나 근초고왕 및 광개토왕을 거치면서 영토가 넓혀지는 등의 전성기를 맞고 있다. 한국고대의 이러한 국가발전 단계는 대체로 인정될 수 있으며, 이미 이병도에 의해 그 구도가 마련되었다.[68] 그러나 그는 한국고대의 국가발전 단계를 지금의 군(郡)지역을 기반으로 성립된 부족(部族)국가와 그것이 연합된 부족연맹(部族聯盟)을 설정하였고, 그 다음 단계인 율령반포 이후의 국가체계에 대해서는 마땅한 용어를 정하지 못하였다.

김철준(金哲俊)은 한국고대의 국가발달 단계를 체계적으로 정리하여,[69] 부족국가·부족연맹·고대국가(古代國家)로의 세 단계를 설정하였다. 그러나 고대국가에 대한 명확한 정의는 고등학교 『국사』교과서의 그가 집필한 부분에서 처음으로 실렸는데 다음과 같다.

> 첫째 부족국가 시대부터 주동 세력이었던 친족 공동체의 장이 우세한 경제적 지위를 가지고 노비와 일반 민중을 확실히 지배할 수 있게 되었다. 둘째 그러한 각 지방의 지배 세력들이 왕권에 복속하는 대신, 지배자의 신분을 계속 유지하기 위하여 전 지배 계급이 결속할 수 있는 정치제도를 마련하였다. 셋째 중앙의 관리나 군대가 지방에 파견되어 지방 지배를 확실히 하게 되었다.[70]

율령이 반포되어 체제 정비가 이루어진 삼국의 국가체제를 고대국가라고 불렀다. 이에 대해 고대국가라는 개념이 막연하다고 해서 이기백은

---

67) 이병도, 「주로 문헌상에서 본 고대 한국의 상」(『成己集』, 正和出版文化社, 1983, p.68 및 p.80).
68) 이병도, 「신라불교의 浸透과정과 異次頓殉教문제의 新考察」(『한국고대사연구』, p.644).
이병도, 「근초고왕 拓境考」(『한국고대사연구』, p.507).
이병도, 「진흥대왕의 偉業」(『한국고대사연구』, p.668).
69) 金哲俊, 「韓國古代國家發達史」(『韓國文化史大系』 1, 고려대 民族文化研究所, 1965).
70) 문교부, 『국사』(인문계 고등학교용, 1974, p.17).

성읍국가(城邑國家)·연맹왕국·중앙집권적(中央集權的) 귀족국가(貴族國家)라는 국가발달 단계를 제시하였다.[71]

사실 고조선에서부터 고려 이전까지 존재하였던 모든 국가를 '고대국가'라고 부를 수 있기 때문에, 그것을 율령이 반포된 이후의 삼국에 한정하여야 할 이유는 없다. 또한 '고대국가'라는 용어는 일찍 사용되었는데,[72] 그 의미가 율령을 반포한 이후 삼국의 국가체제를 가리키고 있지는 않다. 율령 반포 이후의 삼국은 왕실이 중심이 되어 흡수하거나 통합한 소국이나 읍락의 지배자를 귀족으로 편제하였으므로, 엄밀히 말해 '중앙집권적인 귀족국가'라는 용어가 보다 적합하다.

현재 '고대국가'라는 용어는 고대사연구에서 광범하게 통용되고 있지만, 정확한 표현은 아니다. 이와 곁들여 한 부족만으로 구성된 국가는 없기 때문에 '부족국가'라는 용어도 적당하지 않다. 이미 이 부분에 대해서는 인류학의 이론을 원용하여 추장(酋長)국가나 군장사회(君長社會, chiefdoms)라는 용어가 적당하다는 주장이 있다.[73] 다만 삼한에 보이는

---

71) 李基白, 『韓國史新論』(一潮閣, 1990, 신수판). 이 책은 처음 『國史新論』(泰成社, 1961)으로 출간되었고, 1967년에 『한국사신론』(일조각)으로 고쳐 간행되었으며 1976년에 개정판(일조각)이 나왔다. 이때까지만 해도 '고대국가'를 대신하여 '왕족 중심의 귀족국가'라는 용어를 사용하였다.
72) 金載元·李丙燾, 『韓國史』고대편(乙酉文化社, 1959, pp.11~16)에 氏族社會와 古代國家를 설명하는 가운데, 고대국가 속에 부족국가를 포함시켰다.
김철준·한우근, 『國史槪論』(明學社, 1954)에 나타난 고대국가는 중세 봉건국가 이전의 국가를 아울러 가리킨 것이다.
또한 한우근, 앞의 논문(『역사학보』 12·13)에서도 '고대국가'라는 용어를 쓰고 있지만, 율령 반포 이후의 국가체제를 가리킨 것은 아니다.
73) 金貞培, 「國家起源의 제이론과 그 適用問題」(『역사학보』 94·95 합집, 1982).
김정배, 「君長社會의 發展過程 試論」(『百濟文化』 12, 公州師大, 1979 ; 『韓國古代의 國家起源과 形成』, 고려대출판부, 1986).
변태섭, 『韓國史通論』(三英社, 1986)에도 '군장사회'로 설정되어 있다. 다만 연맹왕국 대신에 '초기국가'라고 하였으며, '고대국가'는 그대로 수용되었다.

소국은 성책(城柵)을 쌓고 읍(邑)을 구성하였기 때문에 성읍국가라는 용어가 보다 적당한 것이다. 또한 이는 앞으로 군(郡)의 경계 지역에서 소국이 쌓았던 토성을 추정하고 발굴하는데 도움을 줄 수 있을 것이다.

중앙집권적 귀족국가는 왕권 중심으로 중앙집권화를 시도하지만 이기백은 여전히 귀족연합 정권을 유지한다고 주장하였다.[74] 즉 왕실은 박씨(朴氏) 왕비족과 같은 유력한 귀족과 연합함으로써 지배체제를 굳건히 할 수 있었고, 상대등(上大等)이 설치되어 귀족연합회의 의장을 맡았다.[75] 그러나 왕실의 중앙집권 정책은 계속되었는데, 이기백은 진덕왕 5년에 기밀을 관장하던 집사부(執事部) 설치가 전제정치를 성립시킨 것으로 보았다.[76]

신라에 전제정치가 성립되는 시기에 대해서는 다른 주장도 있다. 신형식(申瀅植)은 병부령(兵部令)과 군주(軍主)의 실체를 끌어내어, 신라 전제정치의 성립 문제에 대해 접근하였다.[77] 군주는 물론 법흥왕 때의 병부령은 신라중고시대에 왕권을 강화하는 과정에서 설치되지만, 문무왕에서 신문왕 때에 병마권이 병부령에서 떠나 왕명에 의해 움직여짐으로써 전제왕권이 확립되었다.[78] 그러면서 그는 신라중대의 전제정치는 무열왕권 하에서라기보다는 법흥·진흥왕대에서 비롯된 제도적 뒷받침을 받아 시작된다고 하였다.[79] 이와는 달리 전제정치는 오히려 진덕왕대를 지난 진평

---

74) 이기백, 「大等考」(『역사학보』 17·18 합집, 1962 ; 『新羅政治社會史研究』, 일조각, 1974).
　　이기백, 「上大等考」(『역사학보』 19, 1962 ; 『신라정치사회사연구』, 1974).
75) 이기백, 「상대등고」(『신라정치사회사연구』, p.95).
76) 이기백, 「稟主考」(『李相伯博士回甲紀念論叢』, 1964 ; 『신라정치사회사연구』, 1974).
　　이기백, 「新羅 執事部의 成立」(『진단학보』 25·26·27 합집, 1964 ; 『신라정치사회사연구』, 1974).
77) 申瀅植, 「新羅兵部令考」(『역사학보』 61, 1974 ; 『韓國古代史의 新研究』, 일조각, 1984).
　　신형식, 「新羅軍主考」(『白山學報』 19, 1975 ; 『韓國古代史의 新研究』, 1984).
78) 신형식, 「신라병부령고」(『韓國古代史의 新研究』, pp.184~185).

왕 때에 성립된다는 주장도 있다.[80]

(2) 남북국시대의 인식문제

통일신라시대에 이미 북쪽의 발해를 북국(北國)으로 파악함으로써, 남북국시대라는 인식은 오래전에 형성되어 있었다. 이러한 인식은 유득공(柳得恭)의 『발해고(渤海考)』에도 나타났다. 민족사(民族史)에서 북방의 영토문제가 제기될 때마다 발해사에 대한 인식이 고조되었다. 조선후기에 청국(淸國)과 국경문제가 야기되었을 당시에 간도(間島)지방의 귀속이 논쟁거리가 되자, 발해사에 대한 관심이 증대하면서 『발해고』는 물론 홍석주(洪奭周)의 『발해세가(渤海世家)』가 저술되었다. 다시 구한말(舊韓末)에 간도문제가 불거지면서 서상우(徐相雨)의 『발해국지(渤海國志)』가 쓰였다. 이렇듯 남북국시대의 인식문제는 우리민족의 북방 영토문제와 연결되어 있다.

다만 하나의 국가가 신라와 발해로 나뉜 것도 아니고, 또한 두 나라가 고려로 통합된 것도 아니어서 중국과 같은 남북조시대라는 용어를 바로 사용하기도 어렵다는 견해도 있다. 그러다가 이우성(李佑成)은 남북국시대라는 용어의 사용을 강력하게 주장하였다.[81] 즉 발해가 고구려를 계승하여 고려로 이어지며, 그러한 역사계승 의식은 고려초기에까지 팽배하였다. 그런데 김부식(金富軾)이 신라·고구려·백제 삼국의 역사만을 다룸으로써, 신라에서 고려로 이어지는 역사계승 의식을 강조하고 발해의 역사를 몰각시켰다고 하였다.

---

79) 신형식, 「신라의 국가적 완성과 전제왕권의 확립」(『신라사』, 이화여자대학교 출판부, 1985, p.120).
80) 李晶淑, 「신라 眞平王代의 정치적 성격 -소위 專制王權의 성립과 관련하여-」(『한국사연구』 52, 1986).
81) 李佑成, 「三國史記의 構成과 高麗王朝의 正統意識」(『진단학보』 38, 1974).

남북국시대를 설정할 필요성이 있다고 공감하면서도, 현재까지 학계의 통설로 받아들이지는 않는다. 그러나 일부의 국사 개설서나 고등학교 국정 국사교과서에 남북국시대가 설정되어 있다.[82] 처음으로 고등학교 국정 국사교과서에 실릴 때에도 집필자들은 그것의 설정을 반대하였다. 그러나 당국의 집필방침으로 이미 결정된 사항이어서, 목차는 남북국시대로 명기되었을지라도 실제의 내용은 통일신라와 발해로 나뉘어 기술되었다. 통일신라와 발해사를 남북국시대로 먼저 규정하기보다는 각각의 역사에 대한 연구가 양적으로는 물론이거니와 질적으로 심화되어야 한다. 현재와 같이 통일신라에 비해 발해사의 연구가 대단히 부족한 상황에서 남북국시대라는 용어는 정착될 수 없다.

발해사의 연구에 대해서는 일찍이 이용범(李龍範)이 개척하였다.[83] 그의 처음 연구는 발해왕의 세계(世系)를 정하는데 머물 정도로 기초적인 것이지만, 실제로 당시에는 왕위계승 자체가 밝혀져 있지 않을 정도로 발해사 연구의 수준이 낮았다. 그러다가 그는 발해사회의 구성원을 밝히면서 발해의 유민에 대해 의욕적으로 접근하였다.[84] 뒤에 송기호(宋基豪)는 발해사 연구를 심층적으로 진행시키면서 수준을 끌어올렸다.[85] 그는 발해의 건국과정에서부터 사회의 개혁이나 도읍지·종교와 문화 등을 폭넓게

---

82) 변태섭, 『韓國史通論』(三英社, 1986).
83) 李龍範, 「渤海王國의 사회구성과 高句麗遺族」(『東國大論文集 人文社會科學篇』 10·11, 1972·1973).
84) 이용범, 「遼代 上京·中京道의 발해遺民」(『白山學報』 15, 1973).
이용범, 「요대 東京道의 발해유민」(『사총』 17·18 합집, 1973).
이용범, 「金初의 발해유민」(『又軒丁仲煥博士 환력기념 논문집』, 1974).
85) 宋基豪, 「大祚榮의 出自와 발해의 건국과정」(『아시아문화』 7, 1991).
송기호, 「발해 文王代의 개혁과 사회변동」(『한국고대사연구』 6, 1992).
송기호, 「발해의 초기 도읍지와 천도과정」(『于江權兌遠교수정년기념 논총 민족문화의 제문제』, 1994).
송기호, 『渤海의 역사적 전개과정과 국가위상』(서울대 박사학위논문, 1995).

정리하였다.

송기호가 발해 멸망시기의 대외관계에 대해 접근하였지만,[86] 발해와 신라 관계에 대해서는 당의 등거리 외교정책이라는 틀 속에서 연구하였다. 그리하여 당시의 국제 관계 속에서 발해와 신라의 관계를 논술하거나 신라의 발해에 대한 양면적 인식을 밝혔다.[87] 남북국시대의 설정을 위해서는 발해와 신라의 교류에 대한 연구는 매우 중요하다. 신라도(新羅道)의 존재로 알 수 있듯이 두 나라는 대립과 함께 서로 교류하였음이 분명하다. 그런 면에서 한규철(韓圭哲)의 연구가 주목된다.[88] 발해는 신라에도 사신을 파견하였고 거란의 침공을 받았을 경우 신라에 구원을 요청하였다.

신라하대 사회는 지방호족이 움직여 갔다. 지방호족에 대해서는 많은 연구가 이루어졌다. 지방호족을 낙향(落鄕)호족·토착(土着)호족·해상(海上, 軍鎭)세력으로 분류한 것은 통설로 받아들여진다. 원성왕계의 왕위쟁탈전에 대한 연구는 낙향호족의 실체를 이끌어내었다. 이미 김상기나 이기동은 해상무역을 통한 군진세력을 지적하였다.[89] 토착호족에 대한 연구도 진전되었다.[90] 윤희면(尹熙勉)도 진보성(眞寶城) 성주인 홍술(洪述)과 재암성(載岩城) 장군(將軍) 선필(善弼)에 대해 구체적으로 연구

---

86) 송기호, 「발해멸망기의 대외관계 -거란·후삼국과의 관계를 중심으로-」(『한국사론』 17, 서울대 국사학과, 1987).
87) 송기호, 「발해에 대한 신라의 양면적 인식과 그 배경」(『한국사론』 19, 서울대 국사학과, 1988).
송기호, 「동아시아 국제관계 속의 발해와 신라」(『한국사 시민강좌』 5, 1989)
88) 韓圭哲, 「신라와 발해의 武力 대립관계」(『송갑호교수정년퇴임 기념논문집』, 1993).
한규철, 『발해의 대외관계사연구 -남북국의 형성과 전개-』(신서원, 1994).
89) 김상기, 「고대의 무역형태와 羅末의 海上發展에 就하여」(『진단학보』 1·2, 1934·1935 ; 『동방문화교류사논총』, 1948).
이기동, 「신라하대의 浿江鎭」(『한국학보』 4, 1976 ; 『신라 골품제사회와 화랑도』, 1980).
90) 尹熙勉, 「신라하대의 城主·將軍」(『한국사연구』 32, 1982).
金周成, 「신라하대의 地方官司와 村主」(『한국사연구』 41, 1983).
陰善赫, 「신라하대 지방의 吏와 호족」(『全北史學』 1, 1987).

하였고, 지방호족에 대한 연구업적이 축적되면서 정청주(鄭淸柱)는 영산(平山)이나 순천(順天)·나주(羅州) 등의 사례를 통하여 지방호족의 실체를 이끌어 내었다.[91]

후삼국시대의 궁예에 대해서는 매우 상반되게 평가되었다. 『삼국사기』는 물론이거니와 조선시대에 편찬된 『고려사』에서도 궁예는 부정적으로 그려졌다. 김철준은 이러한 사료의 평가를 그대로 인정하였다.[92] 궁예에 대한 최초의 긍정적인 평가는 김두진의 연구에서 이루어졌다.[93] 궁예는 신라 법상종의 사상전통을 지녔으며, 아울러 후삼국 중의 한 국가를 다스릴 수 있는 경륜을 지녔다. 그러나 삼한을 통합할 수 있는 역량을 갖지 못한 데에 그의 한계성을 찾을 수 있다고 하였다. 이후 조인성(趙仁成)·이재범(李在範) 등이 궁예에 대해 의욕적으로 연구하였고,[94] 신호철(申虎澈)도 견훤(甄萱)에 대해 심층적으로 접근하였다.[95] 이러한 연구는 권장되어야 한다. 다만 지방자치 단체가 연구를 주도하면서, 이들을 절대적으로 좋게만 평가하려는 것은 바람직하지 않다.

---

91) 鄭淸柱,「新羅末·高麗初 호족의 형성과 변화에 대한 一考察 -平山 朴氏의 一家門의 實例 검토-」(『역사학보』 118, 1988).
   정청주,「신라말·고려초의 羅州豪族」(『전북사학』 14, 1991).
   정청주,「신라말·고려초 順天지역의 호족」(『전남사학』 18, 2002).
92) 김철준,「後三國時代의 지배세력의 성격에 대하여」(『李相佰博士 회갑기념논총』, 1964 ; 『한국고대사회연구』, 지식산업사, 1975).
93) 김두진,「高麗初의 法相宗과 그 사상」(『韓㳓劤선생 정년기념 史學論叢』, 1981).
   김두진,「궁예의 미륵세계」(『한국사 시민강좌』 10, 일조각, 1992).
94) 趙仁成,「弓裔정권의 中央政治組織 -이른바 廣評省체제에 대하여-」(『백산학보』 33, 1986).
   조인성,「궁예의 勢力형성과 建國」(『진단학보』 75, 1993).
   李在範,「궁예정권의 정치적 성격에 관한 고찰」(『溪村閔丙河教授정년기념 史學論叢』, 1988).
   이재범,「궁예정권의 鐵圓定都 시기와 專制的 국가경영」(『사학연구』 80, 2005).
95) 申虎澈,「후백제의 지배세력에 대한 분석 -특히 후백제의 멸망과 관련하여-」(『斗溪李丙燾博士九旬紀念 韓國史學論叢』, 지식산업사, 1987).
   신호철,「견훤의 출신과 사회적 진출」(『東亞研究』 17, 서강대 동아연구소, 1989).

5) 지배세력의 변천과 사회편제

(1) 지배세력의 변천

민족사에서 당대를 움직인 계층을 중시해온 이기백은 고대사 연구에서도 일찍부터 지배세력의 변천에 관심을 두었다.[96] 그러한 시각은 신라 중대에서 신라하대로 이행하는 혜공왕대의 정권교체를 분석하면서 구체화되었다. 그리하여 신라상대의 귀족연합에서 신라중대의 전제주의를 거쳐 신라하대의 귀족연립 정권이 성립되었으며, 이때가 되면 왕권 중심으로 통제된 귀족들이 언제든지 다시 분열되는 상황이 전개된다고 하였다.[97] 아울러 고구려와 백제사에 대해서는 왕비족이나 왕위 계승 등을 분석하여 왕실세력의 변천에 근거한 시대구분을 시도하였다.

고구려·백제·신라의 삼국은 각각 주몽·온조(또는 비류)·박혁거세에 의해 건국되었지만, 실질적인 그 국가의 시조는 각각 태조왕(太祖王)·고이왕(古爾王)·내물왕(奈勿王)으로 추정된다. 이때에 삼국의 왕실세력은 교체되었다. 『삼국지(三國志)』 위서(魏書) 고구려조에는 본래 오부(五部) 중의 소노부(消奴部)에서 왕이 나왔으나 점점 미약해져서, 지금은 계루부(桂婁部)가 이를 대신한다고 하였다. 그래서 계루부가 등장하는 시기가 언제인지를 분명히 하는 작업이 중요하다. 이에 대해 일찍이 천착한 연구는 이병도에 의해 이루어졌다.[98] 즉 소노부는 송양국(松讓國, 沸流國)이었고, 주몽의 등장으로 계루부가 주도하는 고구려 왕실이 성립하였

---

96) 이기백, 「신라 惠恭王代의 정치적 變革」(『社會科學』 2, 1958 ; 『신라정치사회사연구』, 일조각, 1974).
이기백, 「百濟王位繼承考」(『역사학보』 11, 1959).
97) 이기백, 「신라 惠恭王代의 정치적 變革」(『신라정치사회사연구』, p.253).
98) 이병도, 「高句麗國號考」(『서울대학교논문집』 인문사회과학편 3, 1956 ; 『韓國古代史硏究』, 博英社, 1976).

다.[99]

　태조왕의 등장은 고구려 왕실세력 사이에 큰 변화를 가져왔다. 이전 왕실이 해씨(解氏)였던 것과 달리 태조왕은 고씨(高氏)였으며 모본왕을 시해하고 등장하였다. 또한 그의 아버지 재사(再思)는 유리왕(瑠璃王)의 아들이라고 기록되어 있지만, 실제로는 주몽을 따라 내려온 부족장이었다.[100] 이렇게 되면 태조왕의 등극은 왕실 내의 부족세력이 교체되는 것이어서, 계루부의 등장과 연결시켜 이해하려고 한다.[101] 이와는 달리 김용선(金龍善)은 계루부의 등장을 부여로부터 와서 태자가 되고, 주몽을 이어 등극하는 유리왕과 연결시켜 이해하였다.[102] 『삼국사기』의 초기 기록을 부정하는 일본인 학자들은 태조왕 이후 신대왕(新大王) 백고(伯固)가 죽자, 형인 발기(拔奇) 대신에 동생인 이이모(伊夷謨)가 등극하여 고국천왕(故國川王)이 되는 사실을 왕실세력의 교체로 이해하였다.[103]

　『삼국사기』와는 달리 『삼국유사』 왕력(王曆)에는 고이왕이 사반왕(沙伴王)을 폐위시키고 등극한 것으로 기록되어 있다. 이는 마치 고구려의 태조왕이 등장하는 분위기를 느끼게 한다. 그래서 백제 건국시조인 구태(仇台)와 발음상으로 비슷하기 때문에 이병도는 고이왕을 백제의 실질적인 시조라고 주장하였다.[104] 그런데 이기백은 고이왕의 즉위가 왕실세력의 교체로써 비류계(沸流系)의 등장이라고 이해하였다. 즉 '온조-초고계'를

---

99) 이병도, 위의 논문(『한국고대사연구』, p.359).
100) 金杜珍, 「고구려초기 東盟祭儀의 蘇塗신앙적 요소」, 『한국학논총』 18, 1996 ; 『韓國古代의 建國神話와 祭儀』, 일조각, 1999, p.122).
101) 이기백, 『韓國史新論』(改訂版, 일조각, 1976, p.52).
　　이기백, 「高句麗王妃族考」(『진단학보』 20, 1959).
102) 金龍善, 「高句麗瑠璃王考」(『역사학보』 87, 1980, pp.60~62).
103) 池內宏, 「高句麗王家の上世の世系について」(『東亞學』 3, 1940 ; 『滿鮮史研究』 上世, 1 册, 吉川弘文館, 1960, p.235).
104) 이병도, 「백제의 建國問題와 馬韓중심세력의 변동」(『진단학보』 6, 1936 ; 『한국고대사연구』, pp.472~476).

대신하여 '비류-고이계'가 등장하였고, 이후 근초고왕 때에 이르기까지 양계 교립(交立)에 의해 왕위가 이어져 내려갔다.105)

'비류-고이계'와 '온조-초고계'는 왕실 내에 성씨를 달리하는 세력으로 파악하기도 한다. 천관우는 전자가 우씨(優氏)였으며 해안이나 강을 따라 이동하고, 후자는 부여씨(夫餘氏)로 한강 중류지역에 거주한다고 하였다.106) 그러나 노중국(盧重國)은 백제초기 왕실세력 내에 성씨가 교체되었으며, 다루왕(多婁王)에서 기루왕(己婁王)·개루왕(蓋婁王)까지는 해씨(解氏)이고 초고왕 이후 부여씨로 바뀐다고 하였다.107) 이렇듯 주장이 다양하지만, 초고왕계와 고이왕계의 대립을 설정할 수는 있다. 따라서 이기동은 고이왕이 개루왕의 아들이라는 사실 자체를 계보상 온조왕계와 연결시키려는 목적에서 조작된 것이라고 하였다.108)

고이왕계는 계왕(契王)을 끝으로 단절되고, 백제 왕실은 초고계로 이어진다. 천관우는 근초고왕의 등극이 '비류-고이계'가 아닌 '온조-초고계'가 고정되는 것으로 이해하였다.109) 귀족세력에 대해서는 왕권과의 상관관계에서 분석되기 때문에 왕권강화라는 면을 이끌어 내게 한다. 그러나 백제는 여러 번 수도를 옮겼기 때문에 공주나 부여 지역을 기반으로 가진 귀족세력이 왕권에 기생하여 권력을 농단하기도 하였다. 백제 귀족에 대한 연구는 지배세력의 변천을 읽을 수 있게 한다.110) 양기석의 연구는

---

105) 이기백, 「百濟王位繼承考」(앞의 책, p.10).
106) 千寬宇, 「三國의 國家形成(하) -三韓攷 第3部-」(『韓國學報』 3, 一志社, 1976, p.114).
　　천관우, 「目支國攷」(『한국사연구』 24, 1979, pp.29~30).
107) 노중국, 『백제정치사연구』(일조각, 1988, pp.71~74).
108) 이기동, 「백제 왕실 交代論에 대하여」(『百濟研究』 12, 충남대 백제연구소, 1981, pp. 23~24).
109) 천관우, 「목지국고」(앞의 책, p.27).
110) 이기백, 「熊津時代 백제의 貴族勢力」(『百濟研究』 9, 1978).
　　梁起錫, 「熊津時代 百濟支配層 硏究 -王權强化政策과 관련하여-」(『史學志』 14, 1980).

왕권강화 정책을 천착해서 밝혔고,[111] 이도학(李道學)의 연구도[112] 이와 비슷한 모습을 보여주었다.

신라초기 왕실은 박씨·석씨·김씨가 교대로 장악한 것으로 기록되었다. 기록과는 달리 김철준은 박씨·석씨·김씨의 세 왕국이 병존(竝存)하였으며, 후대에 역사서를 편찬하면서 석씨왕실을 중심으로 하여 그 앞과 뒤에 박씨 왕실과 김씨 왕실의 세계(世系)를 덧붙였다고 하였다.[113] 그 뒤 김광수는 김철준의 논지를 이으면서 대체로 사서에 기록된 신라의 상고세계를 거의 인정하는 방향에서 재구성을 시도하였다.[114] 이인철(李仁哲)도 약 70년 정도 하향 조절하면 그것을 그대로 인정할 수 있다는 입장을 취하였다.[115]

신라왕실 내에서 삼성세력의 변천은 통설로 되었고, 이에 대해서는 정치하게 연구하지 못하였다. 조금 도식적이긴 하지만 변태섭(邊太燮)이 관제(官制)나 묘제(廟制)를 통해 신라사회의 발전과정을 추구하였다.[116] 이기동(李基東)은 신라사에서 지배세력의 변천을 천착해서 연구하였다. 즉 혈족집단(血緣集團)의 분지화(分枝化) 과정을 통해 등장한 소(小)리니이

---

111) 양기석, 「백제 腆支王代의 정치적 변혁」(『湖西史學』 10, 1982).
양기석, 「백제 威德王代 왕권의 存在形態와 성격」(『백제연구』 21, 1990).
양기석, 「백제 聖王代의 정치개혁과 그 성격 -전제왕권의 성립문제와 관련하여-」(『한국고대사연구』 4, 1991).
112) 李道學, 「漢城末 熊津時代 百濟王系의 검토」(『한국사연구』 45, 1984).
이도학, 「漢城末 熊津시대 백제 왕위계승과 왕권의 성격」(『한국사연구』 51·52 합집, 1985).
이도학, 「漢城後期의 백제 왕권과 支配體制의 정비」(『백제논총』 2, 1990).
113) 김철준, 「新羅 上古世系와 그 紀年」(『역사학보』 17·18 합집, 1962 ; 『한국고대사회연구』, 지식산업사, 1975).
114) 金光洙, 「신라 上古世系의 재구성 시도」(『東洋學』 3, 1973).
115) 李仁哲, 「신라 上古世系의 新解釋」(『淸溪史學』 4, 1987).
116) 邊太燮, 「新羅官制의 성격」(『歷史敎育』 1, 1956).
변태섭, 「廟制의 변천을 通하여 본 신라사회의 發展過程」(『역사교육』 8, 1964).

지집단이 상호 대립하면서 왕실 내에 지배세력이 바뀌어 갔다.[117] 아울러 그는 신라하대가 시작되는 원성왕계(元聖王系) 내에서 왕위계승전쟁이 빈번하게 일어나는 현상에 대해서도 같은 논리로 설명하였다.[118]

신라하대 사회를 설명하는데 원성왕계의 소리니이지집단에 대한 이해는 퍽 중요하게 생각된다. 이에 대해서는 김수태(金壽泰)·이명식(李明植)·윤병희(尹炳喜)·김정숙(金貞淑) 등이 접근하였고,[119] 최근까지도 계속해서 비교적 많은 연구업적을 내었다.[120] 신라중대 말이나 신라하대 초기와는 달리 신라상대의 정치세력에 대한 연구는 비교적 적게 이루어진 편이다.[121] 다만 최근에 장창은(張彰恩)은 고구려와의 관계에서 신라상대의 지배세력이 변천하는 과정을 밝혔다.[122] 그의 연구는 고구려세력과의 관계에서 석씨나 김씨 왕실이 등장하는 배경을 추구하였지만, 크게 보아

---

117) 이기동,「新羅 奈勿王系의 血緣意識」(『역사학보』 53·54 합집, 1972 ;『新羅 骨品制社會와 花郎徒』, 韓國研究院, 1980).
    이기동,「신라中古시대 血緣集團의 特質에 관한 諸問題」(『진단학보』 40, 1975 ;『신라 골품제사회와 화랑도』, 1980).
118) 이기동,「신라하대의 王位繼承과 政治過程」(『역사학보』 85, 1980 ;『신라 골품제사회와 화랑도』, 1980).
    이기동,「신라 興德王代의 정치와 사회」(『국사관논총』 21, 1991).
119) 尹炳喜,「신라하대 均貞系의 왕위계승과 金陽」(『역사학보』 96, 1982).
    金壽泰,「統一新羅期 專制王權의 붕괴와 金邕」(『역사학보』 99·100 합집, 1983).
    李明植,「신라하대 金周元系의 정치적 입장」(『大丘史學』 26, 1984).
    金貞淑,「金周元世系의 정치적 입장」(『白山學報』 28, 1984).
120) 金昌謙,「신라 景文王代 '修造役事' 政治史의 고찰 -왕권강화책과 관련하여-」(『溪村閔丙河敎授停年紀念 史學論叢』, 1988).
    김창겸,「신라하대 仁謙系 왕권과 金崇斌」(『新羅史學報』 창간호, 2004).
    全基雄,「新羅下代末의 정치사회와 景文王家」(『釜山史學』 16, 1989).
    최홍조,「신라 애장왕대의 정치변동과 金彦昇」(『한국고대사연구』 34, 2004).
121) 李喜寬,「신라상대 智證王系의 왕위계승과 朴氏王妃族」(『동아연구』 20, 1990) 등이 보일 정도이다.
122) 張彰恩,「신라 訥祗王代 고구려세력의 축출과 그 배경」(『한국고대사연구』 33, 2004).
    장창은,「신라 朴氏族의 分岐와 昔氏族의 집권과정」(『신라사학보』 창간호, 2004).
    장창은,「신라 炤知王代 對高句麗 관계와 정치변동」(『史學研究』 78, 2005).

리니이지 이론에서 벗어난 것은 아니었다.

(2) 족장(族長) 중심의 사회 편제

　삼국이 서로 국경을 맞댄 영역국가로 발전하기까지 이웃의 읍락이나 소국을 흡수거나 통합하면서 국가체제를 정비하였다. 즉 삼국의 국가체제 정비는 소속된 읍락이나 성읍국가의 지배자를 편제하면서 이루어졌다. 따라서 읍락사회나 성읍국가의 계층에 대한 이해가 삼국사회의 편제 방법을 이해하는데 중요하다. 성읍국가로 발전해간 읍락의 지배자는 거수(渠帥)나 장수(長帥) 등으로 나타났고, 그 외 읍락사회에는 호민(豪民)과 하호(下戶) 등으로 계층 분화가 이루어져 갔다.

　하호에 대해서는 일찍이 노예군(奴隷群)으로 파악하는 등[123] 다양한 견해가 제시되었으나 지금은 하층의 일반 백성으로 이해된다. 다만 하호가 일반 족원(族員)이라는 전제 아래 호민을 족장(族長)계층으로 파악하였다.[124] 호민은 거수나 '가(加)' 계층과 같게 된다. 그러나 문창로는 호민을 읍락에 거주하는 일반 백성 중에서 부유한 상위층으로 파악하였다.[125] 즉 고구려 좌식자(坐食者) 만여 명이나 낙랑으로부터 인수(印綬)와 의책(衣幘)을 받은 삼한사람 천여 명을 호민층으로 보았다. 호민층에 대한 정확한 이해는 삼국이 국가체제를 편제하면서 하급 귀족을 정비하는 방향을 끌어내게 한다.

---

123) 白南雲, 『朝鮮社會經濟史』(改造社, 東京, 1933).
124) 武田幸男, 「魏志東夷傳にみえる下戶問題」(『朝鮮史硏究會論文集』 3, 1967 ; 『古代の朝鮮』, 1974).
　　김철준, 「신라 貴族勢力의 基盤」(『人文科學』 7, 1962 ; 『한국고대사회연구』, 1975, p.224).
125) 文昌魯, 「삼국시대 초기의 豪民」(『역사학보』 125, 1990).
　　문창로, 「三韓時代 邑落의 渠帥와 그 정치적 성장」(『한국고대사연구』 12, 1997).

읍락이나 성읍국가의 지배자가 중앙귀족으로 편제되었다. 김철준은 중앙집권적인 귀족국가의 체제정비가 연맹왕국의 체제를 재편하는 것으로 파악하였다.[126] 그리하여 성립된 골품제도(骨品制度)는 각 부족이 중앙집권적인 국가체제로 통합될 때에, 그 내에서 차지하는 위치를 결정한 것으로 관계조직과 상호 연관성을 가지면서 성립되었다. 김광수(金光洙)도 유력한 부족장(部族長)이 '가' 계층으로 편성되었음을 지적하였는데,[127] 이와 연관하여 골품제의 중위제(重位制)나 백제 관등의 '솔(率)'이나 '덕(德)' 군(群)을 밝히려는 노력은 중요하다.

골품제에 대해서는 화랑도와 연관시켜 분석한 이기동의 연구가 주목된다.[128] 일찍이 일본인 학자인 미시나(三品彰英)는 화랑도를 남방민족의 미성년 남자집회(男子集會)와 연결시켜 파악하였다.[129] 이에 대해 이기동은 그 기원을 촌락공동체적인 청년(青年)조직에서 찾았고, 진흥왕대에 개편되는 화랑도를 촌락공동체의 파괴와 함께 군현제 내지 새로운 군제(軍制)의 정비와 연관시켜 이해하였다.[130] 그 외에 화랑도의 기원을 미륵신앙과 연결시킨 연구도 있다.[131] 이기동의 연구로 논지가 극복되었다고는 하지만, 미시나의 연구는 신라를 남방문화권 속에 포함시킴으로써 만주국 건국 이후 고구려와 신라를 북방과 남방문화로 가르는 일본학계의 의도를

---

126) 김철준, 「高句麗·新羅의 官階組織의 성립과정」(『李丙燾博士華甲紀念論叢』, 1956 ; 『韓國古代社會研究』, 지식산업사, 1975).
127) 金光洙, 「高句麗 前半期의 '加' 階級」(『建大史學』 6, 1982).
 김광수, 「고구려 建國期의 姓氏賜與」(『金哲俊博士華甲紀念 史學論叢』, 1983).
128) 이기동, 『新羅骨品制 사회와 花郎徒』(韓國研究院, 1980 ; 일조각, 1984).
129) 三品彰英, 『新羅花郎の研究』(三省堂, 東京, 1943).
130) 이기동, 「新羅 花郎徒의 起源에 관한 一考察」(『역사학보』 69, 1976).
 이기동, 「신라 화랑도의 사회적 고찰」(『역사학보』 87, 1979).
131) 金煐泰, 「彌勒仙花考」(『佛敎學報』 3·4 합집, 1966).
 김상기, 「花郎과 彌勒신앙에 대하여」(『李弘稙博士華甲紀念 韓國史學論叢』, 1969 ; 『東方史論叢』, 1974).

드러냈다. 이에 대해서는 이기백이 고구려의 경당(扃堂)을 화랑도 조직과 비슷한 것이라고 주장함으로써[132] 그 의도를 반박한 셈이다.

골품제에 대해서는 많이 연구되었지만, 아직도 풀어야 할 문제들이 많다. 우선 신라상대 말에 소멸되는 성골(聖骨)의 실체이다. 이에 대해 홍덕왕 9년에 제정된 『삼국사기』 색복(色服)조나 거기(車騎)·기용(器用)·옥사(屋舍)조에 규정이 없기 때문에 성골의 존재를 부정하는 연구도 있다.[133] 선덕왕과 진덕왕의 여왕통치를 정당화하기 위해 무열왕 또는 문무왕 때이거나, 심지어 진성왕 때를 전후하여 추존된 것이라고 하였다. 이와는 달리 이종욱은 신라 왕경(王京)의 중심부에 실제로 거주한 왕족으로 이해하였다.[134] 이기동은 진흥왕의 태자인 동륜계(銅輪系)가 왕위를 장악한 시기에 다른 왕실가계(王室家系)와 구별하기 위해 스스로를 성골이라고 주장한다고 하였다.[135] 김두진(金杜珍)은 불교사상 면에서 이러한 결론을 뒷받침하였다.[136] 즉 진평왕을 중심으로 왕실이 석가족(釋迦族)을 표방함으로써, 다른 왕족과 구별하려는 의식이 후대에 성골로 기록되었다는 것이다.

신라하대에 진골이 육두품으로 떨어지는 문제에 대해서 김철준은 친족집단 내의 구조 속에서 이해하였다.[137] 7세대 동일집단으로 구성된 신라 친족집단 내에서, 방계로만 내려온 자손은 8세대가 되면서 신분이 강

---

132) 이기백, 「高句麗의 扃堂 -韓國古代國家에 있어서의 未成年集會의 一遺制-」(『역사학보』 35·36 합집, 1967).
133) 武田幸男, 「新羅の骨品體制社會」(『歷史學研究』 299, 1965).
武田幸男, 「新羅骨品制の再檢討」(『東洋文化研究所紀要』 67, 1975).
井上秀雄, 「新羅の骨品制度」(『歷史學研究』 394, 1965; 『新羅史基礎研究』, 東出版, 1974).
134) 이종욱, 「新羅中古시대의 聖骨」(『진단학보』 50, 1980).
135) 이기동, 「新羅 골품제연구의 現況과 그 課題」(『신라골품제사회와 화랑도』, 1980, p. 26).
136) 金杜珍, 「신라 眞平王代의 釋迦佛신앙」(『韓國學論叢』 10, 1988).
137) 김철준, 「신라시대의 親族集團」(『한국사연구』 1, 1968; 『한국고대사회연구』, 1975).

등된다고 한다. 그러나 현실적으로 강육두품(降六頭品)이 된 낭혜(朗慧)가 무열왕계 내에서 방계로만 내려왔다는 것을 논증하기 어렵다. 따라서 김두진은 모계의 신분이 낮거나 부친이 김헌창(金憲昌) 등의 반란세력에 가담하였던 데에서 신분의 강등을 추론하였다.[138] 이기백은 하급 귀족인 육두품에 대해 접근하면서 골품제 연구의 폭을 넓혔다.[139] 오두품 이하의 귀족이나 외위(外位)는 물론이거니와 고구려나 백제의 하위 관등에 대한 접근이 이루어져야 한다.

부족장을 관계조직 속에 편제하는 양상에 대해서 노태돈의 연구가 주목된다.[140] 이미 김철준의 연구는 고구려와 신라의 관제가 족장을 편제하는 비슷한 방식으로 성립된 것이지만, 백제의 관제는 이와 달리 부족장적인 성격을 완전히 배제하여 중국화(中國化)된 것이라 하였다.[141] 김철준의 논지를 계승하면서도 노태돈은 부족집단의 편제를 삼국별로 나누지 않고, 하나로 묶어 제시하였다. 부(部)는 삼국의 발흥(發興)지역에 있었던 여러 부족(部族)들이 주체성을 상실하면서 유력부족을 중심으로 통합하여 성립된 것이며, 또한 부에는 구성 집단으로 '부내부(部內部)'나 부곡(部曲) 등의 집단 예민(隸民)이 있다고 하였다.

이종욱은 부체제설(部體制說)을 강하게 비판하였다.[142] 부(部)·방(坊)·리(里)는 기본적으로 왕경의 행정체제이므로, 6부는 사로 6촌을 통합한 사로국이 이웃 소국을 병합하여 신라의 왕경으로 된 것이라 하였다.

---

138) 김두진, 「朗慧와 그의 禪思想」(『역사학보』 57, 1973).
139) 이기백, 「新羅六頭品硏究」(『省谷論叢』 2, 1971 ; 『신라정치사회사연구』, 1974).
140) 노태돈, 「三國時代 '部'에 관한 연구」(『韓國史論』 2, 서울대 국사학과, 1975).
141) 김철준, 「백제사회와 그 문화」(『武寧王陵發掘調査報告書』, 1973 ; 『한국고대사회연구』, 1975).
142) 이종욱, 「新羅 '部體制說'에 대한 비판 -하나의 새로운 신라사 체계를 위하여-」(『한국사연구』 101, 1998).
이종욱, 「新羅上代의 王京·六部」(『신라문화』 15, 1998).

따라서 6부와 6촌이 현재의 경주지역에 있었다는 주장은[143] 지방에 거주한 각 촌의 지배자를 경주에 배치하여 중앙귀족으로 성립시켰다는 김철준의 이부체제론(二部體制論)이나[144] 노태돈의 부체제설과도 배치된다.

그럼에도 부체제설은 후학 연구자에게 많은 영향을 주었다. 여호규(余昊奎)·전덕재(全德在) 등이[145] 이를 계승하였다. 부체제는 왕권이 강화되면서 소멸되었다. 이러한 변동은 중앙집권적인 정치체제의 구축과정과 궤도를 같이하며, 지방의 영역화 작업과 밀접하게 관련되었다. 그래서 강봉룡(姜鳳龍)은 부의 성격변화에 따라 소국(小國)을 군(郡)으로 편제한 주군제(州郡制)가 성립한다고 하였다.[146] 반면 부체제를 비판한 연구도 계속되었다. 강종원(姜鐘元)은 서울의 행정체제로서의 부(部)를 논하였고, 신라 왕경은 주변의 여러 소국을 복속하는 과정에서 본래의 사로국을 특수 구역으로 설정한 것이라고 하였다.[147] 이부체제론을 포함하여 부체제설 등의 이론을 전제로 하기보다는, 부가 중앙집권적 귀족국가 내에 통합된 부족이었지만 뒤에는 왕경의 행정구역으로 정착되는 사실적인 면을 부각시키는 작업이 한국고대의 사회편제 방법을 제시해 줄 것이다.

---

143) 이종욱,「신라上古시대의 六村과 六部」(『진단학보』 49, 1980, p.54).
144) 김철준,「신라 上代社會의 Dual Organization」(『역사학보』 1·2, 1952).
145) 余昊奎,「고구려초기 那部統治體制의 성립과 運營」(『한국사론』 27, 1992).
全德在,「신라 六部체제의 변동과정 연구」(『한국사연구』 77, 1992).
전덕재,「上古期 신라 六部의 성격에 대한 고찰」(『신라문화』 12, 1995).
146) 姜鳳龍,「新羅中古期 部의 성격변화와 姓氏制」(『典農史論』 창간호, 1995).
강봉룡,「신라 州郡制의 연원 -上古期 小國 편제 방식-」(『신라문화』 23, 2004).
147) 姜鍾元,「신라 王京의 형성과정」(『백제연구』 23, 1992, pp.240~241).

6) 토지의 지급과 귀족세력의 기반

(1) 정전(丁田)의 지급과 역역(力役)체제

한국고대사에서 정치사나 사상사에 비해 경제사 분야는 잘 연구되지 못했다. 그 이유는 고려중기까지 전승되는 가운데 고대사관계 사료가 신이(神異)한 관념적인 기록으로 남겨졌고, 사회나 경제와 직결된 구체적인 자료는 빠져나갔기 때문이다. 일제강점기에 사회경제사학자인 백남운(白南雲)·김광진(金洸鎭) 등의 연구가 효시인 셈이다.[148] 이들의 연구는 유물사관의 일반적인 이론에 근거하여 한국 고대사회의 발전 모습을 제시한 것이어서, 보편성에서 벗어나 독특한 양상을 구체적으로 제시하지 못하였다.

초기에 강진철(姜晉哲)·이우성(李佑成)·이홍직(李弘稙) 등이 경제사에 접근하였다.[149] 이홍직은 전부(田賦)인 조(租)가 창름(倉廩)이나 곡물 등으로 사용된 용례를 구체적으로 다루었고, 이우성은 왕토(王土)사상이 지배적이던 신라시대에도 실제로 공전(公田) 외에 사유지가 있다고 하였다. 이들과는 달리 경제사를 전공한 강진철은 고려시대의 전시과(田柴科) 체제를 밝히는 과정에서 신라시대의 토지제도를 추구였다. 특이하게도 남도영(南都泳)은 마정(馬政)을 다루면서 고대의 목축업을 끌어내고자 하였다.[150] 신라시대의 수공업에 관한 박남수(朴南守)의 연구는 귀중한 것이다.[151] 그는 신라의 관영수공업(官營手工業)과 궁중(宮中)수공업 및

---

148) 白南雲,『朝鮮社會經濟史』(改造社, 東京, 1933).
   金洸鎭,「高句麗社會の生産樣式」(『普專學會論集』 3, 1937).
149) 李佑成,「新羅시대의 王土사상과 公田」(『曉城趙明基博士華甲紀念 佛敎史學論叢』, 1965).
   李弘稙,「三國史記의 租의 用法」(『서울대논문집 인문사회과학』 2, 1955 ;『韓國古代史의 硏究』, 新丘文化社, 1971).
   姜晉哲,「新羅統一期의 土地制度」(『高麗土地制度史 硏究』, 고려대 출판부, 1980).
150) 南都泳,「한국 목축업 발달상으로 본 삼국시대의 馬政」(『경기공전논문집』, 1958).
   남도영,「삼국시대의 馬政」(『東國史學』 7, 1964).

민간수공업 경영형태의 정비과정이나 장인(匠人)들의 분화 과정을 국가의 체제정비와 연결시켜 이해하였다.

수공업은 물론이거니와 토지제도 등은 농업생산력의 발달을 전제로 정비되었다. 이춘녕(李春寧)과 이현혜(李賢惠)의 연구가 주목된다.[152] 이춘녕이 기장이나 피·조 등의 곡식이나 농기구를 통해 경작의 발달과정을 추구했으며, 이현혜는 특히 신라나 고구려에 보이는 우경(牛耕)이라는 획기적인 농업기술을 중앙집권적 귀족국가의 체제정비와 연관하여 분석하였다. 양전(量田)사업을 통한 결부제(結負制)의 정비는 수취체제와 연관되는데, 이에 대해서는 이우태(李宇泰)의 연구가 있다.[153] 이미 결부제는 삼국시대에서부터 발생하여 관행적으로 사용되었고 문무왕대를 전후하여 법제화되었으며, 신문왕대에 관료전(官僚田)을 지급하기 위한 양전사업은 정전(丁田)이 지급되는 성덕왕대에 전국적으로 실시된다고 하였다.

결부제의 존재에도 불구하고 고구려의 세제를 밝힌 김기흥(金基興)은 삼국시대의 전통적인 세제가 인두세(人頭稅)라고 주장하였다.[154] 그래서

---

151) 朴南守,「신라 宮中手工業의 성립과 정비」(『동국사학』 26, 1992).
　　박남수,「신라상대 수공업과 匠人」(『국사관논총』 39, 국사편찬위원회, 1992).
　　박남수,「통일신라 궁중수공업의 운영과 변천」(『素軒南都泳博士古稀紀念 역사학논총』, 민족문화사, 1993).
　　박남수,「신라 匠人의 분화와 사회경제적 지위 변동」(『芝村金甲周教授화갑기념 사학논총』, 1994).
　　박남수,「신라 官營수공업 官司의 운영과 변천」(『신라문화』 10·11 합집, 1994).
152) 李春寧,「한국고대의 農業生産技術과 생산력 연구」(『국사관논총』 31, 1992).
　　李賢惠,「삼국시대의 농업기술과 사회발전 -4~5세기 신라사회를 중심으로-」(『한국상고사학보』 8, 1991).
　　이현혜,「한국고대의 犁耕에 대하여」(『국사관논총』 37, 1992).
153) 李宇泰,「한국고대의 尺度」(『泰東古典研究』 1, 한림대 태동고전연구소, 1984).
　　이우태,「신라시대의 結負制」(『태동고전연구』 5, 1989).
　　이우태,「신라의 量田制 -結負制의 성립과 변천과정을 중심으로-」(『국사관논총』 37, 1992).

통일신라에까지 정전의 지급과 함께 역역(力役)을 수취하려는 것이 신라 장적(帳籍)의 골격을 이루었다. 통일신라시대의 토지제도를 전공한 이인재(李仁在)는 연호(煙戶)의 토지소유 형태나 그에 따른 조세의 수취기준 등을 천착해서 밝혔다.[155] 신라의 역역동원 체제는 계연(計烟)이나 공연(孔烟)에 대한 이해를 통해 밝힐 수 있다. 계연의 숫자를 수리적으로 복잡하게 추적하면서 다양한 접근을 시도하였으나,[156] 오히려 이태진의 연구가 설득력을 지닌다.[157]

호(戶)를 인정(人丁)의 다수에 의해 등급을 나누고 계연(計烟) 수치를 촌단위로 부과되는 부역의 기준이라 한 하타다(旗田巍)의 주장은 통설로 받아들여진다. 다만 그는 계연을 수리적으로 복잡하게 산출하였다. 그러나 이태진은 편호(編戶)로서의 공연의 등급별 수를 1/6로 곱하여 얻은 계연수는 각 촌이 져야할 부담 능력을 제시한 것이라고 하였다. 그것은 신라시대의 수취체제가 정전[烟受有田]의 지급에 따른 역역의 징수에 그쳤다기보다는 조(租)·용(傭)·조(調)의 전반적인 부과기준이 되었음을 의미한다. 이러한 결론은 이후의 연구에 영향을 주었다.[158] 결부제의 실시나

---

154) 金基興, 『삼국 및 통일신라세제의 연구』(역사비평사, 1991).
　　김기흥, 「삼국시대 세제의 성격」(『국사관논총』 35, 1992).
　　김기흥, 「6·7세기 고구려의 조세제도 -隋書 고구려전의 조세조항 분석-」(『한국사론』 17, 1987).
155) 李仁在, 『신라통일기 토지제도 연구』(연세대 박사학위논문, 1995).
　　이인재, 「신라통일 전·후기 조세제도의 변동」(『역사와 현실』 4, 1990).
　　이인재, 「신라통일기 煙戶의 토지소유」(『동방학지』 77·78·79 합집, 1993).
　　이인재, 「신라통일기 租稅 수취기준과 等級煙」(『역사와 현실』 11, 1994).
156) 旗田巍, 「新羅の村落 -正倉院にある新羅村落文書の研究-」(『歷史學研究』 226·227, 1958·1959).
　　兼若逸之, 「新羅古文書를 둘러싼 問題에 대하여 -計烟計算 '基本數' 및 그 '分數化'를 비판함-」(『한국사연구』 14, 1976).
157) 李泰鎭, 「신라통일기의 촌락지배와 孔烟 -정창원소장의 촌락문서 재검토-」(『한국사연구』 25, 1979).

장적 속에 기록된 가축이나 잣나무의 수 등으로 미루어 본다면, 당시의 수취체제는 역역을 중심으로 이루어졌지만 토지세나 특산물에 대한 세를 다소 포함하였다.

(2) 녹읍의 증가와 귀족세력의 기반

신라시대에 녹읍(祿邑)은 관료전이 설치된 2년 후인 신문왕 9년(689)에 폐지되었다가 약 70년이 경과한 경덕왕 16년(757)에 다시 설치되었다. 녹읍이 귀족관료의 녹봉(祿俸)에 해당하는 토지의 지급이라는 뜻에서 이홍직은 관료전과 내용상으로는 동일한 것으로 파악하였다.[159] 그는 신라 장적을 분석하면서 곁들여 녹읍을 언급하였다. 신라 장적은 정전제(丁田制) 및 녹읍제와 관련이 있으며, 이후에도 녹읍제와 연결하여 연구되었다.[160]

강진철은 복무의 대가로 지급된 촌락이나 현(縣) 등, 일정한 지역의 녹읍이 귀족관료의 경제적 기반이 된다고 하였다.[161] 녹읍에 대한 경제적 지배권의 내용은 조세뿐만 아니라 공부(貢賦)·역역까지를 포함하였다. 이와 함께 녹과(祿科)의 의미가 아닌 특별한 공훈에 의해 지급받은 식읍(食邑)도 귀족들의 중요한 경제적 기반이 되었다. 신라 녹읍제의 성격이나 그 변동에 대해서는 이희관(李喜寬)·전덕재 등이 계속해서 밝혔다.[162] 이희관이 진골귀족 중 경덕왕 때의 전제주의에 협조한 귀족에게 지급된 녹읍은 그들의 경제적 기반이 된다고 하였다. 반면 전덕재는 농민

---

158) 李仁哲,「신라통일기의 촌락지배와 計煙」(『한국사연구』54, 1989).
159) 이홍직,「日本正倉院 發見의 新羅 民政文書」(『學林』3, 1954).
160) 武田幸南,「新羅の村落支配 -正倉院所藏文書の追記をめぐつて-」(『朝鮮學報』81, 1976).
  木村誠,「新羅の祿邑制と村落構造」(『歷史學硏究』428, 1976).
161) 姜晋哲,「新羅의 祿邑에 대하여」(『이홍직박사회갑기념 한국사학논총』, 新丘文化社, 1969).

의 궁핍과 유리로 인해 신라정부가 재정궁핍을 타개하기 위한 방법으로 녹읍을 부활한다고 하였다.

『신당서(新唐書)』 신라전에 재상(宰相)의 집에는 녹(祿)이 끊이지 않고, 노동(奴僮)이 3000명이나 있었을 뿐만 아니라 갑병(甲兵)을 거느렸으며, 바다 중의 섬에 가축을 방목하고는 먹고 싶을 때에는 언제라도 활로 쏘아 잡았다고 한다. 일찍이 이기백은 노동 3000명이나 갑병이 신라 귀족이 거느린 사병(私兵)이라 하였다.[163] 중앙귀족은 물론이거니와 지방호족도 사병을 거느렸으며, 그것이 신라사회를 붕괴시키는 요인으로 작용하였다. 김철준도 이러한 기록이 바로 신라 진골귀족의 기반을 알려주는 것이라는 입장에서 신라하대 사회의 모순을 언급하였다.[164] 즉 중앙귀족들이 가졌던 녹읍은 족적(族的) 기반으로 운영되기 때문에 경주의 왕위쟁탈전에 이용되었다. 그러나 신라하대 곧 진성여왕 이후가 되면, 그들이 지방의 노동력을 징발하는 힘을 상실하면서 녹읍은 지방호족의 수중으로 들어간다고 하였다.

다만 이들의 연구가 경제적 기반에 대한 이해를 깔면서 진행된 것은 아니었다. 앞서 강진철은 귀족들이 국가로부터 받은 녹읍과 식읍을 전장(田莊)으로 운영하는 것을 지적하였다. 김창석(金昌錫)의 전장에 대한 연구는 귀족세력의 토지경영 형태를 밝혔다.[165] 신라하대에 세금을 걷을 수 없는 전장은 확대되고, 따라서 전장에 흡수되지 않은 백성은 국가 수취의 가중한 부담으로 인해 몰락해 갔다. 전장의 확대는 국가 수취기반의 축소

---

162) 李喜寬, 「신라의 祿邑」(『한국상고사학보』 3, 1990).
　　　全德在, 「신라 祿邑制의 성격과 그 변동에 관한 연구」(『역사연구』 1, 구로역사연구소, 1992).
163) 이기백, 「신라 私兵考」(『역사학보』 9, 1957 ; 『신라정치사회사연구』, 1974).
164) 김철준, 「신라 귀족세력의 기반」(『人文科學』 7, 1962 ; 『한국고대사회연구』, 1975).
165) 金昌錫, 「통일신라기 田莊에 관한 연구」(『한국사론』 25, 서울대 국사학과, 1991).

를 가져와 지배구조를 붕괴시키는 결과를 초래하였다고 한다. 이와는 별도로 사원의 토지소유를 밝힌 이병희(李炳熙)의 작업도 신라하대 사회의 붕괴를 이해하는데 도움을 준다.[166) 신라하대가 되면 국왕의 하사나 귀족들의 시납(施納) 또는 매입(買入) 등으로 사원의 토지가 광대해졌으며, 사찰은 소속된 노비나 승려는 물론 이웃한 백성을 동원하여 토지를 경작하였다. 사원에 딸린 토지도 장원(莊園)을 통해 경영하였으므로 전장에 대한 연구는 보다 심화되어야 한다.

7) 불교의 융성과 풍수지리설

(1) 불교의 전래와 철학체계의 수립

삼국사회에 불교는 일찍 전래되어 있었지만, 대체로 중앙집권적 귀족국가로의 체제를 정비할 시기에 공인되어 국가불교로 되었다. 불교가 전래되기 이전 무교(巫敎)신앙 사회에서는 조상신에 대해 제사를 드렸다. 그 중의 하나가 소도(蘇塗)신앙이다. 이에 대해서는 초기에 손진태(孫晋泰)·허회숙(許回淑) 등이 민속학적으로 접근하였다.[167) 소도는 읍락(邑落)의 원시경계표(原始境界標)라거나 신성지역(asylum)으로 간주되었다. 이러한 경향과는 달리 김철준·김정배·김두진 등은 소도를 정치사회의 체계 속에서 연구하였다.[168) 김철준은 소도를 청동기문화와 철기문화 곧 신구문화의 갈등 속에서 파악하였는가 하면, 김정배는 군장(君長)사회의 산물이라고 추론하였다. 또한 김두진은 읍락이나 성읍국가가 소연맹국에

---

166) 李炳熙, 「삼국 및 통일신라기 寺院의 田土와 그 경영」(『국사관논총』 35, 1992).
167) 孫晋泰, 「蘇塗考」(『民俗學』 4-4, 1932 ;『韓國民族文化의 硏究』, 乙酉文化社, 1948).
　　 許回淑, 「蘇塗에 관한 연구」(『慶熙史學』 3, 1972).

편입되어 별읍(別邑)으로 형성된 사회에서 행해진 조상신에 대한 제의라고 생각하였다.

   삼국에 불교가 전래되는 것은 한국고대사에서 비교적 큰 사건이 아닐 수 없다. 초기에 이병도나 이기백은 불교전래를 왕권강화나 중앙집권적 귀족국가의 성립과 연관시켜 연구하였다.[169] 그러면서 이기백은 신라의 경우 왕실과 귀족이 사상 면에서 조화와 타협을 이루면서 불교를 공인하였다고 결론을 내리고, 귀족 입장에서도 수용될 수 있는 불교사상으로 미륵신앙이나 윤회전생(輪廻轉生) 사상을 들었다. 뒤에 김두진의 연구도 이런 입장에서 이루어졌다.[170] 원시불교의 사상은 기본적으로 왕자(王者)계급에 유용하기 때문에, 왕실이 적극적으로 불교를 수용한 반면 귀족은 이에 반대의 입장에 있었다.

   고구려를 통해서 중국 북조불교의 왕즉불(王卽佛)사상을 받아들인 왕실은 귀족의 반대를 무마하기 위해 귀족불교의 특성을 지닌 남조의 구세(救世)보살 사상을 수용하였다. 신라에 불교가 공인되는 것은 귀족에게 호감을 줄 수 있는 미륵신앙이나 윤회전생 사상과 함께 구세보살 사상인

---

168) 김철준,「삼국시대의 禮俗과 儒敎사상」(『大東文化硏究』 6·7 합집, 1971 ;『한국고대사회연구』, 1975).
     金貞培,「蘇塗의 정치사적 의미」(『역사학보』 79, 1978).
     金杜珍,「三韓 別邑사회의 蘇塗신앙」(『한국고대의 국가와 사회』, 일조각, 1985 ;『한국고대의 건국신화와 제의』, 일조각, 1999).
169) 이병도,「신라불교의 浸透과정과 異次頓 殉敎문제의 新考察」(『학술원논문집』 인문사회편, 1975)
     이기백,「삼국시대 佛敎傳來와 그 사회적 성격」(『역사학보』 6, 1954 ;『新羅思想史硏究』, 일조각, 1986).
     이기백,「新羅 初期 佛敎와 귀족세력」(『진단학보』 40, 1975 ;『신라사상사연구』, 1986).
170) 김두진,「신라상고대말 初傳佛敎의 수용」(『천관우선생환력기념 한국사학논총』, 정음문화사, 1985).
     김두진,「신라 公認불교의 사상과 그 정치사적 의미」(『斗溪李丙燾博士九旬紀念 韓國史學論叢』, 지식산업사, 1987).

왕즉보살(王卽菩薩)을 수용한 데에서 찾아진다.[171] 이러한 김두진의 결론은 비슷한 시기에 신종원(辛鍾遠)의 연구에서도 찾아진다. 즉 신라불교는 남조불교의 영향을 받아 사신(捨身)신앙을 가졌다는 것이다. 법흥왕과 진흥왕의 출가는 구세보살 사상에 입각한 사신신앙에서 나온 것이다. 다만 신종원은 소지왕대에 궁중의 분수승(焚修僧)이 박해를 당할 정도로 불교는 일찍 들어와 번창하고 있었다고 하였다.

삼국에 전래된 불교는 처음 왕실 중심으로 수용되지만, 공인되면서 귀족불교로 발전하고 끝내는 대중화의 방향으로 나아갔다. 신라통일을 전후한 시기에 활동한 원효와 의상은 불교사상의 심오한 철학체계를 수립하였다. 신라 화엄종 사상에 대해서는 많은 연구가 이루어졌는데, 그 대부분이 의상에 대한 접근이다. 의상의 생애나 저술에 대해서 처음으로 조명기(趙明基)가 연구하였다.[172] 특히 이기영(李箕永)은 원효의 사상에 대해 천착하여 연구함으로써,[173] 신라 화엄사상사에서 원효를 중시하였다. 이후 남동신의 원효사상에 대한 연구가 주목된다.[174]

한국 불교사상사에서 원효의 위치는 대단히 중요하지만, 신라 화엄사상사에서 주류가 의상이라는 김지견(金知見)의 연구는 주목된다.[175] 즉

---

171) 辛鍾遠,「'道人' 사용례를 통해 본 남조불교와 한일관계 -신라 법흥왕·진흥왕대 불교를 중심으로-」(『한국사연구』 59, 1987).
신종원,「신라의 불교전래와 그 수용과정에 대한 재검토」(『백산학보』 22, 1977).
172) 趙明基,「義湘의 전기와 著述」(『一光』 9, 1939).
조명기,『新羅佛敎의 理念과 歷史』(新太陽社, 1962).
173) 李箕永,「元曉의 菩薩戒觀」(『불교학보』 5, 동국대 불교문화연구원, 1967 ;『韓國佛敎硏究』, 1982).
이기영,「敎判사상에서 본 원효의 위치」(『霞城이선근박사고희기념논문집 한국학논총』, 1974).
이기영,「원효의 화엄사상」(『韓國華嚴思想硏究』, 동국대 불교문화연구원, 1982).
174) 南東信,「원효의 敎判論과 그 불교사적 위치」(『한국사론』 20, 1988).
175) 金知見,「新羅 華嚴學의 系譜와 思想」(『학술원논문집』 12, 1973).
김지견,「신라 화엄학의 主流考」(『崇山朴吉眞博士華甲紀念 한국불교사상사』, 1975).

신라 화엄학의 주류를 이룬 것은 의상계이고 원효는 방계에 속하며, 의상의 교학은 균여(均如)로 이어져서 지눌(知訥)의 정혜쌍수(定慧雙修) 사상으로 연결된다고 하였다. 이후 김상현(金相鉉)은 신라 화엄종의 계보를 정리하면서 방계를 원효계라기보다는 법장계(法藏系)라고 하였고, 신라 하대 해인사에 주석한 관혜(觀惠)의 남악파(南岳派)도 같은 법장계로 파악하였다.[176] 관혜와 북악파인 희랑(希朗)을 연기계(緣起系)와 의상계로 이해하기도 하지만,[177] 사료의 분위기는 의상계 내에서 교리를 달리해 간 것으로 파악된다.

화엄사상 일반에 대해 장원규(張元圭)는 심도 있게 연구하였는데,[178] 화엄사상의 특징을 연기(緣起)사상에서 구했다. 정병조(鄭炳朝)·채인환(蔡印幻, 澤洙)·정병삼(鄭炳三) 등도 의상의 화엄사상을 육상(六相)이 원융(圓融)한 법계연기관(法界緣起觀)에서 구하였다.[179] 이와는 달리 의상의 교학을 성기(性起)사상으로 특징지운 전해주(全海住)·김두진의 연구가 주목된다.[180] 일체의 법상(法相)이 원칙적인 하나 속에 융섭한다는 성기사상을 가진 의상은 횡진법계관(橫盡法界觀)을 주장하였다. 횡진법계관은 법장의 수진법계관(竪盡法界觀)과 대조되는 것으로 하나를 중시하

---

176) 金相鉉, 「신라화엄학승의 계보와 그 활동」(『신라문화』 1, 1984).
177) 崔柄憲, 「고려시대 華嚴宗團의 展開過程과 그 역사적 성격」(『한국사론』 20, 국사편찬위원회, 1990).
178) 張元圭, 「화엄경의 思想體系와 그 展開」(『불교학보』 7, 1970).
    장원규, 「화엄교학 성립기의 사상연구」(『불교학보』 11, 1974).
    장원규, 「화엄교학 완성기의 敎學思潮」(『불교학보』 15, 1978).
179) 鄭炳朝, 「의상 화엄사상의 諸問題」(『東洋文化』 17, 영남대, 1977).
    蔡印幻, 「의상 화엄교학의 특성」(『한국화엄사상연구』, 동국대 출판부, 1982).
    蔡澤洙, 「의상의 화엄사상」(『철학사상의 諸問題』 2, 한국정신문화연구원, 1984).
    鄭炳三, 「의상의 華嚴緣起思想」(『伽山學報』 2, 1993).
180) 全海住, 「一乘法界圖에 나타난 의상의 性起사상」(『한국불교학』 13, 1988).
    김두진, 「의상의 橫盡法界觀」(『擇窩許善道先生停年紀念 한국사학논총』, 일조각, 1992).

여 이로써 전체를 미루어 파악하려는 것이다.[181]

신라의 화엄사상은 중앙집권적인 전제왕권의 성립에 도움이 된다고 하였다. 당 법장의 화엄사상은 무주조(武周朝)의 전제주의에 유용한 것으로 연구되었다.[182] 신라중대의 화엄사상이 전제왕권과 밀착된다는 견해는 이미 안계현(安啓賢)이 수용한 것이다.[183] 이기백도 화엄사상은 일심(一心)에 의해 만물을 통섭(通攝)하는 것이어서 전제왕권을 중심으로 한 중앙집권적인 지배체제와 부합한다고 하였다.[184] 이러한 주장에 대해 김상현・김복순(金福順) 등이 본격적으로 비판하였다.[185] 즉 화엄사상은 보편성을 띠는 것으로 전제주의와는 관계가 없으며 오히려 유교나 법상종이 전제주의 성립에 기여한다고 하였다.

의상의 사상이 아무리 위대하다 하더라도 신라중대의 사회체제와 떼어 생각할 수 없기 때문에 당시의 전제주의와 관계가 없다는 태도는 바람직하지 않다. 김두진은 이기백의 논지를 보다 발전시켜 보강하였다.[186] 유학의 '예(禮)'나 법상종의 계율은 왕에게도 똑같이 강요되는 것이어서 그 사상이 전제왕권에 협조적이지는 않다. 다만 육두품이나 중간계층으로 수용된 유교나 법상종은 왕실이 진골귀족을 억압하고자, 육두품 귀족을 포용하려 할 때에 전제왕실에 의해 주목되었다. 반면 성기론적(性起論的)인 화엄사상은 왕실을 중심으로 모든 체제를 통합하려는 전제주의에 부합될 수 있다.

---

181) 김두진, 「균여의 법계관」(『역사학보』 77, 1978 ; 『均如華嚴思想研究』, 일조각, 1983, pp.296~302).
182) 鎌田茂雄, 『中國華嚴思想史の研究』(東京大 東洋文化研究所, 1965, p.127).
183) 安啓賢, 「新羅佛敎」(『한국사』 3, 국사편찬위원회, 1976, p.216).
184) 이기백, 「신라시대의 국가와 불교」(『역사학보』 111, 1986).
185) 金相鉉, 「신라중대 專制王權과 華嚴宗」(『동방학지』 44, 1984).
　　金福順, 「신라중대 華嚴宗과 王權」(『한국사연구』 63, 1988).
186) 김두진, 「의상 화엄사상의 사회적 성격」(『한국학논총』 17, 1994).

신라시대에는 통불교(通佛敎)가 성립되어 있었다는 것이 불교계 일반의 분위기이다. 자연 법상종단(法相宗團)에 대한 연구가 늦을 수밖에 없다. 문명대(文明大)가 유물을 분석하여 신라중대에 법상종이 성립되어 있었다고 하였다.[187] 즉 신라 법상종은 원측(圓測)에서 태현(太賢)으로, 또는 원광(圓光)에서 진표(眞表)로 이어지는 두 교단으로 나뉘어 있었는데, 전자가 미륵을 주존으로 미타를 부존으로 모심에 대하여 후자는 미륵을 주존으로 지장을 부존으로 모신다고 하였다. 이에 대해 김영태(金煐泰)는 진표의 교학이 법상종과 관련이 없으며,[188] 지장으로부터 간자(簡子)를 받아 길흉을 점치는 점찰교법(占察敎法)이라고 하였다.

다만 『삼국유사』 진표전간(眞表傳簡)조는 지장보다 미륵을 더 수승(殊勝)한 것으로 설정하면서, 점찰법을 우수한 상종(相宗)으로 규정하기 때문에, 진표의 교학을 법상종으로 파악하는 것은 가능하다. 김남윤(金南允)이 법상종사상에 대해 천착해서 연구하였다.[189] 남무희(南武熙)의 유식사상에 대한 연구도 소중한 결실이다.[190] 법상종에서는 계율이 중시되었다. 특히 지장을 모신 진표의 교단이 계율을 강하게 내세웠는가 하면, 미타를 모신 태현의 교단은 정토를 강조하였다. 채인환과 김영미(金英美)의 계율이나 아미타신앙에 대한 연구는[191] 법상종 사상을 이해하는데 도

---

187) 文明大,「신라 法相宗(瑜伽宗)의 성립문제와 그 미술 -甘山寺 彌勒菩薩像 및 阿彌陀佛像과 그 銘文을 중심으로-」『역사학보』 62·63, 1974).
188) 金煐泰,「占察法會와 眞表의 교법사상」(『숭산박길진박사화갑기념 한국불교사상사』, 1975).
189) 金南允,「신라중대 법상종의 성립과 신앙」(『한국사론』 11, 서울대 국사학과, 1984).
190) 南武熙,「圓測의 和諍的 유식사상」(『불교학보』 47, 2007).
191) 채인환,「太賢의 대승계율사상」(『한국의 사상』, 윤사순 편, 열음사, 1984).
　　채인환,「신라 眞表律師 연구」(1~3)(『불교학보』 23~25, 1986·1987·1988).
　　金英美,「신라 아미타신앙과 淨土觀의 변화」(『水邨박영석교수화갑기념 한국사학논총(상)』, 1992).

움을 준다.

(2) 선종의 성립과 풍수지리사상

선종구산문에 대해서는 김영수(金映遂)가 최초로 연구하였다.[192] 그의 연구는 고려말의 선종사를 밝히고자 하였기 때문에 실제로 신라하대의 선종산문을 상세하게 부각하지 못하였다. 신라하대의 선종사는 1970년대에 최병헌·김두진에 의해 연구되었으며, 비슷한 결론을 이끌어내었다.[193] 신라하대에 경전을 부정하면서 자기 내에서 불성을 찾아 깨우치려는 선종은 당시 교학 풍토에서 볼 때에 혁신적인 사상이었다. 또한 그것은 밖으로부터의 모든 인연을 끊고 좌선을 행함으로써, 중앙왕실의 거추장스런 간섭에서 벗어나 독자 세력을 구축하려던 지방호족들로부터 크게 환영을 받았다.

불교학자인 한기두(韓基斗)는 신라 선종의 기초사상을 능가경(楞伽經)·금강삼매경론(金剛三昧經論)·무상(無相)의 선사상으로 나누면서,[194] 신라의 교학불교 사상에서 그 전통을 찾을 수 있다고 하였다. 이종익(李種益)은 신라 왕자인 김화상(金和尙)으로 불린 무상(無相)의 전기와 선종사상 및 법맥을 최초로 밝혔다.[195] 정성본(鄭性本)과 채인환은 무상을 통해 중국 선종사상을 이해함으로써 신라 선종사상의 연구를 심화시켰

---

192) 金映遂,「曹溪禪宗에 대하여」(『震檀學報』9, 1938).
193) 崔柄憲,「신라하대 禪宗九山派의 성립 -崔致遠의 四山碑銘을 중심으로-」(『韓國史硏究』 7, 1972).
金杜珍,「朗慧와 그의 禪思想」(『歷史學報』 57, 1973).
194) 韓基斗,「新羅禪의 기초사상」(『圓光大論文集』 8, 1975).
한기두,「신라시대의 선사상」(『한국불교학』 1, 1975).
195) 李種益,「中國禪學史上 신라 무상대사의 지위」(『한국불교학』 1, 1975).
이종익,「中國禪學史上 신라 무상대사의 지위와 그 傳燈譜」(『文山金三龍박사화갑기념 한국문화와 圓佛敎사상』, 1985).

다.[196] 즉 무상은 무주(無住)로 이어지는 보당종(保唐宗)의 전통 외에 정중(淨衆) 신회(神會)나 마조(馬祖) 도일(道一)에게 법인을 전했으며, 특별히 티베트의 불교사상 정립에 크게 공헌하였다. 신라 구산선문의 개조자들이 대부분 중국에 들어가 서당(西堂) 지장(智藏) 등 마조 계통의 법맥을 받아온 것은 법계가 신라 출신의 무상에게로 이어지기 때문이었다.

무염의 선종사상을 밝힌 김두진은 계속해서 요오(了悟)선사 순지(順之)나 도의(道義)의 선종사상뿐만 아니라 굴산문(崛山門)이나 희양산문(曦陽山門) 등 개별산문의 사상경향을 추구하면서,[197] 아울러 신라하대 선종사상의 변화를 지적하였다.[198] 선종산문이 처음에는 '내증(內證)'인 조사선(祖師禪)을 추구하였으나 뒤에는 '외화(外化)' 곧 교종사상과의 교섭을 유념하였다. 개별 산문의 사상경향에 대한 연구도 이어졌는데, 신영문(申泳文)은 나말여초 사자산문의 사상을 다루면서[199] 비슷한 결론을 이끌어내었다. 신라 선종사상의 융합적인 성격에 대해서는 이미 고익진(高翊晋)이 지적하였다.[200] 그리하여 나말여초에는 교선교섭 사상경향이 나타났다.

개별 산문에 대한 접근이 쌓이면서 선종사 연구가 한층 심화되었다. 최병헌·신천식(申千湜)·이계표(李啓杓)·조범환(曺凡煥)·박정주(朴

---

196) 鄭性本,「唐土의 신라승 무상대사의 생애와 사상」(『韓國思想史學』 3, 1990).
    印幻(蔡澤洙),「초기 선종의 형성과 무상선사의 활동」(『伽山李智冠스님화갑기념논총 한국불교문화사상사』 권상, 1992).
197) 김두진,「了悟禪師 순지의 相論」(『韓國史論』 2, 서울대 국사학과, 1975).
    김두진,「요오선사 순지의 禪思想 -그의 三篇成佛論을 중심으로-」(『역사학보』 65, 1975).
    김두진,「신라하대 崛山門의 형성과 그 사상」(『省谷論叢』 17, 1986).
    김두진,「도의의 남종선 도입과 그 사상」(『江原佛敎史硏究』, 小花, 1996).
    김두진,「나말여초 曦陽山門의 禪宗사상」(『한국학논총』 26, 2003).
198) 김두진,「신라하대 선종사상의 성립과 그 변화」(『전남사학』 11, 1997).
199) 申泳文,「나말여초 師子山門의 사상과 그 성격」(『北岳史論』 9, 2002).
200) 高翊晋,「신라하대의 禪傳來」(『한국선사상연구』, 동국대 출판부, 1984).

貞柱) 등이 개별산문에 대해 연구하였다.[201] 이들의 연구는 선종산문과 김해 및 강릉 등 산문과 인근한 지방의 호족이나 정치세력과의 관계를 다루었다. 그런데 이계표는 국왕과 그의 친족 집단이 약화된 왕권을 회복하고 동요하는 지방 사회를 안정시키는 방향에서 선종을 수용한다고 하였다. 초기 선종과 왕실과의 관계에 대한 이러한 결론은 그 뒤에도 부회되었다. 조범환은 봉림산문과 신라 왕실과의 관계를 추구하였고, 선종산문이 왕실과 연관된다는 입장을 견지하였다.[202]

추만호는 선승들이 중앙왕실이나 지방호족보다는 민중과 밀접한 관계를 가진다고 주장하였다.[203] 선종산문이 지방호족은 물론 중앙왕실이나 민중과 연결된다는 다양한 견해를 정리하려는 목적에서 김두진은 선종산문의 사회경제적 기반을 다각도로 분석하였다.[204] 즉 문성왕 이전에 혜소(慧昭)나 도의 등 선승들은 중앙귀족으로부터 외면당하거나 왕실의 부름을 은근히 거절하였다. 문성왕 때 이후 정강왕 때까지는 선승들이 왕실의 부름에 응하여 흔히 궁궐로 나아갔는데, 그 대표적 경우로 낭혜 무염을

---

201) 최병헌, 「신라말 김해지역의 호족세력과 선종」(『한국사론』 4, 서울대 국사학과, 1978).
申千湜, 「한국 佛敎史上에서 본 梵日의 위치와 崛山寺의 역사성 검토」(『嶺東文化』 1, 1980).
李啓杓, 「신라하대의 가지산문」(『전남사학』 7, 1993).
朴貞柱, 「新羅末・高麗初 獅子山門과 정치세력」(『진단학보』 77, 1994).
曺凡煥, 「신라말 봉림산문과 신라왕실」(『진단학보』 78, 1994).
202) 曺凡煥, 「신라말 성주산문과 신라왕실 -朗慧 無染과 신라왕실과의 관계를 중심으로-」(『국사관논총』 82, 1998).
조범환, 「낭혜 무염과 성주사 창건」(『한국고대사연구』 14, 1998).
조범환, 「신라하대 智證 道憲과 曦陽산문의 성립」(『신라사학보』 4, 2005).
203) 추만호, 「나말 선사들과 사회 諸勢力과의 관계 -진성여왕대의 農民叛亂에 주목하여-」(『史叢』 30, 고려대학교 사학회, 1986).
추만호, 「나말여초 선사들의 胎夢과 민중생활」(『가산이지관스님화갑기념 한국불교문화사상사』 권상, 1992).
204) 김두진, 「신라하대 선사들의 중앙왕실 및 지방호족과의 관계」(『한국학논총』 20, 1998).
김두진, 「신라하대 선종산문의 사회경제적 기반」(『한국학논총』 21, 1999).

들 수 있다. 진성왕 이후가 되면 그들은 토착호족 세력과 연결되는데, 이때의 중앙왕실은 낙향호족과 같은 처지에서 선승들과 결연을 시도하였다.

희양산문의 법계에 대한 연구는 북종선 사상과의 관계를 추구하는 것으로 이어졌다. 여성구(呂聖九)는 북종선에 대해 최초로 연구하였다.[205] 신행은 중국에 유학하여 제4조인 도신(道信)의 제자인 법랑(法朗)의 법인을 받아 귀국하고, 경덕왕 때의 전제정치가 기울어져 가던 속에 왕당파에 의해 창건된 단속사에 거주하였다. 또한 신행의 북종선 사상은 능가경에 의한 무심론(無心論)을 내세우는데, 무심의 실천 수행으로 안심(安心)과 간심(看心)을 표방하였다. 여성구의 결론은 정선화(鄭善和)의 연구에서도 비슷하게 나타났다.[206] 김영태는 북종선으로 이어진 도헌(道憲)의 법계가 긍양(兢讓) 때에 와서는 남종선으로 연결되는 것이 옛 도헌의 가풍을 잇는다기보다는, 새로운 독립 산문을 개창하는 의미를 지닌다고 하였다.[207] 이와는 달리 김두진은 희양산문의 점선(漸禪)사상이 기본적으로 남종선 사상에 속하지만 북종선 사상을 포용한 것이기 때문에, 도헌의 문도가 혜소(慧昭)의 법맥을 표방한다고 주장하였다.[208]

신라하대의 선종과 연관하여 곽승훈이나[209] 장일규의[210] 최치원에 대한 연구는 주목된다. 최치원의 사상에 대해서는 앞으로도 더 많은 연구가 나와야 한다. 또한 신라하대에 성행한 풍수지리설은 선종과 연관된다. 이병도는 고려시대의 풍수도참사상을 주로 당시의 사회세력과 연관하여 언

---

205) 呂聖九, 「神行의 생애와 사상」(『水邨朴永錫선생화갑기념 한국사학논총』 권상, 1992).
206) 鄭善和, 「신라중대말·하대초 북종선의 수용 -丹城斷俗寺 神行禪師碑文을 중심으로-」 (『한국고대사연구』 12, 1997).
207) 金煐泰, 「曦陽山禪派의 성립과 그 法系에 대하여」(『한국불교학』 4, 1979).
208) 김두진, 「曦陽山門의 성립과 宗系의 변화」(『청계사학』 18, 2003).
209) 郭丞勳, 『최치원의 중국사 탐구와 사산비명 찬술』(한국사학, 2005).
210) 張日圭, 「최치원의 유교적 정치이념과 사회개혁안」(『한국고대사연구』 38, 2005).
  장일규, 「최치원의 삼교융합사상과 그 의미」(『신라사학보』 4, 2005).

급하였으며,[211] 최창조(崔昌祚)는 풍수지리설을 인문지리적인 지식으로 이해하였다.[212] 신라하대의 풍수지리설에 대해 최병헌은 선종과 연결된다고 한 반면,[213] 서윤길(徐潤吉)은 밀교(密敎)와 연관된 비보(裨補)사상으로 파악하였다.[214] 특히 최병헌은 지방 중심의 국토재구성안으로 성립한 풍수지리설이 고려 왕건과 연결하여 후삼국의 통합이념을 제공한다고 하였다.

그러나 김두진은 풍수지리설을 선종 중 동리산문의 사상경향인 유심론적(唯心論的) 선관(禪觀)으로 파악하였다.[215] 그의 연구는 도선의 풍수지리설이 처음에는 왕건이 아닌, 뒤의 견훤 세력권 속에 포함되는 지방호족과 연결되었으며, 지방 중심의 국토재구성안에 의한 명당 개념은 지방호족에게 봉사함을 제시하였다. 풍수지리설은 국토의 효율적인 운영 방도로써 비보사상으로 나아가기까지는 합리적이었는데, 이후 정치세력과 야합하여 도참사상으로 전락하였다. 신라하대에 지방 중심의 국토재구성안은 여러 개가 존재했을 것이지만, 서로 배타적 성격을 가지면서 삼한을 통합한 왕건 세력에 의해 정리될 수밖에 없었다.

8) 고대사연구의 과제

한국고대사 연구는 문헌 기록의 부족으로 인해 어려움을 겪고 있다.

---

211) 李丙燾, 『高麗時代의 연구』(乙酉文化社, 1947).
212) 崔昌祚, 『한국의 風水사상』(民音社, 1984).
213) 최병헌, 「도선의 생애와 나말여초의 풍수지리설」(『한국사연구』 11, 1975).
214) 徐潤吉, 「도선과 그의 裨補사상」(『한국불교학』 1, 1975).
215) 김두진, 「나말여초 桐裏山門의 성립과 그 사상 -풍수지리 사상에 대한 재검토-」(『東方學志』 57, 연세대 국학연구원, 1988).

고려시대에 편찬되어 당대 사람들의 기록이 아니라는 점에서 또는 우리사회가 민주화되는 과정에 등장하여 편향된 이념을 가진 민중사학의 관점에서, 『삼국사기』나 『삼국유사』의 자료적 가치는 부인되기에 이르렀다. 이렇듯 영세하게 남은 문헌 기록 자체를 불신함으로써 한국고대사 연구는 사료의 한계를 극복하려는 방법론을 모색해 왔다.

일찍부터 고고학이나 인류학·민속학·종교학 등 인접 학문의 이론을 도입하여 한국고대사의 구체적 양상을 설명하였다. 고고학 발굴 성과의 흡수는 고대사 연구의 지평을 넓혔다. 역사적 사실을 보다 잘 파악하기 위해 보조과학의 이론을 활용하는 것은 바람직하다. 다만 섣불리 이론을 도입하기에 앞서 인접학문의 연구 성과를 충분히 검토하면서, 원래의 사료가 보여주는 역사적 사실의 정확한 모습을 먼저 부각해야 한다. 이론에 의해 구조된 가설에 맞추어 사료를 취사선택하는 오류에 빠져서는 안 된다.

이론을 앞세우게 되면 역사적 사실과는 다른 허상(虛相)을 설정할 수 있다. 한국고대사 관계 사료가 비록 영세할 지라도, 그 사이의 연관성을 찾으면서 역사적 실제를 이끌어내는 작업은 대단히 중요하다. 이는 결코 안이한 태도로 달성될 수 있는 것은 아니다. 하물며 노력해야 하는 번거로움으로 인해 고대사 관련 사료를 불신하거나, 새로 발견된 비문 한 구절로 인해 고대사의 체계를 바꾸어야 하듯이 흥분하는 것은 바람직하지 않다. 비록 강약의 차이는 있겠지만 어떠한 사료도 당대의 사회 모습을 총체적으로 보여주기 때문에, 기존 사료에 대한 이해가 깊을수록 고대사 연구 수준은 높아진다.

고대사는 물론 한국사학은 실증적 방법으로 기초를 다져야 한다. 객관적이면서 과학적이고 냉엄한 자세로 접근할 때에 비로소 올바른 역사학이 정립된다. 우리 사회가 민주화 과정을 거치면서 나타난 것이기는 하지만, 패션계의 바람과 같이 바뀌기 쉬운 이념으로 역사를 연구할 수는 없다. 역사연구는 정치 현실에서 한 발짝 물러나야 한다. 일본의 역사교과서 왜곡이나 독도 문제 또는 중국의 동북공정에 대처하기 위해 흥분하기보다는, 차분히 학문적으로 접근하면서 심도있는 연구 성과를 쌓는 작업이 필요하다.

한국고대사의 연구 수준을 높이는 방도는 구조기능사학을 정립하는 것이다. 구조기능사학은 역사적 개별 사실을 당대의 사회 구조 속에서 분석한다. 즉 역사적 사실과 당대 사회의 여러 구성요소와의 관계를 하나씩 분석하는 것이다. 그리하여 구조기능사학은 역사적 사실이 당대의 사회나 문화 속에서 반드시 존재할 수밖에 없는 배경을 밝히게 된다. 이는 역사적 사실이 출현하게 되는 바의 필연성 즉, 역사나 문화의 창조 과정을 이해하게 한다. 이리하여 역사학도 과거 사실을 통해 교훈을 얻는데 머물지 않고, 민족문화의 창조나 문화전통의 창달에 기여하게 된다.

한국고대사 관계 사료로 비문이나 장적(帳籍)과 같은 당대에 기록한 자료가 없지는 않지만, 현전하는 것은 극히 일부에 지나지 않는다. 그 대부분은 거의 500년에서 길게는 1000년 가까이 전승하여 고려시대에 문자로 기록되었다. 그런 과정에서 고려 사람들의 관심에서 벗어난 사회 경제나 제도에 관한 구체적 기술이 빠져나가면서, 신이(神異)한 내용을 추가한 관념적인 자료가 남았다. 이는 사료의 성격상으로 보아 정치사나 경제사 또는 제도사에 대한 접근을 어렵게 하는 반면, 신앙이나 습속을 밝힐 수 있는 사상사의 연구를 용이하게 한다. 사회사상사 내지 구조기능적 방법으로 사상사를 접근하면서, 사상의 변화에 따라 거꾸로 사회의 변화를 유추해 내는 곧 지식사회학적 방법을 유념할 필요가 있다.

비교사학의 정립은 한국고대사 연구의 내용을 알차게 만들 것이다. 다만 비교사가 역사적 개별 사실의 단순한 비교에 그쳐서는 안 된다. 그것은 예시(例示)연구라고 해야 옳다. 비교사학의 수준을 높이기 위해 비교할 대상을 먼저 구조기능적 방법으로 접근해야 한다. 즉 역사적 개별 사실이 당대의 사회구조나 문화 풍토 속에서 갖는 역할이나 기능까지를 서로 비교해야 한다. 그러나 현실적으로 이런 방법은 개인이 수행하기에는 무한한 노력과 시간이 소요된다. 당연히 공동연구가 대안으로 떠오른다. 이 때 부수되는 한계성은 일관성을 갖도록 주제를 선정함으로써 극복될 수 있다.

교류사의 도입도 고대사 연구의 범위를 확대시킨다. 물론 구조기능적 방법을 도입하면 교류사의 연구 수준을 높일 수 있다. 현재 한·중·일 삼국의 교류사나 한국고대 해양교류사에 대한 연구는 미진한 편이다. 앞으로 이 부분에 대한 연구를 활성화해야 한다. 교류한 지역이나 국가의 역사학자들이 연구 성과를 공유하는 것이 중요하다. 남북한은 물론 국제교류를 통한 공동연구는 한국고대사를 외국인에게 알릴 뿐만 아니라, 민족사를 넘어 아시아사 등의 지역사를 정립하면서 세계사의 조류 속에서 이해하는 계기를 만든다. 그리하여 동북공정 등으로 빚어진 역사분쟁을 수습하는 실마리를 자연스럽게 발견하게 된다.

북한의 고대사연구 성과를 흡수하면서 특히 남북한 역사학자들이 한국고대사를 공동으로 연구하는 것은 시급한 문제이다. 북한의 연구 업적은 정치색이 강하고 선전적이어서, 거론하기 어렵거나 논리적으로 다듬어져 있지 않다. 그러나 관심을 같이하는 분야에서부터 공동연구를 통해 남북한 서로의 이질성을 극복하려는 노력이 절대적으로 필요하다. 주로 남한의 역사적 전통이나 풍토를 이해하면서 형성된 역사인식은 한반도 전체의 문화풍토에 대한 안목을 가지도록 시야를 확대함으로써, 장차 통일을 대비한 역사학을 출현시킬 수 있다.

한국고대사에서도 엄정한 비평 풍토가 조성되어야 한다. 아직도 미세한 전공 영역으로 나뉘어 많은 연구 성과가 축적되고 있는데, 이와 병행하여 한국고대사를 종합적으로 이해하는 것이 중요하다. 그러므로 논단이나 서평을 강화하면서 연구 풍토에 대한 반성과 함께 비판을 아껴서는 안 된다. 흔히 학연(學緣)이나 지연 또는 이해관계에 얽매인 형식적인 비평은 오히려 학계의 연구 분위기를 흐리게 한다. 비평논문이 정착하기 위해서는 학설사(學說史)에 대한 조예가 깊어야 한다. 이는 원사료(原史料)의 내용에 대한 정확한 이해 기반 위에 시기별로 이루어진 독창적인 연구 성과를 충실하게 습득함으로써, 한국고대사 연구가 나아가야 할 방향을 제시할 것이다. 때문에 연구논문을 작성하면서 선구적인 업적을 찾아서 주기(註記)하는 태도는 무엇보다도 바람직하다.

한국고대사는 사료가 부족하기 때문에 밝혀지지 않고 공백으로 내려오는 역사를 많이 포함하고 있다. 미지의 역사가 아무리 절실하게 필요한 것이라 하더라도 가능성만으로 추적할 수는 없다. 그것은 창작 즉 역사 소설에 포함된다. 역사는 가능성이 아니라 확실한 근거 위에서만 연구가 가능하다. 그렇지 않다는 증거를 찾을 수 없다는 전제 하에, 미지의 역사에 대한 신비주의적 해석을 자행하여 대중의 갈증을 메우려는 편향된 역사의식은 지양되어야 한다. 한국고대사의 연구는 대중의 궁금증을 풀어주어야 하지만, 직접 대중을 상대해서는 안 된다. 학구적 자세를 견지하면서 연구된 결과를 쉬운 문체로 풀어 서술하는 지혜를 찾아야 한다.

『한국학논총』 33, 2010

2. 한국과 주변국가의 교류사

1) 해양교류사의 시도

한국의 역사와 문화는 한반도와 북으로 요동(遼東)에 이르는 만주 일대에서 영위되어 왔다. 이러한 지리적 조건은 대륙이나 해양으로부터 계속해서 종족이나 부족이 유입되면서 한국의 민족과 문화를 형성시키는 요인으로 작용하였다. 그리하여 우세 부족이 중심이 되어 지금의 군(郡)단위 지역을 장악하는 무수한 성읍(城邑)국가를 출현시켰고, 이들이 통합하여 삼국을 이루고 끝내는 신라에 의해 통일되면서 민족문화를 정립할 수 있었다. 그러기까지 한국문화는 유입된 여러 종족이나 부족의 문화를 받아들였다. 한국문화는 수많은 이질 종족이나 부족의 문물을 수용하면서 이루어졌다.

삼국시대에 영역국가로 성립한 이후 우리나라는 주변의 이웃 나라와 끊임없이 교섭하면서, 외래문화를 받아들여 민족문화의 폭을 넓히고 새로운 문화를 창조해왔다. 반도로서의 이점도 주변국과의 교류를 빈번하게 만들었다. 다만 근대 이전 전통시대의 교섭사 연구에는 중국과의 교류가 중시되었고, 상대적으로 일본과의 교섭에 대한 관심은 적게 나타났다. 그 이유는 우리나라가 중국으로부터 문화를 받아들여 일본으로 전해주었기 때문이다. 문화를 받아들여야 하는 중국에 대해 주목하지 않을 수 없었다. 대륙과의 교섭에 대한 관심은 육로 교통에 대해 보다 천착하여 연구하게 만들었다.

그러나 한국사에서 해양교류사에 대한 연구는 매우 중요하다. 실제로 고구려나 백제는 경쟁적으로 서해안으로의 진출을 모색하였다. 통일신라 특히 장보고(張保皐)의 해상왕국 설치 이후 고려시대는 물론 오늘날에 이르기까지 해상교류의 전통은 이어지고 있다. 근래에 해상교류사학회가 결성된 것은 이 방면의 연구를 위해 바람직한 일이다.[1] 이 글은 중국과의 교류는 물론 일본과의 교류를 밝힘으로써, 해외교섭이 확대되는 과정과 함께 앞으로 해양교류사가 보다 활발하게 연구되기를 바라는 의도를 가지고 작성되었다.

---

1) 2006년 4월 21일에 목포의 해양유물박물관에서 아세아해양사학회가 결성되었다.

2) 중국과의 교류

광복 이후 한중관계사의 연구는 동양사학 분야에서부터 시작되어, 그 기초가 마련되었다. 한국사에 대한 이해가 풍부한 김상기(金庠基)의 연구가 그런 경향을 지녔다. 한국의 동양사학계를 일군 그는 한(韓)·예(濊)·맥족(貊族)의 이동을 고찰하면서, 이미 선사시대에 중국 섬서성(陝西省)에서부터 요하(遼河)를 거쳐 산동(山東)반도나 한반도에 이르기까지 광범하게 민족이 이동하면서 문화가 교류하였음을 지적하였다.[2] 아울러 신라 말의 해상교류를 통한 무역 형태에 대한 연구는[3] 이후에도 많은 영향을 주었다. 그의 문하로 고병익(高柄翊)·전해종(全海宗) 등이 한중교류사를 보다 체계화하였으며,[4] 특히 사신을 파견하여 조공무역이 성행하였음을 밝혔다. 조공제도에 의해 쌍방이 필요한 물자를 얻었던 셈이다.[5]

중국의 『송서(宋書)』·『양서(梁書)』·『남제서(南齊書)』 등에는 백제가 화북(華北)의 요서(遼西)지역에 군사적 거점[晋平縣]을 설치한 것으로 기록되었다. 이 기록에 대해서 부정적인 견해가 있는가 하면, 이를 근거로

---

2) 金庠基,「韓·濊·貊 移動考」(『史海』 1, 1948 ;『東方史論叢』, 서울대 출판부, 1974).
 김상기,「東夷와 淮夷·徐戎에 대하여」(『東方學志』 1·2, 연세대 동방학연구소, 1954·1955 ;『동방사논총』, 1974).
3) 김상기,「古代의 貿易形態와 羅末의 海上發展에 대하여 -청해진대사 장보고를 주로-」(『진단학보』 1, 1934 ;『東方文化交流史論叢』, 乙酉文化社, 1948).
 김상기,「羅末 地方群雄의 對中交通 -특히 王逢規를 주로-」(『黃義敦先生古稀紀念 史學論叢』, 동국대 사학회, 1960).
4) 高柄翊,『東亞交涉史의 硏究』(서울대 출판부, 1970).
 고병익,『동아시아의 傳統과 近代化』(三知院, 1984).
 全海宗,『韓中關係史硏究』(일조각, 1970 ; 全善姬 譯,『中韓關係史論集』, 中國社會科學 出版社, 1997).
 전해종,『韓國과 中國』(知識産業社, 1979).
5) 전해종,「韓中 朝貢關係考」(『東洋史學硏究』 1, 1966 ;『韓中關係使硏究』, 일조각, 1970, p.56).

하여 백제가 서해를 지배한 해양대국이라는 연구도 나왔다.6) 김상기는 실증적인 연구로써 백제의 요서경략을 처음으로 인정하였다. 즉 근초고왕 말년에 백제가 고구려의 요동 영유에 대응하여 바다로 나아가 요서(遼西)·진평(晉平) 두 군(郡)을 영유하였다는 것이다.7) 방선주(方善柱)도 역시 비슷한 입장에서 백제가 고구려를 견제하기 위해 화북(華北)으로 진출하는 배경을 밝혔다.8) 그래서 고등학교 국정 국사교과서에까지 요서경략설이 정식으로 실리게 되었다.9)

백제가 고구려와의 전쟁에서 공주지역으로 밀리는 상황을 고려하면, 요서지역을 장기적으로 확보하지는 못하였기 때문에 다소 회의적인 연구도 있다.10) 그러나 동성왕 10년에 후위(後魏)를 공격하여 패퇴시킨『삼국사기』의 기록은 백제가 화북지역에 군사기반을 가졌을 가능성을 생각하게 한다. 이로 보면 백제는 해상교류를 활발하게 전개하였다. 그런 면에서 서해로 뻗는 백제의 교역망을 밝힌 이도학(李道學)의 연구는 수긍될 수 있지만,11) 인천 지역의 염전을 확보하고 소금 산지를 독점적으로 개발함으로써 중국과의 교통로까지를 장악하였다는 결론은12) 실증적으로 보강되어야 한다.

『삼국유사』에 나오는 처용(處容)설화는 처용이 동해 용왕의 아들로 나

---

6) 문정창,『백제사 -삼국사 제1권-』(백문당, 1975).
7) 김상기,「百濟의 遼西經略에 대하여」(『白山學報』3, 1967, pp.135~137).
8) 方善柱,「百濟軍의 華北進出과 그 背景」(『백산학보』11, 1974).
9) 문교부,『국사』(인문계 고등학교용, 1992).
10) 兪元載,「中國正史의 百濟觀」(『한국고대사연구』6, 1992).
  姜鍾薰,「백제 대륙진출설의 제문제」(『한국고대사논총』4, 1992).
  余昊奎,「백제의 遼西進出說 再檢討 -4세기후반 扶餘系 人物의 동향과 관련하여-」(『진단학보』91, 2001).
11) 李道學,「백제의 交易網과 그 體系의 변천」(『한국학보』63, 1991).
12) 이도학,「伯濟國의 성장과 소금 교역망의 확보」(『백제연구』23, 1992, p.19).

와 있지만, 실제로는 지방호족의 아들이며, 기인제(其人制)의 시원을 보여주는 것으로 해석되었다.[13] 그러나 이용범(李龍範)은 처용을 당말(唐末) 광주(廣州)에서 양주(楊州) 일대까지의 지역에서 해상 무역권을 장악하고 있던 이슬람 상인과 연관하여 이해하기도 한다.[14] 『삼국사기』 색복(色服)·거기(車騎)·기용(器用)·옥사(屋舍)조에 보이는, 외래의 사치품을 분석한 그는 신라와 이슬람 상인과의 교역을 이끌어 내었다.[15] 울주의 암각화에 나타난 상선 그림은 물론 괘릉(掛陵)의 석인상(石人像)이 서양인의 모습을 띤 것 등은 신라와 이슬람 상인의 빈번한 교역을 생각하게 한다. 무함마드 깐수의 연구는 이슬람 관계의 문헌을 통해 이 방면에 대한 방대한 사실적 업적으로 인정된다.[16]

통일신라시대에는 중국과의 교류가 활발하였다. 견당사(遣唐使)를 따라 승려나 유학 지식인들이 활발하게 두 나라를 왕래하였다. 숙위학생(宿衛學生)에 대해서는 신형식(申瀅植)의 일련의 연구가 있다.[17] 숙위외교는 표면적으로 사대의 입장을 취하면서도 내면적으로는 경제적·문화적 보상을 추구한 독자성을 추구하였다.[18] 비슷한 시기에 변인석(卞麟錫)은 동양사학을 전공하면서 숙위제도를 연구하여 당대(唐代) 외인숙소(外人宿

---

13) 李佑成,「三國遺事 所載 處容說話의 一分析」(『金載元博士回甲紀念論叢』, 1969).
14) 李龍範,「處龍설화의 一考察 -唐代 이슬람 商人과 新羅人-」(『진단학보』 33, 1969, p.37).
15) 이용범,「삼국사기에 보이는 이슬람상인의 무역품」(『李弘稙博士 回甲紀念 韓國史學論叢』, 新丘文化社, 1969, p.96).
16) 무함마드 깐수,『신라·아랍·이슬람 제국 관계사 연구』(단국대 박사학위논문, 1990).
  무함마드 깐수,『신라·서역교류사』(단국대 출판부, 1992).
  무함마드 깐수,「中世 아랍인들의 新羅地理觀」(『신라의 대외관계사연구 - 신라문화제학술발표회논문집』 15, 신라문화선양회, 1994).
17) 申瀅植,「신라의 對唐交涉上에 나타난 宿衛에 대한 一考察」(『역사교육』 9, 1966).
  신형식,「宿衛學生考 -나말여초의 지식인의 동향에 대한 一齣-」(『역사교육』 11·12 합집, 1969).
  신형식,「신라의 宿衛外交」(『古代韓中關係史의 연구』, 삼지원, 1987).
18) 신형식,『韓國古代史의 新研究』(일조각, 1984, p.390).

所)의 실태를 밝혔다.[19] 이후에도 숙위연구는 계속되었고,[20] 서해를 통한 교류사의 연구를 활발하게 만들었다.[21]

장보고에 대한 연구도 서해교섭사를 활발하게 만들었다. 이에 대해서는 동양사학 쪽에서 먼저 관심을 보였다. 김상기가 신라말의 해상무역을 밝힌 연구는 주로 중국이나 일본 측 문헌을 통해 장보고의 해상활동을 이끌어낸 것이다.[22] 당의 고구려나 신라 유민문제에서 출발한 김문경(金文經)도 재당(在唐) 신라인 사회의 신라원(新羅院)이나 법화원 등 장보고와 관련된 해상활동을 천착하여 연구하였다.[23] 이와 함께 일본 승려 원인(圓仁)의 『입당구법순례행기(入唐求法巡禮行記)』에 대해서도 주목하였다.[24] '해상왕장보고 기념사업회'가 만들어지면서 장보고에 관한 연구는 보다 촉진되었다. 공동연구 형식의 연구서는 물론,[25] 이에 참가한 연구자들의 업적이 쌓이면서 수준 높은 연구서가 출간되었다.[26]

---

19) 卞麟錫,「唐 宿衛制度에서 본 羅唐관계 -唐代 外人宿所 연구-」(『史叢』11, 1966).
20) 이기동,「신라하대 賓貢及第者의 출신과 羅唐文人의 交驩」(『전해종박사화갑기념 사학논총』, 1979).
  金世潤,「신라하대의 渡唐留學生에 대하여」(『한국사연구』37, 1982).
21) 신형식,「한국고대의 西海交涉史」(『고대한중관계사의 연구』, 삼지원, 1987).
  朴漢卨,「나말여초의 서해안교섭사 연구」(『국사관논총』7, 1989).
22) 김상기,「고대의 무역형태와 나말의 해상발전에 대하여」(『동방문화교류사논고』, 을유문화사, 1948).
23) 金文經,『唐 高句麗유민과 新羅僑民』(연세대 박사학위논문, 1984).
  김문경,「在唐 新羅人의 集落과 그 구조」(『이홍직박사회갑기념 한국사학논총』, 1969).
  김문경,『張保皐硏究』(淵鏡文化社, 1997).
24) 변인석,「圓仁의 入唐求法巡禮行記에 나타난 '本是新羅人'에 관한 고찰」(『동방학지』85, 1994).
25) 莞島문화원,『장보고의 신연구 -청해진 활동을 중심으로-』(1985).
  중앙대 동북아연구소·전라남도,『淸海鎭 張保皐大使 海洋經營史硏究』(1992).
26) 權悳永,『재당 신라인사회 연구』(일조각, 2005).

3) 일본과의 교류

중국에 비해 일본과의 교류는 한국사에서 비중 있게 다루어지지 않았다. 그 이유는 한반도에 고대문화가 주로 대륙으로부터 유입된 반면, 남방으로부터 들어오는 경우가 극히 적기 때문이다. 그러므로 문물의 전래라는 면에서 중국과의 관계가 중시되었다면, 문화의 전수라는 면에서 고대의 한일관계를 다루었다. 자연히 불교나[27] 삼국의 문화가[28] 일본에 영향을 주었다는 연구가 주종을 이루었다. 백제문화가 전래되어 일본문화를 개발하였다는 연구는 일찍부터 행해졌고, 이미 상당한 성과가 이루어졌다.[29] 사실 고대의 유학이나 불교 등 삼국문화는 일본으로 전래되는 것이 일반적인 추세였다. 그런데 천자문을 전하였다는 왕인(王仁)을 한 지역에서 추모하는 기념사업 등은 이러한 추세를 망각한 채, 그 지역에서만이 일본에 문화를 전수해 주었다는 결론에 이르게 할 수 있다.

일찍이 일본학계는 『일본서기(日本書紀)』 신공왕후(神功王后)의 삼한 경략설(經略說)을 신봉하여 한반도 내에 '임나일본부(任那日本府)'를 설치하였다고 주장하였으며,[30] 광복후 한국에서도 일본에 유학한 학자 중에

---

27) 金煐泰,「백제의 對日本 文字・佛經 初傳과 그 시기」(『如山柳炳德博士華甲紀念 韓國哲學宗教思想史』, 1990).
洪潤植,「고대 日本佛教에서의 三國佛教의 역할」(『국사관논총』 24, 1991).
28) 金廷鶴,「고대 삼국문화가 일본에 끼친 영향 -아스카 고분벽화를 중심으로-」(『韓日研究』 2, 한국일본문제연구회, 1973).
盧重國,「삼국문화가 일본에 끼친 영향」(『한국사』 2, 민족의 성장, 국사편찬위원회, 1997).
이기동,「薛仲業과 淡海三船의 交歡 -통일기 신라와 일본과의 문화적 교섭의 一斷面-」(『역사학보』 134・135 합집, 1992).
29) 李弘稙,「日本에 전파된 百濟文化」(『韓國思想』 9, 1968 ; 『韓國古代史의 硏究』, 1971).
이병도,「백제 學術 및 技術의 일본 傳播」(『백제연구』 1971 ; 『韓國古代史研究』, 박영사, 1976).
30) 井上秀雄,「任那日本府」(『國史論叢』 1, 1959 ; 『任那日本府と倭』, 東京, 東出版, 1973).

는 이러한 주장을 되풀이하기도 하였다. 윤색이 심한 『일본서기』에만 나타나는 '임나일본부'설은 설득력이 약하기 때문에, 일본학계는 구한말에 일본의 첩보 장교인 사케우치(酒匂景信)가 탁본한 광개토왕릉비(廣開土王陵碑)의 신묘년(辛卯年)기사로써 남한경영론(南韓經營論)을 보강하였다. 이에 대해 일제에 의해 조작되었다는 입장에서 재일교포 학자인 이진희(李進熙)가 광개토왕릉비를 연구하였다.[31] 실제로 석회에 의한 비문탁본의 일부를 조작하는 것은 가능하다.

그러나 광개토왕릉비를 조작하기는 현실적으로 어렵다. 다만 비문의 해석이 잘못되었다는 면에서 주목할 만한 최초의 연구가 정인보(鄭寅普)에 의해 이루어졌다.[32] 그는 왜(倭)가 바다를 건너서 백제와 신라를 격파한 것이 아니라 고구려가 왜를 격퇴한 것으로 해석하였다. 이러한 시각은 이후의 연구에 많은 영향을 끼쳤다. 정두희(鄭斗熙)·김영하(金瑛河)·이종욱(李鍾旭) 등의 연구가 바로 그러한 것에 속한다.[33] 한편 북한의 김석형(金錫亨)은 신묘년 기사를 오히려 적극적으로 해석하여, 일본 열도 내에 고구려가 통치한 임나부를 설정하였다.[34]

고대에 일본은 백제로부터 많은 문물을 받아드렸지만, 남한경영론에 입각하여 백제를 정치적으로 지배하였다는 입장을 가졌다. 광개토왕릉비

---

31) 李進熙, 「古代におけるにねゆる南鮮經營論について」(『朝鮮史研究會論文集』 1, 朝鮮史研究會, 1965).
  이진희, 「일본에서의 광개토왕릉비 연구」(『동방학지』 43, 연세대 국학연구원, 1984).
32) 鄭寅普, 「廣開土境平安好太王陵碑文釋略」(『白樂濬박사환갑기념 國學叢』, 1955 ; 『薝園國學散藁』, 1955).
33) 鄭斗熙, 「廣開土王陵碑文 辛卯年기사의 재검토」(『역사학보』 82, 1979).
  金瑛河, 「廣開土王碑와 倭 -辛卯年 기사의 缺字補入을 중심으로-」(『弘益史學』 창간호, 1984).
  이종욱, 「廣開土王陵碑의 辛卯年條에 대한 해석」(『한국상고사학보』 19, 1992).
34) 金錫亨, 『古代朝日關係史 -大和政權と任那-』(勁草書房, 1969).

와 함께 일본 이소노가미신궁(石上神宮)에 신물(神物)로 간직하고 있는 백제 칠지도(七支刀)에 기록된 명문(銘文)을 들어 이를 뒷받침하였다. 그러나 이병도는 그것을 새롭게 해석하여 다른 결론을 이끌어 내었다.[35] 칠지도의 명문도 '왜왕지(倭王旨)'를 이름으로 해석하면, 백제왕이 왜국의 후왕(侯王)에게 칠지도를 하사한 것이 된다. 이렇게 되면 칠지도는 후국에서 만들어 받쳤다기보다는 후국에 내린 것이다. 이러한 해석은 이후의 연구에도 대체로 계승되었다.[36]

고대 일본사회에는 가야 등 한반도에서 이주해간 부족세력이 널리 퍼져있었다. 『삼국유사』의 연오랑세오녀(延烏郎細烏女)조나 가야국의 왕자 아라사(阿羅斯)와 신라왕자 천일창(天日槍)설화가 이를 알려준다. 특히 백제인의 이주가 많았던 것이 분명하기 때문에 『신찬성씨록』에는 백제인 시조를 열거한 내용 등이 많이 나와 있다. 이러한 사회 분위기 속에서 천관우(千寬宇)는 『일본서기』의 삼한경략설을 새롭게 해석하였다.[37] 즉 일본으로 이주하기 이전의 백제유민들이 고국에서 가야의 여러 나라를 공략한 경험이 『일본서기』에 기록되면서, 백제가 아닌 일본의 사실로 와전되었다고 한다.

다년간 가야사를 깊이 연구해 온 김태식은 가야의 남부 여러 나라의 성장과 소멸 과정을 사실적으로 밝혔다.[38] 자연 그는 임나일본부 문제를 보다 사실적으로 밝히는데 도움을 주었다.[39] 한편 『일본서기』의 내용을 심도 있게 검토하는 작업과 병행하여, 이근우(李根雨)의 연구는 임나문제 자

---

35) 이병도, 「百濟七支刀考」(『진단학보』 38, 1974).
36) 李道學, 「백제 칠지도명문의 신해석」(『한국학보』 60, 일지사, 1990).
37) 천관우, 「復元加耶史」(『문학과 知性』 28·29·31, 1977·1978).
　　천관우, 「일본서기에 의한 가야사 복원 시론」(『사상과 정책』 2-1, 1984).
38) 김태식, 「후기 加耶 諸國의 성장기반 고찰」(『釜山史學』 11, 1986).
　　김태식, 「6세기 전반 加耶南部諸國의 소멸과정 고찰」(『한국고대사연구』 1, 1988).

체를 밝히려는 데에서 출발하였다.[40] 또한 일본고대사에 대한 이해를 바탕으로 임나문제를 해결하려는 김현구(金鉉球)·연민수(延敏洙)의 연구도 주목된다. 김현구는 '신공기(神功紀)'의 가라(加羅) 7국 평정기사를 검토하여 임나일본부를 비판하였는데,[41] 그의 연구는 야마또(大和)정권의 외교관계에 대한 조예를 바탕으로 이루어졌다.[42] 연민수도 신라나 가야·왜 등의 관계사에서 출발하여 한일교류사에 관한 저서를 출판하였는데,[43] 그의 연구도 일본사에 대한 이해를 깊이하면서 이루어졌다.[44] 한일교류사에 대해서는 이렇듯 가야 등 한국고대사회는 물론이거니와 일본고대사에 대한 조예를 가지면서 연구되어야 한다.

---

39) 김태식,「任那日本府 문제의 연구현황과 전망」(『가라문화』 8, 경남대 가라문화연구소, 1900).
    김태식,「문헌상에 나타난 加耶와 倭」(『가야문화』 6, 1993).
40) 李根雨,「일본서기 임나관계 기사에 대하여」(『淸溪史學』 2, 한국정신문화연구원 청계사학회, 1985).
    이근우 역,『日本書紀入門』(민족문화사, 1988).
    이근우,「日本書紀 神功紀 加羅 7國 정벌기사에 대한 기초적 검토」(『한국고대사연구』 39, 2005).
41) 金鉉球,「임나일본부의 실체」(『한국고대사론 - 한길역사강좌』 12, 한길사, 1988).
    김현구,「神功紀 加羅七國 平定기사에 관한 일고찰」(『사총』 39, 1991).
    김현구,『任那日本府研究 -한반도남부經營論 비판-』(일조각, 1993).
42) 김현구,『大和政權の對外關係研究』(吉川弘文館, 1985).
43) 延敏洙,「五世紀 이전의 신라의 對倭관계 -삼국사기 倭관계 기사를 중심으로-」(『日本學』 8·9 합집, 1989)
    연민수,『古代韓日關係史』(혜안, 1998).
    연민수,『고대한일교류사』(혜안, 2003).
44) 연민수,『일본역사』(보고사, 1998).

4) 문화의 교류와 변용

문화는 새로운 문물을 받아들이면서 보다 풍부해지고 발전하게 된다. 어떤 문화도 고유한 토착적인 요소만을 가질 수는 없다. 고대의 우리나라는 주변 국가와 끊임없이 교류하면서 새로운 민족문화를 창조해왔다. 고려나 조선시대도 통신사(通信使)를 통한 중국이나 일본과의 문화 교류를 계속하였다. 아울러 사상(私商)들의 활동은 바다를 끼고 더욱 번성하면서 활발하게 문물을 교류하였다. 요(遼)나 금(金)의 압력으로 송(宋)과의 공식적인 국교가 단절된 상황에서도, 사상들에 의한 무역은 오히려 증가하였다.[45]

다만 물자의 교류를 넘어선 문화에 대한 욕구는 주로 중국을 통해 채울 수 있었다. 삼국시대에서부터 고려 말에 이르기까지의 많은 유학승(留學僧)의 존재가 이를 알려준다. 불교는 물론이거니와 유교나 도교도 역시 중국을 통해 받아들였다. 유교는 이미 신라시대에서부터 수용되었지만, 고려말의 안향(安珦)이 성리학을 받아들였다.[46] 조선초기에 학문적 충동으로 유학(留學)하는 경우는 흔하지 않지만, 조선후기가 되면 북학파(北學派) 실학자들은 중국의 실용적인 학문에 심취하였다.

고려시대에도 벽란도를 중심으로 중국은 물론 이슬람과의 활발한 교류가 지속되었고, 조선시대가 되면 서양문물과의 교섭도 꾸준히 이어졌

---

45) 전해종,「對宋外交의 성격」(『한국사』 4, 고려 귀족사회의 성립, 국사편찬위원회, 1974).
  羅種宇,「고려시대의 對宋關係」(『圓光史學』 3, 1984).
  姜萬吉,「南宋과 對外貿易」(『한국사』 5, 귀족국가의 사회구조, 국사편찬위원회, 1975).
  鄭修芽,「고려중기 개혁정책과 그 사상적 배경 -北宋 '新法'의 수용에 관한 一試論-」(『水邨朴永錫教授華甲紀念 韓國史學論叢』 권상, 1992).
46) 裵宗鎬,「性理學의 受容과 그 意義」(『한국사론』 18, 국사편찬위원회, 1988).
  鄭玉子,「麗末 朱子性理學의 導入에 대한 試考」(『진단학보』 51, 1981).
  文喆永,「麗末 新興士大夫의 新儒學 수용과 그 특징」(『한국문화』 3, 1982).

다. 네덜란드 사람 벨테브레(Weltevree)와 하멜(hamel)이 표류하여 왔는가 하면, 그 중 하멜은 탈출하여 돌아가 『표류기(漂流記)』를 저술하였다.[47] 임진왜란(壬辰倭亂) 이후 천주교의 전래는 서양문물에 대해 눈을 뜨게 하였다.[48] 광해군 때에 이수광(李晬光)은 마테오 리치(Matteo Ricci, 利馬竇)가 지은 『천주실의(天主實義)』를 소개하였다. 조선초기와는 달리 북학파 실학자들은 청나라의 고증학과 함께 서양문물의 도입에 적극적이었다. 그들의 학문적 전통이 개화파로 이어지면서 조선은 서구 열강에게 문호를 개방하였다.

중국과 일본 등 주변 국가와의 교류로 새롭게 풍족해진 민족문화는 다시 이웃 국가의 문화에 영향을 주었다. 인도에서 일어난 불교는 중국을 거쳐 전해졌지만, 통일신라를 이어 고려시대에 이르러서는 오히려 중국과 달리 독특하면서도 화려한 문화의 꽃을 피웠다. 중국의 법장(法藏)이 화엄학을 대성시키지만, 그와 대조적이면서 쌍벽을 이룬 화엄사상이 신라의 의상에 의해 체계화되었다.[49] 인도 불교가 중국화한 선종사상은 신라하대에 본격적으로 유입되었지만, 지증(智證) 도헌(道憲)은 중국에 유학하지 않고도 독자의 희양산문(曦陽山門)을 일으켰다.[50] 또한 나말여초에 의통(義通)과 체관(諦觀)은 중국에 들어가 천태종을 크게 일으켰다.[51] 특히

---

47) 李丙燾 譯, 『하멜표류기』(일조각, 1954).
48) 李元淳, 「西洋文物·漢譯西學書의 전래」(『한국사』 14, 근대적 사상의 맹아, 국사편찬위원회, 1975).
    朴聖來, 「마테오 리치와 한국의 西洋科學 受容」(『東亞研究』 3, 1983).
49) 김두진, 『義湘 그의 생애와 화엄사상』(민음사, 1995).
50) 金煐泰, 「曦陽山門의 성립과 그 法系에 대하여」(『韓國佛敎學』 4, 1979).
    김두진, 「희양산문의 성립과 宗系의 변화」(『淸溪史學』 18, 2003).
    김두진, 「나말여초 희양산문의 禪宗사상」(『한국학논총』 26, 2003).
51) 金哲俊, 「고려초의 天台學과 그 史的 의의」(『東西文化』 2, 1968; 『韓國古代社會研究』, 知識産業社, 1975).
    김두진, 「諦觀의 天台思想」(『韓國學論叢』 6, 1984).

체관이 저술한 『천태사교의(天台四敎儀)』는 이후 우리나라는 물론 중국과 일본에서도 천태종의 기본 교본이 되었다.

고려말에 이제현(李齊賢)은 원의 만권당(萬卷堂)에서 조맹부(趙孟頫)·원명선(元明善) 등과 교류하면서 성리학의 정통론에 대한 이해를 깊이 하였으며,[52] 이곡(李穀)도 연경(燕京)에 들러 원나라 사대부와 교류하면서 성리학을 도입하였다.[53] 성립할 당시인 조선초기의 성리학은 춘추학에 입각한 치국(治國)의 방편으로, 예학(禮學)을 강조하였고 수기(修己)를 내세웠다.[54] 중국과 빈번하게 교섭하지는 않았으나 조선중기를 거치면서 성리학은 퇴계(退溪)나 율곡(栗谷)에 의해 체계화되었고, 이후 그 논리가 오히려 중국의 성리학보다 심화되어 갔다. 전통문화에 대한 이해가 쌓이면서 수기에서 격물(格物)로 시야를 확대하였지만, 율곡이나 퇴계의 관심은 아직도 치국의 한계를 벗어나지 못하였다.[55] 조선후기에 성리학을 비판하면서 사수학(泗洙學)을 내세우는 공맹(孔孟)의 유학이 성행하는 가운데, 새로 일어난 실학은 격물치지(格物致知)의 실용적 학풍과 함께 치국을 넘어 경세(經世)를 강조하였다.[56] 그런가 하면 성리학의 이기설(理氣說)

---

52) 김철준, 「益齊 李齊賢의 史學」(『東方學志』 8, 1967 ; 『한국고대사회연구』, 지식산업사, 1975).
53) 高惠玲, 「稼亭 李穀과 元 士大夫와의 교유」(『碧史李佑成교수정년퇴직기념논총 한국사의 전개와 그 문화(상)』, 1990).
張東翼, 「麗·元 文人의 교류 -성리학 도입기 고려문인의 학문적 기반 검토를 위해-」(『국사관논총』 31, 국사편찬위원회, 1992).
54) 文喆永, 「조선초기의 新儒學 수용과 그 성격」(『한국학보』 36, 1984).
池斗煥, 『조선전기 儀禮연구 -性理學 正統論을 중심으로-』(서울대 출판부, 1994).
高英津, 『조선중기 예학사상사』(한길사, 1995).
55) 이병도, 『율곡의 생애와 사상』(서문당, 1973).
李殷相, 『退溪의 생애와 사상』(서문당, 1973).
56) 李乙浩, 『茶山 經學사상 연구』(을유문화사, 1966).
이우성, 「초기 실학과 성리학과의 관계 -磻溪 柳馨遠의 경우-」(『동방학지』 58, 연세대 국학연구원, 1988).

도 보다 심화된 논리로 이어져 내려갔다.[57]

성리학이 논리적으로 심화되는 것은 민족문화가 새롭게 창조될 수 있도록 역량을 쌓은 데에서 찾을 수 있지만, 실학의 성립에는 서학(西學)도 영향을 주었다.[58] 서학은 이익(李瀷)·안정복(安鼎福) 등 실학자들의 관심의 대상이 되었고, 남인학자를 중심으로 점차 수용되었다. 노론 중심의 소수 벌열(閥閱)이 집권함으로써 야기된 사회적·정치적 모순을 극복하려던 재야 학자들이 서학에 매력을 느꼈다. 뒤에는 인간이 천주의 자녀로서 모두 같다는 평등사상 때문에 서학은 중인 이하의 하층민으로부터 큰 호응을 얻었다.[59] 개화기에는 기독교가 전래되었고, 국권이 상실되는 과정에서 선교사들은 민족의식을 고취시켰다.[60] 처음 천주교가 열강의 무력을 배경으로 전래된 것과는 달리 기독교는 제국주의의 침입에 시달리면서 고달픈 삶을 영위해 가던 민중 속으로 파고들었다.[61] 이후 오늘에 이르기까지 기독교는 부녀자 등 극히 일부에서만이 사용하던 한글을 개발하는 등 서민문화를 거대하게 이끌어내었다.

---

57) 裵宗鎬,「한국사상사에 있어 주리와 주기의 문제」(『한국사상사학』 2, 1988).
　　劉明鍾,「영남 퇴계학파의 주리설 형성」(『석당논총』 9, 동아대 석당전통문화연구소, 1984).
　　李楠永,「理氣四七論辨과 人物性同異論」(『한국의 사상』, 열음사, 1984).
58) 韓㳓劤,「천주교 초기 전파와 그 反響」(『역사학연구』, 1949 ;『李朝後期의 사회와 사상』, 1961).
　　琴章泰,「조선후기 유학·서학간의 교리논쟁과 사상적 성격」(『교회사연구』 2, 1979).
59) 柳洪烈,『고종치하의 서학수용의 연구』(을유문화사, 1962).
　　李元淳,『한국천주교회사』(탐구당, 1970).
　　趙珖,『조선후기 천주교사연구』(고려대 민족문화연구소, 1988).
60) 白樂濬,『韓國改新敎史』(연세대 출판부, 1973).
　　閔庚培,『韓國基督敎會史』(대한기독교회, 1972).
　　李萬烈,『한국기독교와 역사의식』(지식산업사, 1981).
61) 閔庚培,『韓國基督敎會史』(大韓基督敎會, 서울, 1972).
　　白樂濬,「基督敎의 전개」(『한국사』 20, 근대문화의 발생, 국사편찬위원회, 1974).
　　이만렬,「改新敎의 宣敎활동과 民族意識」(『사학연구』 36, 1983).

구한말 이후 서구문명이 밀려드는 풍토 속에서 중국은 물론 한국도 '동도서기(東道西器)'나 '중체서용(中體西用)'을 주장하였다. 개화론자들은 물론이거니와 위정척사(衛正斥邪)를 내세운 이항로(李恒老) 등의 척화론자(斥和論者)들이 서구의 문물을 받아드리는 입장도[62] 바로 이런 것이었다. 척화론자들이 내세운 '해방(海防)' 사상은 단순한 쇄국주의를 표방한 것이 아니라, 개화에 앞서 서양을 알아야 한다는 논리를 깔고 있었다. 전통시대에도 문화의 교류가 잦았거니와 오늘날과 같이 전파 매체로 국가 간의 문화적 격차가 점점 좁아지고 있는 시점에서, 주변 국가와 빈번하게 교류하면서 서로 문화를 전해주고 받는 것은 바람직하다. 그러면서 '동도서용(東道西用)'의 입장을 뚜렷하게 견지하는 것이 중요하다.

'동도서용'은 우리 문화를 높이고 들어오는 문화를 낮게 설정하려기보다는, 관심을 우리문화에서부터 출발하자는 것이다. 그럴 경우 우리문화의 풍토나 역사적 배경이 먼저 특성으로 고려될 수 있다. 그러면서 자연스럽게 문화가 서로 교류하면서 복합되는 과정에 대해 이해하고자 한다. 우리문화를 중심으로 문화의 교류를 살피고자 할 때, 우선적으로 유념하여야 할 것은 객관성과 보편성을 실증적으로 추구하는 방법론이다. 중국이나 일본은 물론이거니와 한국인은 인류라는 면에서 세계인과 더불어 정서를 공유하고 있다. 세계인들 모두에게 공감할 수 있는 우리문화의 성격을 이끌어 내면서, 주변국의 문화 속에서도 우리에게 유용한 요소를 발견하고자 한다.

'동도서용'은 우리의 문화풍토나 역사적 특성이 고려된 것이기는 하지

---

62) 愼鏞廈, 「韓末 지식인의 衛正斥邪사상과 開化사상」(『韓國近代社會思想史硏究』, 일지사, 1987).
洪淳昶, 「한말 위정척사론에 관한 연구」(『東洋文化』 11, 1970).
崔昌圭, 「斥邪論과 그 성격」(『한국사』 16, 국사편찬위원회, 1975).

만, 보편성을 강조함으로써 '동북아(東北亞)' 내지 '아세아(亞細亞)'라는 지역문화공동체 또는 지역사의 성립을 가능하게 한다. 왜냐하면 그것은 한국은 물론이거니와 주변국 사람들의 기호를 충족시키기 때문에 동북아나 아세아문화공동체의 설정에 호의적으로 작용할 수 있기 때문이다. 한편 그것은 인류와 더불어 호흡을 같이 할 수 있으므로, 지역사에 머물기보다는 세계화에 기여할 것이다. 세계화는 우리 풍토나 역사적 특성 속에서 만들어진 독특한 우리 문화를 세계인의 기호에 맞게 보편화하는 속에 이루어진다.

5) 해외 교역로와 교역물의 추적

한국과 중국이나 일본 등 주변국과의 교류에 관한 연구 성과를 정리함으로써, 앞으로 해양교류사를 포함한 대외교섭사 연구의 방향을 생각해 보았다. 근대 이전 전통시대 한국은 중국 및 주변국과 교섭하면서 사대교린(事大交隣)의 입장을 견지하였다. 중국에 대한 사대외교가 이웃나라와는 문화국가를 자부하는 교린외교로 이어졌다. 한국은 사대교린 외교를 통해 특산물을 서로 교환하면서 새로운 문화를 받아들이는가 하면, 민족문화를 재창조하여 주변국의 문화에 영향을 주기도 하였다.

특히 중국과의 사대외교에는 문물의 교류가 우선시 되었고, 정치적 의미는 상징성을 갖는데 불과하였다. 중국민족이 일찍이 가졌던 일국 중심의 천하관은 호한체제(胡漢體制)가 성립하자, 중심이 분산되는 과정을 거치면서 변용되었다. 호한의 여러 국가가 스스로를 중심으로 생각하면서, 자국 중심의 천하관이 성립하였다. 그 결과 고구려나 신라 등의 변방 국가들이 자국 중심의 천하관을 갖게 되었다. 이렇듯 변화된 천하관 속에 유지된 사대외교는 우리나라가 중국을 군사적으로 공격하지 않는다는 약속에 가까운 것이다.

중국사와 한국사는 마치 톱니바퀴와 같이 맞물려 전개되었다. 중국사에는 수많은 정통 왕조가 부침하였다. 이러한 잦은 왕조교체 현상을 왕조순환(王朝循環)이라 부른다. 중국사에서 왕조가 빨리 교체되는 원인을 오행(五行)사상 등 여러 원인에서 찾을 수 있겠지만, 호한체제에서도 그 한 원인을 찾을 수 있다. 한족(漢族)과 북방의 새외(塞外)민족은 서로 비슷한 세력 규모로 성장하기 때문에, 중국사의 무대를 번갈아 장악하였다. 그런데 이들 세력의 교체와 한국사는 긴밀하게 연결되어 있었다. 따라서 중원을 장악한 세력은 어떤 형태로든 우리나라와 연결함으로써 안정을 추구할 수 있었다. 한편 우리나라로 쳐들어온 중국 왕조는 중원을 장악하기에 앞서 협공을 당하지 않도록 배후를 안정하려는 의도를 지녔다.

앞으로 대외교섭사 연구를 심화하기 위하여 해외 교역로를 구체적으로 제시하여야 한다. 지금까지는 사신 왕래에 따른 한국과 중국 및 일본에 이르는 해양교통로나 만주에서 중국에 이르는 육로 교통로를 밝히는데 그쳤다. 이제 그 연구 범위를 확대할 필요를 느낀다. 육로로 서역에 이르는 비단길은 물론이거니와 해류를 따라 형성된 인도양에서 동남아를 거쳐 우리나라의 동해안이나 서해안으로 통하는 해양교통로를 광범하게 추적해야 할 것이다. 또한 이러한 교통로가 역사지리의 입장에서 추적될 때에 국가나 대륙을 잇는 현재의 철도나 도로망은 물론 해로에 대해 쉽게 이해할 수 있다.

나아가 교역물이나 문화의 전래와 수용에 대해 추구하면서, 서로 교류한 지역의 풍토나 물산 또는 지방문화에 대한 이해를 곁들일 필요가 있다. 문물이나 문화의 전래와 수용은 당사국 역사의 일반 흐름 속에서 파악되어야 한다. 비록 광범하기는 하지만 한국사를 교류한 지역의 역사나 문화 속에서 이해하고자 할 때, 민족사를 넘어서는 지역사를 정립시킬 수 있다. 교류한 지역이나 국가의 역사와 문화를 비교 검토하면서, 지역의 토착적인 문화전통을 보편적인 관점에서 추구하면, 지역사를 세계사의 조류 속에서 밝히게 된다. 지역사 정립을 위해 적어도 동북아나 아세아 지역에 대한 유적이나 사료를 객관적이면서 실증적으로 검토해야 할 것이다.

『동서양문명교류의 회고와 전망』, 중국 사회과학원, 2006, 10, 13

3. 한국고대사 연구의 회고와 전망

1) 연구사의 개관

근년에 들어 한국사는 최근세사나 현대사의 규명 쪽으로 많은 연구가 이루어졌는데, 고대사에 대한 연구도 한때의 부진에서 벗어나 양적인 팽창을 계속해왔다. 그동안 고고학에서의 발굴과 연구 성과가 축적되면서 그것과 문헌사학을 접목시키려 하거나, 또는 고대사에 관한 영세한 사료의 한계성을 극복하려는 이러 저러한 시도가 비록 거칠지만 모두 논문으로 쏟아져 나오게 되었다. 최근 3년간(1987~1989년)에 한국고대사에 관한 저서나 연구 논문들은 개인으로서는 도저히 모두 소화할 수 없을 정도로 방대한 것이다.

『한국사연구휘보(韓國史研究彙報)』에 소개된 것을 중심으로 이 기간 동안 한국고대사에 관해 연구된 저서나 편저(編著)·역서(譯書)는 모두 42종에 이르며, 논문은 무려 380여 편에 이른다. 물론 이 중에는 학구적 성격이 결여된 연구도 상당수 있다. 그렇지만 비교적 학문적 성과로 인정할 수 있는 것만을 골라도 약 20여 권의 저서와 200편의 논문을 들 수 있다. 이러한 논술(論述)들을 일일이 소개하고 평가를 내리는 일은 필자의 능력으로는 도저히 불가능하다. 여기서는 그것들을 구체적으로 언급하기 보다는 특정한 문제를 중심으로 내용을 개략적으로 소개하고자 한다. 자연 언급되지 않은 논고들이 많을 것인데 그 중에는 연구방법 면이나 학술적으로 주목되는 것도 포함될 수 있을 것이다.

한국고대사에서 가장 많은 연구가 행해진 곳은 신라사이다. 통일신라와 후삼국시대까지를 합하면 그것에 관한 연구 논문은 160여 편에 이른다. 삼국시대 일반에 관한 연구 논문도 약 20편에 이르고 있으며, 모두 신라사회의 조명과 깊이 연관되어 있다. 이렇게 되면 신라사에 관한 연구가 거의 반 정도를 차지하게 되었다. 그 외 고조선(또는 夫餘)에 대해서 21편, 삼한(加耶) 13편, 고구려 36편, 백제 27편, 발해 9편 정도의 논문이 있다. 삼국 중 백제에 대한 연구가 부진하며, 발해나 삼한 특히 가야에 대한 연구가 극히 미약하게 나타나 있다. 이에 비하면 고조선에 대한 연구는 적지 않은 편이다. 그 이유는 고조선에 대한 공동(共同)연구가 기획되어 그 연구 성과가 학술 논문집의 특집으로 간행되었기 때문이다.

한국고대사에서도 정치사의 연구가 으뜸을 차지하여 총 124편의 논문이 있다. 사상사에 관한 연구의 비중도 높아 그것에 관한 논문이 91편이다. 그 외의 분류사 중 사회경제사 50편, 대외교섭사 20편, 사학사(史學史) 14편, 문화에 관해 31편, 지리에 관해 8편의 논문이 있다. 다른 시대에 비해 고대사에서 사회경제사에 대한 관심이 비교적 낮고 사상사에 대한 비중이 높은 것은 남겨진 사료의 성격 때문에 생겨난 현상이다. 기본 사료인 『삼국사기』나 『삼국유사』 등이 고려중기나 고려후기에 기록되었다. 구체적인 사회경제사 관계 사실은 기록되기까지 약 500년에서 1000년 정도 전승되는 과정에서 누락되었을 뿐만 아니라, 혹 남겨졌다 하더라도 신이한 성격을 가진 관념사적인 자료로 바뀌어 기록되었다.

한국고대사에 사회경제 관계의 구체적인 사료가 없었던 것은 아니다. 신라 장적(帳籍)은 바로 그런 것이고, 이에 대한 많은 연구 논문이 나왔다. 대외교섭사나 역사지리에 관한 논문은 근년에 들어 부진한 편이다. 한국고대사 연구에 종사하고 있는 자가 무려 60~70명에 이르고 있음을 생각할 때, 민족사의 종합적인 고찰을 위해 대외교섭사나 역사지리에 관해서도 많은 연구가 나와야 할 것이다.

일찍이 김철준(金哲俊)은 『동방학지(東方學誌)』(권6, 1963)에서 한국고대사에 관한 연구 업적을 정리한 바 있다. 이 후에도 『한국사연구휘보』나 『역사학보(歷史學報)』는 정기적으로 한국사연구 업적을 싣고, 이에 대한 '회고와 전망' 난을 설정하였다. 최근에 이기동(李基東)이 『국사관논총(國史館論叢)』(권1, 1989년)에서 광복 후, 특히 지난 70년대와 80년대를 중심으로 한국고대사 연구 업적을 정리한 바 있다. 송기호(宋基豪)는 발해사 연구의 동향을 『한국상고사학보(韓國上古史學報)』(권1, 1988, 12)에 발표하였다. 또한 『한국사시민강좌(韓國史市民講座)』에서 김원용(金元龍) 및 천관우(千寬宇)의 연구회고록과 이기백(李基白)의 「학문적 고투의 연속」(『한국사시민강좌』 권4, 1988년) 등이 고대사연구의 발자취를 이해하는데 도움이 된다.

1980년대 후반이 되면 한국사 연구자의 수가 양적으로 늘어나면서, 고대사를 전공하는 사람들이 함께 모여서 학술토론과 의견교환을 하려는 움직임이 일어났다. 이는 한국고대사가 정치사 중심이거나 신라사에 편중하여 연구되고 있어서, 고대사회의 다양성을 밝히는데 제약을 받아왔던 것에 대한 반성에서 나올 수 있었다. 그리하여 소장 학자들을 중심으로 한국고대사 연구를 위한 독립된 학회가 만들어졌다. 1987년에 발기하여 창립된 한국고대사연구회와 한국상고사학회(韓國上古史學會)가 그것이다.

기존 학회와는 독자적으로 새 학회의 회원들은 한국고대사 연구방법에 관심을 쏟으면서, 그 간 연구가 부진했던 가야사(加耶史) 분야나 특정 주제를 집중적으로 검토하는 공동연구 학술심포지엄을 개최하였다. 한국고대사연구회는 경남이나 경북지역에서 활동하는 연구자를 중심으로 만들어졌다. 그들은 기본 사료의 공동 독회(讀會)나 유적지 답사를 곁들여

행하면서, 그 지역에 숨겨져 내려왔던 비문(碑文) 자료를 발굴·분석하는 등의 연구 성과를 모아 학술지인 『한국고대사연구(韓國古代史硏究)』를 발간하였다. 한국상고사학회도 고고학과 한국고대사를 접목시키려는 연구방법을 모색하면서, 그 연구 성과를 『한국상고사학보』로 발간하였다.

한국고대사 관계 자료의 부족을 메우기 위해 인접 과학, 즉 고고학·인류학·불교학·민속학 등으로 관심을 확대시켜야 한다는 취지에서, 1990년에는 한국고대학회(韓國古代學會)가 창립되었다. 한편 학구적 목적과 거리가 멀어 보이는 연구자나 그들을 위한 한국고대사 관계 학회가 상당 수 존재하고 있음도 간과할 수 없다. 그리하여 다분히 자의적인 연구자들이 학문외적 입장을 펴는데 유리하도록 이용하기 위한 목적에서 한국고대사를 연구하기도 했다.

오늘날 한국고대사에는 논란의 대상이 되는 부분이 많아 역사적 진실이 무엇인가를 쉽게 알기 어렵게 되었다. 이러한 상황 속에서 연구실에서 연구에 집념해 온 역사가들이 시민과 더불어 우리 역사문제에 관하여 서로 이야기를 나누어야겠다는 생각을 가졌다. 곧 역사연구의 결과를 시민에게 제공해줄 수 있는 끈이 필요하게 된 셈이다. 그런 면에서 고대사에 한정한 것은 아니지만 『한국사시민강좌』가 창간(1987)된 사실은 의미있는 일이다. 사실 『한국사시민강좌』는 그 동안 고대사에서 중요한 논점으로 부각되었던 고조선이나 광개토왕릉비(廣開土王陵碑) 등을 특집으로 다루면서, 연구실에서 이루어진 논쟁점들을 시민들이 쉽게 이해하는데 지대한 공헌을 해왔다.

2) 연구서 및 사료

한국고대사에 관한 연구 논문들이 축적되면서 그 동안의 연구 업적을 묶은 단행본이 출간되었다. 그 중 많은 노력을 기울인 연구서로서 주목되는 것은 다음과 같다.

崔在錫, 『韓國古代 사회사방법론』(一志社, 1987)
최재석, 『韓國古代 사회사연구』(일지사, 1987, 11)
盧重國, 『百濟政治史硏究』(一潮閣, 1988)
李龍範, 『韓滿交涉史硏究』(同和出版社, 1989, 4)
千寬宇, 『古朝鮮史·三韓史硏究』(일조각, 1989, 12)
金理那, 『韓國古代 佛敎彫刻史硏究』(일조각, 1989, 1)
安啓賢, 『新羅 淨土思想史硏究』(玄音社, 1987, 8)
高翊晉, 『韓國古代 佛敎思想史』(東國大 출판부, 1989, 10)
金東華, 『三國時代의 佛敎思想』(민족문화사, 1987, 1)
金煐泰, 『新羅佛敎硏究』(민족문화사, 1987, 1)

근년에 와서 한국고대사의 연구 수준이 대단히 높아졌음을 '알 수 있다. 단행본 연구서가 고대사 연구의 개별 논문을 단순히 모아 간행된 것이라기보다는, 특수한 주제를 집중적으로 밝히고 있다는 점에서 주목된다. 또한 절반에 이르는 불교사에 관한 연구서 중 한 둘은 불교와 당대 사회와의 연관성 문제로 눈을 돌리고 있다. 방법론적 모색이라는 면에서 최재석(崔在錫)의 저술도 문제될 수 있다. 그렇지만 상기한 모든 저술이 고고학과 고대사의 접목이라든가 문헌고증에 대한 새로운 시각, 불교나 미술의 성격과 고대사회의 연계문제 등 나름대로의 방법론적 검토를 거치면서 이루어졌다.

개별 논문이나 저술이 양적으로 팽배한 가운데 다음과 같은 개설서가 나왔다.

尹乃鉉, 『韓國古代史』(三光出版社, 1989, 9)
睦禎培, 『三國時代의 佛敎』(동국대 출판부, 1989, 5)

개설서는 한국고대사 관계의 연구업적이 충분히 반영되면서 서술되어야 한다. 이러한 방향에서 개설서가 저술되면 이는 고대사연구의 길잡이 노릇을 하게 될 것이다. 아울러 신라문화연구소(新羅文化硏究所)가 『신라연구 논저목록(論著目錄)』(동국대, 1988, 10)을 편찬했다. 신라사뿐만 아니라 고대사의 다른 분야에 대해서도 이와 같은 자세한 논저목록이 나와야 할 것이다.

단일한 주제로 공동(共同)연구한 것이나 그러한 주제에 속한 연구 논문들을 모아 편집한 저술로서 참고가 될 수 있는 것은 다음과 같다.

韓國史研究會, 『古代 韓中關係史의 연구』(三知院, 1987, 2)
한국상고사학회, 『韓國上古史 -研究현황과 課題』(民音社, 1989, 12)
新羅文化研究所, 『통일기의 新羅社會研究』(동국대, 1987, 12)
韓鐘萬 外, 『孤雲 崔致遠』(민음사, 1989, 6)
國土統一院, 『元曉研究論叢』(1987, 10)
靈巖郡, 『先覺國師 道詵의 新研究』(1988, 4)
李基白편, 『檀君神話論集』(새문사, 1988, 5)

학회가 중심이 되어 단일한 주제로 공동 연구한 결과가 단행본으로 간행되는 것은 바람직하다. 이 외에 주로 발해사에 대한 번역서가 출간되었는데 다음과 같다.

宋基豪, 『渤海의 歷史』(한림대학 아시아문화연구소, 1987, 2)
崔茂藏, 『발해의 기원과 문화』(예문출판사, 1988, 6)
金貞培・劉在信편, 『渤海史研究』(정음사, 1989, 6)

또한 이근우 역(譯), 『일본서기입문(日本書記入門)』(민족문화사, 1988, 8)도 한국고대사 연구를 위해 도움이 된다.

이들 업적에 못지 않게 중요한 것은 사료를 발굴・수집・정리하는 작업이다. 이기백, 『한국상대 고문서자료집성(古文書資料集成)』(一志社,

1987, 1)은 고려시대까지의 고문서를 수록하고 있다. 그 중 고대사에 관한 자료는 『삼국사기』나 『동문선(東文選)』 등 널리 애용되고 있는 사료에서가 아니라, 호적이나 족보 속에 필사된 채로 들어 있는 것이나 죽간(竹簡) 등의 기록을 모은 것인데, 원본의 사진을 곁들이고 있어서 정확도를 높여 주고 있다. 현재 그것이 활자화되어 통용되고 있는 자료에는 적잖은 오자(誤字)가 있기 때문에, 그 정확한 내용을 연구자에게 알리는 작업은 소홀히 되어서 안 될 것이다.

한편으로 한국고대사 관계 사료를 정리하려는 작업이 행해졌다. 한국정신문화연구원(韓國精神文化研究院), 『한국학기초자료선집(韓國學基礎資料選集) -고대편』(1987, 12)이 간행되었으며, 이미 백제관계 사료가 정리된데 이어, 국학연구원(國學研究院), 『고구려연구(高句麗研究) 2 -사료편』(연세대 출판부, 1988, 4)가 나왔다. 또한 국사편찬위원회(國史編纂委員會), 『중국정사(中國正史) 조선전역주(朝鮮傳譯註)』(2권, 1987·1988)가 간행되어 중국 정사 속의 동이전(東夷傳)에 관한 상세한 역주와 이에 관한 연구 성과가 검토되었다.

1989년에 『화랑세기(花郎世紀)』의 일부가 발견되어, 그것의 번역과 아울러 많은 연구 논문이 나올 정도로 관심이 고조되었다. 이러한 현상은 한국고대사 관계 사료의 영세성 때문에 나타난 것이겠지만, 차분히 냉정을 되찾아 그 자체의 사료적 검토를 먼저 행해야 한다. 이와 아울러 새로 발견되는 비문 자료는 한국고대사의 공백을 메워줄 수 있다는 점에서 대단히 중요하지만, 역시 자체의 사료적 검토를 거치면서 가치를 객관적으로 부각시키려는 노력이 따라야 한다.

3) 국가형성기

한국상고사를 다룰 때 민족문제가 고조선의 개국과 연결하여 분석되고 있다. 문헌에 나타난 우리 민족은 한(韓)·예(濊)·맥족(貊族)이며 알타이어계에 속한 것으로 이해된다. 민족문제에 대해 김광수(金光洙)는 「치우(蚩尤)와 맥족(貊族)」(『孫寶基박사정년기념 韓國史學論叢』, 1988)에서, 하북(河北)이나 산동(山東) 지역 등에 분포된 비한족(非漢族)인 치우족이 맥족과 동일계통으로 우리[韓]민족의 중요 구성원이라고 했다. 권태원(權兌遠)은 「예맥(濊貊) 조선과 그 강역고(疆域考)」(『손보기박사정년기념 한국사학논총』)에서 산해관(山海關)으로 부터 동북쪽으로 길림성(吉林省) 지방과 동남쪽으로 한반도의 북부지역에 거주한 고조선이 주체국으로 되어, 예맥·진번(眞番)·숙신(肅愼) 등을 종속시켜 연맹체를 성립시켰다고 했다.

조선족을 한·예·맥과 연결시킴으로써 고조선(古朝鮮)은 대제국을 건설하였으며, 요하(遼河)에서 대동강 유역에 이르는 영역을 다스렸다고 하였다. 고조선에 관한 이러한 시각의 연구가 국내 학계에서도 상당히 나타났으며, 특히 북한 역사학의 고조선에 대한 연구 성과는 바로 그런 것이다. 고조선에 대한 연구 경향은 심지어 비학문적인 태도를 노출시키기도 했다.

고조선이 한 때 요동을 아울렀으며 강력한 군사력을 갖춘 정복국가를 형성하였다는 것은 사실일 가능성도 있지만 실제로 논증되지 않는다. 그러나 우리 역사에서 필요한 것은 고조선에 대한 역사적 진실이다. 서영수(徐榮洙)는 「고조선의 위치와 강역」(『한국사시민강좌』 2, 1988)에서 고조선이 요동지역에서 대동강유역으로 이동했을 가능성을 제시하였다. 이기백은 「고조선의 국가형성」(『한국사시민강좌』 2)에서 고조선이 처음은 결코 넓은 지역을 차지하지 않은 성읍국가(城邑國家)에서 출발하였다고 했다. 그후 BC. 4세기 이전의 어느 시기에 고조선은 연맹왕국으로 발전하고 그 맹주(盟主)가 되었으며, 왕호도 처음 단군왕검(檀君王儉)에서 기자(箕子) 및 왕으로 바뀌어 갔다고 했다. 고조선 국가의 실상은 비교적 이런 모습이며, 기자조선은 고조선 내의 새로운 왕호를 사용하는 지배세력의 등장으로 파악되었다.

고조선에 대한 연구가 허황하게 전개되는 것은 『규원사화(揆園史話)』나 『환단고기(桓檀古記)』의 기록에 의거하기 때문에 나타났다. 이미 그것은 위서(僞書)라고 주장된 바 있는데, 조인성(趙仁成)은 「규원사화와 환단고기」(『한국사시민강좌』 2)에서 보다 실증적 입장으로 두 책을 분석하여, 그 내용이 신채호(申采浩)와 최남선(崔南善)의 학설을 흡수하여 저술된 것이고 한국고대사를 연구하기 위한 사료로 쓸 수 없음을 분명히 하였다. 그 외에 『정신문화연구』 32(1987)에서 단군신화를 집중적으로 다루고 있지만, 그 내용은 대체로 종교사적 이해에 치중된 것이었다.

고조선은 한족(漢族)과 투쟁한 사실 때문에 중국측 역사기록에 뚜렷하게 남았겠지만, 한반도에는 고조선 외에도 많은 성읍국가가 존재하였고 개중에 어떤 국가는 고조선에 비견할 정도의 연맹왕국을 이룬 것도 있었다. 그런 면에서 부여국에 대한 구체적 연구는 주목된다. 문헌 사료가 거의 없는 부여의 경우 고고학적 자료를 적극 활용하여야 하는데, 그럴 경우 중심지나 영역에 대한 지리적 위치를 분명하게 설정하여야 한다. 노태돈(盧泰敦), 「부여국의 경역과 그 변천」(『國史館論叢』 4, 國史編纂委員會, 1989, 10)은 바로 그런 의도에서 작성되었다.

고조선과 연관하여 삼한을 파악하였다. 윤내현(尹乃鉉)은 「고조선과 삼한의 관계」(『韓國學報』 52, 一志社, 1988, 9)에서 한(韓)은 고조선의 제후국(諸候國)이고 삼한으로 분리되어 있지 않았으며, 고조선이 붕괴된 후 다른 제후국들과 함께 독립국으로 출발하였다고 했다. 이어 윤내현, 「목지국(目支國)과 월지국(月支國)」(『龍岩車文燮교수華甲紀念 史學論叢』,

1989, 12)은 한(韓)의 도읍지를 추정한 것이다. 한의 도읍지인 목지국과 월지국은 동일한 지명을 잘못 기록한 것이 아니라 각각 지금의 직산(稷山)과 익산(益山) 지역으로 보이며, 한은 온조왕 27년(AD. 9년)에 익산에서 지금의 직산 지역으로 도읍을 옮겼다고 했다.

이러한 결론은 목지국 내지 월지국이 한의 맹주국이 아니며, 삼한 78국 역시 독립된 성읍국가라기보다는 제후국이었다는 가정 아래 내려진 것이다. 삼한이나 고조선이 봉건시대에 들어 있었다는 이러한 학설은 현 국사학계에서 통용되는 것은 아니다. 박찬규(朴燦圭), 「마한세력의 분포와 변천」(『용암차문섭교수화갑기념 사학논총』, 1989)은 기본적으로 윤내현과 같은 시각에서 삼한 문제를 해결하려 했는데, 마한 세력은 유적과 유물의 분포 상태로 보아 한강(漢江)·아산만·금강·영산강 유역에 있었던 것으로 대별된다고 했다.

이 외에 마한 78개에 달하는 소국 중의 하나인 실직국(悉直國)의 실체를 밝혔다는 점에서 방용안(方龍安), 「실직국에 대한 고찰」(『江原史學』3, 1987, 12)은 주목된다. 또한 홍윤식(洪潤植), 「마한 소도(蘇塗)신앙 영역에서의 백제불교의 수용」(『馬韓 百濟文化』 11, 1988)은 불교 수용과정이 토착신앙과의 융합 면에서 이루어졌음을 밝혀주고 있다. 새로운 종교의 전래와 수용은 바로 그것의 토착화 과정이기 때문에 무불교섭사(巫佛交涉史) 연구는 앞으로 더 추구되어야 할 중요한 분야이다.

가야사에 대해서는 다른 때와 비교하여 비교적 많은 논문이 나왔다. 다년간 고고학에 조예가 깊은 김정학(金廷鶴)은 「가야의 국가형성단계」 (『精神文化研究』 32, 1987, 5)를 다루었다. 가야가 읍락국가에서 연맹국가로 발전했으며, 초기에는 금관가야(金官加耶)가 또한 후기에는 고령가야(高靈加耶)가 맹주국이었으나, 고대 통일왕국으로 발전하지 못하였다고 했다. 문헌 기록이 극히 미약한 가야사의 경우 어차피 고고학의 연구 성과에 도움을 받을 수밖에 없다. 김태식(金泰植)은 그 동안 가야사에 대해 계속 접근하면서, 이를 복원하려는 연구 논문을 발표해 왔다. 그는 「6세기 전반 가야 남부제국의 소멸과정 고찰」(『한국고대사연구』 1, 1987, 7)에서 5세기 이후 가야 남부지역은 서남지역과 동남지역으로 문화권을 구분할 수 있다고 하였다. 즉 그 중 전자는 백제에 병합되었으나 소국들의 자치성을 어느 정도 부여하고 있었으며, 후자는 신라에 병합되고 완전히 해체되어 군현(郡縣)으로 편제되었다.

낙동강 하구라는 지정학적 위치로 보아 가야의 해상권 문제를 규명하려는 것은 참신하게 생각된다. 이현혜(李賢惠)는 「4세기 가야사회의 교역체계의 변천」(『한국고대사연구』 1, 1987)에서 3세기 김해 구야국(狗邪國)이 낙동강 중하류 일대를 교역 기반으로 삼았는데, 4세기가 되어 신라 중심의 독점적인 교역망이 확대되면서 김해의 교역 기반이 와해되었다고 했다. 이 외에 윤석효(尹錫曉)는 가야사를 종합적으로 체계화했는데, 「가야의 군사제도에 대하여」(『朴性鳳교수 回甲記念論叢』, 1987, 10)에서 가야의 군사제도로서 보기대(步騎隊)·궁병대(弓兵隊)·성지극무장대(盛知戟武裝隊)가 있었을 것으로 추측하였다.

고고학연구 성과에 의존한 나머지 가야사연구에서는 실증이 결여되거나 일본측 기록이 충분한 사료 비판을 거치지 않은 채로 이용되고 있다. 앞으로 구체적인 문제들을 보다 확실하게 해 주는 작업이 가야사의 연구 수준을 높여 줄 것이다.

4) 삼국시대

삼국 중 고구려나 백제에 관한 연구는 비교적 적은 편이나 그 연구 수준이 상당히 높아진 것은 사실이다. 삼국사회의 구체적인 문제가 다루어졌다. 우선 고구려뿐만 아니라 삼국의 세제(稅制) 전반을 검토한 김기홍

(金基興)은 「6~7세기 고구려의 조세제도」(『한국사론』 17, 서울대 국사학과, 1987)에서 『수서(隋書)』 고구려전의 조세 조항을 분석하였다. 고구려는 일반 고구려인과 '유인(遊人)'으로 표기된 말갈·거란(契丹) 등의 부용(附庸) 집단민으로 대별하여 그 수취(收取)의 차등을 두었다고 했다. 그런데 유인은 하층민이라는 통설과는 달리, 경제적 국제관계 속에서 주로 무력을 통해 고구려를 돕는 부수적 존재로 이해하였다.

광개토왕릉비에 대해서는 비교적 많은 영역에서 집중적인 연구가 나왔다. 광개토왕이 거란(契丹)·백제·숙신·후연(後燕)·왜 등을 정토(征討)한 것은 천관우(千寬宇), 「광개토왕의 정복활동」(『한국사시민강좌』 3, 1988, 9)에서 제시되었다. 이 논문의 결론을 이끈 신묘년(辛卯年) 기사와 얽힌 고구려의 정복 사실에 대해서는 학계의 의견이 분분하고, 실제로 잘 밝혀지기 어려운 부분이기도 하다. 이 문제는 역시 5~6세기 고구려와 주변의 국제정세 속에서 파악되어야 한다.

광개토왕릉비를 통해서 고구려 사회사를 밝히려는 노력은 바람직한 것이다. 조인성(趙仁成), 「광개토왕릉비를 통해 본 고구려의 수묘제(守墓制)」(『한국사시민강좌』 3, 1988)에서 광개토왕릉의 수묘인(守墓人)은 원거주지로부터 사민(徙民)됨으로써 그 사회적 지위가 약화되어 양인이 아닌 마치 부곡(部曲)인과 같은 존재로 되었으며, 그 중 국연(國烟)은 간연(看烟)을 지휘 감독하고 국가로부터 수묘역 수행에 대한 책임을 진다고 했다. 김현숙(金賢淑), 「광개토왕릉비를 통해 본 고구려 수묘인의 사회적 성격」(『한국사연구』 65, 1989, 6)은 조인성의 연구와 비슷한 결론을 이끌어 내었지만, 그것을 보다 착실하게 실증적으로 연구하였다. 그 외 수묘제의 정비를 평양 천도 당시 고구려 사회체제와 연관시켜 파악하려는 점이 주목된다.

고구려 사상사가 노태돈(盧泰敦)·신동하(申東河)·노용필(盧鏞弼)·김영태(金煐泰)·전호태(全虎兌) 등에 의해 연구되었다. 아직까지 사상사

연구는 사료정리에 그치거나 아니면 고구려를 중심한 천하관(天下觀)이나 호국불교 등 막연한 성격을 규명하는 데에 머물고 있다. 이와는 달리 고구려와 중국의 교섭사 등이 다루어지기도 했는데, 이런 분야의 연구가 보다 구체적인 문제로 접근해 갈 때, 고구려사의 연구는 더 진전되어 나갈 것이다.

백제사의 연구는 1986년에 비해 오히려 위축되어 있는 셈이다. 백제사에 대해 오랫동안 연구해 온 노중국(盧重國)은 「백제의 국가형성과정에 대하여」(『정신문화연구』 32, 1987)에서 백제가 읍락(邑落) - 소국(小國) - 소국연맹 - 부체제(部體制) - 집권적 통일국가 단계로 발전하였으며, 통일국가 단계는 늦어도 비류왕대부터 시작하여 근초고왕대에 와서 일단락되는 것이라 하였다. 백제국가의 발전단계를 세분하여 추구하려는 것은 의미있는 일이다. 이론에 그치지 않기 위해 백제국가의 발전단계가 사료에 의해 보다 실증적으로 논증되기를 바란다. 역시 양기석(梁起錫)은 백제사 전반에 대해 깊이 연구해 오면서 구체적인 문제로 「백제의 세제」(『백제연구』 18, 충남대 백제연구소, 1987)를 추구하였다. 백제의 조세는 개개의 토지 소유자를 대상으로 부과하며 포(布)·견(絹)·사(絲)·마(麻)·미(米) 등 의복과 곡물을 수취했는데, 보유한 토지 면적에 따라 차등·납부한다고 하였다.

백제후기 특히 사비시대를 집중적으로 연구한 김주성(金周成)은 「의자왕대 정치세력의 동향과 백제 멸망」(『백제연구』 19, 1988, 12)에서 당대 정치세력의 변동을 추구하였다. 그는 대성팔족(大姓八族) 세력이 약화된 대신 계백(階白)이나 흑치상지(黑齒常之) 등의 신진귀족이 등장한다는 참신한 결론을 이끌어내었다. 고고학적 자료를 근거로 초기 백제사의 복원에 관심을 가져온 권오영(權五榮)은 「4세기 백제의 지방통제 방식 일례」(『한국사론』 18, 서울대 국사학과, 1988)를 제시했다. 법원리와 화성리 고분에서 발견된 동진제(東晉製) 청자를 분석한 그는 4세기 중반에 백제 중앙세력은 외국에서 수입한 희귀품을 하사하는 방식으로 지방세력에 대한 통제를 강화한다고 지적하였다.

사료가 빈약한 백제사에 대한 접근은 추론의 범위를 크게 벗어나기 힘든 실정이다. 한편 최재석(崔在錫), 「백제의 오부 오방(五方)연구 서설」(『史學研究』 39, 1987, 6)에서는 비록 서설이라고 하지만, 사회학의 이론을 도입하여 초기 백제사를 밝히려 하였다. 그런가 하면 김재붕(金在鵬), 「무령왕과 우전팔번화상경(隅田八幡畵像鏡)」(『손보기박사정년기념 한국사학논총』, 1988)이나 정구복(鄭求福), 「무령왕 지석(誌石) 해석에 대한 일고」(『宋俊浩교수 정년기념논총』, 1987)는 백제사의 영세한 자료를 보충할 수 있다는 면에서 유념된다.

신라사에 대해서는 많은 연구가 이루어졌다. 그 중에서도 골품제와 화랑도에 관한 연구가 집중적으로 나왔다. 최재석은 「신라시대의 씨족 리니이지의 존부(存否)문제」(『한국학보』 48, 1987, 9)에서 통설과는 달리 신라사회에 씨족 가계가 없다고 주장했다. 신라초기 국가형성 문제에 대해 심층적으로 연구해온 이종욱(李鍾旭)은 「신라시대의 혈족집단」(『역사학보』 115, 1987), 「신라 골품신분의 편성」(『斗溪李丙燾博士九旬紀念 한국사학논총』, 1987, 3), 「신라인의 세계(世系)인식」(『東亞硏究』 17, 1989, 2), 「신라시대의 혈족집단과 상속」(『역사학보』 121, 1989, 3) 등의 논문을 계속 발표하였다.

이종욱은 혈족집단 내에 가계의 분지(分枝)로 말미암아 별파(別派)가 이루어지며, 왕의 가계에서 분지한 집단은 거주지를 옮길 뿐만 아니라 그 신분도 진골로 떨어진다고 했다. 아울러 가계집단 내의 상속은 기본적으로 아버지에서 아들로 이어지는 수직 상속이나 계승자가 없는 경우에는 수평 상속이 이루어지기도 한다고 했다. 화랑제도는 골품제와 연결하여 연구되었는데, 신라문화선양회는 『화랑문화의 재조명』을 간행하여 화랑도에 대해 그 사회적 의의나 편성·조직 등 여러 방면에서 조명하였다.

새로 발견된 비문자료에 대한 이기백,「울진(蔚珍) 거벌모라비(居伐牟羅碑)에 대한 고찰」(『아시아문화』 4, 한림대, 1988, 9)이 주목된다. 이는 신라의 율령 특히 율(律)과 관련시켜 이해한 것이다. 즉 법흥왕 7년의 율령반포가 단순히 관위제(官位制)의 성립이나 복색제(服色制)의 도입에 한정되기보다는 율과 영(令)이 실제로 갖추어진 것을 당대의 금석문을 통해 확인할 수 있는 셈이다. 울진 봉평비(鳳坪碑)에 대해서는 한국고대사연구회가 집중적으로 분석하여, 그 연구 성과가『한국고대사연구』 2(1989, 6)에 게재되었다. 최광식(崔光植)은 비문의 내용과 그 해석을, 주보돈(朱甫暾)은 법흥왕대의 율령을, 이문기(李文基)는 신라중고기의 6부 문제를, 노태돈은 관등제를, 이우태(李宇泰)는 신라의 지방통치체제를 규명하였다.

신라중고시대의 지방통치체제에 대한 구체적인 접근은 바람직한 것이다. 고고학적 발굴 조사결과를 토대로 윤무병(尹武炳)은「신라 왕경의 방제(坊制)」(『두계이병도박사구순기념 한국사학논총』)에서 방(坊)의 크기를 구체적으로 제시함으로써 왕경(王京)의 행정구역을 밝혔다. 이인철(李仁哲)은「신라중고기의 지방통치체계」(『한국학보』 56, 1989)에서 중고기의 지방행정 단위로서 주(州)·군(郡)·성(城)·촌(村)과 소경(小京) 및 그것의 운영체계를 구체적으로 밝혔다. 이 시기에 재지세력은 외위(外位)를 받음으로써 관료조직 체계 속에 편입되었다. 주보돈은「신라중고기의 군사(郡司)와 촌사(村司)」(『한국고대사연구』 1, 1988, 7)에서 재지세력이 군사와 촌사에 편입되어 지방관과 함께 촌락을 통치한다고 했다.

5) 통일신라와 발해

신라중대에서는 전제왕권의 강화와 연관된 문제들이 주로 연구되었으며, 근래에 와서 일본 정창원(正倉院) 소장 신라 장적(帳籍)에 대한 분석을 통해 신라사회를 규명하려는 노력이 경주되었다. 김기흥은 「신라 '촌락문서(村落文書)'에 대한 신고찰」(『한국사연구』 64, 1989, 3)에서 촌락문서를 통해 국가가 촌락 및 주민을 지배하는 방식을 추구하였다. 즉 경제력이 극히 취약한 호(戶)에 대하여 2~3개의 호를 묶어 인위적 편성을 가미한 공연(孔烟)을 설정하였고, 중상연(仲上烟)을 하나의 표준 호로 설정하여 계연(計烟) 1로 삼아, 이를 통해 촌락을 전국적으로 파악하였다.

신라 장적의 작성 연대나 작성되는 역사적 배경 등을 아울러 고찰하면서 김종준(金鍾瀋)은 「정창원 소장 신라장적에 나타난 노비」(『역사학보』 123, 1989, 9)를 분석하였다. 4개 촌의 노비는 일부 부농(富農)에게만 독점되고, 노비 소유의 차등으로 보아 골품제사회에서 신분이 낮은 평민 사이에도 상당한 계층분화가 이루어진다고 주장하였다. 그 외에 이희관(李喜寬), 「통일신라시대의 관모전(官謨田)·답(畓)」(『한국사연구』 66, 1989, 9)도 참고된다. 이와 같이 장적의 연구가 노비나 전답 또는 촌락지배 등 특수한 문제로 접근하고 있음은 바람직하다.

신라하대 사회에서는 역시 호족에 대한 연구가 끊이지 않고 있다. 후삼국시대의 지배세력이나 호족에 대해 줄곧 관심을 가져온 정청주(鄭清柱)는 「신라말 고려초 호족의 형성과 변화에 대한 일고찰」(『역사학보』 118, 1988, 6)에서, 평산(平山) 박씨가문이 패강진(浿江鎭)의 군사조직을 통해 유력호족으로 성장하고, 고려초에 문벌(門閥)귀족으로 정립해 나간 과정을 살폈다. 평산 박씨의 사례를 통해 호족세력의 성장 과정을 규명한 점이 주목된다. 나말려초 호족의 용례를 정리했던 이순근(李純根)은 「나말려초 지방세력의 구성형태에 대한 일연구」(『한국사연구』 67, 1989, 12)를 썼다. 호족은 토착 혈연집단이 아니라 유리되어 나온 무장세력 집단이며, 지방 토착세력으로 성장한 부민(富民)집단과 결합하여 지방세력으로 등장한다고 함으로써, 그는 학계에서 통용되는 지방호족의 개념과는 다른 견해를 제시하였다. 또한 음선혁(陰善赫)도 「신라하대 지방의 이(吏)와 호족』(『전남사학』 창간호, 1989, 12)에서 당시의 지방호족 세력은 이(吏)의 신분에서 성장한 지배세력이라고 함으로써, 촌주(村主)보다 하위에 있었던 토착세력이 호족으로 성장한다는 다소 독특한 주장을 폈다. 이러한 주장들은 보다 실증적인 자료로 보충되기를 바란다.

신라하대에 중앙왕실과 연계된 구체적 연구가 진행된 것도 이채롭게 생각된다. 전미희(田美姬), 「신라 경문왕·헌강왕대의 '능관인(能官人)' 등용정책과 국학(國學)」(『동아연구』 17, 1989, 2)과 김창겸(金昌謙), 「신라 경문왕대 '수조역사(修造役事)'의 정치사적 고찰」(『溪村閔丙河교수정년기념 사학논총』, 1988, 8)이 그것이다. 두 연구는 모두 경문왕을 전후한 시기에 왕권강화를 논한 것이다. 전미희는 왕실이 유학적 능력이나 실무 행정능력이 뛰어난, 주로 두품(頭品) 신분의 '능관인'을 관직에 등용함으로써 왕권을 강화한다고 하였다. 김창겸은 다른 왕족을 회유하여 협조자로 만드는 방법인 '수조역사(修造役事)'를 일으킴으로써 왕실이 왕권을 강화한다고 했다. 비록 이런 연구가 아직은 심화된 것이라 할 수 없을 지라도, 이 시대에 중앙왕실의 정책면을 아울러 밝히려는 데에 의미를 찾을 수 있다.

호족에 대한 연구와 곁들여 후삼국 지배자들에 대한 연구가 많이 행해졌다. 궁예(弓裔)의 정치적 성격은 심히 왜곡되어 전하기 때문에 긍정적으로 평가해야 한다는 논의가 일어났다. 조인성은 「궁예의 출생과 성장」(『동아연구』 17, 1989, 2)에서 불교 승려로서 궁예가 화엄에 몰두하고, 미륵신앙이나 도참설(圖讖說)·풍수지리(風水地理)까지 밝았다고 주장했다. 궁예의 새로운 면목에 대한 규명은 역사적 진실을 밝힌다는 점에서 중요하지만, 아울러 그 속에 그의 한계성에 대한 인식도 곁들여지기를 바란다. 오랫동안 후백제에 대해 추구해온 신호철(申虎澈)은 「후백제의 지배세력에 대한 분석」(『斗溪李丙燾博士九旬紀念 한국사학논총』, 1987, 9), 「견훤(甄萱)의 출신과 사회적 진출」(『동아연구』 17, 1989, 2), 「신라의 멸망과 견훤」(『충북사학』 2, 1989, 4) 등의 논문을 썼다. 견훤이 상주(尙州)지역의 지방호족인 아자개(阿慈介)의 장남이나 서남방면의 변방 비장(裨將)으로 나아가면서 아버지와는 달리 신라에 반기를 들고 새로운 정권을 세운 점, 후백제 내에는 견훤의 외척세력인 신검계(神劍系)와 금강계(金剛系)가 존재하며, 전자는 광주(光州)지역의 호족세력이고 후자는 전주(全州)지역의 호족세력이라는 점 등을 밝혔다.

발해사는 그 중요도에 비해 그렇게 활발히 연구된 것은 아니다. 발해사에 대해 심층적으로 연구해 온 송기호(宋基豪)는「발해멸망기의 대외관계」(『한국사론』 17, 1987),「발해에 대한 신라의 양면적 인식과 그 배경」(『한국사론』 19, 1988, 8),「동아시아 국제관계 속의 발해와 신라」(『한국사시민강좌』 5, 1989, 8) 등의 논문을 썼다. 그는 발해가 멸망할 때의 대외관계를 분석하여 신라와 시종일관 대립관계만 유지해온 것이 아니라, 때에 따라 대립하기도 하고 상호 교류하기도 한 점, 양국은 민족적으로 동질성을 지녔을 지라도 정치적으로는 상호 반감을 표출한 양면적 인식을 가졌던 점을 지적했다. 또한 임상선(林相先)은「발해의 천도에 대한 고찰」(『淸溪史學』 5, 1988, 12)에서 발해의 천도를 왕권강화 등 국내문제뿐만 아니라, 당(唐)·거란(契丹)·일본 등 국제 관계에서 고찰하였다.

통일신라시대의 사상사에 대해서는 많은 연구가 이루어졌는데, 그 연구 업적에 대해서는 따로 논한 바가 있기 때문에, 사학사(史學史) 부분의 한두 편을 언급하고자 한다. 이기백은「김대문과 김장청」(『한국사시민강좌』 1, 1987, 9)과「삼국유사 탑상편(塔像篇)의 의의」(『두계이병도박사구순기념 한국사학논총』, 1987, 9)를 썼다. 통일신라시대 많은 전기물(傳記物)의 성격을 규명하는 일환으로 특히 김대문과 김장청의 저술에 주목한 이기백은 그것이 신라중대의 전제주의로부터 소외된 인물들에 의해, 그들의 권리를 회복하기 위한 운동의 일환으로 저술되었다고 했다. 또한 '탑상'편을 분석하여『삼국유사』의 성격을 규정하려 했는데, 그것은 불교사이면서도 불교의 신앙을 장려하려는 뜻을 담고 있다고 하였다.

6) 앞으로의 문제

최근 3년간의 한국고대사 연구는 양적으로 팽창하면서 수준이 높아졌다. 한국고대 사회의 구체적인 문제를 심층적으로 분석하는 경향이 나타났다. 그런가 하면 고조선이나 가야사 등에 대해서도 고고학적 발굴 업적의 도움을 받으면서 비교적 활발한 연구가 이루어졌다. 비문 자료 등 사료를 발굴하여 분석하려는 노력이 경주되기도 했다. 이러한 노력과 관심 속에 한국고대사 연구가 앞으로 계속 심화되어 가기를 바라는 마음에서 다음의 몇 가지를 제안하고자 한다.

첫째, 『삼국사기』나 『삼국유사』 등 몇 안 되는 고대사 관계의 기본 사료들을 철저하게 검토하는 연구 풍토가 조성되었으면 한다. 우리 학계에서는 영세한 자료를 극복하겠다는 뜻에서 인류학이나 종교학 등 인접 학문의 성과나 이론을 받아들였고, 조금 있는 한국고대사 관계의 사료마저 오히려 부정하는 풍토가 조성되어 있었다. 한국고대사 관계의 기본 사료가 왜곡되어 믿을 수 없는 것이라는 생각이 이러한 연구 경향을 더욱 부채질하였다. 그리하여 단편적인 새로운 자료 예를 들어 비문 등이 발견되면, 이로 인해 마치 한국고대사의 체계를 바꿀 수 있다는 듯이 흥분하기도 했다. 사실 새로 발견되는 자료는 대단히 소중한 것이지만 기본 사료와 연계하여 충분한 비판과 검토를 거쳐야 한다. 아울러 한국고대사 관계 기본 사료가 왜곡되었다는 생각이 들면, 그 자체에 대한 문헌 비판을 거치면서 본래의 모습을 부각시키려는 노력이 필요한 것이다.

둘째, 객관적이고 확실한 역사적 사실 위에서 연구가 진전되어야 한다. 이런 면에서 인접 학문이나 이론의 도움을 받는 것은 고대사 연구를 위해 바람직하더라도 항상 신중해야 할 것을 유념할 필요가 있다. 가능성이나 추측만으로 그럴듯하게 역사의 뼈대를 구조하는 것은 안일함 속에 역사가의 노력을 포기하는 일이다. 창작과는 달리 역사는 아무리 그럴 것 같아도, 확실한 근거가 없으면 차마 기술하지 못하는 것이다. 허황된 역사의 가능성을 나열하기보다는, 확실한 근거 위에 비록 미세한 부분이지만 분명한 역사적 사실을 첨가시켜 그 의미를 추구하고, 그러한 영역을 조금씩 넓혀가는 작업이 고대사연구를 견실하게 만들 것이다. 하물며 있지도 않은 사실을 의도적으로 조작하는 학문 외적 목적의 연구에서 한국고대사는 초연해야 한다.

셋째, 대세의 파악에 유념해야 한다. 한국고대사의 연구가 특수한 전문영역의 문제를 다루면서 심화되었고, 근래에 발해사나 가야사 심지어 부여사를 정리하려는 것은 바람직하다. 그러나 그것은 당대 사회나 한국사의 전체 흐름 속에서 이해되어야 한다. 사료가 제한되어 있기 때문에 다루려는 시기에 근접한 한국사회는 물론, 중국사의 흐름이나 세계사적인 보편적 발전의 틀을 이해하고 있는 것이 중요하다. 그럴 경우 한국고대사의 어떤 문제를 밝히더라도, 이에 앞서 사료가 가장 풍부한 신라사의 구체적인 발전 양상을 깊이 이해하고 있는 것이 중요하다.

역사적 사실은 당대 사회의 구조 속에서 파악해야 한다. 구체적인 개별 사실의 연구로 심화하면서도, 그것이 배태된 사회의 여러 현상과 어떤 관계를 가지는 가를 분석하여 간다면 한국고대사 연구는 희망적이다. 근래에 한국고대사에 관한 연구 업적이 쌓이면서 그것을 정리할 필요를 느끼게 한다. 이 글은 그런 필요에서 쓰였지만, 모든 논문을 철저하게 반영하지 못하였을 뿐만 아니라 어떤 것은 연구자의 뜻을 정확하게 읽지 못했을 수도 있을 줄로 안다. 이는 오로지 필자의 허물로 돌릴 수밖에 없다.

『역사학보』 128, 1990, 12

4. 단군과 고조선의 연구사

1) 고조선과 단군의 연구방향

고조선을 건국했으므로 우리 민족의 국조신앙으로 받들어진 단군은 자연히 민족사의 시발을 밝히는 연구의 대상이 되었다. 현재 단군에 대한 연구업적은 상당한 분량에 이르는데, 그 연구방향이나 결론에는 많은 시각차를 드러내었다. 일찍부터 단군연구의 성과를 정리하려는 노력이 행해져 왔고, 이 글도 그러한 노력 중의 하나이지만 비교적 학문적 입장에서 연구된 글들을 대상으로 정리할 것이다.

일제강점기에는 단군신화를 우리 민족의 건국신화가 아니라는 일본인 학자의 연구와 이에 대항해서 최남선(崔南善) 등 한국인 학자의 연구를 언급하고자 한다. 다만 김재원(金載元)은 방법론적인 면에서 뿐만 아니라 일본인의 부정적인 연구경향을 무의미하게 만들었기 때문에, 그의 업적을 비중있게 다루고자 한다. 역시 단군연구는 민족문화의 전승과 연관된 신화와 고조선의 개국이라는 두 방향에서 정리될 필요가 있다. 그 외 북한 학계의 연구업적을 일별함으로써 단군연구의 문제점과 앞으로의 연구방향을 가늠하고자 한다.

근래에 소련 학자인 부찐(U. M. Butin)의 저술이 『고조선(古朝鮮) -역사·고고학적 개요』(1982 : 국사편찬위원회역, 1986)로 번역되어, 단군에 대한 연구를 활발하게 만드는데 일익을 담당했다. 이 책은 고조선 문제를 포괄적으로 다루면서, 국내에서 쉽게 접근하기 힘든 소련 학계뿐만 아니라 북한 학계의 최신 연구 성과를 제시하였다. 비슷한 시기에 정신문화연구원은 「단군신앙의 연구」를 기획논문(『정신문화연구』 28호, 1986 및 같은 책 32호, 1987)으로 설정하였다. 그것은 『단군·단군신화·단군신앙』(고려원, 1992)으로 엮어 출간되었는데, 우리민족이 유구한 문화와 역사를 지녔다는 면을 지나치게 강조하였다. 또한 1997년에 단군학회가 만들어져 그 학술지인 『단군연구』(창간호, 1999)가 간행되었다. 단군학회 역시 우리 민족의 정체성을 고양시키거나 공동체 통합 등을 내세워 강한 민족주의적인 성격을 농후하게 지녔다.[1] 이러한 경향은 단군에 관한 연구를 엄격하고 정확하면서도 과학적인 학문으로 발전시키는데 바람직하지 않다.

단군에 대해서는 실제로 종교신앙과 연결하여 허황된 연구가 많이 이루어져 왔고, 또한 후대의 위서인 『규원사화(揆園史話)』나 『환단고기(桓檀古記)』 등은 그러한 연구를 부채질하였다. 그리하여 1980년대 말에는 단군연구에 대한 올바른 시각을 제시하려는 기획이 시도되었다. 이기백이 책임 편집한 『한국사시민강좌』 2집(일조각, 1988)은 고조선의 제문제를 특집으로 다루었는데, 독자에게 드리는 글에서 "학문적으로 미해결의 상태가 많고, 학자에 따라 견해가 크게 다른 관계로 해서, 고조선의 문제를 깨끗이 정리하기는 힘들다. 그러나 이 특집에서 고조선을 보는 시각이 어떤 것이어야 하는 점은 충분히 제시했다고 믿는다"라고 하였다.

고조선의 건국을 신성시하거나 혹은 그 역사가 오래되고 강역이 넓었다고 과시하는 것은 그 연구가 학문적으로 정착하는데 장애요인이 되었다. 이기백은 단군신화에 대한 건전한 경향을 대표해 줄만한 글들을 모아 『단군신화논집』(새문사, 1988)으로 엮었다. 이 책은 『한국사시민강좌』 2집과 표리가 되어 비교적 역사학적 견지에서 단군신화를 다룬 글들을 수록함으로써, 고조선의 건국신화를 올바로 이해하는 기준을 제시하였다.

이후 1990년대에 단군에 대한 연구가 비교적 활발하게 진행되었다. 역사학 분야에서 이종욱(李種旭), 『고조선사연구(古朝鮮史硏究)』(일조각, 1993)와 윤내현(尹乃鉉), 『고조선사연구』(일지사, 1994)가 출간되었다. 두

---

1) 『단군연구』(창간호, 1999, 창간사).

책은 모두 문헌자료의 한계를 극복하려는 뜻에서, 고고학적 발굴 성과를 흡수하여 고조선의 실체를 부각하려 했다. 사실 단군연구는 고조선사를 정확하게 복원함으로써 수준 높게 이루어질 수 있다. 그런 면에서 고조선사를 방대한 단행본으로 정리하는 것은 중요하다. 그러나 엄격한 문헌비판 없이 사료를 확대 해석함으로써 단순한 추론에 머물거나[2] 한국사의 뿌리로서 주체성을 너무 강조한다[3]는 입장은 배제되어야 한다.

비슷한 시기에 단군에 대한 자료정리와 종합적인 연구서로 윤이흠(尹以欽) 외, 『단군 그 이해와 자료』(서울대출판부, 1994)가 간행되었다. 이 책은 역사나 철학·종교학 분야의 전문가들이 4년에 걸친 공동연구의 결실로 이루어졌다. 단군에 대한 역사적 연구 논문이 많은 분량을 차지한다고는 하나, 이 책은 지금까지 단군에 대한 모든 해석과 연구 성과를 총정리한다는 목적에서 단군신앙을 비중 있게 다루었다. 서문에서 "우리는 이러한 단편적인 입장을 종합적으로 조감하게 될 때 지금까지 단군에 대한 이해의 편협한 갈등을 벗어나서, 단군으로 상징되는 민족공동체 의식의 구심점을 확인하고 민족정체감(民族正體感)을 되찾는데 서로 의연한 자세로 각각 돌아갈 수 있을 것으로 기대한다"고 하였다. 곧 이 책은 단군연구를 통해 민족공동체 의식이나 민족정체감을 강조하였다.

단군에 관한 가장 중요하면서도 오래된 문헌기록은 『삼국유사』의 고조선조이며, 『제왕운기(帝王韻紀)』나 『응제시주(應製詩註)』·『세종실록지리지(世宗實錄地理志)』에도 나와 있다. 그 외에 단편적이지만 단군에 관한 기록이 국내 문헌에 산재해 있다. 서영대, 「단군관계자료(檀君關係資料)」(『단군 그 이해와 자료』)는 약 300쪽에 달하는 방대한 분량으로 고려시대에서부터 1910년에 이르는 단군관계 자료를 정리한 것이다. 물론

---

2) 李種旭, 『古朝鮮史硏究』(一潮閣, 1993, 머리말에서).
3) 尹乃鉉, 『고조선사연구』(一志社, 1994, 머리말에서).

이러한 자료가 고조선사회를 밝히는 데에는 다소 한계가 있을 지라도 민족문화 전승 면에서 단군신화를 규명하는 데에 유용하다. 앞으로 『사기(史記)』 조선전을 비롯해서 중국문헌에 보이는 고조선관계 기록을 정리하고, 아울러 이에 관한 고증작업을 병행하면서 단군관계 연구의 지평을 더 넓혀야 할 것이다.

2) 일제강점기 단군연구의 경향

『삼국유사』에 비로소 나타나는 단군기사는 『위서(魏書)』 및 고기(古記)의 인용으로 되어 있다. 그런데 『삼국유사』 이전의 어느 문헌에도 고기의 내용을 담고 있는 기록이 전하지 않는다. 뿐만 아니라 『위서』 속에도 단군신화에 관한 내용이 전하지 않는다.[4] 일본인 학자들이 단군신화를 부인하려 함은 바로 이런 점에 착안한 것이다.

1894년에 히라도리(白鳥庫吉) · 나카미(那珂通世) 등은 단군신화를 부정적으로 연구했다. 우선 그들은 단군신화가 불법(佛法)이 동쪽으로 전해진 후에 승도(僧徒)의 날조로 생겨났으며, 옛날부터 조선에 전하여 내려오지 않았다고 했다.[5] 그 근거는 다음과 같다. 먼저 태백산 내지 묘향산에 강림한 환웅(桓雄)이 낳은 단군은 단향목의 정령(精靈)이며, 태어날 때의

---

4) 물론 『魏書』가 어느 책을 가리키는 지는 분명하지 않다. 꼭 지금 전하는 『위서』를 가리키지 않으며, 또한 현재 전하는 『위서』도 당시의 저술이 그대로 전해진 것이 아니라 후대의 필요에 의해 다시 편집 · 改作되었다. 또한 箕子기사는 「唐裵矩傳」에서 인용한 것이다. 배구전은 『隋書』나 新 · 舊唐書에 모두 나오며, 그 인용이 잘못되지 않음을 보여준다. 더욱이 『삼국유사』에는 허다한 인용문이 나오는데, 물론 때로는 기억의 잘못으로 착오가 없지 않으나 전체적으로 정확성을 보장해 주고 있다(이기백, 「고조선의 제문제」 『월간 중앙』, 1973, 5월 ; 『한국고대사론』, 탐구당, 1975, p.22).
5) 那珂通世, 「朝鮮古史考」(『史學雜志』 4~5, 1984).

분위기는 화엄경·지도론(智度論)·정법염경(正法念經) 등에 나타나는 인도의 마라야산(摩羅耶山)과 그 곳에 있는 전단목(栴檀木)을 그대로 옮겼다고 한다.[6]

다음으로 단군의 조부인 환인(桓因)은 제석(帝釋)으로 불렸다. 환인 또는 제석은 석가제환인타라(釋迦提桓因陀羅) 또는 제석환인(釋帝桓因)의 준말로서 간단하게 인타라라고 하며, 수미산정(須彌山頂)에 거주하면서 33천(天)을 다스리는 불법의 수호자이다. 곧 단군신화의 최고신은 불교에서 따온 셈이다. 이리하여 단군신화는 중 일연(一然)에 의해 고려후기에 조작하여 기록되었으며, 그 중에 천지창조에 관한 기술이 없는 것도 그러한 부인론(否認論)을 도우는 결과를 초래하였다. 왜냐하면 단군신화가 원시사회에서부터 전승되어오지 않고 문명된 사회에서 만들어졌으므로 그렇게 되었다고 생각하였기 때문이다.

단군신화의 부인론을 보다 논리적으로 확립시킨 자는 이마니시(今西龍)이다. 『응제시주』나 『세종실록지리지』의 기록을 중시한 그는 이전 일본인 학자의 학설을 종합하면서 대체로 다음 두 가지 입장을 피력하였다. 첫째, 단군신화는 우리 민족 전체가 아닌 고구려계통의 개국신화이다. 이러한 논지는 이미 오다(小田省吾)에 의해 발표된 내용을 보다 부연한 것이다.[7] 이마니시는 단군왕검이 본래 평양 지방의 성황신(城隍神)인 왕검선인(王儉仙人)이며, 바로 그를 해모수(解慕漱)로 부회하여 단군신화를 만들었다고 주장했다. 곧 천신을 아버지로 곰을 어머니로 하여 태어난 왕검선인(단군)은 부여의 시조 부루 및 고구려의 시조 주몽(朱蒙)의 아버지인 해모수라고 함으로써, 현재 우리 민족의 주체인 한족(韓族)과는 관계가 없

---

6) 白鳥庫吉, 「檀君考」(『學習院輔仁學會雜誌』 28, 1984 ; 『白鳥庫吉全集』 3, 1970).
7) 小田省吾, 「謂ゆる檀君傳說に就て」(『文教の朝鮮』 ; 『朝鮮史大系』 上世史, 朝鮮史學會編, 1927, pp.101~103).

게 만들었다.⁸⁾

둘째, 단군신화는 불교도 외에 특히 도가(道家) 또는 선가(仙家)에 의해 윤색·조작되었다고 한다. 단군이란 칭호뿐만 아니라 천부인을 받은 것이나 풍백(風伯)·우사(雨師)·운사(雲師)를 거느리고 곡식·질병·형벌·선악을 다스리면서 인간의 360여 가지 일상사를 주관한 것 등은 모두 도교의 영향이다. 즉 고려 인종에서 고종년간에 승려·무당·참위가(讖緯家) 등이 평양지역의 유력한 선인을 단군이라 호칭함으로써 단군전설을 구성하였고, 그것이 고기의 인용으로 『삼국유사』의 첫머리에 전재되었다.⁹⁾ 이리하여 일제강점기 근대 역사학의 방법에 익숙한 일본인 학자에 의해 단군신화는 부정되고 적어도 단군은 한민족 전체의 조상으로 추앙될 수 없게 되었다.

일본인 학자들이 단군신화를 부정하는 의도는 우선 한국사를 식민사관의 체계에 맞추려는 필요에서 나타났다. 단군신화가 부인되면 한국사의 출발인 고조선의 실체가 부정된다. 자연히 한국사는 기자 내지 위만조선으로 시작하여 그 뒤를 이어 낙랑·대방 등 한군현의 설치로 이어졌다. 이렇게 되면 한국사는 그 여명이 중국의 식민지로부터 시작하여 결국 일본의 식민지로 끝맺게 되었다.

다음으로 단군신화를 고구려계통의 개국신화라고 하여 남쪽의 한족과 굳이 구별하려는 것은 일본 군국주의의 침략정책과 연결되었다. 이는 북쪽의 고구려와 남쪽의 신라·백제를 은근히 가르려는 기도로 보인다. 일본은 한반도를 장악했던 19세기 초에 만선사관(滿鮮史觀)을 주장하였다. 그 뒤 일단 만주를 손아귀에 넣은 일제는 1932년에 괴뢰정부인 만주국을 건설하기에 이르렀다. 이때부터 그들은 한반도가 아닌, 만주를 발판으로

---

8) 今西龍,「檀君考」(『青邱說叢』1, 1929 ; 『朝鮮古史の研究』, 近澤書店, 1937, p.49).
9) 今西龍,「檀君考」(『朝鮮古史の研究』, p.61).

해서 중앙아시아나 중국 대륙 쪽으로 침략의 손을 뻗쳤다. 이후 한국사를 만주의 역사와 구별하였고, 고구려사를 한국사에서 제외시켰다.

한편 그들은 일제에 대항하는 민족독립운동의 정신적 기저를 없애려는 목적에서 단군신화를 부정적으로 연구하였다. 왜냐하면 당시 민족 독립운동에 강하게 영향을 주었던 이념은 1909년 나철(羅喆)에 의해 개창된 대종교 계통의 단군신앙이었기 때문이다. 그것은 한민족을 다같이 단군왕검의 자손이라 하여 한 핏줄 한 운명을 지닌 단일한 배달민족이라는 의식을 고취함으로써, 일제치하에 일련의 항일 민족투쟁을 전개시키는 정신적 기반이 되었다.

최남선은 일본인 학자의 단군신화 부정론을 논박하면서, 그것을 긍정적으로 연구하여 고조선의 실체를 논증하려 하였다. 일간신문이나 월간 잡지에 발표한 그의 논고(論稿)들은 뒷날 『육당최남선전집(六堂崔南善全集)』(권2, 한국사 2, 玄岩社, 1973)에 대체로 수록되었다. 비록 고려사회가 몽고의 침략 아래에 있었을 지라도 옛날부터 전승되어 오지 않은 민족신화가 일시에 전민족의 신화로 일반 백성의 가슴 속에 자리할 수 없다는 점을 들어, 그는 단군신화가 조작될 수 없음을 분명히 하였다.

또한 시야를 확대하여 단군신화가 동북아 일대의 보편적 신화체계를 갖추었음을 지적하면서 단군왕검을 사제자인 동시에 정치적 군장(君長)의 의미로 해석하였다.[10] 즉 단군왕검은 천제의 아들로서 신정(神政)을 창시한 옛 군장의 칭호이며, 그가 다스리던 사회는 토테미즘시대에서 영웅 및 신의 시대로 진전하였고 농업경제를 영위하였다.[11] 그 후 민속학 분야에서 거대한 할멈이 앞치마에 흙을 담아 바다에 부음으로써, 강화도(江華島) 등 서해의 섬을 만들었다는 설화를 캐내려는 노력은 단군신화에서

---

10) 崔南善, 「壇君神典에 들어있는 歷史素」(『육당최남선전집』 2, 1973, p.235).
11) 최남선, 「壇君及其硏究」(『別乾坤』, 1928 ; 앞의 책, p.250).

잃어버린 창세(創世)신화를 찾아내려는 작업으로 이해될 수 있다.[12]

최남선은 단군이 통치하던 시대를 막연하게 농업경제 사회라고 규정했는데, 비슷한 시기에 백남운(白南雲)은 그것을 보다 구체적으로 언급하였다. 즉 환웅이 곡물을 주관한 것으로 보아 곡물의 재배가 이루어지긴 하였으나, 단군의 시대는 정원이나 야산을 경작하면서 대체로 마늘과 쑥을 생산하는 농업공산체의 붕괴기에 들어 있었다.[13] 또한 국문학을 전공하였지만 유물사관의 입장에서 김태준(金台俊)은 단군신화를 원시사회 지배자의 이데올로기라 하여 생산력의 발달이나 인류발전의 역사적 법칙 속에서 파악하고, 이를 통해 지배 권력이 출현하는 것을 밝혔다.[14] 단군신화는 성읍국가(부족국가) 내지 원시적 국가로 성립된 고조선사회에서 신권적 추장이 출현할 때의 건국신화이며, 위만이 침입하기 이전에 성립되어 있었다.[15] 최남선과는 달리 사회경제사학 분야에서 단군신화의 연구는 고조선사회의 실체를 부각하려는데 도움을 주었다.

3) 김재원(金載元)의 새로운 접근

일본인 학자가 단군을 부정하려는 연구는 문헌을 충분히 실증적으로 검토하지 않음으로써 나타났다. 진정한 의미의 실증적인 연구는 문헌의 내용이 믿기 어렵다고 버리려는 것이 아니라, 본래의 모습이나 또는 그러한 신이한 사실을 믿었던 사회구성원의 모습을 사실적으로 끌어내려는 노

---

12) 張籌根, 『한국의 신화』(成文閣, 1961, pp.5~10).
13) 白南雲, 『朝鮮社會經濟史』(改造社, 1933, pp.21~22).
14) 金台俊, 「檀君神話硏究」(『歷史科學』 5~2, 1936, pp.73~75).
15) 김태준, 위의 글(같은 책, pp.76~78).

력을 곁들여야 한다. 문헌 연구의 한계성은 우선 정확한 모습을 복원하려는 실증적인 연구를 심화하면서, 인접학문의 도움을 받아 그 내용이 알려주는 의미를 풍부하게 제시함으로써 극복될 수 있다.

김재원은 고고학적인 접근을 통해 단군신화를 새롭게 해석하였다. 다음에서 이를 확인할 수 있다.

> 이에 필자는 檀君문제를 고고학상으로 해결할 수 없을까하는 막연한 생각을 한 지 오래다. 그러다가 나의 선생 헨째(Carl Hentze)교수의 中國 靑銅器紋樣의 의의에 대한 여러 가지 연구에 助手로 수년간 협력하게 된 결과로, 고고학상 어느 정도 단군신화의 기원을 찾아낼 수 있으리라는 확신을 얻었다.[16]

오랫동안 중국 청동기유물을 정리한 그는 무씨사당(武氏祠堂) 내부의 벽면에 장식으로 붙인 화상석(畫像石)의 그림 내용이 단군신화의 줄거리와 일치한다고 했다. 무씨사당은 중국 산동성(山東省) 가상현(嘉祥縣)의 자운산(紫雲山)에 있는데, 그 내에 3개의 석실은 상호 간에 다소 차이가 있을지라도 명문(銘文)이 쓰인 147년(建和 元年)과 그리 멀지 않은 시기에 건립되었다.[17]

김재원은 문헌기록을 충분히 검토하였을 뿐만 아니라 청동기시대의 유물 등을 통하여 단군신화를 구성하는 사상적 배경 등을 폭넓게 추구하였다. 『삼국유사』의 단군고기는 곰[熊女]에게서 단군이 태어났다고 기록하였으나 무씨사당의 화상석에는 범에게서 사람이 생겨나는 것으로 되어 있어서, 양자 사이에 미세한 차이가 있다. 그렇지만 단군신화는 도교의 신선사상을 근간으로, 그 외에 중국 고유의 창세사상을 혼합하였고 다시 북방계 샤만교의 영향을 받아 이루어졌다.[18] 중국 창세신앙은 은대(殷代)

---

16) 金載元, 『檀君神話의 新研究』(正音社, 1947 ; 探求堂, 1976, p.9).
17) 김재원, 위의 책(p.63).

혹은 주대(周代)초기의 청동기에 새긴 문양에 나타나는데, 밤 혹은 어둠에서 광명과 생명이 솟아난다는 것이다. 어둠과 유암(幽暗) 속에서 한줄기 흘러 들어온 빛을 생명의 탄생과 연결시킨 신앙은 우리나라 고대의 건국신화 속에 흔히 나타나 있다.[19] 그런가 하면 단군신화 속에는 생명의 탄생과 육아에 관한 신앙이 짙게 깔려 있다.

김재원의 연구에 대해 케임브리지대학의 쳉테균(鄭德坤)과 교토(京都)대학의 수이야 세이이찌(水野清一)가 반론을 제기하였다. 그들은 무씨사당의 화상석을 황제와 치우(蚩尤)의 전투도로 보려는 리우밍수(劉銘恕)의 견해를 재론하였다.[20] 리우밍수가 후석실 제3층의 2층 그림은 황제가 치우를 물리치는 내용이라 하였음에 대해, 쳉테균은 2층 그림이 단순히 치우의 군세를 나타내며 3층 그림에서 싸움을 끝냈다고 하였다.[21] 그러면서 두 사람 모두 4층 그림은 의미 없는 수렵도라고 하였다.

세이이찌는 이들과 조금 달리 화상석을 치우기(蚩尤伎)라는 일종의 놀이 내용으로 파악하였다. 즉 황제와의 싸움에서 지기는 하였으나 다섯 병기를 만들어 후대에 군신(軍神)으로 생각되는 치우의 놀이가 한대(漢代)에 성행하였다. 화상석은 이를 나타내었는데, 치우 옆의 괴물은 사람을 삼

---

18) 김재원, 위의 책(같은 책, p.102).
19) 고구려 건국신화인 朱蒙신화에는 金蛙王이 解慕漱의 아이를 가진 柳花를 창고에 가두었다. 유화는 창고 벽의 틈새로 흘러든 한줄기 빛을 받고 주몽을 낳았다. 이때 흘러든 빛은 생명과 연관되었다.
20) 劉銘恕,「武梁祠 後石室 所見 皇帝蚩尤戰圖」(『中國文化研究彙刊』, 金陵・齊魯・華西 三大學刊, 重慶, 1942).
21) Chêng Tê・K'un, Ch'iu-Yu, Oriental Art, New Series, Vol IV, No 2, London, 1958 (Sumer).
水野清一,「漢の蚩尤伎について, 武氏祠畵像の解」(『創立25周年 紀念論文集』, 1954, 京都人文科學研究所).
金載元,「後石室 第3石에 대하여 -檀君神話에 대하여 再論함-」(『檀君神話의 新研究』, 1974, p.107).

키는 환술(幻術)을 행한다고 하였다.²²⁾ 무씨사당의 화상석에 대해서는 리우밍수 이전에도 소개와 연구가 이루어졌다.²³⁾ 그 중 펑윈벵(憑雲鵬)·펑윈완(憑雲鵷) 형제와 프랑스 샤반느(Chavannes)의 연구는 김재원의 학설에 다소 영향을 주었다.

무씨사당 화상석의 내용을 한(漢)나라 때의 다른 화상석인 호흘여발도(虎吃女魃圖)와 비교한 김원용(金元龍)은 후석실(後石室)의 3층 그림에서, 호랑이의 입에 걸친 인간은 태어나지 않고 잡아먹히는 모습이라고 반론을 제기하였다. 즉 그것은 호랑이가 여발을 잡아먹는 장면에 해당된다.²⁴⁾ 물론 이러한 해석은 중국학자인 조우따오(周到)·리칭후아(李京華)의 견해를 받아들인 결과로 나타났다.²⁵⁾ 이 경우에도 역시 4층 그림에서 말을 타고 목축을 지도하는 인물을 설명할 수 없음은 물론이다.

무씨사당 화상석의 내용을 단군신화와 연결시키는데 반대한 국내외 학자들의 학설은 모두 부분에 집착하여 해석함으로써 그 전체 구도에 담긴 의미를 간과하였기 때문에, 자연히 4층 그림을 합리적으로 해석할 수 없었다.

김재원의 단군신화연구는 이전 일본인들의 단군연구를 무의미하게 만들었다. 『삼국유사』의 기록보다 약 천여 년이 앞서는 시기에 단군신화가

---

22) 김재원, 「후석실 제3석에 대하여 -단군신화에 대하여 재론함-」(위의 책, pp.111~116).
23) 大村西崖, 『支那美術史 彫塑篇』(東京, 1915).
   常盤大定·關野貞, 『支那文化史蹟』(東京·京都, 1939, 第1卷 解說).
   Edouard Chavannes, 「Mission Archologue dans la Chine Septentrionale」(『北中國考古學調査』, 1909, Paris).
   憑雲鵬·憑雲鵷, 『金石索』(1822, 石索編).
24) 金元龍, 「武梁祠 畵像石과 단군신화에 대한 再考」(『考古美術』 106·107 합집, 1980, pp.13~14).
25) 周到·李京華, 「唐河針織廠漢畫像石墓的發掘」(『文物』 1973, 6月).
   김재원, 「追記」(『단군신화의 신연구』, 1974, p.124에서 재인용).

동북아는 물론 중국 산동반도에까지 널리 펴져 있었다. 상고에 동이족은 중국 서북변에서 동북방면으로 이주하여, 한줄기는 산동반도 방면으로 내려가 우이(嵎夷)·내이(萊夷)·회이(淮夷)·서융(西戎) 등으로 불렸고, 다른 한줄기는 동으로 나와 만주와 한반도 일대에 분포하였으며 한(韓)·예(濊)·맥(貊)으로 불렸다.[26] 이런 점은 무씨사당 화상석의 내용과 단군신화의 줄거리가 보다 긴밀하게 연관되었을 것으로 판단하게 한다.

4) 민족문화 전승의 강조

김재원 이후의 단군연구는 우선 『삼국유사』 단군고기를 철저하게 검토하여 그 속에서 밝힐 수 있는 여러 문화요소 중 특수한 어느 한 면을 조명하였다. 1950년대에 김정학(金廷鶴)은 단군관계의 중요 문헌을 검토하고 곰토템의 분포지역을 동북아의 여러 민족에게서 찾아내면서, 단군신화에서 부족의 시조신앙이라 할 수 있는 토템신앙을 밝혔다. 그 결과 단군신화는 알타이족 계통의 시조신화인 태양신화와 고아시아족 계통의 시조신화인 토테미즘이 복합하여 형성되었으며, 웅신(熊神)을 산신(山神)으로 이해함으로써 그 속에는 한국의 산신신앙이 짙게 드리워졌다고 한다.[27] 또한 그것은 본래 고조선을 이룬 한 부족의 시조신화였으나 신라와 고려로의 민족적 통일과 발전이 이루어짐에 따라 민족의 시조신화로 확대되었다.[28]

---

26) 金庠基, 「韓·濊·貊 移動考」(『史海』 1, 1948 ; 『東方史論叢』, 1974, p.366).
　　김상기 「東夷와 淮夷·西戎에 대하여」(『東方學志』 1·2 합집, 1954·1955 ; 위의 책, pp. 424~435).
27) 金廷鶴, 「檀君神話의 새로운 해석」(『檀君神話論集』, pp.98~100).
28) 김정학, 「단군신화와 토테미즘」(『역사학보』 7, 1954, p.292).

비슷한 시기에 이홍직(李弘稙)은 단군신화에 대한 선학들의 연구 성과를 종합하면서, 그것이 한국의 민족신화로 이루어지는 시기를 밝혔다. 주몽을 단군의 아들이라 함으로써 고구려 개국신화와 연관된 점을 주목한 그는 단군신화가 평양을 중시하는 지리도참가들에 의해 고구려를 재인식하는 고려초기에 만들어져, 고려말기에는 뚜렷이 한국의 민족신화로 신봉된다고 하였다.[29] 김정학이나 이홍직은 한국민족의 신화로 형성된 시기를 밝히려는 의도에서 단군신화를 연구하였다. 자연 이후 단군신화의 연구는 의도적이든 아니면 은유적이든 민족이념이나 문화전통을 강조하려는 목적을 가졌다.

단군신화에 대한 국문학자나 민속학·종교학자들의 연구는 역시 민족전통문화의 폭을 넓히는 방향에서 진전되었다. 우선 국문학에서 1960년대 말 황패강(黃浿江)은 단군신화가 이동 생활로부터 비로소 정착하여 곡물재배 생활을 영위하던 우리 민족이 자유분방하게 투사한 인류생명의 율동을 표출하였다고 했다.[30] 그에 의하면 단군신화는 김정학의 연구에서처럼 단순한 토템적 조상에 관한 이야기가 아니며, 막연한 태고시대에 아시아 대륙의 요원한 동방을 향해 이동해오던 부족민들의 대서사시였다. 그 속에는 우리 조선(祖先)의 세계관과 우주관이 함축되어 있고, 곡물재배민의 제의 모습이 담겨있으며, 두개의 단계적(單系的) 친족집단의 쌍분(雙分)체제나 일광(日光) 금기와 이에서 탈피한 재생관념 등이 스며들어 있다.

성주무가(巫歌)의 내용을 구성하는 요소와 동일하다는 점에 착안한 김태곤(金泰坤)은 단군신화가 어떻게 형성되었는가를 현존하는 무가를 통해 밝히고자 하였다. 즉 고대의 공동생활이 개별적 가족 단위의 생활로 변

---

29) 李弘稙,「단군신화와 민족의 이념」(『國史上의 諸問題』1, 국사편찬위원회, 1958, pp.33~44).
30) 黃浿江,「단군신화의 한 연구」(『白山學報』3, 1967, p.119).

하면서 제천의 주술(呪術) 찬가가 성주무가로 바뀌었으며, 한편으로 거기에 사제자인 부족장의 토템신앙이 가미되어 단군신화가 형성되었다.[31] 그 외에도 장주근(張籌根)은 단군을 실존 인물이 아닌 신화 속의 제사장이거나 신격(神格)이며,[32] 김열규(金烈圭)는 단군신화가 무속적인 요소를 갖추었지만 천신강림(天神降臨)의 특성을 갖는다고 했다.[33]

단군신화 속에 나타난 문화요소와 현재 우리의 생활 주변에 잔존해 있는 민속과의 관련을 살핀 임동권(任東權)은 현존하는 민속의 기원을 단군신화에서 찾을 수 있다고 했다.[34] 그리되면 단군신화 속에 나타난 문화요소는 우리 민족의 생활의식이나 양식에 큰 변화 없이 전승되었다는 결론에 이르게 된다.

철학자인 이남영(李楠永)은 단군신화가 한국의 민족사상 속에 깊이 뿌리박고 있을 뿐만 아니라 오랜 전통을 지녔으므로 전 민족의 신화라고 파악하고는, 그 속의 문화요소로서 고대 우리 민족이 지닌 원초적 사유인 민족의 개성을 밝히고자 했다. 한국 정신사의 근간을 이룬 단군신화 속에는 천상과 지상을 포괄하는 우리 민족의 유기적이고 전일적(全一的)인 세계관이 포함되었고, 우리 민족이 겪은 농본적(農本的) 체험과 경천(敬天)사상 등이 포함되어 있다고 했다.[35] 또한 이필영은 단군신화가 청동기시대의 천신신앙을 배경으로 성립되었고, 단군은 제천을 주관하는 사제인 동시에 임금이라 하였다.[36]

---

31) 金泰坤, 「巫歌上으로 본 단군신화 -단군신화의 형성을 중심으로-」(『史學硏究』 20, 1968, pp.182~190).
32) 張籌根, 「神話學에서 본 한국문화의 기원」(『韓國文化人類學』 2, 1969, p.15).
33) 金烈圭, 『한국신화와 巫俗연구』(일조각, 1977, pp.17~34).
34) 任東權, 「단군신화의 民俗學的 고찰」(『惠庵柳洪烈博士 華甲紀念論叢』, 탐구당, 1971 ; 『韓國民俗學論考』, 集文堂, 1971, pp.360~361).
35) 李楠永, 「단군신화와 한국인의 사유」(『哲學思想』 13, 1975 ; 『檀君神話論集』, pp.110~126).
36) 이필영, 「단군신화의 기본구조 -천신신앙을 중심으로-」(『白山學報』 26, 1981, p.22).

그 외에 종교학 분야에서 단군신화에 대한 연구가 행해졌지만, 대체로 그것은 특정 종교신앙의 배경을 지녔기 때문에 여기에서는 논외로 돌렸다. 다만 단군숭배가 후대에 어떻게 나타났는가를 역사적으로 고찰할 필요가 있다. 강만길(姜萬吉)은 『조선왕조실록(朝鮮王朝實錄)』 속에 전하는 단군관계 기사를 뽑아 소개하면서, 조선시대에는 평양의 단군사당과 구월산(九月山)의 삼성사(三聖祠)를 중심으로 단군이 숭배되었다고 했다. 그 중 평양의 단군사당은 실존인물로서의 단군을, 구월산 삼성사는 신격으로서의 단군을 모셨다. 또한 전자가 조선왕조의 정치적·외교적 필요에 의해 이루어졌다면, 후자는 순수한 민간신앙의 대상으로 이루어졌다.[37]

『조선왕조실록』뿐만 아니라 조선시대의 사서(史書)도 단군조선을 언급하였다. 조선후기 사서에서 단군조선의 서술이 변하는 모습을 부각한 전형택(全炯澤)은 당시의 학문이 정통 주자학보다는 도가사상이나 양명학을 중시하는 경향 속에서, 단군조선의 전통을 강하게 인식하였다고 했다. 그리하여 조선후기에 단군조선사를 외기(外紀)가 아닌 본기(本紀) 속에 편입하였을 뿐만 아니라 단군을 신적인 존재가 아닌 인간적 존재로 부각하였다.[38]

조선시대 단군에 관한 서술은 역사의식의 변천과 연관하여 파악되었다. 단군계승 의식을 역사공동체 의식으로 이해한 박광용(朴光用)은 단군인식이 조선의 건국과 함께 조선계승 의식으로 성립했다고 하였다. 그러나 16세기를 전후해서 도교사관이 확립되면서 기자를 내세우는 삼한정통론이 대두하였으며, 대한제국 성립 이후 조선계승 의식 대신 한(韓)계승 의식이 강조되었다.[39]

---

37) 姜萬吉, 「李朝時代의 檀君崇拜 -實錄記事를 중심으로-」(『李弘稙博士回甲記念 韓國史學論叢』, 新丘文化社, 1969, pp. 273~274).
38) 全炯澤, 「조선후기 史書의 檀君朝鮮서술」(『韓國學報』 21, 일지사, 1980, p.143).

조선시대 이후의 문헌에서 단군관계 기록을 찾아 제시하면서, 단군에 관한 서술의 변화를 당시 역사의식의 변화와 연결시켜 이해하는 것은 중요하다. 마찬가지로 일제강점기의 단군에 대한 연구는 대종교에 초점을 맞춤으로써 단군신앙을 독립운동과 연관하여 파악하였는데,[40] 앞으로는 당대의 민족문화 전승이나 그 성격을 이해하려는 방향에서 분석하여야 한다.

5) 고조선의 건국과 변천

광복 이후 이병도(李丙燾)는 단군관계 기록을 실증적으로 정리하면서, 고조선사회에 대한 연구를 심화하였다. 그의 연구는 아사달(阿斯達)의 위치나 명칭을 고증하는데 많은 비중을 두었지만, 단군신화를 사회사적 측면으로 규명하려는 노력을 보여주었다. 즉 천신족인 환웅족(桓雄族)과 지신족인 웅족(熊族)과의 결합으로 인해 성립된 지배부족이 다스리는 국가가 단군조선이다. 그 사회에는 제정이 분리되었고 모계 중심의 대우혼(對偶婚)이 행해졌다.[41] 아울러 새로운 지배씨족이 등장하여 전자를 대신해서 기자조선을 세웠고, 구지배씨족은 남하하여 지금의 안악(安岳, 眞番)방면으로 거주지를 옮겼다.[42]

1960년대에 단군신화의 후래적인 모습을 가려냄으로써 원초적 모습을 복원하려 한 이기백은 그것이 장차 고조선 사회의 중심이 될 곰숭배 씨족

---

39) 朴光用,「檀君認識의 역사적 변천 -조선시대」(『檀君, 그 이해와 자료』, pp.177~178).
40) 신용하,「한말일제시기의 檀君思想과 독립운동」(『단군, 그 이해와 자료』, pp.183~199).
41) 李丙燾,「檀君古記에 대한 新解釋」(『朝鮮史大觀』, 1948 ; 改版, 東方圖書株式會社, 1983, pp.19~21).
42) 이병도,「阿斯達과 朝鮮」(『서울대논문집』 2, 인문사회과학편, 1955 ;「檀君說話의 解釋과 阿斯達」『韓國古代史研究』, 博英社, 1976, p.43).

이 지녔던 샤머니즘을 토대로 생겨났으며, 후대에 위만조선이 한에게 망함으로써 한족(漢族)의 세력을 배경으로 한 기자(箕子)전설과 뒤섞였고, 평양이 고구려의 수도가 되면서 주몽(朱蒙)전설과의 사이에 교섭이 생겼다고 하였다.[43)]

또한 고조선이 청동기시대 평양을 중심으로 개국한 성읍국가였으므로 그 개국연대는 우리나라 청동기시대의 상한인 BC. 12세기 이상으로 거슬러 올라갈 수 없으며, BC. 4세기경에 연맹왕국으로 성장하였는데 그런 과정에서 왕실의 교체가 이루어졌다.[44)] 이러한 결론을 끌어내면서 이기백은 고조선이 국가로 출발하는 초기에는 자신을 위해 많은 인원을 동원해 지석묘와 같은 거대한 개인 묘를 만들 수 있는 존재인 거수(渠帥)가 정치적 지배자였고, 연맹왕국시대로 들어서면서 사회분화 과정이 더욱 촉진되어 법조목이 세분화되었지만, 아직도 그 사회에는 공동체적인 유대가 강하게 남아 있었다고 하였다.[45)]

단군신화를 고조선의 사회상과 연결시켜 분석하려는 연구 태도는 단군조선 및 기자·위만조선의 사회체제나 문화를 밝히려는 방향으로 전개되었다. 1970년대에 천관우(千寬宇)는 유이민인 환웅족을 무문토기인(無文土器人), 토착인인 웅족(熊族)이나 호족(虎族)을 즐문토기인(節文土器人)으로 봄으로써, 단군조선이 신석기시대에서 청동기로의 문화변혁 속에 개국되었다고 했다.[46)] 이어 그는 단군조선의 두 문화를 영위하였던 민족의 차이를 설정하였다. 즉 한(韓)민족은 신석기시대의 어로민인 '고(古)시베리아'계와 청동기시대의 농경민인 '북몽골-알타이'계가 융합하여 형

---

43) 李基白, 「檀君神話의 문제점」(『서강타임스』, 1963년 9월 21일 ; 『韓國古代史論』 增補版, 일조각, 1975, pp.18~19).
44) 이기백, 「고조선의 국가형성」(『한국사시민강좌』 2, 1988, pp.13~18).
45) 이기백, 「고조선의 제문제」(『月刊中央』, 1973년 5월호 ; 위의 책, pp.27~28).
46) 千寬宇, 「桓雄族의 등장」(『新東亞』, 1972년 6월호, p.287).

성된 한·예·맥이 근간을 이루었는데, 단군신화는 이 양계(兩系)의 동화 내지 교체에 의한 한민족의 형성과정을 반영했다고 한다.[47]

한국민족의 기원과 근간을 밝히려는 연구는 일제강점기에서부터 계속 이어져 왔는데, 이를 고조선의 민족구성 문제로 부각시킨 천관우의 연구는 같은 시기 김정배(金貞培)의 연구와는 방법 면에서 비슷하다. 다만 김정배는 고고학의 연구 업적을 흡수하여 단군조선의 개국을 신석기문화를 영위한 즐문토기인의 등장으로 파악하였다. 곰숭배 신앙을 가진 고아시아족이 신석기문화를 배경으로 단군조선을 건국하였으며, 그 뒤 청동기문화를 가진 알타이족인 예맥족이 기자조선을 세웠다.[48] 고조선의 민족구성 문제에 대한 연구는 그 후에도 계속되었다. 정경희(鄭璟喜)는 단군조선이 청동기시대에 알타이족에 의해 건국되었다고 하여[49] 김정배와 사뭇 다른 결론을 이끌어 내었다.

1980년대에 단군고기를 신화와 원시적인 조촐한 역사기술이라는 두 방향에서 이해해야 함을 제시한 김두진은 그 속에 신화로서 고조선 개국 이전부터 전승되어온 선인들의 생활습속이나 신앙 등이 응축되어 있으며, 역사 기술로서 고조선개국 당시 지배씨족의 관념 체계가 반영되었다고 하였다.[50] 처음 고조선은 철제 농기구에 의한 농경이 일반화되지 못한 사회에서 공동체적인 혈연의식과 샤머니즘에 기반한 제정일치의 정치 형태를 갖추었으나, 점차 소도신앙이 행해진 별읍(別邑)사회를 이루었고 BC. 4세

---

47) 천관우, 위의 글(p.277).
   천관우,「檀君」(『인물로 본 韓國古代史』, 정음문화사, 1982 ;『단군신화논집』, p.163).
48) 金貞培,「고조선의 민족구성과 그 문화적 복합」(『백산학보』12, 1972 ;『韓國民族文化의 기원』, 고대출판부, 1973, pp.162~197).
49) 鄭璟喜,「檀君社會와 청동기문화 -史前史의 복원을 위한 접근-」(『한국학보』23, 일지사, 1981 여름, p.149).
50) 金杜珍,「檀君古記의 이해방향」(『韓國學論叢』5, 1983 ;『韓國古代의 建國神話와 祭儀』, 일조각, 1999, pp.10~13).

기경에 연맹왕국을 형성하였으며, 이후 공동체적 기반이 와해되면서 연맹왕권을 중심으로 부족 간의 결속력은 점차 공고해졌다. 단군신화는 기자가 고조선 연맹왕국의 새로운 지배자로 등장하였으나, 장당경으로 옮긴 구지배세력이 아직 고조선사회에서 영향력을 행사하고 있을 때에, 이들에 의해 체계화된 개국신화였다.[51]

단군에 대한 국사학자의 연구는 고조선의 영토나 사회체제를 밝히는 방향으로 진전되었다. 이미 이병도는 기자나 위만조선의 연구로까지 시야를 확대하면서, 고조선의 정치·경제조직을 전국시대의 사회체제와 연관하여 밝혔다. 고조선은 왕 밑에 경(卿)·대부(大夫)와 장군직을 두었으며 지방은 뒤에 위만조선에서와 같이 원시 봉건제의 잔재를 농후하게 남겼고, 한편으로 농경과 군사를 결부시킨 병농일치제(兵農一致制)를 행했다.[52] 고조선의 사회체제를 부각하려는 작업은 한국고대의 국가형성 문제를 해명하려는 의도에서 심층적인 연구로 이어질 수 있었다.

우선 윤내현(尹乃鉉)은 고조선을 읍제(邑制)국가라 하였다. 고조선국가의 기층은 소읍(小邑)으로 구조되었고 소읍은 일정한 지역의 정치적 중심인 대읍(大邑)에 종속되었으며, 이러한 지방의 대읍은 중앙의 대읍인 평양 곧 왕검성에 종속되었다. 따라서 고조선에는 소읍·대읍·평양(왕검성)의 순서로 읍이 누층적 관계로 구조되었다.[53] 이에 비해 이종욱은 고조선이 처음 소국에서 소국연맹 및 소국연합을 거쳐 고조선왕국으로 성장한다고 주장하였다.[54]

---

51) 김두진, 「단군신화의 문화사적 접근」(『韓國史學』 11, 1990 ; 『한국고대의 건국신화와 제의』, pp.52~60).
52) 이병도, 「箕子朝鮮의 正體와 소위 '箕子八條敎'에 대한 新考察」(『韓國古代史硏究』, p.42).
53) 尹乃鉉, 「古朝鮮의 사회성격」(『한국고대의 국가와 사회』, 일조각, 1985, p.50).
 읍제국가는 뒤에 봉건제국가 또는 渠帥국가로 고쳤다(『고조선연구』, 일지사, 1994, p.484).

고조선의 영역과 연관해서 그 중심지가 요하(遼河)지역이었다거나 평양지역이었다는 등 여러 견해가 있었고, 최근에는 중심지가 이동했다는 학설이 대두하였다.[55] 노태돈(盧泰敦)은 이러한 중심지 이동설에 입각하여 후기 고조선을 요하 이동에 설정하였는데, 특별히 이때의 사회상을 부각하고자 하였다. 초기 고조선사회에는 노비·일반민·귀족의 계급분화가 일어났으며 촌락공동체의 일반민이 생산 활동을 담당하였고, 단군신화는 고조선 왕실의 정통성을 내세우는 이데올로기로 작용하였다.[56]

고조선 사회의 실체를 파악하기 위해서는 무엇보다도 개국의 실연대를 학문적인 근거에 의해 추정해야 한다. 이미 이기동(李基東)은 『삼국유사』에 전하는 단군고기의 실연대를 추정하였다.[57] 또한 방선주(方善柱)는 단군의 기년(紀年)을 중국의 『맹자(孟子)』나 『한비자(韓非子)』 등 여러 문헌을 통해 본격적으로 고찰하였는데, 특히 단군고기가 고조선의 개국을 요(堯)의 즉위 50년에 비정한 의미를 추구하였다. 요는 그의 즉위 50년에 순(舜)을 등용하였다. 그것은 순이 태양신 내지 천신적 성격을 지니기 때문에 단군을 순과 동격으로 놓으려는 의미였다.[58] 앞으로 고고학적 유물에 근거하여 고조선의 기년 문제를 추론할 필요가 있으며, 고조선의 국가형태를 구체적으로 밝힘으로써 그 실연대를 추측하는데 도움을 받아야 한다.

---

54) 李鍾旭, 『古朝鮮史硏究』(일조각, 1993, pp.295~300).
55) 徐榮洙, 「고조선의 위치와 강역」(『韓國史市民講座』 2, 1988, p.50).
56) 盧泰敦, 「古朝鮮 중심지의 변천에 대한 연구」(『한국사론』 23, 1990).
    노태돈, 「古朝鮮의 變遷」(『단군, 그 이해와 자료』, p.44).
57) 李基東, 「古朝鮮問題의 一考察 -『帝王韻紀』 所載 古朝鮮記事에 대한 存疑-」(『大丘史學』 12·13 합집, 1977, p.29).
58) 方善柱, 「韓中 古代紀年의 諸問題」(『아시아文化』 2, 1987, p.10).

6) 북한의 단군연구

북한에서는 단군에 대한 연구가 1960년대 초에 집중적으로 이루어졌고, 그 뒤 20여 년이 지난 1980년대 말에 다시 활기를 띠었다. 물론 북한 학자의 연구 성과는 많은 토론 과정을 거치면서 이루어졌다. 단군에 대한 연구 성과도 마찬가지여서 1962년에는 단군신화에 대한 학술토론회가 개최되었고, 그 결과가 1963년에 『고조선에 관한 토론논문집』으로 간행되었다. 또한 단군릉 발굴을 계기로 1993년과 단군릉이 준공된 1994년의 2차에 걸친 단군 및 고조선에 관한 학술발표회가 개최되어, 그 성과가 역시 『단군과 고조선에 관한 연구논문집』(력사편집실편, 사회과학출판사, 1994)으로 두 번에 걸쳐 간행되었다. 이러한 연구 결과는 이형구 엮음, 『단군과 단군조선』(살림터, 1995)에 소개되었다. 물론 북한학계의 단군에 대한 연구사는 윤이흠 편, 『단군(檀君), 그 이해와 자료』에서 간략하게 언급되었지만, 단군릉 발굴 이후의 연구 성과가 충분히 검토되지는 않았다.

1960년대 초에 리상호는 단군신화를 본격적으로 연구하였다. 그는 단군신화가 고조선을 개국한 사실에 대한 기록이라 하여, 이로부터 고조선의 종족문제나 지역·사회문제, 국가의 기원에 관한 연대문제 등을 추출할 수 있다고 하였다. 즉 씨족이 토테미즘을 가졌던 단계에서 씨족제도의 붕괴와 함께 일부일처제(一夫一妻制)의 가족제도로 이행하였던 시대의 고조선 사회에는 농업이 경영되고 직능이 나뉘어 있었다. 이렇게 되면 고조선 사회는 노예제였을 뿐만 아니라 농노제의 맹아를 내포하였다고[59] 하여 북한 역사학계의 전통적인 시대구분론을 보다 확고하게 제시해주었다.

리상호는 특별히 고조선의 개국연대 문제를 해결하려 하였으나 당시

---

59) 리상호,「단군설화의 역사성」(『력사과학』 4, 1962 ; 이형구 엮음,『단군과 고조선』, 살림터, 1995, pp.359~360).

북한 학계에서 통용된 국가형성 연대설을 보강하는데 그쳤다.[60] 그 외에 그가 제시한 고조선의 위치나 강역, 종족문제 등은 1963년에 정찬영(鄭燦永)·임건상·황철산·이지린 등과 같이 참여한 학술토론회의 결과로 간행된 『고조선에 관한 토론논문집』에서 심층적으로 다루어졌다.[61] 또 같은 해에 이지린, 『고조선연구』(1963 ; 열사람, 1989)가 간행되었다. 이지린은 고조선에 곰토템신화가 성행하였고, 군사민주주의의 단계로 이행하면서 토템 씨족장이 지배자로 등장했으며, 이 군사수장은 계급국가가 형성된 후 고조선의 국왕 곧 단군으로 되었다는 세 단계의 발전설을 제시하였다.[62] 이지린의 『고조선연구』는 고조선의 강역문제를 심도 있게 다루었는데, 고조선을 북중국에서 남만주에까지 위치하였다고 주장했다. 물론 이러한 요동중심설은 북한학계의 통설로 자리했지만, 비슷한 시기에 홍기문은 평양중심설을 주장했다.[63] 그 뒤 『고조선문제연구』(이순진·장주협 공저, 1973)와 『고조선문제연구 논문집』(최택신·리관우 공편, 1976)은 고조선의 남단을 각각 청천강(淸川江)과 예성강(禮成江)으로 비정하는 새로운 학설을 주장했다.[64]

1980년대 말에 북한의 단군에 대한 연구는 강인숙이 주도하였다. 그는 단군신화를 곰신화·단군의 출생신화·단군의 건국시기로 나누어 고찰하였는데, 처음에는 시조숭배 관념에서 발생하였으나 이후 전승되는 과정에서 당대의 사회상을 반영하면서 정비되었다. 그리하여 곰신화나 곰토템 등은 뒷날 조선을 세운 종족들의 역사를 반영한다고 하였다. 환웅은 사

---

60) 리상호, 「단군설화의 년대문제」(『력사과학』 5, 1962).
    리상호, 「단군고」(『고조선에 관한 토론논문집』, 1963 ; 『단군과 단군조선』, pp.173~287).
61) 이기동, 「北韓에서의 고조선연구」(『한국사시민강좌』 2, 일조각, 1988, p.93).
62) 金貞淑, 「북한에서의 단군연구」(『단군, 그 이해와 자료』, 1994, p.257).
63) 홍기문, 「단군신화」(『조선신화연구』, 1964 ; 지양사, 1989, pp.125~179).
64) 이기동, 「북한에서의 고조선연구」(p.99).

실 공동체의 추장이고 그 밑에 씨족적 귀족과 평범한 공동체원을 거느렸다. 환웅이 다스리던 원시사회 말기에 단군은 요하하류의 동쪽에 수도를 정하고 조선이라는 나라를 세웠는데, 조선은 국가단계의 계급사회를 이루었다고 하였다.[65]

1990년대 초에 단군릉을 발굴하여 정비하는 과정에서 단군연구는 보다 왕성하게 진행되었다. 1993년에 단군릉이 발굴되어 「단군 및 고조선에 관한 제1차 학술발표회」가 개최되었고, 그 성과가 1994년에 『단군과 고조선에 관한 연구론문집』(사회과학원출판사)으로 간행되었다. 이 책 속에는 사회과학원의 「단군릉 발굴보고」 외에 18편의 논문이 수록되었다. 「단군릉 발굴보고」는 현재 평양시 강동군 강동읍의 서북쪽 대박산(大朴山) 기슭에 있는 무덤을 발굴하여, 청동으로 된 금동왕관의 앞면 장식과 돌림띠 등 약간의 유물과 남여 두 사람의 뼈를 수집하였다. 남자 뼈의 연대를 측정한 결과 지금으로부터 5011년 전의 것이라 하였다.[66] 그리하여 단군은 실재한 고조선의 건국자가 되었다. 물론 북한에서 발굴한 단군릉에 대해 최몽룡(崔夢龍)은 사람 뼈의 연대 적용이나 출토된 유구 및 출토유물 등에 문제가 있음을 제시하면서, 인골의 주인공은 고조선시대의 인물이 아니라고 하였다.[67]

『단군과 고조선에 관한 연구론문집』속에 게재된 18편의 논문 중 비교적 학문적 가치가 있어 보이는 것은 지준영의 「단군릉에 대한 역사자료」·강인숙의 「단군의 출생과 활동」·현명호의 「고조선의 성립과 수도

---

65) 강인숙, 「단군신화와 력사」(『력사과학』, 1988 제3호, 1989 제3호 ; 『단군과 단군조선』, p.308).
66) 사회과학원, 「단군릉 발굴보고」(『단군과 고조선에 관한 연구론문집』, 사회과학출판사, 1994, pp.5~7).
67) 최몽룡, 「단군릉 발굴에 대한 몇 가지 이견」(『韓國上古史學報』 15, 1994 ; 『단군, 그 이해와 자료』, pp.678~679).

문제」·김병룡의 「단군의 건국사실을 전하는 『위서』」·신구현의 「단군신화의 주요특징」 등이다. 단군릉 발굴에 관한 고고학 분야에서 박진욱의 「단군릉의 발굴정형」·김교경의 「단군릉에서 나온 사람뼈에 대한 년대측정결과」·장우진의 「단군릉에서 나온 사람뼈의 인류학적 특징」이 있고, 그 외의 논문은 북한의 주체사상이나 대종교의 단군숭배와 연관하여 작성되었다.

1980년대 말에 단군연구를 주도했던 강인숙은 일단 발굴된 단군릉의 연대를 존중하였다. 즉 단군은 Ap.5011±267년 평양에서 태어났으며, BC. 3000년경 평양성에 도읍하여 고조선을 건국하였는데, 당시의 사회는 정착 농업을 기본으로 하였고 빈번한 정복전쟁이 행해졌다.[68] 현명호도 단군의 출생과 고조선의 건국연대에 대해 강인숙과 같은 견해를 가졌는데,[69] 이는 이후 북한학계의 통설로 되었다. 김병룡 역시 『위서』의 연대를 믿을 수 없기 때문에 단군릉에서 출토된 사람 뼈의 추정 연대를 믿어야 한다는 것을 제시하였다.[70]

단군릉이 중수된 1994년에는 「단군 및 고조선에 관한 제2차 학술발표회」가 개최되었다. 여기서 발표된 비교적 학문적 가치를 인정할 수 있는 논문은 강인숙의 「고조선의 건국년대와 단군조선의 존재기간」·김병룡의 「단군조선의 중심지와 령역」·김유철의 「단군조선의 경제제도에 대하여」·장국종의 「단군조선의 정치제도」 등이다. 그 외에 고고학 분야의 논문은 단군릉의 출토유물에 극한하지 않고 평양일대의 다른 청동기시대 유적에 대한 연구로 그 시야를 확대하였으며, 역시 주체사상이나 단군숭배에 관한 쪽으로 연구의 폭을 넓혔다.

---

68) 강인숙, 「단군의 출생과 활동」(『단군과 고조선에 관한 연구론문집』, pp.50~54).
69) 현명호, 「고조선의 성립과 수도문제」(위의 책, pp.58~59).
70) 김병룡, 「단군의 건국사실을 전한 『위서』」(위의 책, p.69).

「단군 및 고조선에 관한 제1차 학술발표회」에서 이미 단군시대에 우리 민족이 고유한 신지문자를 가졌다는 언어학적 연구가 있었는데, 제2차 학술발표회에서 그러한 경향의 연구는 보다 확대되었다.[71] 제2차 학술발표회에서 제시된 논문들은 물론 제1차 학술발표회의 결론을 대체로 고수하였다. 그러나 단군조선의 존재기간을 논하면서 강인숙은 『규원사화』나 『단기고사』 등의 비사(秘史)나 위서(僞書)에 전하는 47대 왕들을 실재한 인물로 추정하였다.[72] 또한 김병룡도 단군조선의 영역을 한반도는 물론 요동이나 송화강 유역까지 확대하여 설정하면서 『규원사화』나 『단기고사』 등을 이용하였다.[73] 즉 제2차 학술발표회에는 단군에 관한 위서들이 정식 사료로 이용되었다. 이러한 북한학계의 단군연구는 진정한 학문의 발전을 위해 바람직하지 않다. 그렇지만 제2차 학술발표회에는 단군조선의 경제나 정치제도의 사실적인 모습을 끌어내려 했는데, 그러한 노력은 긍정적으로 이해된다.

7) 단군연구의 과제와 전망

단군신화를 통해 우리민족의 건국이념을 추구하였는데, 그러다 보면 자칫 이는 허황된 관념세계로 빠져들게 하기 마련이다. 또한 특정 종교교

---

71) 류렬, 「우리 민족은 고조선시기부터 고유한 민족글자를 가진 슬기로운 민족」(위의 책, pp.93~97).
다만 제1차 학술발표회에 이어 제2차 학술발표회에서 김인호, 「신지글자는 고대 동방문화 발전에 이바지한 우리 인민의 고유글자」와 김운교, 「고대 글자와 훈민정음에서 찾아볼 수 있는 일련의 공통성」의 두 논문이 제시되었다.
72) 강인숙, 「고조선 건국년대와 단군조선의 존재기간」(『단군과 단군조선』, p.185).
73) 김병룡, 「단군조선의 중심지와 령역」(위의 책, pp.187~189).

단의 이해와 연결하여 단군신화를 연구해서도 안 된다. 우리민족의 건국 이념을 염두에 두면서 고조선을 연구하다보니, 국력이 강대했다는 국수주의적 경향이 자연스럽게 나타났다. 그 결과 고조선의 강역을 요하에 이르는 거대한 영역으로 설정한 나머지, 중심지가 요동지역에서 대동강지역으로 이동하였을 가능성을 제시하였다. 바로 이런 문제로 말미암아 단군연구가 비학문적인 태도를 노출시켰다. 사실 건국초기의 고조선은 성읍국가여서 요하지역의 고조선을 설정할 수 있다 하더라도, 같은 시기에 대동강 유역에 성립된 국가나 사회의 모습을 구체적으로 지적함이 중요하다.

고조선의 민족구성 문제에 대해서는 일찍부터 관심을 가졌다. 그것은 우리 민족의 기원과 근간을 밝히려는 작업으로 연결되었다. 문헌에 보이는 우리 민족의 근간인 한(韓)·예(濊)·맥(貊)을 알타이족으로 분류하였는데, 그 이유는 우리말이 알타이어계에 속하기 때문이다. 다만 알타이족 이전의 고아시아족이나 퉁구스족과 고조선을 세운 민족과의 관계에 대해서는 현재 엇갈린 견해가 나타나 있다.[74] 물론 이러한 문제는 만주나 동북아지역에 거주했던 민족에 대해 심화된 인류학적인 연구를 곁들이면서, 고조선 사회를 규명해야 해결의 실마리를 찾을 수 있다.

단군연구에서 역시 중요한 것은 고조선국가의 형성에 관한 문제이다. 고조선의 개국 연대를 단군고기에서 제시한 BC. 2333년으로 설정하거나 또는 그 이전이라는 입장에서 우리나라 청동기시대의 상한을 무턱대고 올려서는 안 된다.[75] 청동기시대의 고고학 자료를 가장 오래되었다고 해서, 이를 무조건 고조선으로 연결시키는 것도 무의미하다. 왜냐하면 더 오래

---

74) 일제시대에 러시아학자인 시로꼬고로프(Shirokogoroff)나 일본인 학자인 白鳥庫吉은 우리 민족의 조상을 고아시아족 내지 퉁구스족이라 하였는데, 이에 반해 金廷鶴은 북방민족인 알타이족이라 하였다(『韓國民族形成史』『韓國文化史大系』1, 民族國家史, 1964, p.427). 이 학설을 이은 金貞培는 고아시아족이 단군조선을, 알타이족이 기자나 위만조선을 세웠다고 했다.

된 성읍국가에 관한 기록이 실제로 전하지 않을 수 있기 때문이다. 고조선이 우리나라 비파형청동기가 제작된 상한인 BC. 10세기경에 건국되었다면, 이후 연(燕)의 전성기였던 BC. 4세기까지의 연맹왕국으로 성립하는 발전과정에 대한 구체적인 기록이 전하지 않는다. 자연히 이 부분에 대한 연구가 소홀히 되었다.

고조선의 국가체제를 밝히려는 노력은 중요하다. 이미 성읍국가로 출발한 고조선이 연맹왕국으로 성장하였고, 그런 과정에서 왕실 내 지배세력의 교체가 있었던 것은 분명하다. 그러나 고조선 내의 구체적인 사회 경제적인 모습에 대한 연구가 이루어지지 않았다. 이미 북한의 단군연구는 그 수준이 높지는 않을지라도, 고조선의 정치제도나 경제제도에 대한 연구로 나아가고 있다. 앞으로 고조선에 대한 연구는 그 사회의 구체적인 모습을 실증적으로 제시해야 한다. 철기시대를 배경으로 위만조선의 성장을 무역과 연관시켜 연구하였다. 즉 위만조선 사회에는 화폐를 사용하고 중국과 빈번하게 무역함으로써 상인 신분이 등장하였다.[76] 위만조선 사회에 그치지 않고 고조선의 상업과 무역에 관한 구체적 모습을 이끌어내는 것은 중요하다.

이상에서 단군연구의 문제점을 지적했는데, 다음으로 그 연구방법을

---

75) 다만 遼寧지방의 청동기 유적 중에서 가장 오래되었다고 추정되는 豊下문화(憂家店下層문화)의 연대를 임의로 끌어와 고조선의 개국 연대를 BC. 2333년에 맞추려고 하는데(윤내현, 「韓國上古史 체계의 복원」 『東洋學』 17, 1987, pp.211~212), 이러한 노력은 무의미하다. 윤내현의 주장이 받아들여지기 위해서는 灤河 이동의 요하유역 전부를 차지했는지와 같은 이 지역과 고조선과의 관계를 보다 실증적으로 먼저 규명해야 한다. 고조선은 청동기시대에 건국되었지만, 우리나라와 연관된 초기 청동기문화의 대표적인 유물인 琵琶形銅劍은 十二臺營子 유적에서 기원을 찾을 수 있는데, 그 시기는 BC. 1000년경으로 추론된다.
76) 최몽룡, 「古代國家 성장과 무역 -衛滿朝鮮의 예-」(『한국고대의 국가와 사회』, 일조각, 1985, p.74).

언급하고자 한다. 첫째, 단군연구는 자료에 대한 실증적 검토를 바탕으로 이루어져야 한다. 문헌사료는 뒷날 부회되어 기록되거나 윤색되어 조작된 사례가 많다. 단군에 관한 기본 사료라고 하더라도 원초적인 모습과 후대에 윤색되는 요소를 가려서, 그것을 고조선사회의 변천과 연결시켜 연구해야 한다. 특히 후대의 조작된 위서로써 단군을 연구하려함은 잘못된 것이다. 다만 그러한 자료도 엄격한 실증적 작업을 거쳐 어느 시대 어떤 계층의 사람들에 의해 저술되었는지를 분석함으로써, 단군신앙이 당시에 숭상되던 특수한 양상을 밝히려는 방향으로 연구되어야 한다.

둘째, 앞으로 단군고기의 분석을 통해 민족 전통문화의 폭넓은 양상을 이끌어내야 한다. 사실 단군신화 속에는 우리 선인들의 영혼관념이나 산속(産俗)에 얽힌 신앙은 물론 수목신앙·동물숭배, 또는 제의 등에 관한 습속이 포함되어 있다. 이러한 신앙이나 습속이 민족문화 속에 다양하게 수용되어 전승된 모습을 밝혀야 한다. 그러기 위해 단군신화 속에 포함된 문화요소를 축출하여, 그것이 민족문화 전반이나 문화전통 속에서 갖는 의미를 규명해야 한다. 단군신화 속에 나타난 문화요소는 여명기의 한국사회는 물론 현재 여러 방면에 걸친 민족문화의 다양한 전개과정을 가늠하고, 그것을 종합할 수 있는 역량을 가진 연후에 분석되어야 그 의미를 새롭게 할 수 있다.

셋째, 고조선 개국과 국가체제의 변천을 밝히기 위해 비슷한 시기의 중국이나 특히 삼국시대초기의 사회나 국가체제와 비교 연구할 필요가 있다. 삼국과 마찬가지로 고조선이 성읍국가로 출발하여 소연맹국 또는 연맹왕국으로 발전하였다는 것은 이미 연구된 바다. 이후 고조선이 얼마만한 규모의 중앙집권적 귀족국가로 발전하였는지는 중요하다. 삼국이 서로 영토를 맞닿는 상태의 영역국가로 성립한 때는 AD. 6세기경이다. 왕의 군대가 지방에까지 진주하여 국토를 완전 장악하는 고조선 영역국가가 성립하였는지, 또는 고조선 연맹왕국보다는 세력규모가 작았던 다른 연맹왕국이 존재하였는지를 구체적으로 끌어내는 작업은 새롭게 추구되어야 한다. 아울러 이런 문제는 고조선 왕실이 본래 가졌던 성읍국가와 그 연맹 내에 들어온 성읍국가 내지 읍락이 서로 어떤 관계를 가지면서 존재하였는가를 밝히게 할 것이다.

넷째, 단군연구는 문헌사학이 중심이 되어야 하겠지만, 인접 학문 간의 학제적 연구로 발전하는 것이 바람직하다. 『사기(史記)』 조선전 등 문헌기록으로 고조선의 신분제도나 경제제도 등을 밝힐 수 있지만, 그러한 자료가 고조선후기 곧 위만조선의 경우로 집중되어 있어서 초기 단군조선을 연구하는 데에는 한계성을 지녔다. 다만 명도전(明刀錢)이나 일화전, 순장 등 고고학적 자료는 고조선의 사회나 무역 등 상업제도를 이해할 수 있게 한다. 문헌사학과 고고학 분야의 단군연구는 서로 제휴되어야 하며 이미 김재원의 연구는 그러한 가능성을 제시했다. 그 외 문헌사학과 종교학 · 민속학 · 국문학 등 인접학문 분야의 단군연구도 서로 병행되어야 한다.

단군연구의 수준은 고조선의 구체적인 사회 · 경제제도에 대한 이해를 심화함으로써 높아질 수 있다. 이 경우 고고학 자료가 대단히 중요한데 연대기 자료로 이용될 수 있도록, 그것을 만들 당시의 문화사적 풍토에 대한 이해를 심화하면서 그 사료적 가치를 검증해야 한다. 아울러 사료의 성격상 고조선후기의 구체적인 사회 · 경제제도가 밝혀져야 단군조선의 사회 · 경제상황에 대한 사실적인 모습에 접근할 수 있다. 앞으로 기자나 위만에 대한 심층적인 연구가 이루어져야 한다.

단군은 신화 속의 주인공인 동시에 고조선을 개국한 국조이다. 근래에 단군을 실존한 인물로 보아 동상을 건립하자는 주장이 있었다. 실제로 북한에서는 현재 평양시 강동군 강동읍의 서북쪽 대박산(大朴山)기슭에 있는 무덤을 발굴하여 『단군릉발굴보고』를 발표하였고, 그 결과를 토대로 단군릉을 크게 조성하였다. 그렇게 되면 국조로서의 단군의 의미를 부각시킬 수는 있으나, 단군신화를 통해 밝힐 수 있는 민족의 수많은 전승문화를 무의미하게 만든다. 왜냐하면 그러한 문화요소는 민족문화의 전승 면이 상징적으로 응축되어 단군고기 속에 집약되어 나타난 것이 아니라, 단군 개인의 행적에 따른 구체적인 사실을 가리키기 때문이다.

허황하게 전개되는 단군연구는 학문의 발전을 위해 도움이 되지 않는다. 고조선사회를 더 철저하게 규명하면서, 이후의 전승되는 면이나 현재 다양하게 전개되는 민족문화의 양상을 종합할 수 있는 역량을 가짐으로써, 단군연구는 더 심화될 수 있다. 고조선사회의 발전과정이나 정치나 사회·경제제도의 구체적인 모습을 이끌어내는 것은 중요하다. 다만 문헌연구만으로 그러한 문제를 밝히는 데에는 한계가 있다. 삼국시대 초기나 비슷한 시기 중국사회의 체제와 비교 연구하는 방법을 모색해야 하며, 고고학이나 인류학·민속학·철학·국문학 등 인접학문의 도움을 받아야 한다.

『한국사시민강좌』 27, 2000, 8

3장
한국사상사 연구의 회고

1. 종교사상사 연구방법론

1) 종교사상의 역사학적 접근

　제정일치(祭政一致)가 행해진 한국상고대는 물론이거니와 현대에 이르기까지 종교는 도덕률을 지배하면서 정치·경제·사회적으로 큰 영향력을 행사했다. 기독교나 불교 등 고등종교는 오늘날 인류 문화를 전승·발전시키는데 능동적으로 작용하였다. 비록 국가의 흥망이 계속되고 사회의 성쇠가 반복되었지만, 그 때마다 종교는 당시의 문화를 축적하고 보관하여 다음 대의 새로운 문화를 창출(創出)하는 데에 기여하였다. 이렇듯 인류생활과 밀착된 종교를 종합적으로 밝히는 것은 중요하다.
　지금까지 종교사상사는 개별 종단(宗團)을 중심으로 많은 연구가 이루어졌는데, 그것은 대체로 호교론적(護敎論的)인 범위를 벗어나지 않았다. 종교사의 연구는 학문 외적 여건에 의해 종종 제한을 받아왔다. 종교사상에 대한 분석은 감히 속인(俗人)들에게 허용될 수 없는 영역으로 되었다. 인류를 이끌어 온 위대한 정신이나 사상은 보편적인 진리이기 때문에, 그것의 분석적인 연구 자체가 무의미하게 취급되었다.

그러나 아무리 위대한 종교신앙이나 사상도 당시의 사회나 문화적 전통과 연결되어 수용되고 믿어지는 것이다. 보편적 진리를 추구하는 종교사상이라 하더라도 어떠한 시대에 누구 또는 어느 계층에 의해 그것이 수용되었는지는 특수한 양상을 띠게 마련이다. 바로 이러한 양상을 분석하여 종교사상이 갖는 사회적 성격을 이해하여야 한다. 실제로 종교사상사는 역사학은 물론, 종교학이나 철학 등의 분야에서 연구된 업적을 종합하면서 분석하여야 훌륭하게 수행될 수 있다. 종교사에 대한 학제간의 연구가 절실히 요청되는 이유를 바로 이런 면에서 발견하게 된다.

역사학회는 역사학 분야의 종합 학회로 한국사나 동양사·서양사의 각 분야에서 연구된 결과를 종합하는 역할을 주로 담당해 왔다. 그러한 결과가 역사학회의 특별 심포지엄이나 연구 발표회에서 정리되었다. 1996년도의 제1회 특별 심포지엄이 『노비·농노·노예 -예속민(隸屬民)의 비교사』(일조각, 1988)로 정리되었고, 그 다음해의 제2회 특별 심포지엄은 「세계 각국 역사학 학회의 학술활동과 운영에 대한 종합적 검토 -한국 역사학 학회의 발전방향 모색」이라는 제목으로 개최되었다. 1998년도 제3회 역사학회 특별 심포지엄이 그 해 여름에 「역사상의 국가권력과 종교」라는 주제로 개최되었다. 이 책은 그 연구 결과를 모아 간행되었다.

국가권력과 종교사상과의 관계에 대한 주된 관심사는 한국사의 경우로 모아질 수 있다. 우선 삼국시대에서 고려시대에 이르는 시기의 불교와 조선 건국 이후 유교 및 조선후기 이후 근대에 이르기까지 서양의 기독교 등이 전래되면서, 전통 종교가 어떻게 대처하고 변모하여 갔는가에 대한 문제를 밝히고자 하였다. 그렇게 되면 불교 전래 이전의 토착신앙을 도외시하였는데, 이 점은 불교가 전래되어 토착신앙과 어떻게 융합하여 수용되느냐를 추적하는 과정에서 해결될 수 있다. 이러한 문제의식을 갖고 동양이나 서양의 종교사를 광범하게 추구하였다.

중국사의 경우 불교와 도교를 집중적으로 분석하였고 서양사의 경우 가톨릭(로마정교)과 러시아정교·개신교 등을 살폈다. 특히 이번 심포지엄을 통해 중동의 이슬람교와 일본의 신도(神道) 등을 비교적 자세하게 밝혔다. 앞으로 이 방면의 연구를 활성화하는데 도움이 될 것으로 기대한다. 역사학회의 이사들이 이번 심포지엄을 기획하였을 때에는 조선후기 기독교의 전래와 전통 종교의 변모과정을 주제 속에 포함시켰으나, 심포지엄의 일정과 연구 주제의 제한으로 말미암아 이를 설정하지 못하였다. 아쉬운 점이 아닐 수 없다.

주제로 선정된 9개의 분야는 모두 전문가들에게 위촉하여 연구 발표하도록 하였다. 이번 심포지엄의 의도에서 벗어나지 않은 범위 내에서 발표자들은 각 주제의 구체적 제목을 정하였다. 그 이유는 공동 연구가 심화된 개별 연구의 바탕 위에서 이루어지기를 바랐기 때문이다. 그러나 선정된 각 주제의 제목은 다시 공동 연구의 정신이 살아나도록 여러 번의 조정 작업을 거쳐 확정되었다. 1박 2일로 개최된 이 심포지엄에는 많은 전공자들이 참석하여 열띤 토론을 전개하였다. 본래 결론을 이끌어내려는 목적을 가지지 않았기 때문에, 토론 과정에서 제시된 여러 다양한 견해는 이 공동 연구를 완수하는데 도움을 주었다. 토론의 내용은 녹취하여 이 책 속에 함께 수록되었다.

이번 심포지엄에 고병익(高柄翊)선생이 격려사를 맡아주셨고, 이기백(李基白)선생이「국가와 종교를 보는 시각 -순교자의 문제-」으로 기조 발표를 담당해주셨다. 이기백선생은 국가와 종교의 관계를 현실 세계에 대한 정치적 지배와 이상 세계에 대한 정신적 지배라고 규정하였다. 여기에는 화합과 대립관계가 있는데, 전자의 경우 정치가 우월한 곧 호국종교(護國宗敎)가 될 것이고 후자의 경우 순교(殉敎)가 될 것이다. 국가와 종교의 화합과 대립관계에 대한 규명이 바로 이 심포지엄의 공통된 주제로 보아 좋을 듯하다.

근래에 역사학은 온갖 전문 분야에서 매우 깊이 연구되었지만, 그 결론이 이념을 앞세운 관념적 추론에 머무는 경우가 허다하다. 이러한 역사학의 연구풍토에 대해 고병익선생은 '대담적(大膽的) 가설(假說)과 소심적(小心的) 고증'이라는 즉, 호적(胡適)이 학문을 연구하는 자세를 제시하였다. 역사학은 확실한 사실과 견고한 증거로써 구체적으로 접근하며, 그 바탕 위에 해석하고 설명하여 이론을 정립해야 한다. 구체적이고 확실한 기반 없이 허술한 바탕 위에 함부로 이론을 구축해 놓으면, 그것은 대개 그 한 번의 주장으로 끝나며, 학계에 아무런 공헌을 주지 못하고 오히려 해독을 끼친다.

이번 심포지엄의 주제발표 내용은 비교적 공동 연구의 정신을 구현하려고 노력하였는데, 막상 그러한 연구가 완성되어 결집된 이 책의 목차나 내용은 구체적인 개별 논문으로 구성되었다. 또한 종교사상과의 사이에 비교 검토가 충분하게 이루어지지 못하였다. 이러한 한계에도 불구하고 이 책은 단순한 개별 논문집 이상의 의미를 갖는다. 이 책에 수록된 논문들은 각 종교의 구체적 사상에 대해 이해함으로써, 이들 상호 간의 비교연구를 위한 기초 작업을 마련한 셈이다.

사실 종교사의 연구는 특정한 종교사상 자체를 잘 이해하지 못한 데에서 오는 애로에 부딪치게 되었다. 이 심포지엄을 통해 각 종교사상의 핵심에 대한 이해를 일별할 수 있게 함으로써, 그 사이의 공통점이나 차이점을 보다 쉽게 찾아낼 수 있을 것이다. 이 책에 수록된 9편의 논문과 토론 내용은 앞으로 종교사상사 연구의 방법론을 모색하는데 도움을 줄 것이다.

2) 한국사에서의 불교 및 유교적 전통과 왕권

한국사에서 국가권력과 종교의 관계에 대해 주로 불교와 유교를 중심으로 논의가 전개되었다. 물론 불교사나 유교사를 다루는 범위도 넓은데, 이 책에서는 신라시대의 불교나 조선조 16세기의 유교사상에 한정해서 서술되었다. 먼저 김두진(金杜珍)의 「신라 화엄의 원융(圓融)사상과 왕권」은 신라 화엄종의 원융사상이 전제왕권의 성립에 도움을 준다는 결론을 제시했다. "일(一)은 즉 일체(一切)이고 일체는 즉 일이며, 일(一) 중에 일체가 있고 일체 중에 일이 있다"라는 화엄사상 자체는 전제왕권의 성립에 도움을 준다고 연구되었다. 또한 중국 법장(法藏)의 화엄사상은 무주조(武周朝)의 전제정치를 성립시키는데 유용하다고 한다. 이러한 주장은 일단 옳다고 받아들여진다.

그러나 신라의 화엄사상, 특히 의상의 화엄사상은 신라중대의 전제정치와 관계가 없다는 주장이 있다. 오히려 화엄사상보다는 유교사상이나 법상종(法相宗)사상이 전제정치에 더 유용하다고도 한다. 이러한 여러 논의나 주장에 대해 김두진의 논문은 비교적 명쾌한 해답을 제시하였다. 우선 사상 면에서 전제주의에 도움을 줄 수 있었던 것은 유교나 법상종사상이 아니라 화엄사상이다. 법장과 의상의 화엄사상은 매우 대조적이다. 우선 법장은 수진법계관(竪盡法界觀)을 가져서 제법상(諸法相)이 연기(緣起)에 의해 건립되어 실제(實際)하는 면을 중시한다. 반면 의상은 횡진법계관(橫盡法界觀)을 가져서 제법상이 성기(性起)에 의해 원칙적인 하나로 돌아가는 면을 중시한다. 화엄사상이 왕실 중심의 전제주의에 어울리는 사상경향을 지녔지만, 그 중에서도 연기건립적(緣起建立的)인 법장의 사상에 비해 성기취입적(性起趣入的)인 융섭(融攝)사상을 지닌 의상의 화엄사상이 보다 전제주의에 어울리는 것은 분명하다.

이에 비해 법상종사상은 엄격한 계율을 강조하며, 유교는 도덕적 합리주의를 내세운다. 그러한 도덕률은 귀족이나 신하에게 강요될 때에는 전제주의의 성립에 일익을 담당할 수 있지만, 사실은 국왕에게도 엄격하게 요구되었다. 또한 법상종사상은 인간이 가진 근기(根機)의 차별을 인정하지만, 그 각각의 존재 가치를 존중하기 때문에 반드시 국왕 중심의 전제주의에 어울리지는 않는다. 그러나 유교나 법상종은 외형적인 면에서 전제주의에 도움을 줄 수 있다. 유교는 6두품 지식인 중심으로 수용되었고, 법상종의 신앙계층은 중간 귀족이었다. 이들은 진골귀족과 이해를 달리 하였다. 왕실이 진골귀족을 억압하면서 전제주의를 강화하려 할 때 이들 계층과 밀착하였다.

신라시대의 원융사상과 왕권과의 관계에 대한 이러한 한정된 연구에 대해 "사상 자체에 대한 이해를 통해 단선적으로 정치적, 또는 역사적 현상을 다룬다면 방법론상 공격받을 소지가 많다"는 채상식(蔡尙植)의 비판은 역시 중요하다. 한 사상이 바로 사회 현상과 이렇게 연결된다는 결론은 보류함이 좋다. 그렇지만 그러한 연결 고리를 발견하려는 노력은 계속되어야 한다. 또한 사상과 사회와의 복잡한 여러 요소를 함께 고려해야 한다. 특히 실천수행 신앙은 원융사상과 함께 한국 불교사상의 전통으로 고려되어야 한다. 신라하대 이후 조선시대까지 불교와 국가의 관계를 일률적으로 유형화할 수는 없다. 역시 그것은 당대의 복잡한 사회여건과 불교의 여러 사상경향을 구체적으로 분석함으로써 가능해진다.

윤사순(尹絲淳)의 「16세기 천명(天命)사상과 유교정치」는 16세기에 이루어 놓은 천명의 연구야말로, 한국에서만 볼 수 있다는 의미에서 한국유학의 특징이며, 이때의 천명은 제왕을 비롯한 지배층에만 적용되지 않고 인간이면 누구에게나 다 적용된다고 하였다. 천(天)과 천명을 이(理)라고 하는 자체가 유학에서의 새로운 이해인 성리학이다. 유학자들이 가진 상제천관(上帝天觀)이나 성리학자들의 이법천관(理法天觀)이 모두 도덕의 절대화로 통하는 것이다.

예(禮)는 도덕으로 직결되는 성격만이 아니라, 법(法)과 제도와 종교 및 정치로 연결되는 성격을 지녔다. 도덕 절대화의 풍토에서 예는 사회 질서를 바로 잡는 그 광범한 규범으로 해서, 현실적으로는 정치와 긴밀하게 연결되었다. 예치(禮治)와 덕치(德治)는 유학자들이 가장 이상시하는 것이다. 17~18세기의 예치 · 예학(禮學)의 성행 풍토는 결코 우연히 이루어지지 않았다. 16세기의 천명관(天命觀)을 통하여 성리학자들이 '천리(天理)'를 탐구하고, 이를 바탕으로 한 도덕지향 · 도덕 절대시의 영향을 받아 예학을 성행시켰다. 즉 이법천관에 입각한 천명관은 그 후 예(禮) 절대시와 예치 강화의 길을 넓혔다.

도덕정치 · 예치는 왕을 비롯한 지배층의 수양을 전제로 성립했다. 왕이 투철한 수양에 의하여 도덕적으로 모범을 보이고 국민에게 감화를 줌으로써, 정치의 목적인 국가 질서의 확립을 가져오는 것이 도덕정치 · 예치의 이상으로 되었다. 도덕정치 · 예치에서는 위민(爲民) · 민본(民本)을 저해하는 왕의 방종이나 왕권의 남용은 본질적으로 용납될 수 없다. 이 점은 전통적인 천견설(天譴說)의 응용보다 한 걸음 더 발전된 정치형태이다.

16세기 성리학자들은 주재천관(主宰天觀)의 천명의식에 기초한 천견(天譴)을 고취함으로써 왕의 실정을 제도적으로 강력하게 제어하였으며, 다른 한편 이법천관의 천명의식을 이용하여 유교권에서 가장 수준 높은 문치(文治)로서의 도덕정치 · 예치의 강화에 기여하였다. 16세기 성리학자들이 역설한 주재천관과 이법천관의 천명사상으로 말미암아, 그 이후 조선시대의 정치에 왕도(王道)의 실천을 위한 '왕권의 견제'와 도덕정치로서의 '예치의 강화'가 보다 더 적극적으로 이루어질 수 있었다.

유교와 국가 권력과의 관계를 천명관에서 살피는 것은 가능하다. 그러나 김준석(金駿錫)은 16세기에 상제천관과 이법천관이 공존한다는데 대해 이의를 제기하면서, 오히려 종래의 상제천관이 성리학 단계에 와서 천리(天理) · 천도(天道)로 대치된다고 하였다. 즉 이법(理法)으로 대치되는 유교의 종교성은 천명설에서라기보다는 오히려 조상신을 중심으로 한 제례의식을 통해 구체화되었다. 또한 유교는 16세기 이후 붕당(朋黨)정치와 연관하여 파악하여야 한다.

주자학은 왕권에 대항하는 신권(臣權)의 정치이론이었으며, 그 이론의 지나친 활용이 왕권의 무능화를 초래하고 결국에는 상대적으로 방만해진 신료집단 내부의 권력 경쟁이 붕당의 대립과 분열을 초래하였다. 물론 이러한 견해는 유교와 국가와의 관계를 밝히기 위해 필요한데, 역시 앞의 불교사상에서 지적한 바와 같이 유교사상도 조선사회의 여러 양상에 대해 복합적으로 고려하면서 접근하여야 한다.

3) 동양의 왕법(王法)과 불법 및 도(道)의 문제

동양사 부분에서는 중국의 불교와 도교, 일본의 신도(神道)가 발표되었다. 이성규(李成珪)의 「도교의 어용화 논리와 그 형식 -신(神)·교단과 황제의 관계를 중심으로」는 도교가 황제권의 강화에 기여한 구체적인 논리와 형식을 검토했으며, 특히 사실상 신인(神人)인 성인천자(聖人天子)와 도교의 신들의 관계를 규명하였다. 중국 황제들은 황제권을 정당화하기 위해 도교사상을 활용하였고, 그런 과정에서 도교교단을 적절히 통제하거나 또는 부양시키면서 체제를 유지하는데 도움을 받았다. 예교(禮敎)주의에 기초한 후한(後漢)의 황제정치가 파탄을 맞는 현실 속에서, 도교는 새로운 이상사회를 지향하는 거대한 정치·사회·종교운동으로 복합하여 나타났다. 이 때문에 도교는 교도들이 민중반란에 관련되어 '불온한 이단' 또는 '반체제 집단'의 혐의를 받았으므로, 황제의 정치를 보좌하는 이른바 '관방도교(官方道敎)' 혹은 '체제도교(體制道敎)'로 성립하기까지에는 교리 및 조직 등에서 많은 변화를 겪었다.

관묘(關廟)나 성황묘(城隍廟)에서 거행되는 지방민의 정기 축제는 도사나 도관(道官)과 직접 관계가 없다. 그러나 이 축제에는 대부분 옥황상제를 비롯한 도교의 신을 모셨고, 연회 도중에 '황제만만세(皇帝萬萬歲)'

를 연창하여 황제의 덕을 칭송했다. 다만 도교의 본질은 단순히 현세의 복을 기구하기보다는 신선을 추구한다. 도교의 신들과 제의를 비도교(非道敎)측이 이용할 수 있었다면, 그것은 바로 이러한 신비한 매력 덕분이었다. 도사·도관이 없는 도교가 가능하였던 것은 바로 이 때문에서이다.

교단의 자기 팽창을 스스로 억제하면서 광범위한 영역에서 황제에게 봉사할 수 있는 요인이 도교의 본질 자체에 내재하였다. 즉 도교는 황제에게 가장 바람직한 종교였다. 그럼에도 불구하고 도교는 어용 종교 특유의 경색함과 무미함이 없으며, 항상 상상력과 자유로운 정신의 비상을 강조하였다. 도교는 어용화를 통하여 자신을 화석화하지 않고 황제의 정치와 중국문화에 환상과 자유를 불어 넣었다.

중국사에서 도교와 황제권과의 관계에 대한 이상의 발표 내용을 대체로 동의하면서도 김락필(金洛必)은 미흡한 부분에 대한 토론을 진전시켰다. 황제권을 정당화하기 위해 도교나 불교는 적절히 선택적으로 활용되었는데, 그 중 도교는 불교와는 달리 사신도(捨身道)가 없어 보다 황제와 친숙할 수 있었다. 또한 도교의 신론(神論)이 중국 관료체제와 비슷한 위계질서를 갖지만, 송대(宋代) 이후 말법(末法)사상과 같은 불교의 종말론이나 미륵 강생신앙의 영향을 받아 민중들에게 확산된다고 하였다. 사실 도교는 신비화되기 이전에 노장사상의 전통을 강하게 지니고 있어서, 무위자연(無爲自然)의 도(道)와 황제권과의 연결 등에 대해서도 고려해야 한다.

권기종(權寄悰)의 「수당시대 불교사상과 정치권력 -『인왕호국반야경(仁王護國般若經)』을 중심으로」는 주로 『인왕호국반야경』을 분석하여 수당시대의 불교와 정치권력과의 관계를 밝혔다. 불교가 중국에 전래되었을 당시의 왕권은 인도의 왕권과는 비교할 수 없을 정도로 강했을 뿐만 아니라, 종교보다 우위에 있었기 때문에 왕법과 불법의 갈등이 문제될 수 있었다. 호국불교 사상은 왕권과의 밀접한 교섭 과정에서 형성된 불교의 국가관 내지 정치사상인데, 대체로 왕권이나 국가에 종속적인 성격을 가졌다. 그러나 호국은 바로 호법(護法)함으로써 가능하며, 이러한 의미를 가장 극명하게 나타내 보이는 경전 중 대표적인 것이『인왕호국반야경』이다.

『인왕경』은 본래 인도에서 중국으로 전해져 역출(譯出)된 것이 아니라 중국에서 자생적으로 성립되었으며, 호국의 실천적 신앙으로 인왕백고좌법회(仁王百高座法會)가 수당시대의 불교에서 성행하였다. 수당의 황제들은 이 경의 번역과 주석 및 강론을 주선하였고 다투어 법회를 열었다. 그들은 불교를 통해 종교의 중요성보다는 왕권의 유지를 갈망하였다.『인왕호국반야바라밀다경(仁王護國般若波羅蜜多經)』은 제왕에게 절대적으로 필요했으며,『인왕경』의 호국적 교설이 실천되는 한 불법이 살아남을 수 있는 호법의 목적은 달성되었다. 불교의 호국사상은 왕권과의 관계에서 호법을 내재하고 있으며, 그리하여 인도 불교가 중국이라는 새로운 문화 환경에 적응하여 불법과 왕법이 적절한 조화를 이루게 하였다.

『인왕호국반야경』이 중국문화 속에서 성립된 의위경(疑僞經)이라는 면에 대해 임대희(任大熙)는 동조하면서도, 보다 더 세부적인 논의를 계속했다. 구마라집(鳩摩羅什)의『인왕반야경』뿐만 아니라 불공(不空)의『인왕반야호국경』의 내용이 함께 고려되어야 한다. 두 경전은 모두 8품(品)으로 구성되었는데, 어느 한 시기에 만들어졌다기보다는 본래 각기 다른 지역에서 유행하던 각품(各品)을 종합하여 만들어진 것이다. 그러한 종합은 물론 북위(北魏)에서 이루어졌을 가능성도 있고, 또는 수대(隋代)에 행해졌을 수도 있다.

박환무(朴煥武)의「근대 일본의 국가신도(國家神道) 형성과 천황제 이데올로기」는 근대 일본의 천황제 이데올로기(천황숭배 혹은 천황 중심주의)를 시민(국민)종교의 핵심적 교의로 보고, 국가가 이를 구현하기 위해 창출한 제도가 곧 국가신도라고 하였다. 신도국교화 정책은 1871년 7월 14일에 단행된 폐번치현(廢藩置縣)의 중앙집권적인 체제가 성립하면서 추진되었다. 신불합동(神佛合同) 포교장(布敎場)이었던 교원제도가 해체된 1875년 이후에 신도는 자력으로 종교 활동을 전개하여 교세를 확대하였다. 그러나 신도는 다신교로서 종교적으로 발전하면 할수록 분지화(分枝化)하는 현상을 나타내었다. 또한 신도국교화를 추진하면서 국민교화 정책을 시도하는 정부는 신도의 종교적 발전 자체를 바라지 않았다. 즉 그것은 어디까지나 천황숭배 의식을 국민들에게 침투시키는 장치로 요구되었다.

사실 신도가 불교나 기독교 등과 같은 종교 차원으로 발전하게 되는 것은 천황제 이데올로기라는 시민(국민)종교의 교의나 제의의 확립에 도움을 주지 않는다. 1882년 1월에 관국폐사의 신관(神官)은 교도직의 겸임을 금지당했다. 이후 신사숭경(神社崇敬)은 종교가 아니라 일종의 제사라는 일본식 시민종교의 핵심교의가 정부의 공식 견해로 성립되었다. 이로부터 종교 활동을 하는 신도계 종교는 교파(敎派) 종교로서 분리되었다. 국가는 종교(교파 신도)와 제사(신사제도)를 분리하고, 전자를 사적인 종교로 인정하여 일정한 자치를 허용했으나 후자를 국가의 제사로 보아 국민통합을 위한 이데올로기로 성립시켰다. 신사숭경을 통해 천황숭배와 천황지배의 정당성을 전 국민에게 강제·교육할 수 있는 전제가 확립되었다.

명치유신 이후 신도 곧 종교 문제를 집중적으로 부각시키고 있음에 대해 회의적인 입장에서 김광옥(金光玉)은 천황 중심의 권력지배 체제가 이미 만들어졌음을 강조하였다. 결과적으로 천황은 중앙집권적인 지배체제를 구축하는 과정에서 신도를 조금씩 이용했지만, 종래 종교로서 존속된 신도세력은 정치 중심권에서 오히려 멀어졌다. 일본 근대국가 성립기에 있어 종교는 부차적인 문제였고, 천황 지배체제는 천황 중심의 제도개혁이 강화되고 헌법이 만들어지는 과정을 통해 확립되었다. 물론 이러한 토론 역시 종교사상과 사회여건 중 어느 것에 비중을 두느냐의 문제로 귀착될 수 있다.

4) 서양의 국가교회와 종교적 제왕의 등장

서양사 부분의 발표에서는 가장 진지한 토론이 진행되었다. 먼저 백인호(白仁鎬)의 「가톨릭교회와 국가 -프랑스 절대왕정에서 혁명까지」는 프랑스의 경우를 통하여 유럽에서 국가교회제도, 즉 프랑스에서의 갈리카니즘(Gallicanism ; 프랑스교회 독립주의), 독일에서는 페브로니아니즘(Febronianism)과 조세피즘(Josephisme)의 성립을 설명하였다. 서양사에서 교회와 국가의 관계는 다양한 형태로 나타났다. 중세를 통해 교권과 왕권은 우위경쟁을 벌여왔고, 12~13세기에는 교황권이 크게 신장하였다. 그렇지만 14세기 이후로 아비뇽에서 '교황의 바빌론유수'(1309~1376년)와 뒤이어 '교회의 대분열'(1378~1417년)로 인해 교황권이 추락하면서 교황에 대한 공의회의 우위가 나타났다.

루터의 종교개혁은 군주들의 교회 장악을 선택적으로 합리화하는 결과를 초래하였고, 1555년 아우그스부르크 종교회의에서 지배자가 종교를 선택하는 군주교회제도가 확립되었다. 17~18세기에 절대주의 사상과 왕권신수설이 등장하면서, 교회는 이러한 절대주의의 국가 내에 존재하는 하나의 단체에 불과하며 국가의 주권 아래 놓인 것이 당연시되었다. 따라서 국가가 교회에 대해 우위를 주장하고, 교회에 관한 사항을 일방적으로 처리하였다.

국가는 교회의 개혁권과 감독권, 교회직의 임명, 교회 재산의 처분 등에 모두 관여하였다. 이러한 방식으로 국가교회제도가 성립하였고 프랑스에서는 갈리카니즘이 나타났다. 프랑스교회는 1905년 정교(政敎) 분리로 교회가 수행하던 많은 사회적 기능을 국가에 양보하였지만, 여전히 국가 내의 독자적인 권력으로 남아 국가가 침범할 수 없는 고유한 영역을 지켜갔다.

프랑스의 국가교회제도에 관한 발표에 대해 주명철(朱明哲)의 신랄한 토론이 있었다. 물론 토론 자체는 세부적이고 구체적 사실의 확인에서 시작하였지만, 프랑스의 국가교회제도인 갈리카니즘의 성격 문제로 귀착되었다. 종국에는 프랑스혁명으로 연결되느냐 또는 그렇지 않느냐와 같은 앙시앙레짐을 바라보는 입장의 차이로 말미암아 서로 다른 견해를 갖게 되었다. 역시 갈리카니즘을 국가나 또는 교회로 보는지, 국가와 교회의 관계로 보는 지와 같은 그 자체에 대한 실상의 규명이 중요하다.

박준철(朴駿徹)의 「프로테스탄티즘과 근대 유럽의 정치체제 -루터파와 절대주의의 관계를 중심으로」는 프로테스탄티즘이 근대 유럽의 정치체제에 미친 영향을 루터파와 절대주의의 관계에서 규명하였다. 루터파는 역사적으로 프로테스탄티즘의 효시가 되었다. 또한 당시에는 절대주의의 등장과 병행하여 정치적으로 유럽의 근대국가가 성립하였다. 프로테스탄티즘은 구원론을 둘러싼 중세 교회와의 신학적 논쟁에서 시작된 교회 개혁운동이었으며, 그 궁극의 목표는 개인의 내면적 믿음을 중심으로 새로운 종교관을 구현하려는데 두어졌다. 따라서 그들이 추구한 것은 군주교회가 아니라 정화된 교회였다.

루터파의 정치사상은 그들이 정립한 신학의 소산이었으며, 당면한 문제를 극복하고 교회개혁의 궁극적 목적을 달성하기 위한 수단으로 나타난 것에 불과하였다. 루터파는 농민봉기를 진압하기 위한 혹독한 처방을 촉구하였으며, 교속(敎屬)의 분립을 와해시킨 비상주교론과 제후들의 저항권 이론을 전개한 것은 생사의 갈림길에서 실리를 찾기 위한 선택이었다. 루터파의 전반적인 정치이념은 절대주의에 우호적이었는데, 루터파 지역에 실질적으로 형성된 정치역학의 구도 속에 성립되었다.

루터파의 종교개혁과 정치사상을 절대주의와 연결시키는데 대해 박상익(朴相益)의 반론이 있었다. 즉 루터파는 힘 있는 자에 대한 의존을 통해, 추구하는 종교개혁의 목적을 달성하고자 했다. 루터의 종교개혁은 제후들의 지원을 받았다면, 쯔빙글리나 칼뱅의 종교개혁은 시의회 귀족들의 지원을 받았다. 결국 프로테스탄티즘 진영의 정치적 태도를 대표하는 입장을 절대주의 등 구체적 정치제도 또는 정치적 현실주의와 연결시켜 이해해야 한다는 논쟁은 사회와 종교사상의 어느 곳에 초점을 두면서, 특수성과 보편성을 추구하는 문제로 귀결될 수 있다.

임영상(林永尙)의 「황제교황주의(皇帝敎皇主義)와 러시아 정교회」는 황제가 교회의 수장이 되는 러시아교회와 국가와의 관계를 사실적으로 설명하였다. 1054년에 로마교황을 수장으로 하는 서방교회와 분리된 동방교회에는 5세기가 지나는 동안, 황제숭배에 대한 헬레니즘 및 로마 전통이 계승되었다. 동방교회의 주교들은 황제권의 권위를 존중하고, 무의식 중에 세속군주(황제)권의 교회(교황)에 대한 우월적 지위를 암시하는 황제교황주의를 성립시켰다.

1797년 파벨 1세가 법률상으로 교회의 수장이 된 이후 "러시아의 군주들은 교회의 수장"임을 공식적으로 선언하였다. 이후 1917년의 혁명까지 제정러시아의 교회와 국가 관계는 1883년의 「법전」에서 규정되었는데, 황제는 오직 정교회 신앙만을 고수해야 하고 구교회의 교리를 지키는 최고의 보호자이며 후원인이 되었다. 따라서 제정러시아의 교회와 국가는 원칙적으로 상호 간 협력과 동맹 관계를 유지하였으며, 그 내에 갈등과 대립이 존재할 수 없었다. 그러면서도 1827년 신성종무원은 중앙정부의 행정부서로 격상되어, 교회에 의한 통치기구가 아니라 국가에 의한 행정기구로 바뀌었다. 이로 보면 제정러시아의 교회와 국가는 협력과 동맹 관계인 것은 분명하나, 결코 동등한 협력자로서의 동맹관계는 아니었다.

'황제교황주의'라는 용어가 타당하느냐에 대해 조호연(趙虎衍)이 문제를 제기하였다. 황제교황주의라는 용어를 사용했다고 하여 정치권력이 종교에 관한 권한을 겸한다는 뜻으로 보기는 어렵기 때문에, 이는 정치권력이 종교적 역할을 전적으로 담당했다기보다는 종교문제에 있어서 어느 정도 영향력을 행사하고 관여했다는 의미이다. 따라서 제정러시아시기에 교회와 국가의 관계를 '협력'이란 개념보다 더 정밀하고 세밀한 모습으로 이해할 필요를 제시하였다.

손주영(孫主永)의 「압바스 칼리파제와 이슬람 정치사상」은 압바스조를 통해 이론상 최고 권위인 칼리파와 실질적인 세속 권력자로 등장한 아미르, 슐탄 간의 관계를 규명하였다. 칼리파의 권위와 위상은 전기 압바스조(749~842년) 동안 최고조에 달했지만, 후기 압바스조에서는 쇠퇴하였다. 이 시기 지방에서 일어난 신흥군주 아미르, 슐탄에게 현세의 통치권을 빼앗긴 칼리파는 단지 종교적 일만을 관장하는 상징적 존재로 남았다. 그래도 국가권력을 장악한 무슬림 군주들은 칼리파에게 충성을 서약함으로써 왕권의 합법성을 얻으려 하였다. 왜냐하면 칼리파제가 샤리아에 의해 확립된 무슬림의 의무 사항이라는 전통적인 인식이 남아 있기 때문이다. 샤리아 정치론에 입각하여 그 후 이슬람 세계는 한 명 이상의 칼리파가 존재할 수 있다는 다수 칼리파제의 허용론이 보편화되었다.

샤리아에 따라 통치하고 경건한 신앙의 길을 걸어가는 무슬림 군주라면 누구라도 칼리파 칭호를 가질 수 있다. 종교의 약화가 칼리파제의 세속적 측면을 강화시켜, 필연적으로 칼리파제를 왕권제로 변형시켰다. 즉 종교가 가졌던 '국가사회의 통제력'이 퇴색함에 따라 칼리파제 본연의 속성들이 소멸되고, 이런 과정을 거치면서 국가는 왕권제로 바뀌었다. 그러나 이슬람 법학자들은 한결같이 정치가 샤리아에 의해 행해져야 하며, 국가권력은 종교에서 유리되어 행사되는 것이 바람직하지 않다고 주장하였다. 특히 오늘날 이슬람 세계 곳곳에서 일어나고 있는 이슬람 부흥운동과 이슬람 원리주의자들의 주장도 결국은 국가 구성법에 샤리아를 적극적으로 채택·수용하라는 것이다.

이슬람의 전통과 연결시켜 칼리파제와 세속 군주권의 관계를 언급한 데 대해 이희수(李熙秀)는 그 연구 시야를 보다 확대시켜야 하는 것을 제시하였다. 즉 이슬람의 정치 발전과정에 이슬람 이전의 전통이나 또는 그리스 철학, 비잔틴의 로마법, 사산조 페르시아의 왕권 등이 복합적으로 영향을 미쳤으므로, 이런 점들이 고려되어야 한다는 것이다. 또한 정치권력과 종교의 관계를 통해 칼리파제의 변화와 이슬람 정치이념의 발전을 설명하는 과정에서, 다른 법학자들의 이론이나 사회여건 등이 고려될 필요가 있다. 특히 기존의 보수 법학자 외에 그리스 철학의 영향을 받은 정치철학자들의 견해도 아울러 이해해야 한다.

5) 연구방법론의 모색

종합토론에서 종교사상을 비교 연구해야 한다는 방법론이 요구되었다. 본래 이 심포지엄은 종교의 사회사상사적 연구를 정착시킴으로써, 그 연구 방법론을 모색하려는 의도를 가졌다. 종교사뿐만 아니라 역사학은 비교사적 연구로 발전하는 것이 바람직하다. 그러기 위해서는 역사학의 연구 수준이 심화되어야 한다. 흔히 행해지는 비교연구는 비교하려는 대상 사이에서 단순한 동이점을 지적하는데 그치고 있다. 그것은 진정한 의미의 비교연구라 할 수 없으며, 예시(例示)연구라 불러야 한다. 종교사상 사이의 동이점은 그것이 형성된 사회구조 속에서 갖는 기능까지를 비교할 때, 진정한 의미에서 비교 연구될 수 있다.

비교연구의 수준을 높이기 위해서는 종교사 연구가 사회사상사로 정립되어야 하고, 구조기능적(構造機能的)인 방법이 모색되어야 한다. 종교사상사 관계 자료는 대부분 저술될 당시의 사회상을 반영하고 있어서, 사회사상사 연구에 적합하다. 실제로 한국사의 경우『삼국유사』의 불교관계 사료는 거의 모두 사회와의 연관을 언급하고 있다. 뿐만 아니라 조선시대 유학사 자료 역시 이기론(理氣論)과 사회개혁을 밀착시켜 논리를 전개하고 있다. 이렇듯 사회와 사상을 모두 알려주는 양면성을 지니고 있음에도 불구하고, 연구자들이 편의상 종교사상 또는 사회개혁 중의 어느 한 면에 집착하여 종교관계의 사료를 분석하였다.

종교사상사의 연구를 사회사상사로 정립시키는 데에는 두 가지 방법이 있다. 하나는 먼저 사회에 대해 이해한 후, 그것에 뿌리박고 있는 종교사상을 분석하여 그 사이의 연관성을 찾는 방법이다. 다른 하나는 종교사상 자체의 분석을 선행한 다음, 이를 배태시킨 사회의 이해를 추구하는 방법이다. 물론 그 중 전자가 가장 무난한 방법이며, 어느 한 쪽으로 치우치지 않는 결론을 이끌어 낼 수 있다.

그러나 이는 사회사에 관한 자료가 풍부한 근대사에는 쉽게 추구될 수 있다. 반면 고대사의 경우에는 후자를 생각해 볼 수 있다. 종교사상을 심도 있게 분석하여 그 내의 변화하는 모습에 따라 사회의 변혁을 추론할 수 있다. 이와 같은 접근은 흔히 지식사회학에서 추구되었다. 예를 들어 막스 베버는 청교도(淸敎徒)의 윤리인 근면과 청빈(금욕)이 서구 자본주의 사회를 확립시켰다고 했다. 즉 종교사상의 분석을 통해 그에 따른 구체적인 사회체제를 설정한 것이다.

종교사 연구를 사회사상사로 정립하기 위해 위의 두 방법론은 어느 것이나, 구체적인 종교사상 자체는 물론 이와 연관된 사회상에 대한 이해를 모두 심화해야 하는 것을 전제로 한다. 종교사상과 사회와의 관계를 연결하는 데에 구조기능적 분석이 시도되어야 한다. 이는 구체적인 개별 종교사상과 그것을 배태시킨 사회의 여러 구성원이나 제도와의 관계를 하나씩 밝혀나가는 방법이다. 말하자면 종교사상과 이를 믿는 계층이나 또는 종교사상과 국왕이나 귀족·민중과의 관계나 교회의 경제적 기반 등 사회적 사실들을 차례로 분석하는 것이다.

종교사뿐만 아니라 역사학 연구는 구조기능적 방법을 도입함으로써, 수준을 높일 수 있다. 구체적인 종교사상과 관련된 여러 사회적 사실을 모두 밝혀서 종합하였을 때, 이는 그러한 종교사상을 배태시킨 사회의 총체적인 문화역량(文化力量)을 이해할 수 있게 한다. 곧 종교사상이 반드시 형성될 수밖에 없는 사회여건이나 문화역량을 알 수 있다. 아울러 종교사상이 당대의 사회구조 속에서 갖는 기능이나 역할 등을 분명히 드러나게 한다.

여러 종교의 구체적 사상을 단순히 그 동이점을 찾는데 그치지 않고, 구조기능적 방법으로 분석하여 사회 속에서 갖는 역할이나 기능까지를 비교할 때 진정한 비교사상사의 연구가 이루어진다. 이처럼 비교 종교사상사의 연구는 그 수준을 높이기 위해 구조기능적 방법을 시도해야 하는데, 이는 또한 사료를 실증적이고 객관적으로 분석해야 하는 것을 전제로 한다. 구체적인 종교사상과 여러 사회적 사실들을 차례로 분석하였을 경우, 분석된 하나하나의 사회적 사실들을 종합하면 당대 사회의 총체적인 문화역량을 이해할 수 있다.

그런데 종교사상과 여러 사회구성원들과의 관련을 분석할 때마다, 흔히 사실 이상의 가치를 조금씩 부여하게 된다. 그럴 경우 연구된 여러 사회적 사실들이 종합되면, 현실 사회와는 판이한 이상적인 가치를 지닌 가공의 세계가 나타날 수 있다. 따라서 종교사상사는 물론 역사학의 연구에서 민족주의나 이념의 노출은 옳지 않다. 구조기능적 방법으로 역사를 연구할 때 조금씩 노출시킨 민족주의는 그 연구 결과가 모아지면서 걷잡을 수 없는 국수주의로 흘러갈 수 있다. 객관적이고 실증적인 접근이 필요한 이유가 바로 이러한 데에서 찾을 수 있다.

흔히 역사학 연구의 목적을 계감(戒鑑)에 두기도 한다. 역사 속에서 교훈을 얻으려는 태도는 바람직하지만, 오늘날의 학문은 문화의 창조에 기여해야 한다. 역사학도 민족문화의 창달이라는 사명을 담당해야 한다. 구조기능적 분석은 역사학에서 문화가 창조되는 과정을 이해하게 한다. 특정한 종교사상이 당시의 사회여건이나 문화역량 속에서 필연적으로 나타날 수밖에 없는 원인을 밝히는 방법이 곧 그것이다. 같은 방법으로 현대

사회의 총체적 문화역량에 대해 접근하는 것은 민족문화 전통의 창달과 다음 문화의 창조를 위해 필요하다. 당대 사회의 문화역량에 대한 이해가 민족주의 등 이념과 가치의 과잉된 노출로 인해 실상과 너무나 동떨어지게 된다면, 거기에서 새로운 문화의 창조과정을 바르게 이해할 수 없다.

객관적인 분석은 보편성을 추구하는 데에도 필요하다. 사실 한 종교의 구체적인 사상에 대한 분석은 특수성을 추적하기 쉽게 함으로, 비교 종교사상사를 통해 보편성을 추구하는 것이 바람직하다. 그러나 비교 종교사상사의 연구는 구조기능적 분석을 전제로 할 때 쉽게 이루어질 수 없는 것이다. 따라서 특수한 개별 종교사상을 분석하면서 보편성을 이끌어내는 작업은 역시 실증적이고 객관적인 접근을 통해 가능해진다. 사실 특수한 종교사상의 연구도 연구자가 객관적인 분석을 시도한다면 보편성을 추구할 수 있다. 그럴 경우 그 특수성은 보편성의 전제하에서 이해될 수 있다.

구조기능적 분석을 거치면서 이루어진 비교사상사의 연구는 힘든 작업이지만 다음과 같은 이점을 가졌다. 첫째, 그것은 역사학에서 모든 분야의 분류사(分類史) 연구를 가능하게 한다. 종교사상을 믿는 계층을 추구할 때 이는 신분사(身分史)로의 접근을 쉽게 하며, 종교사상과 국왕과의 관계를 밝힐 때에는 정치사 연구를 가능하게 한다. 둘째, 한 종교사상과 다른 종교사상의 교섭관계사를 보다 심층적으로 밝힐 수 있다. 왜냐하면 이는 종교사상 사이의 교섭에 그치지 않고, 그것을 형성시킨 사회구조나 체제의 변혁을 함께 고려하기 때문이다.

새로 전래된 종교사상과 이미 토착화한 종교사상과의 교섭 과정에 대한 연구는 매우 중요하며 앞으로 권장되어야 한다. 특히 한국사의 경우 토착의 무교(巫敎) 신앙사회에 불교가 전래되는 과정과 그 후의 무불교섭(巫佛交涉) 사상경향뿐만 아니라, 유불교섭(儒佛交涉) 사상이나 조선후기 유교 사회에 기독교가 전래되어 정착하는 모습 등을 밝혀야 한다. 이러한 교섭 사상사의 연구는 종교사상을 형성시킨 사회 자체의 변화를 일관해서 고려하기 때문에, 한국사가 전개되고 발전해 간 체계적인 이해에 직접적으로 도움을 준다.

다만 종교사상의 연구에는 분석적인 접근으로 이해될 수 없는 심리적인 부분이 있다. 지금까지 인류의 마음을 이끌어 왔고 앞으로도 계속해서 움직여갈 수 있는 위대한 정신은 신앙인이 아니면 잘 감지할 수 없으며, 그것은 또한 분석적인 연구로 밝혀질 수도 없다. 아마 이러한 문제는 보편적인 진리를 추구하려는 종교 본연의 모습에 관한 것이기 때문에 신앙인들에 의한 연구도 지속적으로 이어져야 한다.

아울러 보편적인 진리가 역사학적인 방법에 의해 연구될 필요가 있다. 실제로 경전은 시대마다 주석(註釋)이 달리 붙여졌다. 어느 시기에 어떤 주석이 행해졌느냐를 규명하는 것은 그 때에 보편적인 진리 중의 어떤 성격이 수용되었는가를 밝히는 첩경이다. 그러나 이와 같은 작업은 역사학 입장에서 추구하기에는 역시 한계성이 있다. 앞으로 역사학자와 종교학자들이 제휴하여 함께 추구해 가야 할 영역이기도 하다.

『역사상의 국가권력과 종교』, 일조각, 2000, 3, 역사학회

2. 한국무속 연구사론

1) 무속(巫俗)을 연구하려는 시각

민족문화에 대한 주체적 인식은 식민사학에서 자주 언급되었던 한국문화의 사대성이나 당파성까지도 긍정적으로 이해하게끔 한다.[1] 민족문화를 바르게 이해하기 위해서는 무엇보다도 민족의 생활 속에 깊이 침투하여 서민과 호흡을 같이 해 온 여러 문화 요소를 밝혀야 한다. 무속은 삼

국 성립 이전부터 민족의 생활을 주도하였고, 현재까지도 서민 생활에 지대한 영향을 주고 있다. 무속 연구자들은 서민대중에게 전승되었기 때문에 원시종교의 모습에서 크게 벗어나지 못함으로써, 무속이 고색(古色)을 강하게 지닌 것으로 생각하였다.[2] 이리하여 무속의 연구는 민족의 토착문화 혹은, 한국문화의 고유성을 밝히는 것이 되었다.

그러나 밝히려는 민족문화가 원래 한국의 고유한 것인가 하는 점은 그렇게 중요하지 않다.[3] 왜냐하면 문화는 쉬지 않고 발전해 나가기 때문이다. 필자는 민족문화의 고유성과 연관되는 무속의 기원에 관한 문제보다는, 오히려 사회 분화에 따른 무속신앙의 변천, 특히 불교전래에 따른 무불(巫佛)의 교체나 융합 등에 관심을 두고자 한다. 말하자면 역사학적 방법으로 무속을 연구하려는 것이다. 무속에 대한 연구는 현재 활발하게 진행되고 있지만, 단순히 현장의 조사보고에 그침으로써 서로 연관을 가진 종합적인 분석을 행하고 있지 못한 실정이다. 무속 연구의 성과를 정리하여 문제점을 지적함으로써 다음 연구를 전망해 보기로 하자.

2) 일제강점기 무속사 연구경향

먼저 광복 이전의 무속 연구는 대개 세 방향에서 행해졌다. 첫째로 갑오경장(甲午更張) 이후 신문화운동이 일어나는 시기에 최남선(崔南善)·이능화(李能和) 등 소위 계몽사학이라 부를 수 있는 민족주의 사가들의 업

---

1) 李基白, 「식민주의적 한국사관 비판」(『한국사신론』, 1961 ; 『민족과 역사』, 일조각, 1972, pp.22~41).
2) 李鍾哲, 「서도 部落祭의 고찰」(『문화인류학』 4, 1971, p.96).
3) 이기백, 「한국문화와 외래문화」(『민족과 역사』, p.166).

적이 있는데, 무속 연구의 개척자적인 역할을 담당하였다. 그들의 연구는 일제통치 아래에서 망각되어진 민족혼을 다시 깨운다는 의미에서 한국문화의 특성 즉, 한국인의 생활원리·경험 철학·신앙 전통 및 일상생활의 신앙적 배경 등을 밝히고자 하였다.[4] 민족의 특질이 이미 고대에서부터 갖추어진다는 것을 인식한 그들은 한국 고대문화에 관심을 가졌다. 또한 상고대로 올라 갈수록 사회의 모든 것은 종교로 귀결되고, 특히 제정일치 사회에서는 종교가 바로 강력한 영향력을 가졌다는 점에서, 한국문화의 근본적 이해를 고대의 무속에서 찾았다.

그리하여 민족문화의 근원에 대한 누적된 국내외의 연구 업적을 수집하고 종합·정리함으로써 한국고대의 민족문제나 동아시아의 문화조류를 파악하려 하였고, 그 일환으로 동북아시아 공통의 샤먼교를 연구하였다.[5] 일제의 민족문화 말살정책이 행해지면서 피지배민족이라는 여건 속에, 자기 나라를 스스로 통치해 보지 못한 그들의 경험은 민족문화의 주체적 인식을 어렵게 만들었다. 이런 면이 한계성으로 작용하였을지라도 그들의 학문은 신문화조류 속에서 쌓아진 것이어서, 나름대로 민족문화를 개관하는 능력을 가졌다. 때문에 그들의 연구 업적은 무속사 전반에 걸친 개설서로 나타났고, 입문적인 역할을 담당한 것이다.

이능화는 종교사적인 측면에서 무속을 연구하였고 최남선은 문화인류학적 방법으로 샤먼교를 밝혔다. 둘 다 문헌학적인 연구로 일관하였는데, 전자가 주로 한국 측 문헌에서 자료를 뽑아 모아 놓았다면, 후자는 국내외의 샤먼교를 연구한 서적에서 자료를 뽑아 한국의 무교와 대비한 것이다. 그들이 제시한 자료는 오늘날에도 이용되고 있다. 그러나 옛 모습을 많이 보존한 채 아직도 계속 행해지는 무속에 대해 현지조사를 배제한 문헌연

---

4) 崔南善,「啓明 발간서문」(『啓明』 19, 啓明俱樂部, 1927, p.1).
5) 최남선, 위의 글(『계명』 19, p.1).

구는 오류를 범할 위험성을 가졌다. 이는 마치 화학자가 실험실에 들어가서 연구하지 않는 것과 비교될 수 있겠다. 특히 최남선의 연구는 샤먼교에 대한 여러 학자들의 조사보고서에서 자료를 다시 뽑아 정리한 것인데, 이런 경우 이중선택의 위험성마저 따를 수 있다. 아울러 선택되지 않는 자료에 대해서도 유념해야 한다.

1930년대를 전후해 조선민속학회가 행한 무속 연구는 손진태(孫晉泰)·송석하(宋錫夏) 등을 중심한 한국인 민속학자와 아키하(秋葉隆)·아카마츠(赤松智城) 등을 중심한 일본인 학자로 크게 구별된다. 먼저 아키하나 아카마츠를 중심한 일본인 학자의 업적부터 살펴보기로 하자. 이들은 우선 당시 조선총독부 촉탁(囑託)인 타카타메루(高矯亨)·무라야마(村山智順)·요이이키루(善生永助) 등과 제휴하여, 일제의 정치적·경제적 후원을 받아 유리한 입장에서 방대한 저술을 남겼다.

앞에서 제시한 계몽주의 민족사가(民族史家)가 무교 연구를 개척하였다면, 이들의 업적은 한국 민속학의 학문적 토양을 마련했다고 하겠다. 그러나 그 대부분의 업적이 우리나라 학자가 아닌 일본인 학자에 의해 이루어졌기 때문에 연구 능력이 한계성을 가졌고, 무속이나 한국문화를 바라보는 인식 방법이 의식적이든 무의식적이든 간에 일제의 식민정책과 연결되었다. 따라서 한국문화의 주체성이라든가, 한국민족의 내적 경험을 연구 대상으로 삼지는 못하였다.[6]

일본인 학자의 연구 방법은 한국문화의 특질을 밝히는 것이라기보다는 오히려 그 미개성(未開性)을 추구하고, 미신이 미친 민중생활의 폐해라든가 민심의 현혹 등을 밝히는 것으로 귀결되었다.[7] 그리하여 그들은 무속을 단순히 한국문화 전반에 걸친, 이른바 농촌사회가 미분화(未分化)된

---

6) 金哲俊, 「한국고대사 연구의 회고와 전망」(『東方學志』 9, 1963, p.77).

한 단면으로 돌려서[8] 식민지문화의 표상으로 연구하였다. 이러한 방향에서 그들은 무속의 이론 체계를 구상하고는, 거기에 맞추어 민속관계 자료를 발췌·정리하여 제시하는 한편 그것을 시베리아나 몽고·중국·일본 등의 자료와 비교하였다. 이는 물론 자료적 가치를 충분히 인정하게 하지만, 그들이 행한 비교연구는 단순히 비슷한 사실의 대비에 그쳤다. 즉 비교연구라는 이름으로 무속 현상의 보편성을 강조하고, 아울러 중국이나 일본의 국제적 입장에서 이해함으로써 한국적인 특수성을 은닉시켰다. 그리하여 그들의 연구는 계몽주의 사가들이 한국문화의 선양을 위해 행한 비교연구와는 성격을 달리한 것이다.

그들은 현지조사를 통해 자료를 채취하기도 하였으나, 대부분은 총독부의 조사보고서를 이용하였다. 엄밀히 말해 총독부 조사보고서는 현지조사 자료라기보다는, 행정력을 동원하여 작성한 간접 자료에 의해 만들어졌기 때문에[9] 정확하지 않을 뿐만 아니라 자료적 가치도 의심스러운 것이다. 행정력에 의해 동원된 조사원은 이러한 조사에 효율적인 만큼 학문적 훈련을 받지 않은 관공리였다. 때문에 그들은 무교 현상인지 아닌지를 정확하게 구별하지도 못했으며 주의력도 부족하였다. 그 결과 신기한 것이라든지, 또는 자신의 기호에 맞는 것을 쫓아 조사하였다. 그들은 미리 세운 한국 무속을 체계화한 가설에 맞추어 구체적인 사례를 제시하였는데, 맞지 않아 버린 자료에 대해서도 채택하지 않은 이유를 언급해야 한다. 또한 어떤 지역의 사례가 무속의 일반 이론 체계를 논증하기 위해 제

---

7) 村山智順,『朝鮮の巫覡』(조선총독부 조사자료 36, 1932).
  이 책은 1930년대 경찰이 조사한 자료를 참고하여, 당시 巫儀나 무당의 폐단에 대한 자료를 그대로 실었다.
8) 秋葉隆·赤松智城,『朝鮮巫俗の研究』(大阪屋號書店, 京城, 1937, p.296).
9) 村山智順,『朝鮮の巫覡』(pp.306~394)에는 1930년 전국의 각 경찰서 별로 조사 보고된 각종의 통계 자료를 싣고 있다.

시되었다면, 이는 한국 무속의 보편적 현상을 추구할 수 있을지라도 지역적 특수성은 무시되는 것이다.

셋째로 손진태(孫晋泰)나 송석하(宋錫夏) 등 우리나라 민속학자에 의한 업적이 있다. 이는 일본인 학자들의 업적보다는 양적으로 적겠지만, 민족문화에 대해 긍정적 태도로 연구하였기 때문에 그 가치가 주목된다. 다만 그들은 식민지 아래에서 정치 풍토나 사회 여건을 주동적 입장에서 영위한 경험이 없기 때문에, 민족문화의 주체성을 인식하는 데에는 한계성을 가졌다. 따라서 중국의 무(巫)에 대해 논하고[10] 한국 무교의 토착적 특성을 밝히는데 소홀한 느낌을 주지만, 그들이 행한 비교연구는 일본인 학자와는 달리, 무속의 보편성을 추구하려기보다는 오히려 문화경역(文化境域)[11] 및 민족의 기원이나 이동[12] 등을 고찰하려는 것이었다는 점에서, 민족문화에 대한 인식과 선양이라는 기본적인 태도를 가졌다.

그들은 일본인 학자와 비교하여 비교적 불리한 여건에서 행정력을 동원할 수도 없었으므로, 자연히 실제로 현지를 답사하여 얻은 자료로써 접근하였고, 그 결과 일본인 학자들보다는 구체적인 사실을 연구대상으로 삼았다. 그리하여 소도(蘇塗)라든가 사당(祠堂) 등 개별적인 민속이 무속과 연관하여 연구되었는데, 이는 일본인 학자들이 무속의 보편적 원리를 끌어내기 위해 통사적으로 행한 연구보다는 진전된 것으로 보인다. 무속에 대해 보다 광범하면서도 개별적인 특수한 문제를 집중적으로 연구해야 바람직하다. 사실 일본인 학자들이 종교 사회학적 측면에서 무속 자체를

---

10) 孫晋泰,「中華民族의 巫에 관한 연구」(『조선 민족문화의 연구』, 을유문화사, 1948).
  손진태,「조선 및 중국의 腹話巫」(『조선 민족문화의 연구』, 1948).
11) 손진태,「盲覡考」(『조선 민족문화의 연구』, 1948)에서 중국 盲卜者와 비교하여 조선의 盲人은 비슷한 점이 많으나, 양자는 서로 전파를 생각할 수 없는 독립 발생한 것이라고 하였다.
12) 손진태,「朝鮮の累石壇と蒙古の鄂博に就いて」(『民俗學』, 5~12, 1933).

밝히려고 했음에 비해. 그들은 민족문화를 밝히려는 목적을 가졌고 무속의 연구는 그 수단에 불과한 것으로 여겼다.

우리나라 민속학자들은 활발하지는 않았으나 현지조사를 통하여 자료를 채집·정리하였다. 토착적인 민속자료는 하나 둘씩 인멸하여 가기 때문에,[13] 그것의 수집과 보존이 민족문화의 계승과 직결된다. 다만 그들은 조사된 자료의 보고에 그치지 않고, 그것을 문헌 자료와 연결시켜 분석하였다. 이는 일본인 학자나 계몽주의 사가들의 연구와 비교하여 방법론상으로 진전된 것이다. 특히 손진태는 문헌에서 조사된 무속 자료의 역사적 의미를 파악하는 한편 그 기원 및 변천을 살폈다.[14] 따라서 그는 역사학적 방법으로 무속을 연구하였다. 이 점은 매우 중요하기 때문에 손진태에 대해서는 조금 더 언급하고자 한다.

그는 민족주의 사학과 사회경제사학 및 실증주의 사학 등을 종합하여 신민족주의(新民族主義) 사학을 정립시켰고, 또한 '민족의 입지(立地)'에서[15] 민족문화를 밝히고자 하였다. 신민족주의 사학은 한국 근대 역사학의 전통을 비판적으로 계승·발전시킨 창조적 이론을 세웠다는 점에서 높이 평가된다.[16] 그의 무속 연구도 민족사 정립을 위한 것이었고, 아울러 철저한 문헌고증과 사회 경제적 고찰을 거쳐 이루어졌다. 따라서 손진태의 무속 연구는 앞으로도 계승하여 더욱 발전시켜야 할 것으로 생각한다.

광복 이전의 무속 연구는 대개 위에서 제시한 바와 같은데, 광복 이후에도 계속 영향을 미쳤던 것은 손진태나 송석하 등 민속학자들의 연구이

---

13) 朝鮮民俗學會,「創刊辭」(『朝鮮民俗』1, 1933).
14) 예를 들면 손진태,「栍考」(『조선민속』1, 1933, p.9)에서 신라시대의 簡叉 또는 簡子는 고려 중엽에 이르러 栍이라는 占具였고, 조선시대에는 長生으로 전용되었다는 결론을 맺었다.
15) 李基白,「新民族主義史觀論」(『문학과 지성』3-3, 1972, p.511).
16) 이기백, 위의 논문(p.518).

며, 그들은 이전의 연구 업적을 모아 각각 『조선 민족문화의 연구』와 『조선민속고(朝鮮民俗考)』라는 단행본으로 출간하였다.

3) 광복 이후 무속사 연구경향

광복 이후 한국문화의 주체적 인식과 함께 자연 무속에 대한 관심이 높아지면서, 연구방법도 다양해졌다. 그러나 손진태의 무속 연구방법이 계승·발전되었다기보다는, 오히려 특색 있는 방향으로 정립되지 않은 채 새로운 연구방법이 모색되었다. 광복 이후에 무속은 세 방향 즉 국문학적·심리학적·사회학적 방법으로 연구되었다. 이들 세 조류의 연구는 현재에도 계속되고 있으므로, 그 추이를 정확하게 파악하기 어려울 뿐만 아니라 연구 성과를 개관하는 데에도 편견이나 부분에 집착될 가능성이 있음을 미리 말해 두고자 한다.

첫째, 국문학적인 입장에서 행해진 일련의 업적을 들고자 한다. 주로 최상수(崔常壽)·장주근(張籌根)·임동권(任東權)·진성기(秦聖麒)·김태곤(金泰坤) 등이 이에 속한 연구자이다. 추구하려는 설화나 신화의 내용이 무가(巫歌)에서 옛 모습을 간직한 채 내려오기 때문에, 이들은 무속에 관심을 두기 시작하였다. 1956년까지 최상수가 주간한 전설학회(傳說學會)가 민속학회(民俗學會)로 개칭된 의도는 무가나 무속의 연구를 통해서 국문학적인 소재를 찾으려는 것이다. 말하자면 그들은 문헌에 전하는 설화의 생동하는 형태를 무가에서 찾으려는 것이다. 그러므로 그들의 연구는 자연스럽게 무속의 현지조사에서 얻은 성과를 문헌과 밀접하게 결합시키고자 하였다.

현지조사에서 얻은 성과와 문헌을 결합시키는 방법은 이미 손진태의 연구에서도 나타났다. 그러나 손진태가 현지조사에서 얻은 자료의 역사적 의미를 파악하기 위해 문헌과 결합시켰다면, 그들은 오히려 무가에 내재된 언어의 의미를 파악하기 위해 문헌과 결합시켰다. 즉 그들의 방법은 손진태의 방법과 비슷할 지라도 연구의 방향은 달랐다고 하겠다. 따라서 그들은 문헌에 나타나는 무속 현상의 역사적 성격을 고려해야 한다. 삼한시대 제주로서의 사제와 조선시대 직능자(職能者)로서의 무당은 성격을 달리하는 것이며, 아울러 현지조사에서 밝혀진 무격의 기능과 문헌에 나타나는 무격의 기능에 차이가 있을 것이다. 그들은 이러한 점을 염두에 두면서 작업해야 할 것이다.

국문학자들은 자연신화학적(自然神話學的) 입장에서 자연현상 중 경이로운 대상의 이름에서 유추하여 어원학적(語源學的) 방법으로 신격(神格)을 설명하였다. 무속에서 종교적 의미를 발견하기 위해 그들은 무가를 언어학이나 어원학적 방법으로 분석하였다. 즉 신격에 관한 이야기나 그 명칭의 원래 의미로 돌이켜서 이해하려는 것이다. 그렇지만 무가에 나타난 신격의 속성은 명칭이 갖는 원래의 의미를 잃고는, 의인화하여 신성화함으로써 독자적인 성격을 형성시킨다. 따라서 원래의 단어가 가진 개념과 그 한계를 뛰어 넘어 신격화함으로써 독자적 성격을 가진 신앙적 의미와의 사이에는 현격한 차이가 나타나게 된다. 이러한 것을 종교에 있어서 '언어의 질병'이라든가 또는 '언어의 환각(幻覺)'이라고 묘사한다.[17]

다음으로 정신분석학이나 정신병학(精神病學)의 입장에서 무속 현상에 대해 심리학적으로 설명하는 이부영(李符永)·김광일(金光日) 등의 업적이 있다. 이런 해석에 의하면 무당의 심리 상태는 정신병자의 심리 상태와 동일하고, 인류 공통의 원초적 체험인 집단무의식(集團無意識) 속에서 나온 것이라 하였다.[18] 따라서 이는 종교가 무의식 속에서 행해지는 이른

---

17) E. E. Evans-Prichard, Theories of Primitive Religion (Oxford University Press, 1965, p.22).

바 신경성(神經性)의 환각이라는, 융(Jung)의 분석심리학적 이론에서 나온 것이다.[19] 그래서 무당의 입무(入巫) 과정이나 엑스타시(Ecstasy)를 재생관념에 의한 인격의 전환이라고 설명하였다.[20] 이리하여 종교가 지배해 가는 사회를 신경성에 의한 비정상적인 환각 사회라고 한다. 그러나 실제로 그것은 환각일 수 없다. 왜냐하면 환각을 이끌어내게 하는 종교적 주체인 무당이나 제당(祭堂) 또는 단골 등은 환상이 아닌 실제이기 때문이다.[21] 오히려 객관적인 사회적 사실을 신경성의 환각이라고 심리적으로 해석함으로써 오류가 나타난 셈이다. 그들은 심리적인 감정이 사회적 사실을 유출시켰다는 모순된 결론을 이끌어내었다.

그들은 무당과 정신병자 사이의 정신적 병행(並行) 현상을 설명했는데, 고대의 사제와 현대의 무당이 다르고 또한 지역에 따라 다양하게 나타나는 무속을 현대의 정신병이라는 획일적인 현상과 동일시하는 데에는 상당한 문제가 따른다. 그들의 주장은 상고대의 사람들이 모두 무의식만을 경험하였으며, 제정일치시대의 사회에는 무의식이 노출된 정신병자만이 생활하였고 단골 집단은 정신병자의 집합소라는 결론에 도달하게 한다. 그러나 무교의 제의에 참가한 자라도 제장 내의 어디에 있었는지 또는 제의의 경과 시간에 따라 느끼는 감정이 다를 수 있다.[22] 무당이 인격의 전환에 의해 신어(神語)를 말할 때, 스스로 신이라고 느끼고 있는 것인지 또는 아닌지를 알 수도 없거니와 증명되지도 않는다. 그러므로 심리학적인 해석은 정신병학을 이해하는데 도움을 줄지는 모르나 무교를 이해하는 데

---

18) 李符永,「入巫過程의 몇 가지 特徵에 대한 分析心理學的 고찰」(『韓國文化人類學』 2, 1969, p.111).
19) 金光日,「굿과 精神治療」(『文化人類學』 5, 任晳宰선생 古稀紀念論叢, 1972, p.79).
20) 이부영, 앞의 논문(p.113).
21) E. E. Evans-Prichard, 앞의 책(p.43).
22) E. E. Evans-Prichard, 앞의 책(p.44).

에는 아무런 도움을 주지 못한다.

다음으로 사회학적인 입장에서 행해진 일련의 연구 업적인데, 임석재(任晳宰)·최길성(崔吉城)·현용준(玄容駿) 등이 이를 대표한다. 이들의 연구 방법은 진정한 의미에서 현지조사를 행하는 것이다. 이들은 문화재관리국의 후원 아래 개개의 지방을 단위로 무속을 공동으로 조사하여 보고하는 작업을 행하였다. 경기 지방의 무속이 조사 보고된 뒤를 이어 1969년에는 전남의 무속이 조사 보고되었고, 그 뒤를 이어 1971년에 전북, 1972년에는 경남 등 계속해서 전국의 무속이 지방별로 조사 보고되었다.

그 외에 개인의 연구도 한 지방의 무속에 대해 종합적으로 조사 보고하는 작업을 병행하였다. 특히 그들이 조사 보고한 자료는 광복 이전에 행정력을 동원하여 행하던 보고서보다는 훨씬 다각도에서, 세심한 배려로 작성되어 매우 신빙성을 갖는 것이지만, 여기에도 문제점이 있다. 그들은 실제로 무당이 제의를 행하는 곳에 가서 몰래 채집한 것을 수록하기도 하였지만, 개중에는 편의에 따라 무격 의례와는 관계없이 그들의 채집을 위해 재현된 무의(巫儀)를 조사한 것도 있다. 후자에게서 무당은 제의의 이행 과정에서 나타나는 감정보다는 채집자의 보수에 대한 생각을 앞세울 수 있다. 그렇게 되면 현지조사는 정확하게 이루어졌다고 할 수 없겠다.

무당은 보통 평범한 생활인이며, 같이 어우러진 사회인과 조금도 다름이 없는 일상사의 일을 행한다. 그런데 이들 채집자는 제의를 주관한다는 사실로써, 무당을 특수집단이라는 선입견을 가지고[23] 관찰하지는 않았는가? 특히 종래의 전통적 관념으로 무당을 비정상이라고 천시하는 사회 분위기에서 완전히 벗어나서[24] 그들의 조사를 진행하였는가? 무속사회의

---

23) 崔吉城, 「동해안지역 巫俗誌 序說」(『文化人類學』 5, 任晳宰선생 古稀紀念論叢, 1972, p.120)에서 무당의 특수집단으로서의 성격을 살폈는데, 이는 그들 직업의 특수성에 기인한 것이라고 결론을 맺었다.

가장 기본인 단골 조직의 구성인들은 무의에 관심을 갖는 것이 일상사의 생활 속에서 극히 적은 일부분에 불과하며, 그래서 흔히 이를 잊고 지내거나 무감각하게 활동하고 있다. 그들은 생업을 영위하는 평범한 생활인이다. 그런데 단골 조직을 현지조사하면서 일상사의 일보다는, 제의라든가 신(神)어머니나 무업(巫業)의 전승과 같은 무속의 특수 현상에 비중을 두고 조사한 것은 아닌가? 그 이외 단골 조직 내의 정상적인 인간관계나 사회생활, 생산 활동 등을 무시하였던 것은 아닌가? 이러한 문제는 현지조사가 활발히 진행되고 있는 상황에서 다시 재고해 보아야 할 것이다.

사회학적 연구자들은 미리 그들의 이론체계를 세우고, 거기에 맞추어 각 지역의 무속에 대해 현지조사를 행하였다. 그런데 한 지역 단위로 현지조사를 행할 경우, 거기서 그들이 세운 이론체계에 맞게끔 모든 자료가 원만하게 수집되지 않을 뿐더러 결(缺)하고 있는 부분이 나타나게 된다. 이를 메우기 위해 그들은 다른 지방에서 조사된 자료를 끌어다가 비교연구를 행하며, 이로써 빠진 부분을 보충하는 방법을 사용하였다.[25] 그런데 우리나라에서는 진정한 의미의 비교연구는 아직 행해지지 않았고, 그런 현상은 지금도 마찬가지이다.

일제 때에 민족의 토착적 전통을 말살하려는 식민사학의 왜곡된 연구 풍토 속에서, 비교연구는 진실한 학문 연구의 방법으로 형성되지 못한 채 사회학적 연구자에게 수용되었다. 지금 건실한 비교연구가 행해지기 위

---

24) 최길성, 위의 논문(『문화인류학』 5, p.119)에서 무당은 숙명적인 직업관을 갖고 있으며, 賤民의식을 크게 느끼면서도 예술인이라는 긍지를 가졌다고 하였다.
25) 韓國文化人類學會가 주관이 되어 문화재관리국이 펴낸 『韓國民俗 綜合調査報告書』의 전남편과 전북편의 무속 조사보고서를 비교해 보면, 우선 조사자들은 양 지역의 무속이 대동소이하다(전북편, p.149)는 결론 하에, 전남에서는 당골이나 굿·점쟁이·讀經 등을 밝혔음에 대해 전북에서는 戶籍이나 村老들의 이야기를 종합하여 巫家나 巫系를 주로 밝히고 있다. 그리하여 이 둘의 결론을 합친 것이 호남지역 무속현장의 모습으로 체계화되었다.

해서는 결과로 추출된 현상을 비교하는 데에 그쳐서는 안 된다. 그 현상이 속한 사회나 집단 내에서 갖는 바 위치나 작용이라든가, 그로 말미암은 구성원의 생활태도나 사회생활까지를 비교해야 한다.26) 비교가 단순히 결과로 나타난 현상의 피상적인 대비에 그칠 때, 그 연구는 보편적인 법칙의 추구에 파묻혀서 민족문화의 전통이나 토착적인 특성을 이해하지 못하게 된다.

사회학적 연구자들은 무속을 주술종교(呪術宗敎)의 단계나 또는 그보다 진화한 단계로 보고, 특히 Max Muler의 자연신화학적(自然神話學的) 입장에서 자연 숭배의 공통 대상인 천신(天神)·산신·일월신(日月神) 등이 기우제(祈雨祭)·제천의례 등에서 신격으로 되었다고 한다.27) 그러나 그들은 그러한 자연 현상이 어떻게 신격으로 형성되는 지를 사회학적인 방법에 의해 구체적으로 밝혀 놓지는 않았다. 다만 자연에 대한 무한자(無限者)의 관념이나 경외 관념이 그러한 대상을 신격으로 형성시키게 하였다.28)

이러한 결론은 그들이 사회학적 작업을 계속하면서도 사회적 사실에 대해 심리학적으로 해석하고 있는 것이다. 물론 인간이 정신적 심리적인 기능을 배제하면, 사회 문화적 생활을 만족스럽게 누릴 수 없다. 그러나 사회적 현상은 개인의 심리적 기능을 통하여 활동하지 않더라도 그러한 심리적 기능을 초원하여 존재하며, 정신적 기능과 무관하지 않더라도 개인의 정신 밖에서 스스로 존재하는 것이다.29)

---

26) E. E. Evans-Pritchard, 앞의 책(p.120).
27) 최길성, 「한국 무속의 연구」(『陸士논문집』 5, 1967, p.23).
28) 최길성, 「동해지역 무속지 서설」(앞의 책, 112쪽)에서 原始漁業의 종사자들은 바다의 위험으로 말미암아 생활 자체의 불안을 상당히 느꼈으며, 이러한 불안을 극복하고자 그들은 원시적 민간신앙을 잘 지키고 있다고 하였다.
29) E. E. Evans-Pritchard, 앞의 책(p.55).

이상에서 광복 후의 무속연구 동향에 대해 대체적으로 살펴보았지만, 그 개개의 연구가 독자적인 방법론으로 학문 체계를 완숙시키지 못한 상황에서, 다시 다른 경향의 접근 방법이 나타나고 있다. 말하자면 하나의 방법론을 충분히 소화 흡수한 학문 연구가 성숙되지 않는 중에 새로운 방법론이 모색되고 있음을 보여준다. 이렇듯 무속은 산만하게 연구되어 온 것에 지나지 않는다. 개개 연구 사이의 연관성이나 전체로서의 종합적인 체계가 제시되어야 할 것이다.

4) 무속사 연구에서 다루어야 할 문제

무당의 굿에서는 엑스타시(Ecstasy)의 과정이 따른다. 샤머니즘은 엑스타시를 전제로 한다. 엑스타시가 없는 것은 샤머니즘이라 할 수 없으므로, 전남지방의 무당은 샤먼이 아니라고 하였다.[30] 반면 한강 이북의 무당은 엑스타시를 경과하므로 시베리아의 샤먼과 연결된다고 하였다. 또한 무당이 되기 위해 남한(南韓) 지역에서는 세습을 중시하였으나 북한 지역에서는 강신(降神)이라는 무병(巫病)을 앓아야 한다고 하였다.[31] 말하자면 무속문화의 남방과 북방권을 대비시키고, 나아가서는 민족문화의 남방설(南方説)까지를 주장하기에 이르렀다.

남해안의 탐라(耽羅)·가락(駕洛)·신라와 동해안의 옥저(沃沮) 등은 남방 계통의 해양족(海洋族) 문화에 귀속시킬 수 있으며, 북방으로부터 남하한 민족문화 요소와 다른 계통의 것으로 파악하였다.[32] 이를 동해문화권이라 부를 수 있다. 이 문화는 쟈바의 북방 앞 바다에서 시작해서 마래

---

30) 최길성, 「한국 巫俗의 엑스타시 變遷考」(『아세아연구』 34, 1969, p.50).
31) 최길성, 「동해안지역 무속지 서설」(앞의 책, p.134).

(馬來)반도의 동쪽을 지나 대만(臺灣)해협을 거쳐 김해(金海)평야에 이르렀고, 다시 동쪽 해안을 끼고 원산(元山)으로 북상하는 대마(對馬)해류를 따라 들어와 형성된 것이라 하였다.[33]

그러나 도작문화권(稻作文化圈)에서 행해지는 제례가 시베리아에서 발견되듯이, 동일한 시기에 전파성을 전혀 찾아볼 수 없는 고립된 지역에서 비슷한 형태의 문화가 발생할 가능성이 있다. 무속 신앙의 지역적 혹은 사회적 차이로 나타나는 이질적 현상은 무속문화의 남방권과 북방권의 설명을 가능하게 하지만, 이로써 민족문화의 남방권과 북방권을 설명하는 것은 신중히 고려되어야 한다. 특히 민족문화의 전통이 확립된 이후에 새로운 문화현상이 민족문화 속에 융합해 들어올 때에, 후기 민족문화에 나타난 그것의 잔존 형태를 문화요소로 파악할 수는 있을지라도 문화권이라 규정하는 것은 재고되어야 한다.

솟대라든가 누석단(累石壇)의 연구는 무속의 신당(神堂)을 밝히려는 것이다. 동제당(洞祭堂)이라든가 용신당(龍神堂)·산신당(山神堂) 등에 따라 형태가 조금씩 다르지만, 대개의 신당에는 신목(神木)이 있고 누석단으로 구조되어 있는 것이 보통이다. 이런 모습의 신당은 몽고의 오보[鄂博]와 연결되며, 특히 중앙아시아의 고산(高山) 지역에서도 비슷한 형태가 발견된다. 다만 중앙아시아의 경우 유목이나 목축 생활과 연관하여 신앙된 신당이 노신적(路神的) 성격까지를 지니고 있는 것은 문화의 교류나 상관관계에서 앞으로 더 연구하여야 할 점이다. 당수(堂樹)나무는 '골맥'과 특별한 관계를 가진다.[34] 보통 그 지방의 유력한 성씨(姓氏)가 '골맥'이

---

32) 玄容駿, 「고대 한국민족의 海洋他界」(『문화인류학』 5, 임석재선생 고희기념논총, 1972, pp.18~19).
33) 金在鵬, 「卵生신화의 분포권」(『문화인류학』 4, 1971, pp.42~43).
34) 張籌根, 「한국의 神堂形態考 -神堂·神體·神壇의 분화에 대한 고찰-」(『민족문화연구』 1, 1964, p.173).

되는데, '골맥'이 여럿 있을 경우 당수나무와의 관계는 그들의 이권과 연결된다. 이러한 이권은 무속사회의 사회 경제적 분석을 통해서 훌륭하게 밝혀질 수 있다.

이런 문제는 무속의 단골 조직과 연관되는 것이다. 단골 조직에 대해서는 무속 연구자들이 대개 조금씩 언급하고 있다. 무당과 단골 신자와는 '명다리'로 연결됨으로써 단골 조직이 성립되는데, 단골무당이 아닌 자는 단골 조직이 영위된 지역에서 제의를 행할 수 없다. 또한 무당은 단골 신도의 의사와는 관계없이 단골권을 다른 무당에게 양도할 수 있다. 이와 같은 단골 조직의 특수성은 사회구조 특히 향촌(鄕村)조직 면에서 연구되어야 한다. 왜냐하면 단골 조직이란 무당이 지배하는 종교사회이며, 이는 향촌사회를 떠나 존재할 수 없기 때문이다. 그러므로 무당의 세계(世系)나 무가(巫家)의 조사보고는[35] 단골 조직을 밝히는데 도움을 준다.

신당의 형태는 어느 정도 연구되고 있지만, 그것의 신앙적인 측면에 대해서는 거의 접근하지 못하였다. 신목(神木)은 삼한의 소도에서 기원한 솟대와 연결되며, 그 이전의 수목신앙에서 나온 것이다. 무당이 가진 손대는 신목의 변형으로서, 신의 강림과 관계된 상징성을 갖고 있다. 수목신앙과 연결된 신목은 고대의 전통적 제의가 행해진 수림(樹林)과 연결된다. 현재 전하는 민속에 노변(路邊)에서 죽은 자는 그 혼이 나무에 산다는 신앙이나 시집가는 딸을 따라 나가는 가호신(家護神)이 성황당(城隍堂)에서 멈춘다는 신앙 등은 수목이 영혼이나 신령(神靈)의 기숙 장소로 된 것을 알려준다.

무속의 신관(神觀)이나 영혼관념은 신당의 형성에 지대한 영향을 주고 있다. 누석단은 단순히 무덤의 변형이나 길흉에 관계된 속신에서라기보

---

35) 李輔亨, 「巫俗」(『韓國民俗綜合報告書』 경남편, 1972, p.188).
    최길성, 「무속신앙」(『한국민속종합보고서』 전북편, 1971, p.149).

다는 무속의 영혼관념과 연관을 갖는다. 오래된 돌이나 비석은 역시 영혼의 기숙 장소가 되었다. 희랍의 제우스신도 비석에 깃든 신이라고 믿어진다.36) 신당의 신목(神木)과 누석(累石)은 기능상의 차이를 가지기도 한다. 신목은 신의 강림으로 신앙된 신관과 더 연관되어 있다면, 누석은 망령의 서식 등 영혼관념과 보다 밀착되어 있다. 신목에 걸린 기매에 대한 연구는 무속의 신체(神體) 형성을 밝힌 것이다.37) 이러한 세분화된 특수 연구는 앞으로 다른 형태의 신당을 밝히는 데에도 유용하리라 생각한다.

무속의 영혼관념이나 신관의 차이는 무당을 백(白)샤먼과 흑(黑)샤먼으로 나누게 하였다. 시베리아 살만(薩滿)의 백파(白派)는 길례(吉禮)와 선사(善事)를 주관하나 흑파(黑派)는 흉례와 악사(惡事)를 주관한다.38) 이처럼 샤먼의 제의 수행이 각각 달리 나타나는 이유는 백파의 신이 선신(善神)임으로 신을 즐겁게 하여 소원을 청하지만, 흑파의 신은 악신(惡神)임으로 신을 물리쳐 쫓아내거나 혹은 얼려서 강압적으로 요구 사항을 관철시키기 때문이다. 다만 우리나라에서는 신의 선악관념이 명확하지 않아39) 무당의 백(白)·흑(黑) 구분이 뚜렷하게 나타나지 않지만, 제주도에서는 일부 백무(白巫)와 흑무(黑巫)의 구별이 있다. 또한 경무(經巫)는 일반의 굿무당에 비해 주술이 강한 독경(讀經)을 행하면서 신을 어우르기도 한다.40) 미약하지만 백무나 흑무 또는 경무의 구별은 받드는 신격의 차이로

---

36) E. E. Evans-Pritchard, 앞의 책(p.16).
37) 현용준,「제주도 巫儀의 '기매'고 -巫俗의 神體형성의 一面」(『韓國文化人類學』 2, 1969, p.87).
38) 崔南善,「薩滿敎箚記」(『啓明』 19, 啓明俱樂部, 1927, p.15).
39) 최길성,「拜送 굿과 소놀이 굿」(『한국문화인류학』 창간호, 1968, p.35).
痘疫神은 天然痘를 가져오게 하는 신이지만, 惡靈이 아니고 善神이라 하여, 신관에서 선악 관계를 분명히 할 수 없다. 특히 善靈과 惡靈은 각각 따로 존재하는 것이 아니다. 악령은 대개 怨靈이어서 그 원한을 풀어주었을 경우, 다시 善靈으로 돌아가는 것이다.
40) 서대석,「經巫考」(『한국문화인류학』 창간호, 1968, p.47).

말미암아 나타난 것이다.

신이란 개인과 개인 및 개인과 모든 인간 또는 전체 사회와의 관계에서 생각되어진 것이고,[41] 종교적 의례는 출생이나 성인식(成人式) 혹은 장례(葬禮)와 같은 개인이나 집단의 상호관계에서 행해지는 것이다. 따라서 무속의 신관은 개인 상호 간의 관계나 또는 개인과 사회의 다른 구성원과의 관계에서 이해해야 한다. 또한 조령(祖靈)은 자손들에게 권력을 행사할 뿐만 아니라 그들의 행동에 제약을 가하기도 한다. 자손들이 상호 간의 의무를 충실히 수행해 나가는가를 보고는, 만약 그렇게 하지 않을 경우 조령은 그들에게 벌을 내리는 것이다. 그러므로 무속의 영혼관념 특히 조령숭배는 가족관계나 혈연조직을 전반적으로 분석하지 않고는 이해될 수 없는 것이다.

주술이나 점복(占卜)은 인간이 중대한 위기에 처해서 지성의 힘만으로 감당하기 어렵게 되었을 때에, 인간의 지성을 순조롭게 작용할 수 있게끔 한다.[42] 그래서 주술이나 점복은 인간이 긴장이나 불안으로 괴로움을 당할 때에, 그것을 해소시켜 준다는 심리학적 설명을 낳았다. 사회가 발달하여 분화됨에 따라 주술이나 점복도 다양하게 나타나는 것이다. 예를 들어 농경문화를 모르는 수렵사회에서 농경에 관한 주술의례나 점복이 있을 수 없다. 그러므로 고려시대의 주술이나 점복은 삼국시대의 그것에 비해 더 복잡하고 세분화되어 있었던 것이다.[43] 사회생활이 복잡하고 다양해지면서 거기에 필요한 주술과 점복이 대응해서 일어났다. 따라서 주술이나 점복의 종류나 기능의 연구는 사회의 분화나 발전과 연관시켜 연구해야 한다. 특히 고대의 주술사나 점복사(占卜師)는 그 사회의 상위 계층에 속하

---

41) E. E. Evans-Pritchard, 앞의 책(p.112).
42) E. E. Evans-Pritchard, 앞의 책(p.116).
43) 任東權, 「고려시대의 占卜俗」(『李弘稙박사회갑기념 韓國史學論叢』, 1969, pp.247~248).

였고 당시 사회의 지성을 담당했다고 생각되므로, 상층사회 구조를 이해하는 면에서 중요하게 다루어져야 될 문제이다.

다음으로 무속에 대한 종교·사회학적인 연구를 위해, 종교현상으로서의 무속의 몇 가지 특성을 지적할 필요가 있다. 첫째, 무당이 되는 기준은 세습이든가 아니면 일종의 정신분열증과 같은 무병을 앓는 과정을 거치는 것이다. 둘째, 그들은 유감(類感)이나 접촉에 의해 신격을 옮겨 받았다고 여길 때, 받은 신격은 옮겨오기 이전의 본래 신격과 비교하여 성격상의 변화를 보이는 것은 아니다. 셋째, 무당은 강신과 함께 인격이 전환되어, 신으로서 행세하며 신어(神語)를 말한다. 그러므로 그들은 내세는 물론 현세와 전세뿐만 아니라 천상이나 지하세계를 마음대로 여행한다. 넷째, 그렇기 때문에 무당은 이 세상에서 저세상을 지배할 수 있다고 생각한다. 죽은 두 처녀와 총각을 현세에서 결혼시키는 것이 그러한 예에 속한다.

이와 같이 몇 개로 나누어 들은 현상은 다른 종교 신앙과 비교하여 성격을 상당히 달리하는 것들이다. 이런 현상이 단골 조직 내지 향촌사회 내에서 어떤 기능을 가졌는가를 살펴야 한다. 또한 역사적으로 이러한 기능이 이질적인 문화나 사회요소를 맞았을 때에 어떻게 대응해 갔는가를 아울러 고찰해야 한다.

5) 무속사 연구방법론의 모색

역사학에서 무속을 다루는 것은 민족문화를 풍부하게 하여 민족사를 정립하기 위해서였고, 이미 손진태는 무속에 대해 민속학적 방법을 원용하여 밝힘으로써 민족사를 연구하였다. 다만 손진태의 신민족주의(新民族主義) 사관은 역사학 연구의 방법론으로 정립되었다고 생각하지만, 계속해서 무속을 연구하는 방향으로 진전되거나 혹은 민속을 연구하여 민족사를 밝히는 방향으로 나아가지는 못하였다. 그래서 무속의 여러 문화요소에 대한 역사적 변천 과정을 밝히는 것은 손진태의 연구 방법이나 학문적 업적을 능가하지 못하는 실정이다.

무속은 관련된 다른 사회적 관계에서 설명되어야 한다. 왜냐하면 무속신앙은 사회·문화적 산물이며, 고대에서부터 민족문화나 향촌 사회 속에 존속되어 오면서 뒤에 들어온 다른 문화요소와 서로 연관을 가지면서 복합적으로 형성된 데에 불과한 것이기 때문이다.[44] 무속을 이해하기 위해 사회구조에 대한 지식을 가져야 한다. 무속신앙은 사회생활의 일부로 중요한 역할을 수행해 왔다. 그러므로 무속신앙이 사회생활을 영위하는데 어떤 작용을 담당하고 사회구조의 변천과 함께 어떻게 바뀌었는가? 혹은 역으로 말해서 무속신앙의 변천이 사회구조의 변천과 어떻게 관련되는 것인가를 밝혀야 한다.

단군신화 중 환웅(桓雄)은 하늘에서 내려옴으로써, 신화의 주인공들이 수직 방향으로 이동하였다. 이에 대해 신라의 석탈해(昔脫解)는 바다에서 떠 옴으로써 수평적으로 이동하고 있다. 두 신화의 내용이 갖는 이질성은 어떠한 사회구조의 차이에서 오는 것인가? 또한 정천(井泉)신앙이나 파충류(爬蟲類)에 대한 신앙은 풍요를 주는 대지신(大地神)과 연결되는 것이어서 지모신(地母神)신앙으로 나타날 수 있다.[45] 그러나 용사(龍蛇)신앙과 지모신신앙의 동질성과 이질성이 모계 전승 사회구조와는 구체적으로 어떻게 연결되는 것인가?

또한 고려나 조선시대 왕실의례인 적전(籍田)의 경우, 그것을 시행하

---

44) E. E. Evans-Pritchard, 앞의 책(p.12).
45) 『삼국사기』 권1, 신라 朴赫居世王 5년, 春正月조에 "龍見閼英井 右脇誕生女兒 老嫗見而異之 收養之"이라 하였다. 閼英은 龍蛇신앙과 연결되어 있거니와, 요즘은 地母神신앙과 연관된 것으로 연구되고 있다.

자는 주장과 폐지하자는 주장이 팽팽히 엇갈린다. 이는 적전이 의례상의 문제일 뿐만 아니라 그것의 시행에 따라 경제적 이익을 추구하는 계층과 그렇지 못한 계층의 이권 관계를 아울러 고찰하여야 한다. 결국 무속사의 변천 과정을 통해 민족사의 발전과정을 이해하고, 거꾸로 무속사는 민족사의 발전과정에 비추어 밝혀져야 한다. 이와 같이 무속이 한국사회의 구조나 그 변천과정과 연관하여 연구되어질 때에, 무속신앙의 변천 과정을 밝힌 손진태의 연구 방향은 비로소 온당하게 계승되어지는 것이다.

무속 연구로써 민족문화를 가장 잘 밝힐 수 있는 시대는 고대이다. 조선의 적전이나 가농작(假農作)은 궁중의 기풍(祈豊)·농경의례로서[46] 당대의 민족사를 파악하는 주된 요소가 되지 못한다. 또한 조선 조정은 유교 정치를 표방하면서도, 그것의 합리적 사고가 미치지 못하는 영역에 한정하여 무속의례를 허용하였다. 특히 국가가 무속을 금하면서 단지 무세(巫稅)의 수입이 재정의 상당 부분을 담당했기 때문에 도성 밖에만 무속의례를 허용하는데 불과하였다.[47]

그러나 고대의 경우에 삼한 이전의 제정일치 사회에서 무속이 중시되었던 것은 말할 필요도 없겠지만, 삼국시대의 초기만 하더라도 왕 자신이 사제자(司祭者)의 의미인 차차웅(次次雄)으로 불리었다. 또한 벌휴이사금(伐休尼師今)은 풍운(風雲)을 점쳤으며, 그 해의 가뭄이나 홍수 및 풍흉(豊凶)을 알았다고 한다.[48] 이는 왕 자신도 국가적 제례를 주관하는 무당 즉 사제자로서, 종교적 지배가 행해진 유풍을 짐작하게 한다. 이와 같이 고대사회에서 무당이 담당하는 역할은 대단히 컸고, 따라서 고대 무속의 연구는 사회나 민족문화의 근간을 밝히는데 중요하다.

---

46) 최길성, 「李朝 假農作考」(『육사논문집』 6, 1968, p.50).
47) 李能和, 「朝鮮巫俗考」(『계명』 19, 1927 ; 문화인류학회 影印, 1968, p.19).
48) 『삼국사기』 권2, 신라 伐休尼師今 즉위년조.

고대의 사상 특히 토착신앙을 밝히고자 할 때에, 일단 무속으로서 그 연구의 출발점으로 삼든지 혹은 그 귀결로 생각할 수 있다. 고대의 민족사를 해명하기 위한 풍부한 문헌자료를 많이 가지고 있지 못한 지금, 무속의 연구도 자연히 현지조사를 통한 자료 수집이 앞서야 한다. 현지조사를 행할 경우 논리성이나 일관성이 없다고 해서, 무속신앙을 하등종교 관념이나 비정상적인 미신으로 생각해서는 안 된다. 사실 고등종교를 믿는다는 우리 사회의 일반인들의 신앙도 대체로 막연할 뿐만 아니라 조리를 갖추고 있는 것은 아니다.

현지조사는 그들과 같은 상황 속에 우리 자신을 두고 분석해야 한다.[49] 다만 현지조사한 자료로써 고대의 무속을 밝히려 할 때, 시간의 격차에서 오는 해석상의 제약을 생각하지 않을 수 없다. 고대의 무속과 그 잔존 형태인 오늘날의 무속이 같을 수 없기 때문이다. 수집된 현지조사 자료는 문헌고증을 거쳐 그 역사적 맥락을 먼저 밝혀야, 민족문화를 연구하는 효과적인 사료로 이용될 수 있다.

고고학적 민속자료는 이미 기년(紀年)이나 역사적 의미를 일단 인정할 수 있는 것이기 때문에 무속의 연구뿐만 아니라 고대의 민족문화를 연구하는데 대단히 중요하다. 1968년에 대전 괴정동(槐亭洞)에서 출토되었다고 전하는 농경문양(農耕文樣)의 청동기가 있다. 이 청동기의 앞면에는 물론 따비로 밭갈이 하는 모습이 새겨져 있지만, 뒷면에는 소도의 신목(神木)이 그려져 있다. 즉 나무에 새가 앉은 모습이 보인다. 솟대에 새가 앉은 사례로 시베리아의 오르도스에서 출토된 청동간두(青銅竿頭)를 들 수 있고, 황해도 지역의 오릿대도 같은 것으로 파악된다. 이는 청동기시대의 소도신앙이나 농경사회를 이해하는데 중요하다.

---

49) E. E. Evans-Pritchard, 앞의 책(p.109).

또한 괴정동에서 출토된 청동유물의 도록(圖錄)이 국립박물관에서 출간되었는데, 여기에 수록된 거울이나 방울 외에 기타의 유물에도 구멍이 뚫렸거나 고리가 있다. 이는 무당의 장신구이거나 소도의 장식에 사용된 것으로 추측된다. 고고학적 자료 속에는 무속을 연구하는데 도움을 줄만한 것이 많음에도 불구하고, 사실상 잘 이용되고 있지 않는 실정이다. 우리나라의 지석묘(支石墓)는 족장의 무덤인 동시에 제장으로도 사용되었으므로 무속과 연결되지만, 이 부분과 연관한 구체적 연구는 아직 없는 편이다.

지석묘 출토의 마제석검(磨製石劍)이나 바로 이어 사용되는 세형동검(細形銅劍)은[50] 제의용으로 제작한 것이어서 무속 연구에 도움을 줄 수 있다. 통(樋)이 있고 또한 단(段)이 없거나 혹 있을 경우에는 두 개였다는 것은 마제석검이 아무래도 무기로써 실용적이지 않았던 사실을 알려준다. 따라서 마제석검이나 세형동검은 의기(儀器)로써 군장(君長)의 위엄을 표시하는 상징으로 사용되었고, 무속사회에서 세속적 권력의 파생과 연관하여 제조된 것이다. 삼국시대의 고분 벽화는 무속사회의 사후세계를 이해하는데 도움이 된다. 중국 산동성(山東省) 가상현(嘉祥縣) 무씨사당(武氏祠堂)의 화상석(畫像石)은 단군신화의 내용을 담고 있다.[51]

단군신화 속에는 여러 요소의 무속 현상이 복합되어 나타나 있다. 이를 테면 '삼칠일(三七日)'이나 '불견백일일광(不見百日日光)' 또는 '삼백

---

50) 日人학자 有光敎一은 磨製石劍을 연구하여, 그것이 細形銅劍을 모방하여 만든 祭器라고 하였다. 반면 金元龍은 마제석검과 같이 출토한 유기물 속의 탄소동위원소를 측정하여 연대를 추정한 결과, 세형동검보다 시대가 앞섰기 때문에 실제로 사용한 무기로 파악하였다. 또한 지석묘를 조사 보고한 집대성이라 할 수 있는 『韓國支石墓硏究』(국립박물관)에도 이와 같은 주장이 나와 있다. 그러나 마제석검이나 세형동검은 모두 손잡이가 實戰에 사용하기로는 불편한 것이어서 족장의 위엄을 표시하는 제의용으로 보는 것이 바람직하다.
51) 金載元, 『檀君神話의 新硏究』(正音社, 1947, p.29).

육십여사(三百六十餘事)' 등의 숫자는 모두 인간이 태어난 후 의례일로 지키는 삼칠일·백일·돌과 일치한다. 박달나무[檀樹]는 소도의 솟대와 연결된다. 단군신화와 연관되는 무씨사당 화상석(畵像石)의 그림은 민족 문화권을 설정하는 데에도 중요하지만, 당시 사회의 사후관이나 영혼관 등 무속신앙을 해명하는 데에도 유용하다.

마지막으로 무속연구를 보다 훌륭한 것으로 만들기 위해 무속과 다른 신앙과의 복합이나 융합 과정이 밝혀져야 한다. 문화의 복합은 그에 파생된 사회구조의 변천과 새로운 사회구조를 탄생시키기 때문에, 무속과 다른 신앙과의 융합은 곧 민족사의 변천을 연구하는 것과 일치될 수 있다. 따라서 고대의 민족문화를 연구하는데, 무불(巫佛)융합 관계를 밝히는 것은 대단히 중요하다.

일반적으로 고대 무속사회에서는 사제자인 족장이 부족원을 지배하고 있었다. 또한 성읍국가시대의 왕은 사제자인 무당과 크게 다르지 않으며 부족장적인 세력기반을 가진데 불과하다. 그러므로 무속사회에서는 왕이나 부족장이나 사제자라는 면에서 대등한 관계를 가졌으나, 왕권이 보다 강해지면서 왕자(王者)는 다른 이념형태 즉 불교를 수용함으로써 종래의 사제자인 족장을 그 지배하에 복속시키려 했다. 성읍국가시대의 부족장적인 기반을 갖고 있었던 신라의 귀족은 법흥왕이 불법을 공인하려고 할 때에 이를 반대하였다. 그들이 불교 공인을 반대한 것은 사제자로서 독립적인 지위를 누렸던 종교신앙 면에서도 왕실에 예속되어 가는 데에 대한 반항을 나타낸 셈이다.

밀교의 성립은 무불융합 관계에서 파악되어야 한다. 삼국통일기에는 중국의 강창문학(講唱文學)에 비교될 수 있는, 이른바 강한 불교적 색채를 띤 무가(巫歌)가 등장하고 있다.[52] 불교 공인 이후 무불의 융합은 무속과 불교가 각각 파생시킨 사회생활 영역의 대립과 조절 및 절충을 통한 새로운 민족문화의 탄생을 가능하게 한다. 그러므로 불교 전래 이후의 민족문화를 연구함에 있어서 무불관계사의 연구는 매우 중요한 것이다.

현재 한국무속 연구는 역사학적 방법으로 민족문화를 밝히는 방향으로 나아가는 것이 바람직하다. 각 분야의 연구가 각기의 사명을 다하지 못한 채 또 다른 연구 방법으로 흡수되었을 경우, 한국무속 연구는 다시 제자리걸음을 되풀이 하는 수밖에 없다. 따라서 지금까지의 모든 연구 성과를 충분히 검토한 바탕 위에서, 역사학적 방법으로 무속을 연구해야 한다.

『사학논지』 2, 1974

3. 한국불교사의 체계화

1) 삼국의 불교수용

한반도에서 불교가 처음으로 공인된 때는 372년(소수림왕 2년)이며, 전진(前秦)의 왕(王) 부견(符堅)이 사신과 함께 승(僧) 순도(順道)를 보내어 불상과 경문을 전해줌으로써 전파되기 시작했다. 백제에서는 384년(침류왕 원년)에 불교가 공인되었다. 동진(東晉)으로부터 호승(胡僧) 마라난타(摩羅難陀)가 들어오자 왕이 그를 궁내에 모시고 경배하였으며, 385년에는 한산(漢山)에 불사(佛寺)를 창건하고 승려 10인을 제도(濟渡)하였다. 신라에서는 고구려나 백제보다 훨씬 늦은 535년(법흥왕 22년)에 불교를 공인하였다. 이차돈의 순교를 계기로 불교는 국교로 인정되었고, 그 후 찬란하게 발전하였다.

---

52) 張籌根, 「敍事巫歌의 시원과 民俗文藝史上의 위치 -한국적 講唱문학의 存在性 提唱을 위하여」(『문화인류학』 5, 임석재선생 고희기념논총, 1972, p.6).

삼국사회는 공인 이전에 이미 불교를 접하였다. 신라 눌지왕(訥祗王)이나 소지왕(炤智王) 때의 묵호자(墨胡子)나 아도(阿道)의 불교 전래전설은 이와 같은 사정을 알려준다. 이병도(李丙燾)는 이때에 인도 승려인 아도가 남중국을 거쳐 시자(侍子) 3인을 데리고 일선군(一善郡)에 잠입하였고, 모례(毛禮)의 집을 거점으로 포교 활동을 하다가 죽었으며, 그 시자들이 포교에 힘쓴 결과 마침 공주의 치병(治病)을 계기로 하여 궁중과 인연을 맺었던 것으로 생각하였다.[1] 고구려에서는 372년 이전에 이미 불교가 알려져 있었다.『양고승전(梁高僧傳)』이나『해동고승전(海東高僧傳)』의 석망명전(釋亡名傳)은 진(晉)나라 승려인 지둔(支遁) 도림(道林)이 고구려 도인(道人)에게 편지를 전한 사실을 알려준다. 물론 고구려 도인은 승려이다. 격의(格義)불교의 우두머리였던 도림이 366년에 죽었기 때문에, 고구려에서는 366년 이전에 불교를 알고 있었던 셈이다.[2]

  삼국사회에 불교가 언제 전해졌는가에 대해서는 정확하게 말하기 어렵지만, 공인된 시기는 삼국이 모두 중앙집권적 귀족국가 체제를 정비하던 때임이 확실하다. 이른바 불교는 왕권을 중심으로 중앙집권적 귀족국가를 성립시킨 것과 연관하여 공인되었다. 이와 같은 관점에서 이기백(李基白)은 불교의 전래가 절대적인 왕권을 중심으로 한 중앙집권적 귀족국가의 형성에 따른, 관념 형태를 성립시키기 위한 것이라고 하였다.[3] 계급의 발생과 그 분열을 토대로 한 전제왕권의 성장 및 왕실의 중앙집권화 현상과 대규모 정복전쟁의 수행에, 불교신앙은 큰 역할을 담당하였다. 왜냐하면 초인간적인 부처의 위엄은 왕의 위엄으로 생각되어 질 수 있기 때문

---

1) 李丙燾,「신라불교의 浸透과정과 異次頓 殉敎문제의 新考察」,『學術院論文集』14, 1975, p.11).
2) 李基白,「삼국시대 불교전래와 그 사회적 성격」(『歷史學報』6, 1954, p.132).
3) 이기백,「삼국시대 불교전래와 그 사회적 성격」(위의 책, p.204).

이다.[4] 그리하여 왕실은 왕의 이름을 불교에서 따오거나 왕법과 불법과의 일치를 꾀하였다. 결국 불교의 수용은 왕실에 의해 적극적으로 추진된 셈이다.

최근 이기백은 불교가 왕실에 의해 적극적으로 수용되어 왔다는 종래의 입장에 대해, 적어도 신라의 경우 회의적일 수 있음을 보여주었다.[5] 즉 귀족의 입장에서도 불교는 수용될 수 있는 요인을 가졌다. 신라 왕실은 적극적으로 불교를 공인하려고 했지만 귀족의 반대로 뜻을 이루지 못했다. 왕실의 측근인 이차돈(異次頓)의 순교를 치르고 난 다음에야 겨우 불교는 공인되었다. 이러한 공인은 귀족회의를 대표하는 상대등(上大等)의 설치로 인해 왕권과 귀족세력이 타협한 분위기에서 이루어졌다.

신라초기의 불교는 왕권과 귀족세력이 타협한 위에 성장하였으며, 전륜성왕(轉輪聖王)과 미륵 내지 석가불과 미륵불의 조화는 바로 이런 면을 반영하고 있다. 즉 국왕을 전륜성왕 및 석가불로 대비하고 귀족의 자제인 화랑(花郎)을 미륵(彌勒)의 화생(化生)이라고 믿음으로써, 왕권과 귀족세력이 불교신앙의 일정한 질서 속에서 조화와 타협을 이루었다.[6] 결국 신라의 불교는 귀족들에 의해서도 수용되어진 셈인데, 그렇게 된 이유는 불교의 윤회전생(輪廻轉生) 사상이 골품제라는 엄격한 신분제를 뒷받침함으로써 귀족의 특권을 정당화시켜 주었기 때문이다.[7]

위에서 기록한 이기백의 논지는 불교가 중앙집권적 귀족국가의 왕실에 의해 수용되어진 사실을 부인하는 것은 아니다. 그러나 김정배(金貞培)는 이러한 견해를 정면에서 부정하였다. 그의 논지는 두 가지로 요약될

---

4) 이기백,「삼국시대 불교전래와 그 사회적 성격」(위의 책, p.202).
5) 이기백,「신라초기 불교와 귀족세력」(『震檀學報』40, 1975).
6) 이기백,「신라초기 불교와 귀족세력」(위의 책, p.39).
7) 이기백,「신라초기 불교와 귀족세력」(위의 책, p.39).

수 있다. 첫째, 고대국가(중앙집권적 귀족국가)의 성립 상한이 다소 올라가기 때문에, 불교의 전래와 고대국가의 성립을 꼭 연결시켜 생각할 필요가 없다는 점이다.[8] 그 동안 김정배의 누적된 연구 업적은 한국의 청동기시대가 기원전 13세기까지 올라갈 수 있다는 것이고, 국가의 성립이나 기원 역시 청동기시대와 무관한 것으로 보았다. 둘째, 불교의 호국사상은 어디까지나 일반 백성인 중생을 대상으로 한 것이며, 국가나 집권층을 위한 것은 아니라는 점이다. 따라서 이는 중생의 평안을 비는 것이며, 불국토(佛國土) 건설이 바로 호국의 근본정신이 된다고 하였다.[9]

반면 김정배는 삼국의 정복 과정과 불교를 밀접하게 연결시켰다. 즉 삼국 사회는 정복전쟁을 수행하게 되자, 종래의 신앙은 새로운 질서를 더 이상 따를 수 없는 한계에 부딪쳐 불교를 수용하였다.[10] 불교사상의 이해를 통해 불교의 수용 과정을 논하려는 김정배의 접근법은 바람직하지만, 수용 당시의 불교사상과 현대 불교사상과의 차이에 대한 이해를 심화시키는 작업 또한 중요하게 취급되어야 한다. 석가가 활동할 당시나 처음 전래된 때의 불교사상에 대한 해명이 이 문제를 보다 순조롭게 해결해 줄 것이다. 석가의 불교 창시는 브라만계급을 옹호하는 브라만교에 대한 종교개혁이다. 때문에 불교는 왕자(王者)계급을 우선시하는 종교라고 할 수 있다.

당시 수많은 성읍국가로 나뉘어 있던 인도는 마갈타국(摩竭陀國)과 교살라국(憍薩羅國)의 두 대국으로 통합되어 갔고,[11] 통일을 주도하고 있었던 왕자계급이 제사를 관장하는 브라만계급보다 현실적으로 강한 세력으로 등장하였다. 브라만계급이 주도하는 브라만교가 정복전쟁을 이끌던

---

8) 金貞培, 「佛敎傳入 前의 韓國上代 社會相」(『崇山朴吉眞博士 華甲紀念 韓國佛敎思想史』, 1975, p, 2).
9) 김정배, 「불교전입 전의 한국상대 사회상」(위의 책, p.20).
10) 김정배, 「불교전입 전의 한국상대 사회상」(위의 책, p.21).
11) 金東華・洪庭植・李載昌, 「불교의 국가정치사상 연구」(『佛敎學報』 10, 1973, pp.41~42).

왕자계급과 맞지 않으면서, 자연히 그들의 요구를 수용하여 불교가 순조롭게 일어났다. 이때의 불교는 정복 국가에 필요한 종교였다. 원시불교 경전에 잘 나타나는 전륜성왕 사상은 당시 강대국을 중심으로 통일 사업을 진척시키는 정치사상이었다. 이와 같은 초전 불교의 성격을 생각할 때, 그것은 중앙집권적 귀족국가의 왕실과 연관되었음이 분명하다. 처음에 불교는 왕실 중심으로 수용되었다. 왕실이 불교를 귀족에게까지 수용하도록 공인하는 과정에서 반발이 일어났다.

신라의 불교공인 과정에서 처음에는 이차돈이 순교해야 할 정도로 강한 반대에 부딪쳤지만, 고구려나 백제의 불교공인 과정에 심한 반발이 나타났던 것으로는 기록되어 있지 않다. 불교의 공인을 반대하던 자들은 주로 족장세력인 귀족들이었다. 법흥왕은 자기의 의사와는 달리 귀족의 압력을 받고, 절을 조성한 책임을 물어 왕실의 측근인 이차돈을 사형에 처하였다. 이차돈의 사형으로 문제가 수습되지 않았다면, 법흥왕 자신이 왕위에서 물러나야 되는 경우가 생겼을 정도로[12] 신라의 귀족세력은 강대하였다. 반면 고구려나 백제사회에서는 신라사회보다 족장의 세력 기반이 약하였다. 따라서 왕실이 불교를 수용하려는데 대한 귀족의 반대가 신라의 그것보다 약했으므로, 사서에 기록으로 전하지 않았을 뿐이다.

족장세력인 귀족들이 불교의 수용을 반대한 이유에 대해서는 구체적으로 밝혀지지 않은 셈이다. 불교의 보편성에 의해 귀족세력이 이념적으로도 왕실에 복속되는 것을 싫어하기 때문이라는 막연한 이유가 제시되었다. 이 문제를 해결하기 위해서는 불교 전래 이전의 토착신앙이나 무교신앙에 대한 이해가 있어야 할 것이다. 무교신앙은 제정일치 시대의 윤리가 체계를 이루면서 형성되어진 것이고, 무(巫)는 족적(族的) 공동체 기반을

---

12) 이기백,「신라초기 불교와 귀족세력」(앞의 책, p.27).

가진 부족장이었으며 제사장으로서의 기능을 가졌다. 연맹왕국이 성립되면서 족장들은 연맹왕의 신하로 등장하나, 사실상 왕과 동등한 독립적 기반을 가진 부족장이었으며 제사장으로서의 기능을 가졌다. 그들이 표방하는 무교신앙 또한 왕의 그것과 대등한 것이다. 이 점은 귀족들로 하여금 불교 수용을 반대하게 한 중요한 원인이 되었다. 왜냐하면 무교신앙은 연맹국가가 성립하기까지의 족장적 윤리로서 유지되었으나, 원시 불교는 귀족들이 왕실에 복속되는 것을 합리화하기 때문이다.

고구려에 수용된 불교의 특성은 삼론학(三論學)의 연구에서 찾아진다. 일찍부터 격의불교가 전래된 데에서 고구려에 삼론종이 크게 성행한 원인을 찾을 수 있다. 이미 불교 공인 이전에 고구려 도인이 동진(東晋)의 고승 도림(支遁 道林, 314~366년)과 교유하였는데, 그는 당시 중국 불교계에 크게 유행하던 격의불교의 대표자였다.[13] 자연 고구려 도인의 불교사상은 지둔의 그것과 밀접한 관계를 가졌다. 노장적(老莊的) 성격을 지닌 격의불교로서 출발하였던 고구려 불교는 결국 '공(空)' 사상에 대해 깊이 이해할 수 있는 기반을 마련하였다. 왜냐하면 노장의 '무(無)' 관념으로써 불교의 '공' 사상을 이해하려 했기 때문이다.

고구려가 격의불교에서 언제 탈피하였는가는 분명하지 않으나, 의연(義淵)은 576년(평원왕 18년)에 중국에 가서 고승 법상(法上)에게 십지론(十地論)·지도론(智度論)·지지론(地持論)·금강반야론(金剛般若論) 등에 관하여 자세한 것을 알아 가지고 돌아왔다. 적어도 이때의 고구려에서는 불교사상이 깊이 이해되었다고 보아 좋을 것이다. 특히 의연이 관심을 두었던 것은 지도론이나 금강반야론에 의한 삼론사상이었다.[14]

고구려 불교는 삼론을 기초로 중도(中道)사상을 표방하였다. 중국 길

---

13) 金煐泰, 「고구려 불교사상 -初傳 성격을 중심으로-」(『숭산박길진박사화갑기념 한국불교사상사』, 1975, pp.3~5).

장(吉藏)이 대성시킨 삼론종은 고구려 승려인 3대조 승랑(僧朗)의 사상을 기점으로 하여 변하고 있다. 이를 신삼론(新三論)이라 한다. 이에 대해 나집(羅什)으로부터 승랑 이전까지의 성실론적(成實論的)인 공사상을 고삼론(古三論)이라 한다.[15] 승랑은 '공'과 '가(假)'를 모두 갖춘 것이 현상이며, 이것을 중도라 했다. 그가 공사상을 근간으로 제창한 중도사상은 획기적인 것이다. 승랑이 고구려로 돌아오지는 않았지만, 이러한 사상이 고구려 불교에 영향을 주었던 것임은 분명하다.

백제에 수용된 불교의 특성은 율학(律學)의 연구에서 찾아진다. 「미륵불광사사적(彌勒佛光寺事蹟)」에 의하면 백제 승 겸익(謙益)은 526년(성왕 4년)에 인도에서 범승(梵僧) 배달다삼장(倍達多三藏)과 함께 『범본오부율(梵本五部律)』을 직접 가지고 들어와, 28명의 이름난 승려와 함께 율부(律部) 27권으로 번역하였다고 한다. 담욱(曇旭)과 혜인(惠仁)은 이에 대한 율소(律疏) 36권을 저술하였으며, 왕은 번역된 신율(新律)의 서문를 썼다.[16] 이것은 백제에 율학이 크게 성행하였음을 알려준다. 그리하여 588년(威德王 5년)에는 일본의 선신니(善信尼) 등이 백제에 유학하여 율학을 배웠다.[17] 선신니는 돌아가 일본 율학의 시조가 되었다.

백제 사회에 율종이 성행하는 이유에 대한 연구가 홍윤식(洪潤植)에 의해 시도되었다. 백제 사회에서는 율령 사회의 사상적 기조가 되는 유교사상의 '예(禮)'가 불교의 '계(戒)'와 조화를 이루었다.[18] 이미 이러한 경향은 동진시대에 나타나기 시작하여, 백제는 그 영향을 받았다. 또 백제문화는 일찍부터 중국문화를 받아들여 세련되었기 때문에, 유교를 폭넓게

---

14) 覺訓, 『海東高僧傳』 권1, 유통 1, 釋義淵傳.
15) 柳炳德, 「僧朗과 三論思想」(『숭산박길진박사화갑기념 한국불교사상사』, 1975, pp.41~42).
16) 李能和, 『朝鮮佛教通史』 권상(1918, p.33).
17) 이능화, 『조선불교통사』 권상(p.35).
18) 洪潤植, 「百濟佛敎」(『숭산박길진박사화갑기념 한국불교사상사』, 1975, p.81).

이해하는 기반이 마련되어 있었다. 이것이 백제의 율학을 성립시키는 데 영향을 주었다.

한편 백제 사회에 율종이 성행하게 되는 이유는 그 사회구조 속에서도 추구되어야 한다. 백제는 신라나 고구려와는 달리 근초고왕 때에 정복국가로서의 전성기를 맞았고, 침류왕 때에는 넓혀진 영역을 유지하는 면으로 체제정비를 단행하였다. 그러한 노력이 율계적(律戒的)인 통치로 나타났다. 자연히 이때의 불교는 계율을 강조하는 성격을 가졌다. 백제 율종의 사상 내용이 어떤 것인지에 대해서는 전혀 연구되지 못했다. 그것을 알려줄 만한 사료가 거의 없기 때문이다. 다만 백제 지역에서 성행한 미륵신앙은 율종과 연관된 것으로 생각한다. 이는 백제 율종의 근본이 유가보살계(瑜伽菩薩戒)에 근거했다고 추측하게 한다. 미륵이 설한 유가보살계는 보살에게 내리기 때문에 범망계(梵網戒)에 비해 훨씬 엄격한 것이며, 또한 미륵신앙에는 계율이 강조되었다.

2) 교학 불교의 융성

신라의 불교는 공관계(空觀系)의 화엄종과 유식계(唯識系)의 법상종으로 대표될 수 있다. 대개의 불교학자들이 종파적인 입장에서 완전히 벗어나지 못함으로써,[19] 당시 불교사상의 연구가 보다 객관적으로 추구되기 어려웠다. 이러한 가장 비근한 사례가 화엄종의 연구에서 왕왕 나타났다. 그리하여 화엄사상가로 원효를 중시하는가 하면, 의상을 중요시하기도 한다.

원효를 강조한 화엄사상에 대해서는 권상로(權相老)・김잉석(金芿石)

---

19) 李箕永,「한국불교 연구의 현실과 과제」(『韓國學報』 1, 1975, p.161).

등이 연구하였는데,[20] 모두 개설적이고 피상적인 언급에 그쳤다. 이에 대한 본격적인 연구는 장원규(張元圭)에 의해 행해졌다.[21] 그는 중국 정통 오조(五祖) 이외에 방계의 조사(祖師)로서 의상·원효 및 당의 이통현(李通玄) 장자(長者)의 화엄교학을 추구하였다. 원효의 화엄사상은 중국의 화엄 제3조인 법장(法藏)이나 제4조 청량(淸凉) 등에게 영향을 준 반면, 의상의 사상은 그의 스승인 지엄(智儼)의 사상과 동일하나 법장이나 청량의 그것과는 다르다. 한국 화엄종에 있어서 의상은 정통의 조사이고 원효는 방계의 조사이다. 그런데 장원규가 중국 방계인 이통현 장자의 화엄사상을 크게 부각시킨 것은 곧 한국 화엄종의 방계인 원효의 사상에 비중을 둔 것이다.

의상을 강조한 본격적인 연구는 김지견(金知見)에 의해 행해졌다.[22] 그는 신라 화엄종의 주류가 의상계였으며, 그것이 나말여초에 성황을 이루었던 선종 구산문과 관계가 있고, 특히 고려초 균여의 사상으로 이어져서 그 뒤 조계종(曹溪宗) 성립에 영향을 주었음을 밝혔다. 특히 그가 의상의 화엄사상을 균여의 그것과 연결시켜 파악한 점이 주목된다.

의상은 중국 지엄 문하에 있을 때, 「화엄일승법계도(華嚴一乘法界圖)」를 지었고, 신라로 돌아와서 「백화도량발원문(白花道場發願文)」을 저술하였다. 이 두 저술은 짤막하지만 의상의 화엄사상을 잘 알려준다. 의상이 원교(圓敎)의 종요(宗要)를 펴면서 가장 강조한 점은 원융(圓融)사상이다. 의상의 화엄사상은 융회적 성격을 갖는다. 의상에 의하면 만물의 근본인 진여(眞如)는 '하나[一]'인 것이며, 이 하나는 무분별한 것으로 중도(中道)

---

20) 權相老, 『朝鮮史藁』와 金仍石, 『華嚴學槪論』 등이다.
21) 張元圭, 「화엄교학 완성기의 사상연구」(『佛敎學報』 11, 1974).
22) 金知見, 「신라 화엄의 계보와 사상」(『學術院文集 人文社會』 12, 1973).
   김지견, 「신라 화엄학의 주류고」(『숭산박길진박사화갑기념 한국불교사상사』, 1975).

이다. 「화엄일승법계도」에서 "법성(法性)은 원융하여 두 상이 아니다"라고 함은 이를 표현한 것이다. 곧 법성은 분별이 없고 여여(如如)해서 하나인 것이다.

원융사상을 안에서 뒷받침하고 있는 것은 연기(緣起)사상이다. 의상은 "하나 중에 일체가 있고 여럿 중에 있는 하나도 역시 이와 같다"라고 했다. 하나에서 일체의 만물이 생겼으므로, 역으로 일체의 만물은 하나로 돌아간다. 의상은 이를 지엄의 십전법(十錢法)으로 비유 설명하였다. '일중십(一中十)'을 향상래(向上來)라 하고 '십중일(十中一)'을 향하거(向下去)라 한다. 그런데 '일중십'과 '십중일'은 무애(無碍)한 것이어서 서로 용납된다. 곧 일문(一門)을 나타내면 그 가운데 10문을 구족(具足)한다는 의미이다.[23)]

결국 의상의 연기론은 '일중다(一中多)'나 '다중일(多中一)'이 서로 융회되면서, 하나 속에 일체를 회통시키려는 것이다. 그러므로 그는 "하나의 조그만 티끌 속에 시방의 세계를 포함한다"라고 하였다. 이와 같은 의상의 원융사상은 중앙집권적 귀족국가 체제를 정립시킨 왕실의 구미에 맞는 것이다. 중앙왕실이 주위의 모든 세력을 통합하면서 권력을 집중하려고 할 때, 하나 속에 모든 것을 회통시킬 수 있는 화엄사상이 절대로 필요했을 것이다.

의상의 화엄사상은 법장의 그것과 많이 다르다. 지엄이 의상을 '의지(義持)'라고 부르고 법장(法藏)을 '문지(文持)'라고 불렀던 것은 이를 알려준다. 의상과 법장의 차이에 대하여 김지견이 언급하였다. 그러나 그는 법장이 지은 『화엄오교장(華嚴五敎章)』의 이본(異本)에 관한 차이를 지적하였으나, 그 사상이나 내용의 차이에 대해 전문적으로 연구하지는 않았다.

---

23) 義湘, 「華嚴一乘法界圖」.

법장이 당시 중국에 와 있던 의상의 제자인 승전(勝詮)을 통해 『화엄오교장』을 의상에게 보내면서 그 교정을 부탁하였다. 그런데 의상은 『화엄오교장』의 10문으로 된 내용을 살펴보고, 제9문과 제10문의 순서를 바꾸어 정리하였다. 그리하여 신라에는 두 본의 『화엄오교장』이 전했는데, 의상이 정정한 것을 초본(草本)이라 칭하고 정정하지 않은 것을 연본(鍊本)이라 칭했다.[24] 초본이 의상계 인물인 심상(審祥)에 의해[25] 일본에 전해졌다. 이로써 보면 일본 화엄종을 일으키는데 의상의 화엄사상이 상당한 영향을 주었다.

균여의 저술은 의상의 화엄사상과 법장의 그것이 다른 점을 많이 알려준다. 우선 두 사람의 가장 기본적인 법계관(法界觀)이 서로 달랐다. 법장이 수진법계관(竪盡法界觀)을 주장하였다면 의상은 횡진법계관(橫盡法界觀)을 주장하였다.[26] 따라서 법계관의 차이에서 오는 두 사람의 화엄사상의 차이는 더 구체적으로 밝혀질 수 있다.

원효가 찬술한 『화엄경소(華嚴經疏)』는 지금 전하지 않기 때문에, 그의 화엄사상의 내용을 뚜렷하게 밝히기는 어려운 실정이다. 원효는 일찍이 분황사(芬皇寺)에 머물면서 화엄경을 찬술했는데, 제4 십회향품(十廻向品)에 이르러 끝내 붓을 놓았다. 또 그는 "공사(公事)로 인하여 몸을 백송(百松)으로 나누었기 때문에 위계(位階)의 초지(初地)이다"라고 했다. 지금까지 원효가 제4 십회향품에서 붓을 놓으면서 화엄경의 찬술을 끝마치지 못한 이유는 입적한 때문인 것으로 알려졌다. 그렇지만 원효가 이때

---

24) 김지견, 「신라 화엄의 계보와 사상」(앞의 책, p.49).
25) 김지견, 「신라 화엄의 계보와 사상」(앞의 책, p.45).
26) 竪盡法界觀에서는 一切가 각각 '自名口許'이지만, 橫盡法界觀에서는 일체가 '共一名口許'이다(均如, 『一乘法界圖圓通記』 권하, 21葉 右). 예를 들면 10錢을 헤아릴 때, 法藏은 일전에서 10전에 이르기까지를 각각 살펴서 이해하지만, 의상은 일전에서 10전에 이르기까지를 모두 처음 일전에 비추어 이해한다.

입적했을 만한 아무런 증거도 없다. 오히려 그가 제4 십회향품에서 붓을 놓은 것은 그의 화엄사상과 연관된다고 생각한다. 몸을 백송으로 나누어도 항상 초지를 강조함은, 그가 횡진법계관을 가졌다고 보아야 할 것이다.[27] 그럴 경우 원효는 화엄경 전체를 찬술할 필요를 느끼지 않았을 것이다.

원효의 화엄사상은 의상의 그것과 비슷한 면을 가졌다. 그의 만교(滿敎)는 의상의 원교(圓敎)와 크게 다르다기보다는, 그것에 별교(別敎)를 더 첨가한 것이다.[28] 원효나 의상이 융회적인 사상을 가진 것은 두 사람의 화엄사상이 모두 원교에 입각하였기 때문이다. 그러나 원효의 화엄사상은 의상의 그것과 상당한 차이가 있다. 오히려 그의 사교판(四敎判)은 중국의 법장 등에게 대단한 영향을 주었다.[29] 사실 그의 교판은 당시까지의 불교사를 관조하여 회통하려는 것이다. 그러므로 그는 화엄경으로 종요를 삼으면서도, 거의 모든 경전을 주석하였다.

원효의 화엄사상과 연결될 수 있는 것이 명효(明皛)의 화엄사상이다. 이기영은 명효가 원효의 별호라고 추측하였다.[30] 왜냐하면 원효가 게송의 뜻을 구태여 길게 주석하지 않은 점이나 『해인삼매론(海印三昧論)』에서 생사가 곧 열반이라는 점 등이 원효의 사상을 방불하게 하기 때문이다. 다년간 원효의 사상에 대해 연구해 온 이기영이 명효의 사상을 통해 원효의 화엄사상에 접근하려는 태도는 바람직한 것이다.

---

27) 수진법계관을 가진 법장이 『傳華嚴經疏』를 찬술하였지만, 횡진법계관을 가진 의상은 法性偈를 짓는데 그쳤다. 결국 횡진법계관에서는 初地에 대한 이해로써 모든 位階를 설명할 수 있게 됨으로, 의상은 아예 화엄경에 대한 註疏를 찬술하지 않았거니와, 원효도 제4 十廻向品 이상으로 찬술할 필요를 느끼지 않았을 것이다.
28) 장원규, 「화엄교학 완성기의 사상연구」(앞의 책, p.16).
29) 李箕永, 「경전인용에 나타난 元曉의 독창성」(『숭산박길진박사화갑기념 한국불교사상사』, 1975, p.186).
30) 이기영, 「明皛의 海印寺昧論에 대하여」(『鷲山李殷相博士古稀記念 民族文化論叢』, 1973, p.115).

화쟁(和諍)사상을 주장한 원효는 불교사에서 대단히 중요한 위치에 있다. 원효에 대해서는 상기한 이기영의 일련의 연구가 있다. 원효의 『대승기신론소(大乘起信論疏)』를 의역하여 설명을 붙인 『원효사상(元曉思想)』은[31] 본격적인 연구서라기보다는, 존경하는 한 사상가의 사상을 해설하고 소개해 준 느낌을 준다. 그러나 이러한 고전의 국역 작업은 다음 연구를 위한 밑거름이 되었다는데 중요한 의미를 지닌다.

「원효의 보살계관(菩薩戒觀)」이나[32] 「원효의 기신론(起信論)·별기(別記)를 통해 본 진속원융무애관(眞俗圓融無碍觀)과 그 성립 이론」의[33] 두 논문은 사실상 이기영의 『대승기신론소』의 국역 작업 위에서 이루어졌다. 위의 논문 중 전자는 원효의 대승보살도를 중심으로 한 윤리관에 대한 연구이다. 그것은 '진속불이(眞俗不二)' 혹은 '진세불이(眞世不二)'의 중도사상에 입각하여, 원효사상의 모범성이나 실천성을 밝혔다. 후자는 원효의 기신론·별기를 분석하여 그의 진속원융 무애관 즉, 진여(眞如, 中觀)·생멸(生滅, 瑜伽) 두 문을 화합한 '진속불이'의 경지를 밝혔다.

원효의 『금강삼매경론(金剛三昧經論)』을 분석한 고익진은[34] 실천 원리로서, 그의 '일미관행(一味觀行)'의 교문을 밝혔다. 이 연구는 전기한 「원효의 기신론·별기를 통해 본 진속무애관과 그 성립 이론」의 바탕 위에서 이루어진 것이기 때문에,[35] 『대승기신론소』와 『금강삼매경론』과의 관계를 추구하였다. 원효의 저술에 인용된 경전을 분석하여 그의 사상의 특성을 밝히려는 노력이 이기영에 의해 행해졌다.[36]

---

31) 이기영, 『元曉思想』 1, 세계관(弘法院, 1967).
32) 이기영, 「원효의 菩薩戒觀」(『佛敎學報』 7, 1967).
33) 高翊晋, 「元曉의 起信論·別記를 통해 본 眞俗圓融無碍觀과 그 성립 이론」(『佛敎學報』 10, 1973).
34) 고익진, 「원효사상의 실천원리」(『숭산박길진박사화갑기념 한국불교사상사』, 1975).
35) 고익진, 「원효사상의 실천원리」(위의 책, p.230).
36) 이기영, 「경전인용에 나타난 원효의 독창성」(앞의 책, 1975).

이기영은 원효의 현존 저술을 개별적으로 검토하여 그 사상의 윤곽을 파악하였다. 그런 다음 원효의 저술 속에 나타난 경전 인용의 실태를 검토해 봄으로써 그의 사상의 특성을 이해하였다.[37] 그리하여 그는 원효의 모든 저술에 나타난 인용 문헌을 분류하고 인용 구절의 내용을 원전과 대조하였으며, 나아가 그런 원전이 원효의 사상에 얼마나 중요한 영향을 끼쳤는가를 이해하였다. 그의 연구가 완성된 것이라기보다는 소재나 자료 정리에 치중하였지만, 특히 부록의 인용 문구는 충분한 자료적 가치를 지녔다. 이는 받침돌이 되어 다음 연구를 위한 보탬이 되어야 할 것이다.

유식계의 법상종에는 자은(慈恩)·혜소(惠沼)·지주(智周) 등으로 이어지는 중국의 정통파와 원측(圓測)·도증(道證)·태현(太賢)으로 이어지는 신라 계통의 일파가 있었다.[38] 그러므로 신라 법상종의 연구를 위해 일찍부터 원측이 주목되었다. 원측에 관한 최초의 본격적인 연구는 조명기에 의해 이루어졌다.[39] 그는 최치원의 「원측휘일문(圓測諱一文)」과 송복(宋復)이 찬술한 「사리탑명(舍利塔銘)」을 분석하여 원측의 사상이 중국 자은의 그것과 다르며, 자종(自宗)을 고집하거나 타파(他派)를 배척하지 않고 융합함으로 원효의 사상과 비슷하다고 하였다.

그 후 황성기(黃晟起)나[40] 원의범(元義範)의[41] 연구도 원측의 사상이 자은의 그것과 다르다고 결론을 맺었다. 방법론상 전자는 원측의 사상을 밝히기 위해 혜소가 지은 『요의등(了義燈)』 14권 중 원측에 대해 언급한 인용문을 분석하였다. 『요의등』은 혜소가 그의 스승인 자은을 옹호하기 위해 원측을 논박한 것이기 때문에, 이를 분석하여 원측의 사상으로 규정

---

37) 이기영, 「경전인용에 나타난 원효의 독창성」(앞의 책, p.178).
38) 黃晟起, 「圓測의 唯識學觀에 관한 연구」(『불교학보』 9, 1972, p.19).
39) 趙明基, 「圓測의 사상」(『震檀學報』 16, 1949).
40) 황성기, 「원측의 유식학관에 관한 열구」(앞의 책).
41) 元義範, 「원측의 유식사상」(『숭산박길진박사화갑기념 한국불교사상사』, 1975).

하는 것은 신중하여야 한다. 후자는 이미 연구된 업적 위에서 원측의 유식 사상의 골격을 구상하거나 또는 그러한 업적에서 남겨졌던 미개척 분야를 다루었다.

유물을 통해 법상종 사상에 접근한 문명대의 연구가 있다.[42] 그는 신라 법상종의 계보를 원측에서 태현으로 이어지는 일파와 원광(圓光)에서 진표(眞表)로 이어지는 또 한 파를 설정하였다.[43] 법상종의 주존불이 미륵이라고 하지만, 미술사적 측면에서 전자는 미륵과 미타의 양 불상을 모셨다면 후자는 미륵과 지장의 양 불상을 내세웠다. 미술사 연구에 있어서 사상사적 측면을 중요시하며, 특히 현존 유물을 문헌과 연결시켜 그것의 역사성 내지 시대성을 파악하려는 그의 연구 태도는 높이 평가된다.

진표에 대해서는 법상종교학과 연관시킨 연구가 있었는가 하면, 이와 관계없는 이른바 점찰교법(占察敎法)의 창시자라는 김영태의 연구가 있다.[44] 그는 신라시대에 행해졌던 점찰법회나 진표의 계법(戒法)으로 제8·제9 간자(簡子)를 중시하는 사상을 규명하여, 진표가 창시한 점찰교법은 이전의 점찰법회와는 달리, 계법을 중시한 점찰참회(占察懺悔)의 교법이라 하였다. 여기서 신라 교법의 새로운 일면이 밝혀진 것은 중요한 성과이다. 그러나 진표가 법상종과 전혀 관계없다고 파악해서는 안 될 것이다. 김영태가 미륵을 지장의 『점찰경(占察經)』을 전수받는 과정에서 증명사(證明師)로 밖에 파악하지 않았으나,[45] 사실 설화의 내용은 지장보다 미륵

---

42) 文明大,「太賢과 茸長寺의 佛敎彫刻」(『백산학보』 17, 1974).
　　문명대,「신라 법상종(瑜伽宗)의 성립과 그 미술 -甘山寺 彌勒菩薩像 및 阿彌陀佛像과 그 銘文을 중심으로-」(『歷史學報』 62·63, 1974).
43) 문명대,「신라 법상종(瑜伽宗)의 성립과 그 미술」(위의 책, p.154).
44) 金煐泰,「신라 점찰법회와 진표의 교법연구」(『불교학보』 9, 1972).
　　김영태,「점찰법회와 진표의 불교사상」(『숭산박길진박사화갑기념 한국불교사상사』, 1975).
45) 김영태,「점찰법회와 진표의 불교사상」(위의 책, p.402).

이 더 수승(殊勝)한 것으로 나타나 있다. 오히려 지장은 점찰법과, 미륵은 보살계와 관련시켜 분석하는 것이 바람직하다. 백제시대말의 공주 지역에 미륵사상이 성행하였다. 계율을 강조하는 백제불교의 전통을 이은 진표의 제8·제9 간자는 후삼국의 혼란기에 종적을 감추었다가, 고려의 통일과 함께 왕건의 수중으로 들어갔다. 계율과 점찰법을 함께 내세운 진표는 법상종 승려로 파악되어야 한다.

3) 신앙의례를 통한 불교 대중화

불교신앙에 대해 논하고자 할 때, 선행되어야 하는 것이 불교의 대중화 과정이다. 불교의 대중화는 의례와 연관하여 추구되는가 하면, 불교사상과 연관하여 파악되기도 하였다. 전자에 속한 김문경(金文經)의 일련의 연구가 있다.[46] 그는 적산(赤山) 법화원(法華院)의 불교 의식을 고찰함으로써 영성한 신라 교화승(敎化僧)의 역할을 밝혔다. 불교의 홍포 과정에서 가장 먼저 등장한 것은 강경(講經)이며, 강경 의례에서는 강사를 보조하기 위한 범패사(梵唄師)·논강자(論講者)·복강사(覆講師) 등이 등장했다. 800년대에 들어서면서 심오한 교리의 습득보다는 시각적이고 청각적 방법인 '칭탄불명(稱嘆佛名)'에 치중하면서, 신앙 결사를 통해 무속과의 융합 등은 한 걸음 더 불교의 대중화에 박차를 가했다. 또한 홍윤식은 『입당구법순례행기(入唐求法巡禮行記)』에 나타난 적산원(赤山院)의 불교

---

46) 金文經, 「赤山 法華院의 佛敎儀式」(『史學志』 1, 1967).
김문경, 「의식을 통한 불교의 대중화운동 -唐·新羅관계를 중심으로-」(『사학지』 4, 1970).
김문경, 「삼국유사에 나타난 신라의 불교 신앙결사」(『史學會誌』 17·18, 1971).

의례를 분석했는데,[47] 그 결론은 김문경의 그것과 크게 다를 바가 없다.

후자에 속한 연구는 김영태에 의해 이루어졌다.[48] 그는 신라불교의 대중화에는 그 역사적 필연성이 내재되었다는 전제 하에서 그것을 밝히고자 하였다. 수용에서부터 혜숙(惠宿)·혜공(惠空)·대안(大安)·원효 등으로 이어지는 동안, 나라를 일으키고 백성을 이롭게 하는 것이 초기 신라불교의 나아가는 방향이었다. 이것이 일관성을 가지고 지속되었기 때문에 결국 신라 불교가 대중화되었다. 신라 불교는 왕실을 중심으로 수용되었다가 공인 이후 귀족 불교로서 자리하였기 때문에, 다음으로 향해야 할 지점은 바로 일반 대중이 아닐 수 없다. 이를테면 불교의 대중화를 왕실이나 귀족에 초점을 맞추면서 밝힌 셈인데, 이것이 보다 잘 밝혀지기 위해서는 일반 대중이 어떤 사회적 상황 속에서 무엇 때문에 불교를 받아들이는가 하는 방향에서의 연구가 곁들여져야 한다.

정토(淨土)신앙에 대해서는 안계현(安啓賢)의 일련의 연구가 있다.[49] 원효와 법위(法位)의 정토사상은 대개 비슷하고, 이것이 현일(玄一)·경흥(憬興)으로 이어지는 과정에서 변화되었다. 원효와 현일로 이어지는 정토교학과 경흥의 그것이 다름은[50] 그들이 『무량수경(無量壽經)』을 이해하는 차이로 말미암아 나타났다. 안계현이 일본 및 중국 승려들의 정토교 관계 장소(章疏)를 널리 섭렵하고, 거기에 수용된 신라계의 정토교 관계

---

47) 洪潤植, 「통일신라의 信仰儀禮」(『숭산박길진박사화갑기념 한국불교사상사』, 1975).
48) 김영태, 「신라불교 대중화의 역사와 그 사상연구」(『불교학보』 6, 1969).
49) 安啓賢, 「원효의 彌勒淨土 왕생사상」(『歷史學報』 17·18, 1962).
    안계현, 「원효의 미타정토 왕생사상」(『역사학보』, 16·21, 1961·1963).
    안계현, 「義寂의 미타정토 왕생사상」(『東國史學』 7, 1964).
    안계현, 「신라승 憬興의 미륵정토 왕생사상」(『진단학보』 25·26·27 합집, 1964).
    안계현, 「신라승 法位와 玄一」(『역사학보』 26, 1965).
    안계현, 「신라 정토교학의 제문제」(『숭산박길진박사화갑기념 한국불교사상사』, 1975).
50) 안계현, 「신라 정토교학의 제문제」(위의 책, pp.331~334).

문헌을 수집·정리하여 복원하려는 방법이나, 원효·경흥·법위·현일 등의 사상에 대한 비교 연구를 통해 신라 정토신앙을 이해하려고 한 점 등은 높이 사야 할 것이다. 그 외의 화엄·유식·계율 등 다른 교학사상에 대해서도 위에서 행한 것과 같은 작업이 이루어져야 한다.[51]

미타·미륵·관음신앙을 개관한 연구가 김영태에 의해 이루어졌다.[52] 그는 미륵이나 미타불은 현실을 떠난 정토보다는 현실 위주의 정토신앙을 가졌고, 관음보살도 신라 사회에서 독특하게 믿어졌다는 것을 논하였다. 이러한 기반 위에서 미륵·미타·관음신앙이 각각 논해졌다.

먼저 미륵신앙에 대한 김영태의 연구는[53] 불교학의 측면에서 행해졌다. 그는 화랑도의 사상적 근원과 그 창의의 배경이 미륵사상이라는 입장에서, 화랑도를 밝히기 위해 미륵사상을 분석하였다. 전륜성왕의 치세에는 미륵이 하생(下生)하기 때문에, 국선(國仙)이 미륵을 상징한 것이라면 신라 국왕은 전륜성왕으로 비교될 수 있다. 국왕은 국선을 나라의 미륵으로 받들었기 때문에 스스로 전륜성왕이 되는 것이다. 김영태는 미륵사상을 밝혀 신라 왕실의 진종설(眞種說)을 사상적 측면에서 언급한 셈이다.

미륵신앙에 대한 역사학이나 미술사학적 측면에서의 연구가 김상기나[54] 황수영에[55] 의해 행해졌다. 전자는 경주 서쪽에 위치한 세칭 상인암의 본명이 신선사(神仙寺)임과 그 양면에 새겨진 세 개의 거상(巨像)이 미륵삼존임을 밝혀, 미륵신앙과 화랑이 연결되는 것을 제시하였다. 후자는 경주박물관 집고관의 삼존석불을 기록에 나타난 삼화령의 미륵으로 보고, 이를 근방의 고분과 연결시켜 화랑도와 인연이 있는 것으로 추정하였다. 결

---

51) 안계현, 「신라 정토교학의 제문제」(위의 책, p.314).
52) 김영태, 「신라 白月山 二聖설화의 연구」(『曉成趙明基博士華甲紀念 佛敎史學論叢』, 1965).
53) 김영태, 「彌勒仙花攷」(『불교학보』 3·4 합집, 1966).
54) 金庠基, 「화랑과 미륵신앙에 대하여」(『李弘稙博士華甲紀念 韓國史學論叢』, 1969).
55) 황수영, 「신라 南山三花嶺 彌勒世尊」(『金載元博士華甲紀念論叢』, 1969).

국 미륵신앙과 화랑도가 연결된다는 것을 밝혔는데, 이 점은 화랑도 자체에 대한 깊은 연구를 행한 미시나(三品彰英)에 의해서 이미 지적된 바 있다.[56]

미륵신앙의 내용에 대한 분석이 행해져야 한다. 위에 제시한 미륵신앙에 대한 연구가 대개 미륵의 하생신앙에 관한 것이지만, 신라사회에 미륵의 상생(上生)신앙이 있음을 지적하였다.[57] 미륵의 하생신앙은 무교신앙과의 융합과정에 대한 고찰이 곁들여져야 한다. 진흥왕 때 진자(眞慈)가 받든 미륵 선화는 미시(未尸)였는데, 사람들이 신선을 미륵 선화라 부르고 신선과 인간을 매개하는 자를 미시라고 불렀다.[58] 이는 미시가 무(巫)와 연결된다는 것을 시사한다.

미타신앙에 대해서는 김영태의 연구가 있다.[59] 그는 『삼국유사』 중 미타 관계의 기사를 정리하고, 그 중 정토사상을 제외한 신앙 면을 고찰하였다. 미타신앙은 처음 귀로 듣고 눈으로 볼 수 있었으나. 경덕왕대 이후에는 미타불이 직접 현신으로 성도(成道)한다는 점, 그리하여 이는 신라인의 불국토 사상과 연결된다는 점 등을 밝혔다. 문명대는 미술사적 측면에서 미타신앙에 접근했다.[60] 경덕왕대에 미타관계의 사료가 많거니와 미타불의 조상(造像)이 가장 활발하게 이루어졌던 것은 중앙집권적인 통일 국가와 미타신앙이 밀접하게 관련되었다는 사실을 알려준다. 또한 왕실은 명실상부한 통일 국가를 이루기 위하여, 민중에 대한 호소력이 가장 강한 미타신앙을 내세울 필요를 가졌다.

---

56) 三品彰英, 『新羅花郎の研究』(p.78).
57) 趙愛姬, 「新羅における彌勒信仰の研究」(『新羅佛教研究』, 山喜房佛書林, 1973, pp.246~253).
58) 『삼국유사』 권3, 彌勒仙花 未尸郎 眞慈師조.
59) 김영태, 「신라의 彌陀사상」(『불교학보』 12, 1975).
60) 文明大, 「景德王代의 阿彌陀 彫像문제」(『李弘稙博士華甲紀念 韓國史學論叢』, 1969).

관음신앙에 대해서는 김동욱의 논문이 있지만,[61] 간략한 언급에 그쳤다. 그는 신라 향가 연구의 일환으로 「천수대비가(千手大悲歌)」를 분석하였고, 대체로 관음신앙을 민중과 연결시켜 이해하였다. 그러나 관음신앙이 신라사회와 어떤 관련이 있느냐에 대해서는 밝히지 못한 셈이다. 이러한 목적을 달성하고자 한 연구가 홍승기에 의해 행해졌다.[62] 관음신앙은 초기에 귀족과 연결되었으나 신라통일 이후에는 일반민중과 관계되었고, 이때 왕실의 관음신앙에 대한 태도는 긍정적이고 호의적이었다.

관음신앙에 대한 본격적인 연구는 아니지만, 그것을 지모(地母)신앙의 계승으로 보는 김철준의 견해가 있다.[63] 원효가 만난 낙산사(洛山寺)의 관음보살은 벼를 베거나 월수백(月水帛)을 빠는 여인이었다.[64] 이것은 만물을 생육시키는 힘을 가진 지모신과 무관하다고 생각되지 않는다. 일연이 『삼국유사』의 탑상편(塔像篇)을 작성하면서, 관음신앙에 대한 자료를 삼소관음(三所觀音) 중생사(衆生寺)·백률사(栢栗寺)·민장사(敏藏寺)조로 묶어 제시하고, 이것과 떨어져서 남백월이성(南白月二聖) 노힐부득(努肹夫得) 달달박박(怛怛朴朴)·분황사천수대비(芬皇寺千手大悲) 맹아득안(盲兒得眼)·낙산이대성(洛山二大聖) 관음(觀音) 정취(正趣) 조신(調信)조로 또 한 묶음을 만들었다. 이는 적어도 전자와 후자의 관음신앙에 차이가 있었던 것을 시사해 준다. 앞으로 이러한 차이에 대한 규명은 중요하다.

---

61) 金東旭, 「신라 관음신앙과 禱千手大悲歌」(『서울大 文理論文集』 6-2, 1959).
62) 洪承基, 「관음신앙과 신라사회」(『湖南文化』 8, 1976).
63) 金哲埈, 「東明王篇에 보이는 神母의 성격」(『柳洪烈博士華甲紀念論叢』, 1971 ; 『韓國古代社會研究』, 知識産業社, 1975, p.42).
64) 『삼국유사』 권3, 洛山二大聖 觀音正趣調信조.

4) 선종의 성립과 교선융합(敎禪融合)사상

선종 연구의 중요성은 불교학에서보다는 역사학에서 더 깊이 인식되었다. 왜냐하면 불교학자는 신라시대의 불교사상이 쇠퇴하는 것은 선종의 등장 때문이라고 보았음에 대해,[65] 역사학자는 신라대 선종의 대두가 역사를 다음 단계로 변혁시키는 계기를 만들었다고 생각하였기 때문이다. 선종구산문(禪宗九山門)의 성립이나 선종 일반의 성격에 대한 연구가 최병헌에 의해 이루어졌다.[66] 그는 선종이 들어오기 전의 신라불교와 선종이 처음 수입되어 구산선문이 성립되기까지의 경위를 고찰하고, 이어 선사들의 신분과 후원세력의 사회적 성격을 사원 경제 또는 후삼국 지배자들과의 관계에서 폭넓게 추구하였다.

교학불교의 전통적 권위에 대하여 반성하고 반항하는 성격을 지닌 선종이 왕실의 전제권이 무너진 신라하대에 수립되어 크게 번성하였다. 선사들은 대개 육두품 출신으로 지방호족 세력과 연결되어 있었고, 사원을 중심으로 거대한 장원을 형성하였다. 특히 나말여초의 선승들은 대부분 왕건에 대하여 후삼국의 통일 이념을 제시하고, 나아가 왕건과 지방호족을 연결시키는 매개체적 역할을 담당하였다고 한다.

선종이 신라하대의 지방호족에게 수용되어졌던 것은 명백한 사실로서 그렇게 될 수 있었던 소지를 선종사상 내에서 찾으려는 노력이 행해졌다. 김두진은 낭혜화상비문(朗慧和尙碑文)과 『조당집(祖堂集)』에 실린 순지전(順之傳)을 분석하여 그들의 선종사상을 이해하고, 그것이 뿌리박고 있는 사회와의 관련을 추구하였다.[67] 낭혜 무염(無染)의 「무설토론(無舌土

---

65) 김영태, 「신라 불교대중화의 역사와 그 사상 연구」(『불교학보』 6, p.191).
66) 崔柄憲, 「신라하대 禪宗九山派의 성립」(『한국사연구』 7, 1972).
  최병헌, 「나말여초 선종의 사회적 성격」(『사학연구』 25, 1975).

論)」이나 순지의 「상론」, 「삼편성불론」 등에 보이는 초기 선종사상은 개인주의적인 성격을 가졌다. '직지인심(直指人心)'이나 '외식제연(外息諸緣)'을 주장하는 선종사상은 사실상 중앙왕실의 거추장스런 간섭에서 벗어나 독자 세력을 키우려는 지방호족의 구미에 어울리는 것이었고, 이 점이 선종사상을 지방호족 중심으로 수용하게끔 만들었다.

이와는 달리 신라하대에 선종이 전입될 수 있는 소지를 신라 불교사상 내에서 찾으려는 한기두의 연구가 있다.[68] 그는 신라 선종의 기초 사상을 신라 국내에 선양되었으리라 믿는 『능가경(楞伽經)』이나 『금강삼매경(金剛三昧經)』의 사상 및 신라에서 입당서학(入唐西學)했던 무상(無相)의 선종사상에서 구했다. 이러한 결론은 신라의 기초적인 선종사상을 나누면서, 중국 초기의 대표적 선종인 홍주종(洪州宗)·우두종(牛頭宗)·보당종(保唐宗) 등의 구분을 그대로 적용시킨 느낌을 주었다. 다만 『능가경』의 사상을 기신론(起信論)이나 『금강삼매경』의 사상과 연결시킴으로써 원효의 사상이 선종사상과 관련된다는 소지를 남긴 셈이다.

한기두는 선종사상 내의 차이를 남북의 지역 차에서 오는 것으로 구분하였다. 통일신라시대의 선종사상은 설악산을 중심으로 하는 도의·범일·도윤(道允)·무염 등 북산선(北山禪)과 지리산을 중심으로 하는 홍척(洪陟)·현욱(玄昱)·지선(智詵)·혜철(惠哲)·이엄(利嚴) 등 남악선(南岳禪)으로 나뉘었으며, 북산선은 순선(純禪)임에 대해 남악선은 교학과 융통하려는 교선융합의 성격을 가진 것이다.[69]

---

67) 金杜珍, 「朗慧와 그의 禪思想」(『역사학보』 57, 1973).
   김두진, 「了悟禪師 順之의 相論」(『韓國史論』 2, 서울대 국사학과, 1975).
   김두진, 「요오선사 순지의 선사상 -그의 三篇成佛論을 중심으로-」(『역사학보』 65, 1975).
68) 韓基斗, 「신라 禪의 기초사상」(『圓光大論文集』 8, 1975).
   한기두, 「신라의 선사상」(『숭산박길진박사화갑기념 한국불교사상사』, 1975).
69) 한기두, 「신라의 선사상」(위의 책, p.381).

김두진은 초기와 후기의 선종사상의 변화를 추구하였다. 초기의 선종사상은 왕실과 지방호족의 쌍방과 관계를 가졌지만, 개인주의적 성격을 가져 점차 지방호족과 결연되는 쪽으로 기울고 있었다. 후삼국 정립기의 선종사상은 개인주의적인 '내증(內證)'보다 '외화(外化)'에 비중을 두었고, 따라서 지방의 대호족이 주위의 중소 지방세력을 포섭 동화하는 데에 유용한 것이었다.[70]

신라시대말의 풍수도참 사상은 선종과 연결될 수 있다.[71] 신라중대 이전의 풍수리지설은 샤머니즘적인 재래의 신성지역 관념을 중시하였으나, 신라하대의 그것은 산세나 수세 등의 지리 조건을 중시하였다. 신라하대의 지방호족들이 풍수지리설에 입각하여 경주 중심의 지역 관념에서 벗어나 자신의 근거지를 새 역사의 중심 무대로 내세움으로써 그들의 세력 형성을 정당화하였다.

풍수지리설이 신라말 지방호족의 세력 근거를 정당화하는 이른바 선종과 같은 기능을 가졌음은 밝혀졌으나, 그것과의 차이가 구체적으로 알려져 있지 않다. 선종사상이 내재적 자아의 발견에 의한 '외식제연(外息諸緣)'을 강조함으로써, 선종 내의 각 문파가 서로 간섭하지 않아 그 공존을 가능하게 한다. 그러나 풍수지리설의 경우 국토의 중심이 되는 명당 개념이 상호 배타적이어서, 고려초기 개성을 제외한 다른 지방의 풍수지리설은 개성 중심의 것에 의해 정리되어야 했다. 그러나 개성이 아닌 다른 지역의 풍수지리설이 현재 알려져 있지 않다고 하여, 그것이 왕건에 의해서만 수용 봉사되었다고 생각해서는 안 된다. 또한 풍수지리설을 종래 미신이나 샤머니즘과 결부시켜 연구한 적이 있는데, 사실 그것은 경주 중심의 국토관에서 벗어나, 구체적인 지방을 중심으로 국토를 재구성하려는

---

70) 김두진,「요오선사 순지의 선사상」(앞의 책, p.33).
71) 최병헌,「도선의 생애와 나말여초의 풍수지리설」(『한국사연구』 11, 1975).

세련된 지성으로 파악해야 한다.

교선융합 사상을 살피기 이전에, 선종과 화엄종과의 관계를 일별할 필요가 있다. 왜냐하면 신라하대의 선사라 할지라도 대개 화엄사상을 일단 습득하고 있기 때문이다. 이러한 현상은 신라불교가 화엄 교학에서 선종으로 넘어가는 과정으로 파악되기도 한다.[72] 또한 순지의 「삼편성불론」은 화엄사상과 법화사상의 기초 위에 성립된 선종사상이다. 결국 신라하대의 선사들은 화엄사상의 기반 위에서 선종사상을 표방하였다. 이 점은 신라하대의 선종사상을 이해하려고 할 때, 화엄사상의 도움 없이 불가능한 것임을 시사한다. 사실상 선종사상과 화엄사상은 밀접한 관계를 맺고 있었다.[73]

교선융합 사상경향이 본격적으로 대두되기 시작한 것은 왕건의 후삼국 통일과 연관된다. 지방호족을 통합하면서 왕실 중심의 집권적인 국가 체제를 이루려고 할 때, 왕건은 지방호족과 연결되어 있는 사원 세력과 결합하려는 의도를 가졌다. 이러한 그의 불교 정책이 융회적 불교사상을 낳게 하였다. 고려초기 왕건과 연결되었던 승려들은 대개 교선융합 사상경향을 가졌다. 당시의 교선융합 사상으로 화엄종의 입장에서 선종을 융회하려는 경향과 선종의 입장에서 화엄종을 융회하려는 경향이 있었다. 전자의 대표로 탄문(坦文)을 들 수 있고 후자의 대표로 현휘(玄暉)를 들 수 있다. 이들은 모두 화엄의 원융사상이나 달마의 교설인 '일체의 중생은 동일한 진성(眞性)을 가졌다'라거나 '일심(一心)' 사상을 표방함으로써, 서로 비슷한 경향의 연립적인 통일 사상을 정립하는데 기여하였다. 그러나 강조하는 바가 다르기 때문에 그것이 완전히 하나로 융합되기는 어려웠다.

탄문과 비슷한 시기의 화엄종 승려인 균여의 불교사상 역시 융회적인

---

72) 최병헌, 「신라하대 선종구산파의 성립」(앞의 책, p.86).
73) 末綱恕一, 『華嚴經의 世界』(春秋社, 日本, 1957, pp.156~160).

성격을 가졌다. 균여에 대해서는 일찍부터 「균여전」에 나오는 향가에 주목한 국문학적 연구가 있었다.[74] 최근에는 그의 저술이 영인되면서, 그것의 해제까지 나왔다.[75] 그러나 정작 균여의 불교사상에 대한 접근은 없는 셈이다. 균여는 화엄종의 입장에서 법상종을 융회하는 이른바 '성상융회(性相融會)' 사상을 가졌다. 균여 사상의 이러한 면은 법장의 사상에서 개발된 바가 많았다. 그 외 균여의 화엄 교학은 고려말 지눌의 조계선종이 일어나는데 큰 영향을 주었다. 그가 지은 향가인 「보현십원가(普賢十願歌)」 또한 '승속(僧俗)무애' 사상을 포용하고 있다. 이렇듯 중요한 위치에 있는 균여의 사상에 대해서는 앞으로 많은 연구가 곁들여져야 한다.

고려초의 교선융합 사상경향을 일단 정리한 작업은 의천의 천태종 개창으로 결실을 맺었다. 그러나 그 이전에 이미 천태종은 알려져 있었다. 신라말의 체관(諦觀)은 중국에 들어가 『천태사교의(天台四敎儀)』를 지어 중국 천태종을 다시 일으켰고, 의통(義通)은 중국 천태종의 제13조가 되었다. 이를테면 신라인이 중국에 들어가 부흥시킨 천태종이 고려에 다시 역수입된 셈이다. 고려의 천태사상을 이해하기 위해 체관의 『천태사교의』에 대한 분석이 요구된다.

체관과 의통의 천태학에 대한 김철준의 연구가 있다.[76] 그는 나말려초의 사회 전환을 가능하게 한 중세 지성을 이해하기 위한 방법으로, 당시에 일어난 불교사상의 변동을 고찰하였다. 교선(敎禪)의 사상적인 대립을 해소시키려는 천태종은 불교사상의 통일인 동시에, 정치세력의 통일과 궤도를 같이하는 것이다. 또한 교선일치를 논하는 법안종(法眼宗)이 지종(智

---

74) 梁在淵, 「均如大師硏究」(『中央大論文集』 4, 1959).
75) 金知見, 『均如大師華嚴學全書』(韓國傳統佛敎硏究院, 1977).
76) 김철준, 「고려초의 천태학연구 -諦觀과 義通-」(『東西文化』 2, 1968 ; 『한국고대사회연구』, 1975).

宗) 등에 의해 고려에 들어옴으로써 천태종에 대한 이해를 징진시켰기 때문에, 천태종이 성립된 시기는 그들이 입국한 광종 때로 보았다.[77]

최병헌은 이와 같은 결론을 다시 천명하면서,[78] 법안종의 수입과 광종 때에 천태종의 성립을 더욱 밀접하게 결부시켰다. 이를테면 천태종과 법안종은 그 기본 입장이 교종과 선종이라는 차이는 있지만 다 같이 교선의 대립을 절충하는 사상 체계이며, 이 양자의 사상은 상호 보완 관계에 있었다고 하였다.[79] 그러나 엄격하게 말한다면 천태종이 화엄종의 입장에서 선종사상을 융섭한 것이라면, 법안종은 선종의 입장에서 교종 내부의 대립을 해소한 성상융회(性相融會) 사상을 융섭한 것이다.

의천의 천태사상은 법상종과의 관계에서 규명되었다. 의천의 천태종이 중앙왕실 세력과 연결되었다면, 법상종은 경원(慶源, 仁州) 이씨(李氏) 일파의 세력과 연결하여 파악되었다.[80] 의천은 화엄종 및 천태종의 입장에서 불교계의 모순을 개혁하다가, 선종(宣宗) 말년 경에 득세하고 있던 경원 이씨세력에 밀려 해인사로 퇴거하였다. 그가 다시 흥왕사(興王寺)로 돌아올 수 있었던 것은 숙종이 등극하여 경흥 이씨세력을 축출하고 난 뒤였다.

의천은 화엄종 승려였다. 화엄사상의 입장에서 선종사상을 포용하려는 것이 '교관병수(敎觀幷修)' 사상이다. 즉 의천의 천태사상은 교종의 입장에서 선종사상을 포용한 것이다. 그러나 이와는 달리 그것은 선종의 입장에서 교종, 특히 화엄사상을 융회하였다고 주장되기도 한다. 이 문제는 간단하게 해결될 것 같지 않다. 그의 천태사상 자체에 대한 깊은 연구가 뒤

---

77) 김철준, 「고려초의 천태학연구」(『한국고대사회연구』, p. 337).
78) 최병헌, 「천태종의 성립」(『한국사』 6, 국사편찬위원회, 1975).
79) 최병헌, 「천태종의 성립」(위의 책, p.79).
80) 최병헌, 「천태종의 성립」(위의 책, p.85).

따라야 한다. 아울러 뒷날 선종의 입장을 강하게 지닌 백련사(白蓮社) 계통의 천태사상과 의천의 천태사상을 구별해서 이해하는 것이 중요하다.

의천의 천태사상에 대한 조명기의 연구가 있다.[81] 그는 의천의 행장이나 저서 및 전적의 정리를 통해, 고려불교에 있어서의 의천의 위치를 살폈다. 의천의 사상은 불교의 가장 고차원적인 화엄사상과 천태사상을 일불승(一佛乘)으로 지양시켜 정혜쌍수(定慧雙修)의 방법을 제창하고, 이로써 모든 사상계를 통일하여 국가에 귀일하고자 한 것이었다.[82] 이를테면 신라의 원효 사상을 부흥시켜 고려불교를 개혁하고자 하였다. 결국 의천의 사상은 화엄일승과 천태일승이 이론이나 혹은 우주나 인생의 총화적 이념 면에서 같다는 것을 밝히고자 하였다.[83]

민현구가 고려후기 조계종의 성립을 무신집권과 연결시켜 이해하였다.[84] 문벌귀족이 성행하면서 고려 불교계에는 교종이 우세한 위치에 있었으나, 무신란을 계기로 문신 귀족과 함께 몰락하였다. 이러한 상황 속에 교종과 대립 관계에 있었던 선종이 무신정권과 밀착하여 크게 대두하였다. 그는 진각국사비(眞覺國師碑)의 음기를 분석하여, 무신정권의 비호 하에 성립되어 가던 조계종의 기반을 밝혔다.

조계종을 성립시킨 지눌(知訥)의 사상에 대해서는 상당한 연구가 이루어졌다.[85] 지눌은 '정혜쌍수'를 내세워 교선일치 사상을 주장하였다. 그의「원돈성불론(圓頓成佛論)」은 화엄사상과 선지(禪旨)를 일치시킨 내용을 담고 있다.[86] 그것은 이통현(李通玄) 장자의 '주초성불의(住初成佛義)'를 계승하였다.[87] 초지(初地)에서 깨쳤지만 그 동안 쌓인 습기(習氣)

---

81) 趙明基, 『고려 대각국사와 천태사상』(東國文化社, 1964).
82) 조명기, 『고려 대각국사와 천태사상』(p.137).
83) 洪庭植, 「고려 천태종 開立과 의천」(『숭산박길진박사화갑기념 한국불교사상사』, p.474).
84) 閔賢九, 「月南寺址 眞覺國師碑의 陰記에 대한 一考察 -고려 무신정권과 조계종-」(『진단학보』 36, 1973).

를 없애기 위해 수행한다는 지눌의 사상은 이통현의 화엄사상에서 영향을 받은 것이다.

지눌이 지은 『화엄론절요(華嚴論節要)』는 이통현의 화엄사상을 논술한 것이다. 「원돈성불론」은 '근본보광명(根本普光明) 부동지불(不動智佛)'을 발견하는 것이다. 비로소 십신(十信)의 초위(初位)임을 알고, 다시 정혜력(定慧力)으로 수련하여 십주(十住)의 초위에 들어가서 무자성(無自性)의 보현행원(普賢行願)을 수행한다.[88] 즉 이는 '선오후수'와 연결되는 것이다. 아울러 '근본보광명 부동지불'은 의상의 '중도자성(中道自性) 구래성불(舊來成佛)'과 통하는 것이며, 고려초기의 균여 또한 이와 비슷한 사상을 가졌다.

지눌은 간화선(看話禪)을 주장하였다. 「간화경절론(看話徑截論)」은 화두선(話頭禪)을 배격하기 위한 것이다. 그러므로 그는 일체의 생각이나 의논을 진멸(盡滅)해야 한다고 하였다. 왜냐하면 지견(知見)과 증오(證悟)를 구하는 마음이 도리어 장애가 되어, 바른 지견을 갖는데 방해가 되기 때문이다.[89] 진각 혜심(慧諶)의 사상에 대해서는 많이 연구되지는 않았다. 그러나 지눌의 사상이 그에 의해 정리되고 또한 그의 어록이 남아 있기 때문에, 선종사 상에서 그의 위치는 중요하게 다루어져야 한다. 실제로

---

85) 金暎遂, 「曹溪禪宗에 就하여」(『진단학보』 9, 1938).
    張元圭, 「조계종의 성립과 발전에 대한 고찰」(『불교학보』 1, 1963).
    金仍石, 「佛日普照國師」(『불교학보』 2, 1964).
    李鍾益, 「知訥의 화엄사상」(『숭산박길진박사 화갑기념 한국불교사상사』, 1975).
    이종익, 「보조국사의 禪敎觀」(『불교학보』 9, 1972).
    宋天恩, 「지눌의 선사상」(『숭산박길진박사화갑기념 한국불교사상사』, 1975).
    高亨坤, 『해동 조계종의 연원 및 그 潮流』(동국대 東國譯經院, 1970).
86) 송천은, 「지눌의 선사상」(위의 책, p.485).
87) 이종익, 「지눌의 화엄사상」(앞의 책, p.523).
88) 이종익, 「지눌의 화엄사상」(앞의 책, p.550).
89) 이종익, 「지눌의 화엄사상」(앞의 책, pp.502~503).

최충헌(崔忠獻)을 이어 무신정권을 이끌었던 최우(崔瑀)는 혜심의 수선사를 적극 후원하였을 뿐만 아니라 두 아들인 만종(萬宗)과 만전(萬全)을 그의 문하에 출가시켰다.

조계종 성립 이후인 고려후기의 선종사상에 대해서는 한기두[90]·이영무의[91] 연구가 있다. 이들은 한국불교의 중흥조(中興祖)를 지눌이 아닌 나옹(懶翁)이나 태고(太古)에서 찾으려 하였다. 채영(采永)의 『불조원류(佛祖原流)』에 의하면 나옹과 태고에서부터 한국 불조(佛祖)의 법맥이 이어져온 것으로 기록되었으나, 「선문조사예참문(禪門祖師禮懺文)」에는 보조 지눌에서 이어져온 것임이 명시되어 있다.[92] 다만 이와 같은 문제를 떠나 이들이 한국불교에 끼친 영향은 대단하다.

태고는 한국불교의 융회적인 전통을 강조하여 원융정책을 추진할 국가기구를 관장하였고, 이는 조선시대 여러 불교 종파의 폐합을 가능하게 했다.[93] 또한 나옹은 지눌을 계승하여 간화선에 특별히 참구(參究)하였다.[94] 태고와 나옹이 한국 불교사에서 임제종(臨濟宗)을 성립시켰다는 주장은 재고되어야 한다. 그들이 중국에서 임제종을 수학한 것은 틀림없지만, 한국에 임제종이 정식으로 성립되지는 않았다고 한다. 왜냐하면 한국 불교의 특성이 '학무상사(學無常師)'이므로, 법계는 수법사(受法師)가 아닌 득도사(得道師)에 의하여 전등하기 때문이다.[95] 아울러 이미 지눌이나 혜심 때에서부터 임제종의 선풍은 수용되어 있었다.

---

90) 한기두,「고려후기의 선사상」(『숭산박길진박사화갑기념 한국불교사상사』, 1975).
91) 李英茂,「太古普愚國師의 인물과 사상」(『建大史學』 5, 1976).
92) 한기두,「고려후기의 선사상」(앞의 책, pp.597~598).
93) 이영무,「태고보우국사의 인물과 사상」(앞의 책, p.15).
94) 한기두,「고려후기의 선사상」(앞의 책, pp.933~934).
95) 金映遂,「五敎兩宗에 對하야」(『진단학보』 8, 1937, p.77).

5) 폐합(廢合) 이후의 불교사상계

고려말에 새로 등장한 사대부층은 성리학을 받아들여 불교를 비판하였다. 김속명(金續命)·황근(黃瑾)·정몽주(鄭夢周)·성석린(成石璘)·윤소종(尹紹宗)·윤회종(尹會宗)·김자수(金子粹)·김초(金貂)·박초(朴礎)·정총(鄭摠) 등은 불교를 비판하는 내용의 상소를 올렸다. 그러나 이들의 배불(排佛)은 논리적인 것이 아니라 불교 사원의 경제적 폐단을 지적한 데 불과하다. 최초로 불교의 논리 체계에 대해 비판한 자는 정도전(鄭道傳)이다. 그의 벽불론(闢佛論)에 대해서는 이미 상당한 연구가 이루어졌다.[96]

정도전은 「심문천답(心問天答)」·「심기리편(心氣理篇)」·「불씨잡변(「佛氏雜辨」)」 등을 저술하여, 불교를 철저하게 근본적으로 비판하였다. 그는 '심(心)'을 불가(佛家)로, '기(氣)'를 도가(道家), '이(理)'를 유가(儒家)로 배정하였다. 다만 '심'으로 '기'를 논하기 어렵고 '기'로 '심'을 논하기는 어려우나, '이(理)'는 '심'과 '기'를 모두 논할 수 있다. 이를테면 유가의 주리설(主理說)로써 불교의 '심', 도가의 '기'를 깨우칠 수 있으므로, '이(理)'는 천지가 생성되기 이전부터 '기'와 '심'의 모체가 된 셈이다.[97] 그러나 정도전이 '심'과 '기'를 '이(理)'보다 낮은 차원으로 생각한 것은 정주학적인 입장에서 보았기 때문에, 그 논리가 정치하지 못하고 타당성이 결여되어 있다.

정도전 이후에도 척불론은 계속해서 나타났다. 사상적 측면에서의 그

---

96) 李丙燾, 「鄭三峰의 儒佛觀」(『白性郁博士 頌壽紀念 佛敎論文集』, 1959).
琴章泰, 「鄭道傳의 闢佛사상과 그 논리적 성격」(『閔泰植古稀紀念 儒敎學論叢』, 1972).
이종익, 「정도전의 벽불론 비판」(『불교학보』 8, 1971).
97) 이종익, 「정도전의 벽불론 비판」(위의 책, p.272).

것은 주자의 심식론(心識論)에 입각하여 불교의 윤회설과 성악설 등을 비판했지만, 논리가 설득력을 얻지 못하여 정도전의 수준을 넘어서지 못했다. 사실 정주학은 불교의 논리 체계를 흡수하여 체계화한 느낌을 준다. 화엄종의 이사론(理事論)은 성리학의 이기설(理氣說)과 연결될 수 있다. 정주학은 주렴계(周濂溪)를 비롯한 선유(先儒)들이 흡수한 불교사상을 계승하면서 성립된 것이다. 그러므로 송유(宋儒)는 이론 면에서 불교를 별로 공박하지 못하였다.[98]

「불씨잡변」이나 기타 조선초기의 척불론은 인륜 문제나 경제적인 불사의 폐단, 지옥과 같은 허탄함과 미신 등을 비난하였다. 그중 가장 영향력을 끼쳤던 것은 인륜에 대한 비판이었다. 말하자면 자식이 어버이를, 신하가 임금을 버리고 출가하면 효도와 충(忠)에 어긋난다는 것이다. 이것은 불가의 입장에서 보면 크게 문제될 일이 아니지만, 당시 정치세력에 이용되어 불교의 여러 종파가 폐합되는 계기를 마련해 주었다. 그리하여 1407년(태종 7년)에는 종전의 12종(宗)의 불교 종파가 7종으로 폐합되고, 다음 1424년(세종 6년)에는 7종이 다시 선교 양종으로 폐합되었다.

그런 면에서 볼 때 유불(儒佛) 교대의 기연(機緣)을 정치사 면에서 이해하려는 이상백의 태도는 바람직하다.[99] 고려말의 척불론은 당시 사대부세력이 급진개혁파와 온건개혁파로 나뉜 신구 양파의 대립에 편승하여 활발하게 전개되었고, 사상 혁신운동으로서가 아니라 정치운동으로서 성과를 거두었다. 또한 이색(李穡) 등의 고려 구귀족들은 이성계 일파가 내세우는 척불론에 대항하여 유불일치론(儒佛一致論)을 주장하면서 불교를 옹호하였다.[100] 조선초기의 척불운동은 유학 진흥을 위한 것이라기보다

---

98) 金炳圭,「宋學과 佛敎」(『백성욱박사송수기념 불교학논문집』, 1959).
99) 李相佰,「儒佛兩敎 交替의 機緣에 관한 一考察」(『東洋思想硏究』 2・3, 1938 ; 『朝鮮文化史硏究論巧』, 乙酉文化社, 1947).

는 불교 사원의 경제력을 몰수하는 이른바 사사(寺社)의 전민(田民)을 공수(公收)하는데 있었다. 유가의 불교에 대한 비판은 이러한 개혁의 명분을 세워주는 결과가 되었다.[101]

조선초기의 척불론은 불교계에 막대한 영향을 주었으나, 불교사상 자체를 근본적으로 비판하지는 못하였다. 오히려 조선시대를 통하여 불교사상은 독특한 면으로 발전되었다. 억불책이 행해지던 조선초기에도 불교는 계속 신봉되었고, 세종과 세조는 호불(好佛)의 군주로 알려질 정도였다. 한우근(韓㳓劤)의 연구는 그러한 원인에 대한 해답을 준다.[102] 앞에서 제시한 데로 조선초기의 억불 시책은 새 왕조 개창기의 불교 세속권을 통제하려는 것으로써, 사사(寺社)의 전민을 국고로 몰수하기 위한 조처였다. 그렇지만 기양(祈禳)·명복·기원과 같은 종교적 신앙이 불교를 그대로 전승하게 만들었다. 천변지이·질병·죽음 등 일종의 극한 상태는 정치나 논리의 한계를 넘어서는 것이므로 불교에 의지할 수밖에 없었고, 그래서 당시 유학자들도 이를 추종하지 않을 수 없었다.[103]

유가의 척불론에 대항하기 위한 호법론이 전개되었고, 이러한 경향이 조선시대 불교사상이 독특하게 전개되는 계기를 가져왔다. 조선초기의 『유석질의론(儒釋質疑論)』이나 기화(己和)의 『현정론(顯正論)』은 배불론에 대항해서, 불교의 진면목을 이해시키기 위해 저술되었다.[104] 『유석질의론』은 저자가 미상인데 『현정론』과 비슷한 체제로 구성되었으나, 그것보다 풍부하고 자세한 내용을 지녔다. 그 속에는 삼교(三敎)에 대한 언급,

---

100) 안계현, 「李穡의 불교관」(『효성조명기박사화갑기념 불교사학논총』, 1965, pp.124~125).
101) 이상백, 「유불양교 교체의 기연에 관한 일고찰」(『조선문화사연구론고』, p.164).
102) 韓㳓劤, 「麗末鮮初의 불교정책」(『서울대논문집 人文社會』 6, 1957).
    한우근, 「世宗朝에 있어서의 對佛敎시책」(『진단학보』 25·26·27 합집, 1964).
103) 한우근, 「세종조에 있어서의 대불교시책」(위의 책, p.150).
104) 韓鍾萬, 「여말선초의 排佛·護佛사상」(『숭산박길진박사화갑기념 한국불교사상사』, p.737).

유불의 상통성에 대한 고찰, 불법의 진면목에 대한 논변(論辨), 기타 불교사상에 있어서의 의문에 대한 답변 등으로 채워져 있다. 말하자면 유가의 배불사상과는 달리 긍정적인 입장에서 유불 내지 삼교의 공존을 추구하였다.[105] 『현정론』을 저술한 기화는 무학(無學)의 제자로서, 1421년(세종 3년)에 대비(大妃)를 위한 추도 법석(法席)을 주재한 이래 왕실과 깊은 인연을 맺었다. 『현정론』도 역시 삼교의 회통을 논한 것이다.[106]

이후 삼교의 회통 문제가 조선시대 불교사의 과제로 등장했다. 세조 때의 설잠(雪岑) 김시습은 『십현담요해(十玄談要解)』·「법계도주(法界圖註)」·「묘법연화경별찬(妙法連華經別讚)」 등의 불교사상에 대한 저술을 남겼다. 김시습은 『십현담요해』에서 선(禪)의 궁극적 경지를 요해(了解)하고, 아울러 「법계도주」에서 화엄사상과 선종사상의 융회를 시도하였다. 또한 「묘법연화경별찬」에서는 선종사상과 법화사상의 회통을 논하였다. 특히 「법계도주」는 의상의 『화엄일승법계도기(華嚴一乘法界圖記)』에 대한 주석서(註釋書)이다.

신라말에서 고려시대에 이르는 동안 『화엄일승법계도기』에 대해서는 많은 주석이 행해졌지만, 그것은 모두 화엄종 계통의 주석서이다. 반면 김시습의 「법계도주」는 선종 입장에서 행해진 주석서이다. 김시습은 선종의 입장에서 화엄과 법화사상을 회통하는 동시에, 유교적인 수제치평(修齊治平)의 도를 강조하였다.[107] 이를테면 그는 선종의 입장에서 화엄이나 법화사상은 물론 유학사상까지 포용하였다. 그렇기 때문에 그의 선종사상은 세간을 떠나 참선하는 것이 아니라, 세속에 있으면서 어묵동정(語默動靜)하는 중에 자성을 깨달은 이른바 활선(活禪)을 행했다.[108]

---

105) 한종만, 「여말선초의 배불·호불사상」(위의 책, p.740).
106) 송천은, 「己和의 사상」(『숭산박길진박사화갑기념 한국불교사상사』, p.754).
107) 한종만, 「雪岑 金時習의 사상」(『숭산박길진박사화갑기념 한국불교사상사』, p.812).

명종 때에 문정(文定)왕후의 후원으로 불교가 크게 일어나게 되자, 이에 편승하여 보우(普雨)가 배출되었다. 그 뒤를 이어 서산(西山) 휴정(休靜)과 사명(四溟) 유정(惟政)이 등장하여 불교사상을 진작시키고, 승병을 모집하여 왜란을 극복하는데 큰 역할을 담당하였다. 이들은 모두 불교와 유가사상을 융회하였다. 보우는 유교의 공자와 주자, 그리고 노자·순자 등 일체의 사상을 불교의 화엄 일리(一理) 속에 융섭(融攝)시키고, 다시 여기에 선미(禪味)를 가하여 「일정론(一正論)」을 저술하였다. 이는 교선일치 사상에서 더 나아가 '교선일체(敎禪一體)' 사상을 주장한 것이다. 말하자면 그는 교선일치 사상에 다시 유교의 이기설을 융섭하여 불교사상의 일원적 논리를 전개시켰다.[109]

조선시대 불교사에서 가장 중요한 위치를 차지하는 자는 서산대사이며, 그에 대해서는 이미 상당한 연구가 행해졌다.[110] 그는 『선가귀감(禪家龜鑑)』·『유가귀감』·『도가귀감』을 저술하였는데, 삼교는 각각 다른 모습으로 서술되었지만, 그 궁극적인 진리에 있어서는 모두 같다고 하였다.[111] 삼교귀감은 삼교의 차이점에 대한 인식보다는, 공통성을 더 많이 발견하는 입장을 견지하는 통종교적인 사상을 가진 저술이다. 따라서 그것은 삼교일치나 삼교통합 사상과는 다르다. 기화의 『현정론』은 유교의 불교에 대한 반대 조항을 하나하나 해명하는 방식으로 논리를 전개시켰으나, 삼교귀감은 전혀 상대를 포폄함이 없이 삼교를 완전히 소화해서 그 내용을 요약시키고 있다.[112]

---

108) 한종만, 「雪岑 金時習의 사상」(위의 책, p.812).
109) 徐閏吉, 「普雨대사의 사상」(『숭산박길진박사화갑기념 한국불교사상사』, p.829).
110) 김영태, 『서산대사의 생애와 사상』(博英社, 1975).
　　송천은, 「休靜의 사상」(『숭산박길진박사화갑기념 한국불교사상사』, 1975).
　　金恒培, 「서산문도의 사상」(『숭산박길진박사화갑기념 한국불교사상사』, 1975).
111) 김영태, 『서산대사의 생애와 사상』(박영사, pp.247~248).

서산의 선교관(禪敎觀)은 독창적인 것이라기보다는, 선종사상이 오랫동안에 전승하면서 성립된 것이 그에 이르러 종합되면서 형성되었다고 생각된다. 그는 단순히 교와 선의 조화나 일치보다, 오히려 선의 교에 대한 우위성에 역점을 두었다. 그러나 교는 궁극적인 목표에 도달할 수는 없지만, 그것에 이르는 방편으로서는 없어서 안될 요소이다.

조선후기의 불교사상은 실학사상과 밀접한 관련이 있다. 당시 백파(白坡) 긍선(亘璇)은 『선문수경(禪門手鏡)』을 저술하여 선종사상을 조사선・여래선・의리선(義理禪)의 3종으로 나누었다. 그러나 초의(草衣)는 『사변만어(四辨漫語)』를 저술하고는 셋으로 구분한 선종사상이 옳지 못하다는 것을 지적하였다. 곧 그는 인명으로서의 조사선과 여래선, 법명으로서의 격외선(格外禪)과 의리선으로 나누었다. 그런데 이러한 선종사상에 관한 쟁론은 실학사상에서 영향을 받아 제기된 것이다.[113] 초의는 조사선이 여래선보다 우월하다는 관념을 비판했다. 왜냐하면 이러한 관념은 본의와는 달리, 여래보다 조사가 우월하다는 사상으로 발전되었기 때문이다. 초의의 이러한 관념은 공자보다 주자를 앞세워 생각하는 성리학에 대한 비판을 낳게 함으로써, 실학사상을 배태시킨 학문풍토와 연관하여 나타난 것이다.

초의와 비슷한 시대의 혜장(惠藏) 등은 다산(茶山) 정약용(丁若鏞)과 깊이 교류하였다. 1801년 정약용이 신유교옥(辛酉敎獄) 사건에 연좌되어 강진(康津)으로 유배되었는데, 1805년 혜장이 백련사(白蓮寺)의 주지로 왔다. 그 해 가을 두 사람은 서로 알게 되어 바로 친분이 두터워졌다. 같은 해 겨울에 혜장의 도움으로 다산은 백련사의 암자인 보은산방(寶恩山房)으로 옮겨 거주하였다. 또한 초의는 정약용에게서 유서(儒書)와 시를 배

---

112) 송천은, 「휴정의 사상」(앞의 책, p.871).
113) 한기두, 「白坡와 草衣시대 禪의 쟁점」(『숭산박길진박사화갑기념 한국불교사상사』, p.1043).

웠다.[114] 이때 혜장의 제자들이 정약용에게서 유학을 배웠으며, 특히 자굉(慈宏)은 다산의 친제자나 다름 없는 승려였다. 다산은 『대동선교고(大東禪敎考)』를 저술하거나 『대둔지(大芚誌)』・『만덕사지(萬德寺志)』 등의 편찬에 관계하였는데, 이 책들은 실학의 영향을 받아 철저한 실증을 거친 바탕 위에 저술되었다. 이 점은 조선후기의 실학사상과 불교사상이 서로 영향을 주고받으면서 발전하였던 것을 알려준다. 추사(秋史)의 「선학변(禪學辨)」은 이와 같은 기반 위에서 저술되었다. 그것은 유가의 허론(虛論)을 배척하고, 진위와 성망(誠妄)과의 분별이 조금도 혼란됨이 없는 실(實)한 것을 구하고, 공소(空疎)한 것을 숭상하지 않으려는 내용으로 채워졌다.[115] 이는 곧 실학사상의 내용과 일치한다.

『韓國學硏究入門』, 지식산업사, 1981

4. 한국불교 인물사연구의 현황과 과제

1) 불교 인물사에 대한 시각

한국불교사상사 연구의 성과를 인물사 중심으로 살피는 것은 불교사상이 실제로 한국 사회 속에서 어떻게 포용되어 전개되었느냐를 제시할 수 있다. 불타의 교설이나 불교의 보편적 진리는 어느 시대의 한 인간에 의해 수용됨으로써 새로운 면을 부각하거나 강조하였다. 자연히 그것을 받아들인 인물에 대한 이해는 불교사상을 역사나 사회 속에서 파악하게

---

114) 李乙浩, 「儒佛相敎의 면에서 본 丁茶山」(『백성욱박사 송수기념 불교학논문집』, p.915).
115) 金約瑟, 「秋史의 禪學辯」(『백성욱박사송수기념 불교학논문집』, p.114).

한다. 왜냐하면 인간은 당대의 사회나 문화 풍토 속에서 자신의 학문이나 사상을 갖추어 가기 때문이다.

한국불교 인물사에 대한 연구 성과를 정리하기 위해 삼국시대에서부터 일제강점기에 이르기까지 주로 승려들의 사상을 연구한 논문이나 저술을 살피고자 한다. 다만 한국불교사상사의 전개 과정에 특징적인 많은 사상을 이끌어 낼 수 있는데, 그러한 개별적인 사상을 하나하나 소개하는 것은 무의미하다. 왜냐하면 개인의 불교사상은 한국불교의 사상적 전통과 맥이 닿는 데에서 그 의미를 찾을 수 있기 때문이다.

한국불교 인물사에 관한 연구 논문 중, 신앙이나 교리의 포교 활동에 보다 많이 치우친 것은 우선 고려의 대상에서 제외하고자 한다. 학술적 가치를 인정할 수 있는 연구 논문이나 한국불교의 흐름을 밝힐 수 있는 것을 우선적으로 고려하였다. 그리하여 이 글에서는 불교 전래 이후 이론 불교나 종파 불교의 교리 체계가 성립되는 과정과 그 이후 교선융합 사상경향이나 유불(儒佛)교섭 사상, 또는 국권 상실 이후 불교 개혁사상을 주로 다루었다. 그러한 주제를 벗어나는 학술적인 논문에 대해서는 다른 기회에 보충하고자 한다.

불교인물사 연구의 업적을 개관함으로써 한국불교사의 사상적 전통을 이해하고자 하였다. 한국불교는 다른 교파의 사상을 회통하려는 융섭적인 성격과 함께 실천 수행신앙을 내세우는 전통을 지녔다. 한국불교의 실천 수행신앙은 승려들의 생활 규범으로 갖추어졌고 교리로써 잘 설명된 것이 아니어서, 그들의 사상을 연구하면서도 잘 드러나지 않는 부분이다. 또한 승려들에 대한 연구는 삼국시대에서 고려시대까지로 치우쳐서 행해졌으며, 조선시대에는 극히 미비하게 이루어졌다. 앞으로 조선시대 불교사상사에 대해서는 더 많이 연구되어야 한다.

이 글은 승려들에 한하여 그들의 사상을 주로 언급하였는데, 한국불교 인물사가 보다 잘 수행되기 위해서는 승려 외에 그들과 인연을 맺었던 인물의 사상이나 사회 경제적 처지에 대한 이해를 곁들여야 한다. 불교인물사에 대한 연구가 교파나 종파의 계보를 중시하는 경향을 가졌다. 그러나 개인의 이념이나 사상은 소속된 교파의 교리에 위배하여 성립될 수도 있다. 이 점은 사회사나 제도사와는 달리 인물사 연구가 교파나 종파의 교리를 중심으로 분석하는, 이른바 봉건적 연고 관계의 연구를 뛰어넘어야 하는 것을 시사해 준다.

2) 흥법(興法)과 이론 불교의 성숙

삼국시대 불교는 일찍 전래되었으나, 공인되는 시기는 고구려의 소수림왕·백제의 침류왕·신라의 법흥왕 때였다. 처음 전래된 불교는 대체로 왕실에서 받아들여졌으나 공인 과정을 거치면서 귀족들에게 수용되었고, 정토(淨土)신앙의 유행과 함께 대중화되었다. 초기에 불교의 전래와 공인 과정에서 주목하여 연구된 인물은 아도와 이차돈이다. 이들에 대한 문헌 기록이 풍부하게 전하지 않아, 그 연구가 자료의 성격을 논하는 수준에 머물렀다.

아도(阿道)는 아도(我道)로도 기록되었는데 둘은 같은 사람일 것이다. 그러나 미추왕의 할아버지 이름과 같다는 아도(阿道)는 아도(我道)와 다른 인물로 파악되었다.[1] 아도비(我道碑)의 인명 표기에 고식 이두를 사용하지 않고 순수한 한문을 썼으며, 중국 연호를 표기하였다. 또한 인용한 7처 가람터가 문무왕 이후에 완성되었을 뿐만 아니라 고구려의 준 말인 구려(句麗)가 사용된 점으로 미루어, 이는 고려시대(1100년경)에 작성된 것

---

1) 尹榮玉,「我道傳攷」(『李箕永박사고희기념논총 불교와 역사』, 한국불교연구원, 1991, p.443).

이라고 한다.²⁾ 이차돈(異次頓)에 관한 연구는 신라의 불교 공인과정을 이해하려는 것이다. 『삼국유사』에는 법흥왕과 이차돈이 밀약하여 불교를 공인하는 것으로 기록되었지만, 역사적 진실은 향전(鄕傳)의 기록에서처럼 이차돈이 자의로 사찰의 창건 공사를 강행한 것이고, 불교가 공인되는 시기는 법흥왕 15년(528년)이다.³⁾ 이와는 달리 이차돈은 법흥왕과 홍법에 대해서 의견을 같이 했지만, 왕의 허락 없이 토착신앙의 성소인 천경림(天鏡林)에 절을 지으려 했기 때문에 신하들의 반대에 부딪혀 처단되었다고도 한다.⁴⁾

삼국시대에 왕실 중심으로 받아들여진 불교는 공인되면서 국가불교로 성립하였고, 귀족에게 수용되면서 철학 체계를 갖추어 갔다. 한국불교의 이론 구축은 원효와 의상에 의해 수립되었지만, 그 이전에도 고구려의 승랑(僧朗)이나 보덕(普德), 백제의 겸익(謙益), 신라의 원표・지명(智明)・원측(圓測)・원광(圓光)・자장(慈藏) 등은 삼국시대의 이론 불교를 성립시키는데 공헌하였다. 고구려 이론 불교의 성립에는 승랑이 중요한 역할을 담당하였고, 그에 대해서는 비교적 많은 연구가 이루어졌다. 삼론학승(三論學僧)으로서의 승랑에 대한 연구는 초기에 김잉석에 의해 이루어졌는데, 그의 사상이 유(有)와 무(無)의 중도를 내세우면서도 중도라고 할 수 없다고 하였다.⁵⁾

그 뒤 유병덕은 승랑의 행적과 사상을 심도 있게 연구하였다. 승랑 사상의 특징은 이체합명중도(二諦合明中道)의 논리를 전개시킨 데에서 찾아지는데, 그것이 신삼론(新三論)사상이다.⁶⁾ 승랑의 삼론사상이 중도사

---

2) 김창호,「三國遺事에 실린 我道本碑의 작성 시기」(『경주사학』 20, 2001, p.13).
3) 李丙燾,「신라 불교의 침투과정과 異次頓 殉敎문제의 신고찰」(『학술원논문집』 14, 1975 ; 『한국고대사연구』, 박영사, 1976, pp.663~665).
4) 崔光植,「이차돈 설화에 대한 신고찰」(『한국전통문화연구』 1, 1985, p.238).
5) 金芿石,「고구려 僧朗과 三論學」(『白性郁博士頌壽記念 불교학논문집』, 1959, p.55).

상으로 전개되는 면은 김인덕과 남무희에 의해 보다 깊이 연구되었다. 그의 사상은 중도를 천명하면서도 공(空)사상 내지 무애원융(無碍圓融)사상에 투철하였으며,[7] 이체(二諦)가 중도의 공관으로 전개되었기 때문에 횡수병관(橫竪幷觀)으로 귀일(歸一)하였다.[8] 아울러 승랑의 생애를 애써 복원함으로써 그의 사상이 갖는 역사적 의미를 추구하였다. 승랑의 사상에 대한 연구는 의연(義淵)이나 보덕의[9] 사상을 밝히는 문제로까지 확대될 때에 고구려 불교사상에 대한 이해가 깊어질 것이다.

백제의 겸익에 대해서는 계율을 전했다는 면에서 주목되었다.[10] 심경순은 인도에서 구해온 겸익의 신율(新律)이 백제 불교교단의 정비와 승려들의 계율 수행에 중요한 역할을 담당했을 뿐만 아니라 나아가 모든 국민이 계율을 생활화함으로써 국가의 통치 이념으로 자리했다고 하였다.[11] 백제 불교의 특성은 미륵신앙과 연결하여 엄격한 계율을 강조한 데에서 찾아진다. 백제 불교의 계율은 중국 남조와 교류하면서, 거기에서 강조된 유교의 '예(禮)'와 연관된다. 백제 사회에는 유교가 일찍 전래되어 정치제도의 정비에 영향을 주었다. 이런 면을 염두에 두면서 조경철은 백제 성왕 때에 활동한 겸익을 당시에 유교 이념의 보급에 앞장섰던 육후(陸詡)와 대립하였다고 하여 유불대립을 이끌어 내었다. 성왕은 두 사람의 견제와 조화 속에서 정치체제를 정비하였다.[12] 그 외에 백제에 지명(知命)이 알려

---

6) 柳炳德,「승랑과 삼론사상」(『崇山朴吉眞박사화갑기념 한국불교사상사』, 1975, p.73).
7) 金仁德,「승랑의 삼론사상」(『철학사상의 제문제 2 -한국 철학의 根源 탐구-』, 한국정신문화연구원, 1984).
   김인덕,「고구려 삼론사상의 전개」(『伽山李智冠스님화갑기념논총 한국불교문화사상사』권상, 1992, p.190).
8) 南武熙,「고구려 승랑의 생애와 그의 新三論사상」(『북악사론』 4, 1997, p.105).
9) 普德에 대해서는 盧鏞弼,「보덕의 사상과 활동」(『한국상고사학보』 2, 1989)이 참고된다.
10) 蔡印幻,「謙益의 求律과 백제의 계율관」(『동국사상』 16, 1983).
11) 심경순,「6세기 전반 겸익의 求法활동과 그 의의」(『이대사원』 33・34 합, 2001, p.53).

져 있는데. 그는 미륵신앙을 가져 용화 이상세계를 이루고자 하였고, 그의 영향을 받은 무왕은 미륵신앙과 전륜성왕사상을 가졌다.[13]

신라 불교교학의 진흥에 지명뿐만 아니라 각덕(覺德)·명관(明觀)·안홍(安弘) 등이 공헌하였다. 이들의 행적이나 사상에 대해서는 거의 연구되지 않았다. 신라의 이론 불교를 성립시키는데 원측이나 원광이 중요한 역할을 담당하였다. 유식사상을 이해하려는 면에서 일찍부터 원측은 중시되었다. 조명기는 원측이 "중국의 자은(慈恩)과는 달리 자종(自宗)을 고집하지 않고 타종(他宗)을 배척하지 않아, 흡사 무진중중(無盡重重)의 덕목 중에 어느 것을 취하여도 진리에 이른다"라고 함으로써, 그의 사상이 원효의 사상과 비슷하다고 하였다.[14] 황성기나 원의범의 연구도 비슷한 결론에 이르면서, 그의 사상이 자은의 그것과 다르다고 하였다.[15] 특히 황성기는 원측의 사상을 밝히기 위해 혜소(惠沼)가 지은 『요의등(了義燈)』 14권 중 그에 대해 언급한 내용을 주로 분석하였다. 『요의등』은 혜소가 스승인 자은을 옹호하기 위해 원측을 논박한 것이기 때문에, 그와 자은의 사상의 차이를 잘 알려준다.

유식계의 법상종에는 자은·혜소·지주(智周)로 이어지는 중국의 정통파에 대해 원측·도증(道證)·태현(太賢)으로 이어지는 신라 계통의 서명파(西明派)가 있었다.[16] 유식학의 법맥을 밝히려는 입장에서 불교 학자들의 원측에 대한 연구는 계속되어 비교적 많은 성과가 나왔다. 그의 사상

---

12) 趙景徹,「백제 聖王代 儒佛정치이념 -陸詡와 겸익을 중심으로-」(『한국사상사학』 15, 2002, p.26).
13) 노중국,「백제 무왕과 知命법사」(『한국사연구』 107, 1999, p.30).
14) 趙明基,「圓測의 사상」(『진단학보』 16, 1947, p.134).
15) 黃晟起,「원측의 唯識學觀에 대한 연구」(『불교학보』 9, 1972).
　　元義範,「원측의 유식사상」(『숭산박길진박사화갑기념 한국불교사상사』, 1975).
16) 황성기,「원측의 유식학관에 대한 연구」(앞의 책, p.19).

은 일승적 유식관(唯識觀)으로서 실천적 성격을 갖는다.[17] 불교학에서와는 달리 권덕영은 그가 당(唐)에 유학하고는 돌아오지 못한 사정을 연구하였다.[18] 이어 남무희는 원측의 신분이나 정치적 입장 등을 주로 밝혔다. 즉 그는 북연(北燕) 출자(出自)의식을 표방한 모량부(牟梁部) 박씨 왕족의 후손이며,[19] 북위(北魏) 제후국 출신의 후예인 규기와는 학문적인 이유뿐만 아니라 지역 간의 갈등으로 대립하고 있었다.[20]

중국에 유학하고 돌아온 원광에 대한 연구는 많은 시각차를 드러내었다. 그 이유는 원 사료인 『속고승전(續高僧傳)』과 『고본수이전(古本殊異傳)』의 원광전이 너무 달리 기록되었기 때문이다. 원광은 전자에 의하면 박씨였고 중국에 들어가 출가했으나, 후자에 의하면 설씨(薛氏)였고 국내에서 출가한 후에 중국으로 유학하였다. 혼란된 자료를 비교 대조하면서 원광의 평생이나 사상에 대한 심도 있는 연구는 이기백(李基白)에 의해 이루어졌다. 원광은 설씨로서 육두품 신분에 속하였으며, 무격(巫覡)신앙과 결별하고는 불교신앙과 그 실천에 앞장섰고, 이를 통해 골품제를 타파하려는 의식을 가졌다.[21] 그러면서 이기백은 원광이 36세 되던 해인 진평왕 11년(589년)에 중국에 유학했으며, 이를 근거로 그의 활동 연대를 구체적으로 끌어내었다.

---

17) 吳亨根,「원측의 和사상 -一乘的 唯識觀-」(『불교학보』15, 1978, p.217).
또한 鄭柄朝,「원측의 般若心經贊 연구」(『한국학보』9, 1979, p.105)에서도 원측의 사상이 실천적 성격을 가졌다고 하였다.
18) 권덕영,「원측의 입당과 귀국 문제」(『水邨朴永錫화갑기념 한국사학논총』권상, 1992).
19) 남무희,「원측의 씨족연원과 신분」(『북악사론』6, 1998, p.37).
20) 남무희,「원측의 생애 복원과 그의 정치적 입장」(『한국고대사연구』28, 2002, p.135).
21) 李基白,「圓光과 그의 사상」(『창작과 비평』10, 1978 ;『신라사상사연구』, 일조각, 1986, p.112).
22) 崔鉛植,「원광의 생애와 사상 -삼국유사 圓光傳의 분석을 중심으로-」(『泰東古典研究』12, 1995, p.36).

이기백의 연구는 『고본수이전』의 기록을 신용하는 입장을 견지하였는데, 최근에 최연식은 『속고승전』의 기록이 옳다는 입장에서 원광의 생애와 사상을 복원하였다. 그는 원광의 교학 사상을 성실학(成實學)과 섭론학(攝論學)의 이해에서 찾았다.[22] 원광의 세속오계에 대해서는 많은 연구가 있다.[23] 정작 원광은 남의 신하가 된 자가 감히 지킬 수 없는 엄격한 계율을 수행하고 있었다. 원광의 사상은 보살계사상을 지녔으며, 점찰보(占察寶)를 운영하는 특징을 가졌다.[24] 이러한 결론은 이후 그의 사상을 점찰법회를 통한 참회계법(懺悔戒法)의 시행이나,[25] 여래장사상 혹은 유식사상으로[26] 이해하게 하였다. 곧 원광사상의 특징은 엄격한 계율과 함께 점찰 참회법을 시행하는 데에서 찾아진다.

신라의 불교교학은 자장에서 원효·의상으로 이어지면서 완비되었다. 자장은 신라 불국토설(佛國土說)을 제기한 장본인이다. 그의 불국토설을 구체적으로 추구한 연구자는 신종원이다. 자장의 신라 불국토설은 불교신앙과 사회 윤리를 일원화한 것이다. 신라사회에 계율을 편 자장이 화엄신앙을 가졌다고 한 것은 후대에 윤색된 부분이다.[27] 정병조는 그가 문수신앙의 수행자였으며, 신라 불국토설에 바탕을 두면서 오대산신앙을 주장했다고 하였다.[28] 그 후 김영미는 그의 불국토설을 신라 땅에 문수불이 상주한다는 정토신앙으로 이해하였다.[29]

---

23) 그러한 대표적인 연구로 李鍾學,「원광법사와 세속오계에 대한 신고찰」(『신라문화』 7, 1990)이 있다.
24) 鄭柄朝,「원광의 보살계사상」(『한국고대문화와 인접문화와의 관계』, 보고 논총 81-1, 1981, p.33).
25) 박광연,「원광의 점찰법회 시행과 그 의미」(『역사와 현실』 43, 2002, pp.138~139).
26) 朴美先,「신라 원광법사의 여래장사상과 교화활동」(『한국사상사학』 11, 1998, p.53).
27) 辛鍾遠,「자장의 불교사상에 대한 재검토 -신라불교 초기 계율의 意義-」(『한국사연구』 39, 1982, pp.24~25).
28) 정병조,「자장과 문수신앙」(『신라문화』 3·4 합, 1987, pp.152~153).

자장의 계율에 대해서는 김두진이 연구하였다. 자장은 출가자나 재가자에게 모두 적용될 수 있는 대승보살계 곧 범망보살계(梵網菩薩戒)를 창도했으나, 뒷날 의상계 화엄종으로부터 외면을 당하였다. 그는 선덕왕 때의 왕실과 밀접하였으나 무열왕계가 등장하면서 정치적 생명을 연장해 갈 수 없었다.[30] 비슷한 결론이 남동신의 연구에서도 나타났다. 불국토사상을 선덕왕 때의 불교 치국책이라는 관점에서 연구한 그는 특별히 자장이 김춘추 세력과 대당 외교 면에서 첨예하게 대립하였고, 그의 불교 또한 지배층 중심으로 수용되는 한계를 벗어나지 못하였다고 한다.[31] 그 후 자장의 불교사상에 대해서는 통도사의 영축불교문화연구원이 발간한 『불교문화연구』 4집(1995)에서 특집으로 다루어졌고, 그 중에서 이행구는 그를 한국 화엄의 초조(初祖)로 규명하는가 하면, 채상식은 그가 행한 교단 정비나 승관제 등을 논하였다.

원효에 대해서는 많은 연구가 이루어졌다. 불교계에서는 일찍부터 화쟁(和諍)사상을 주장한 원효를 중시하였다. 초기에 안계현은 원효의 미타와 미륵정토신앙을 밝히고, 그것을 비교하여 전자가 후자보다 우월하다고 하였다.[32] 그는 원효 외에 경흥(憬興)・법위(法位)・현일(玄一)・의적(義寂) 등의 정토사상을 연구하였다. 원효와 법위의 정토사상은 대개 비슷하고 현일이나 경흥으로 이어지면서 변화하는데, 원효와 현일로 이어지는 정토 교학에 대해 경흥의 그것이 다름은 『무량수경(無量壽經)』을 이해하는 차이로 말미암았다.[33] 그의 정토관은 김영미에 의해 다시 언급되었다. 원효가 서방 극락세계에 왕생하기를 권유하였지만, 예토(穢土)와 정토는

---

29) 金英美, 「자장의 불국토사상」(『한국사시민강좌』 10, 1992, pp.17~18).
30) 金杜珍, 「자장의 문수신앙과 계율」(『한국학논총』 12, 1989, pp.30~31).
31) 南東信, 「자장의 불교사상과 불교치국책」(『한국사연구』 76, 1992, pp.44~45).
32) 安啓賢, 「원효의 彌陀淨土 往生사상(上・下)」(『역사학보』 16・21, 1961・1963).
   안계현, 「원효의 미륵정토 왕생사상」(『역사학보』 17・18 합, 1962, pp.274~275).

본래 둘이 아니어서 일심(一心)을 벗어날 수 없다.[34] 그것은 정토를 마음 속에서 찾게 했다.

원효의 교학에 대해 심화된 집중적인 연구는 이기영에 의한 일련의 작업으로 이루어졌다. 원효의 『대승기신론소(大乘起信論疏)』를 의역하여 설명을 붙인 『원효사상 Ⅰ -세계관』(弘法院, 1967)은 본격적인 연구서라기보다는 그의 사상을 해설한 것이다. 이러한 저술의 국역 작업은 다음 연구를 위한 밑거름이 되었다. 이기영은 대승보살계관을 중심으로 원효의 윤리관을 추구하면서 진속불이(眞俗不二)의 중도사상에 입각한 실천신앙을 밝혔으며,[35] 그의 저술 속에 인용된 경전의 실태를 검토해 봄으로써 그의 사상의 특성을 이해하였다.[36] 원효의 교판론(敎判論)은 화쟁(和諍)에 목적을 두었기 때문에 일심을 지향하였다.[37] 원효의 교학은 일심이문(一心二門)으로 설정되고, 진여와 생멸 2문은 일심 속에서 무애원융하여 융섭되었다.

고익진도 원효의 중요한 두 저술인 『대승기신론』과 『금강삼매경론(金剛三昧經論)』을 분석하였다. 이기영이 연구한 결론인 진속불이(眞俗不二)의 경지를 그는 진여(中觀)와 생멸(生滅, 瑜伽) 2문의 화합인 진속원융무애관으로 설정하였다.[38] 원효의 진속원융무애관은 일미관행(一味觀行)

---

33) 安啓賢, 「신라 정토신앙의 제문제」(『숭산박길진박사 화갑기념 한국불교사상사』, pp.321~324).
34) 金英美, 「원효의 아미타신앙과 정토관」(『伽山學報』 2, 1993, p.37).
35) 李箕永, 「원효의 보살계관」(『불교학보』 5, 1967 ; 『한국불교연구』, 한국불교연구원, 1982, pp.342~343).
36) 이기영, 「경전인용에 나타난 원효의 독창성」(『숭산박길진박사 화갑기념 한국불교사상사』, p.178).
37) 이기영, 「敎判上에서 본 원효의 위치」(『霞城李瑄根博士 古稀紀念論文集』, 1974 ; 『한국불교연구』, p.358).
38) 高翊晋, 「원효의 起信論·別記를 통해 본 眞俗圓融無碍觀과 그 성립 이론」(『불교학보』 10, 1973, pp.318~319).

의 실천 원리를 제시해 주기 때문에 포괄적인 화쟁사상을 이루었다.[39] 이러한 결론은 최근의 연구에서도 거의 그대로 받아들여졌다.[40] 이후 원효 사상에 대한 연구는 일심이문의 교리 체계를 넘어서서 구체적이면서 다양한 불교사상에 대한 규명으로 나아갔다.

원효의 사상은 화엄이나 유식사상의 관점에서[41] 분석되었다. 『대승기신론』에 기초한 원효의 화엄사상은 모든 경론의 존재 의의를 인정하고, 그것을 체계적으로 이해하여 종합하였다.[42] 원효는 화엄사상을 중시하면서 유식사상을 이해하였다. 그런 면에서 김두진은 그의 사상을 유심론적인 원융사상으로 규정하고, 일심 내에 진여와 생멸의 여러 법상은 물론 관행(觀行)까지를 총섭(總攝)하는 것으로 파악하였다.[43] 그 외 원효의 일미관행과 함께 법화경관이나 법화사상이 밝혀졌다.[44]

원효의 사상과 함께 신분이나 교학 활동 등이 추구되었다. 원효는 6두품 출신이라는 것이 통설이다. 혹은 그가 5두품 신분에 속하였고 태종무열왕과 친밀하였다는 주장도 있다.[45] 1987년에 국토통일원이 『원효연구논총』을 출간하였고, 한국불교연구원은 1994년에 이기영의 『원효사상연구Ⅰ』을 간행하였을 뿐만 아니라 1995년에는 『불교연구』 11집에서 원효에 관한 종합적인 연구를 특집으로 다루었다. 그 외에 김상현이 『역사로 읽는 원효』(고려원)와 2000년에 『원효연구』(민족사)를 저술하였고, 남동

---

39) 고익진, 「원효 사상의 실천원리」(『숭산박길진박사화갑기념 한국불교사상사』, pp.254~255).
40) 남동신, 「원효의 교판론과 그 불교사적 위치」(『한국사론』 20, 1988, pp.38~40).
41) 오형근, 「원효 사상에 대한 유식론적인 연구」(『불교학보』 17, 1980, p.35).
42) 고익진, 「원효의 화엄사상」(『한국화엄사상사연구』, 동국대 출판부, 1982, p.80).
43) 김두진, 「원효의 唯心論의 圓融사상」(『한국학논총』 22, 2002, pp.39~40).
44) 이기영, 「법화종요에 나타난 원효의 법화경관」(『한국천태사상연구』, 동국대 출판부, 1983).
  이기영, 「원효의 법화사상 -금강삼매경론과의 관계-」(『신라문화』 1, 1984)
45) 田美姬, 「원효의 신분과 그의 활동」(『한국사연구』 63, 1988, p.96).

신은 1999년에 『원효』(새누리)를 저술하였다. 이들 저술은 모두 원효의 일생이나 활동 및 사상을 종합적으로 다룬 것이어서 학계에 공헌한 바가 크다.

3) 종파 불교의 성립과 교리체계

신라 불교의 철학 체계는 원효와 의상에 의해 구축되었다. 원효가 모든 경전에 대해 주석을 붙임으로써 신라사회에 불교사상 전반을 이해할 수 있는 기반을 조성하였다면, 의상은 화엄 교리를 심도 있게 체계화하였다. 현재 의상의 전기나 저술이 많이 남아 있지 않아 그의 교학에 대한 연구에는 시각차가 크게 드러나 있다. 우선 신라 화엄종에서 원효를 중시하는 연구가 중심을 이루었는데,[46] 김지견은 의상을 중시하였다. 즉 신라 화엄종의 주류가 의상계였으며 방계의 조사가 원효였다.[47] 의상계 화엄종은 고려초 균여의 사상으로 이어져서, 뒤에 조계종을 성립시키는데 영향을 주었다.

의상의 전기나 저술에 대해서는 조명기가 연구하였다.[48] 뒤에 김두진은 그것에 대해 비교적 자세하게 논하였다.[49] 특히 그는 의상 화엄사상이 당대의 사회와 어떤 관련을 갖는지에 대해 관심을 표방하면서, 신라중대의 전제정치와 깊이 연결되었다고 주장하였다.[50] 이러한 주장은 일찍이

---

46) 그러한 연구로 權相老, 『朝鮮史藁』와 김잉석, 『華嚴學槪論』 등이 있다.
47) 金知見, 「신라 화엄의 계보와 사상」(『학술원논문집 인문사회』 13, 1973).
    김지견, 「신라 화엄학의 주류고」(『숭산박길진박사화갑기념 한국불교사상사』, p.273).
48) 趙明基, 「의상의 전기와 저서」(『一光』 9, 1939).
49) 김두진, 「의상의 생애와 정치적 입장」(『한국학논총』 14, 1992).
    김두진, 「의상의 저술」(『서지학보』 6, 1991).

안계현에 의해 제기되었지만,[51] 그것에 대해 비판적인 견해도 있다. 의상의 화엄사상은 신라중대의 전제주의와 관계가 없으며, 오히려 유교사상이나[52] 법상종 사상이[53] 보다 더 전제왕권에 유용하다는 것이다. 또는 중국 법장의 화엄사상은 무주조(武周朝)의 전제정치에 부응하지만, 의상의 화엄사상은 신라중대의 전제정치와 관계가 없다고 하였다.[54]

신라중대의 전제주의가 가장 강하게 행해지던 시기에 유행한 화엄사상에 대해서는 역시 전제왕권과의 관계를 추구해 가는 것이 바른 연구 태도이다. 아울러 유교의 예나 법상종의 계율은 전제정치에 필요하지만, 그 사상 자체는 국왕까지도 엄격한 예나 계율의 질서 아래에 두기 때문에 반드시 전제주의에 어울리는 것은 아니다. 오히려 의상의 성기론적(性起論的)인 화엄사상이 전제정치에 유용한 것이다.

의상 화엄사상에 대한 여러 연구의 문제점을 지적한[55] 정병조는 의상의 낙산사(洛山寺) 창건이 신라적 관음신앙의 정착이며, 특히 미타(彌陀) 신앙과도 밀접하게 관련된다고 하였다.[56] 의상의 관음신앙과 미타신앙은 구별되며, 전자가 낙산사를 중심으로 한 구고(救苦)신앙이었다면 후자는 부석사(浮石寺)를 중심으로 한 정토신앙이었다.[57] 의상의 관음신앙은 김두진에 의해 현실정토 왕생신앙이나 실천수행을 강조하는 것으로 연구되었다.[58] 의상 화엄사상의 특징을 「화엄일승법계도」에서 끄집어낸 채인환

---

50) 김두진, 「의상 화엄사상의 사회적 성격」(『한국학논총』 17, 1995, pp.27~28).
51) 김두진, 「신라 불교」(『한국사』 3, 국사편찬위원회, 1976, p.216).
52) 金相鉉, 「신라중대 전제왕권과 화엄종」(『동방학지』 44, 1984, p.84).
53) 金福順, 「신라중대의 화엄종과 왕권」(『한국사연구』 63, 1988, pp.124~126).
54) 김상현, 「신라중대 전제왕권과 화엄종」(앞의 책, p.63).
55) 鄭炳朝, 「의상 화엄사상의 제문제」(『동양문화』 17, 영남대, 1977).
56) 정병조, 「의상의 관음신앙」(『동국사학』 10·11 합, 1978, pp.53~54).
57) 정병조, 「의상의 미타신행 연구」(『신라문화』 7, 1990, pp.223~227).
58) 김두진, 「의상의 관음신앙과 정토」(『진단학보』 71·72 합, 1991, pp.13~14).

은 육상원융(六相圓融)한 10지를 연기관(緣起觀)으로 제시하였다.[59] 또한 신현숙은 그것이 공관으로 파악되어 중도의 변증법으로 전개되었다고 하였다.[60]

의상의 화엄사상에 대해서는 전해주, 『의상화엄사상사연구』(민족사, 1993)와 김두진, 『의상 그의 생애와 화엄사상』(민음사, 1995)의 단행본으로 정리되었고, 또한 정병삼, 『의상화엄사상사연구 -그 사상적 의의와 사회적 성격-』(서울대 박사학위 논문, 1991)는 뒤에 『의상 화엄사상 연구』(서울대 출판부, 1998)로 간행되었다. 그 중 전해주는 의상 화엄사상의 특성을 성기관으로 파악하였다. 김두진의 저술도 그러한 입장에서 성기론적인 의상의 횡진법계관(橫盡法界觀)을 밝혔다. 다만 정병삼은 의상의 화엄사상을 연기론에 입각한 중도사상으로 파악하였고, 중도관에 의거한 실천신앙을 부각하였다. 즉 그것은 전제왕권의 이념으로 역할한 것은 아니라 하더라도, 수준 높은 철학의 정립과 기층민을 중심으로 한 정신적 일체감을 조성함으로써 신라중대 사회의 안정적 왕권유지에 유교의 제도적 역할과 함께 중요한 축을 이룬다고 하였다.[61]

의상은 많은 제자를 두었고 그의 문도에 대한 연구가 진행되었다.[62] 다만 비의상계(非義湘系)에 속한 인물의 화엄사상을 부각할 필요가 있다. 명효(明皛)나 표원(表員)·견등지(見登之) 등의 사상이 주목된다. 명효에 대해서는 이기영이 연구하였다. 『해인삼매론』의 문장 형식은 원효의 문체와 너무 비슷하기 때문에 명효는 원효의 별호라고 한다.[63] 김상현은 명효를 효소왕 9년(700년) 무렵에 귀국하는 명효(明曉)와 같은 인물로서 화

---

59) 蔡印幻, 「의상 화엄사상의 특징」(『한국화엄사상사연구』, pp.105~106).
60) 申賢淑, 「법계도기를 통해 본 의상의 空觀」(『불교학보』 26, 1989, pp.179~180).
61) 정병삼, 『의상화엄사상연구』(서울대 출판부, 1998, pp.255~256).
62) 김상현, 「신라 화엄학승의 계보와 그 활동」(『신라문화』 1, 1984, pp.49~59).
   김두진, 「의상의 문도」(『한국학논총』 16, 1994, pp.7~29).

엄과 밀교사상을 융합하였다고 주장했다.[64] 김두진은 그가 중관과 유식을 화쟁한 원효 자신이거나, 아니라 하더라도 원효의 사상을 충실히 계승한 문도라고 하였다.[65]

표원의 화엄사상에 대해서는 김인덕이 연구하였다. 표원은 화엄철학의 교리와 학설에만 머물지 않고 실천수행 면에 정통하였다.[66] 김두진은 그가 연집법계(緣集法界)사상과 관행(觀行)을 내세우는 화엄사상가였지만, 원효계에 속한 인물이었다고 하였다.[67] 아울러 김두진은 의상의 화엄사상과 계통을 달리하는 견등지의 화엄사상이 원효의 사상과 비슷할 지라도, 법장의 사상에 더 가깝다고 하였다.[68] 이렇듯 원효계에 속한 인물의 화엄사상을 이끌어내는 것은 중요하다.

신라 법상종에 대한 연구는 태현(太賢)과 진표(眞表)를 중심으로 이루어졌다. 신라 법상종은 원측(圓測)에서 도증(道證)·태현으로 이어지는 학파와 원광에서 진표로 이어지는 학파로 나뉘어 있었다. 문명대는 신라시대 법상종 계통 불상의 조상 사례를 통해 법상종 교단을 태현계와 진표계로 나누었으며, 전자가 미륵(彌勒)을 주존(主尊)으로 미타를 부존으로 모셨음에 대해 후자는 미륵을 주존으로 지장(地藏)을 부존으로 모셨다고 하였다.[69]

태현의 행적이나 저술·계율사상을 이해하기 위해서는 『신라불교계

---

63) 이기영, 「明晶의 海印三昧論에 대하여」(『鷺山李殷相박사화갑기념 사학논총』, 1973 ; 『한국불교연구』, 1982, p.543).
64) 김상현, 「신라 명효의 海印三昧사상」(『何石金昌洙교수화갑기념 사학논총』, 1992, p.80).
65) 김두진, 「명효의 華嚴三昧사상」(『진단학보』 88, 1999, p.59).
66) 金仁德, 「表員의 화엄학」(『한국화엄사상사연구』, p.151).
67) 김두진, 「표원의 緣集法界사상과 觀行」(『한국학논총』 24, 2002, pp.38~39).
68) 김두진, 「신라 見登之의 화엄성불사상」(『역사학보』 72, 2001, p.31).
69) 文明大, 「신라 법상종(瑜伽宗)의 성립 문제와 그 미술 -甘山寺 미륵보살상 및 아미타상과 그 銘文을 중심으로(下)」(『역사학보』 63, 1974, p.161).

율사상연구』(國書刊行會, 1977)를 저술한 채인환의 연구가 주목된다. 태현은 유식학승이면서도 널리 여러 교학에 통달하였고 철저한 보살행을 실천하였으며, 그의 『범망경고적기(梵網經古迹記)』와 『보살계본종요(菩薩戒本宗要)』는 일본에서도 매우 중시되었다.[70] 두 저술을 통해 태현은 원융한 계율사상을 전개하였고, 통불교적인 신라 계율사상을 형성시켰다.[71] 『신라 보살계사상사 연구』(민족사, 1999)를 저술한 최원식은 태현이 유가론에 의한 『범망경』에 바탕을 둔 보살계사상을 가졌고, 특별히 효은(孝恩)을 강조하여 보살 수행의 근본으로 삼았다고 하였다.

이만은 태현의 유식사상에 접근하여, 그 연구 결과를 『신라태현의 유식사상연구』(동쪽나라, 1988)로 간행하였다. 태현은 중국 자은파(慈恩派)와는 다른 견해를 가졌지만, 원측과도 때로는 관점을 달리하였다.[72] 태현과 비슷한 시기에 활동한 경흥(憬興)도 유식승려로 이해된다. 경흥은 정토관을 가졌으며,[73] 『금광명경주소』를 저술하여 천문 율려(律呂)의 사상을 추구하였다.[74] 경흥의 생애와 활동을 가장 심도 있게 분석한 연구는 한태식에 의해 이루어졌다. 그에 의하면 경흥은 백제 사람으로 통일국가에 협조했으며, 백제 불교사상을 계승하여 어느 한 종파에 치우치지 않고 다양한 저술을 남겼다고 한다.[75]

진표의 교학에 대해서는 처음 점찰법회(占察法會)로 파악되었다. 김영태는 계법을 중시하는 진표의 점찰교법은 엄밀히 말해 점찰참회법(占察

---

70) 蔡印幻,「신라 太賢법사 연구(1) -행적과 저작」,『불교학보』 20, 1983, p.107).
71) 채인환,「신라 태현법사 연구(3) -계율과 사상」,『불교학보』 22, 1986, p.62).
72) 李萬,「일본 法相관계 諸疏에 인용된 태현법사의 유식사상」,『불교학보』 23, 1986, p.204).
73) 안계현,「신라승 憬興의 미륵정토 왕생사상」,『진단학보』 26, 1964).
74) 金一權,「원효와 경흥의 『金光明經』 註疏에 나타난 신라의 天文 星宿 세계관」,『신라문화』 17 · 18 합, 2000, pp.168~175).
75) 韓泰植,「경흥의 생애에 대한 재고찰」,『불교학보』 28, 1991, pp.212~213).

懺悔法)이라 하였다.[76] 말하자면 진표의 교학은 법상종과 관계가 없다는 것이다. 이에 대해 문명대는 진표의 교학을 법상종 사상으로 파악하였다. 진표의 수행과 점찰 계법에 대해서는 채인환이 연구하였다. 진표는 점찰 교법에 의해 사신(捨身) 수행을 행하였으며, 점찰참회법의 방편을 사용하여 중생을 교화하였다.[77] 진표의 교학에 특징적으로 등장하는 지장이나[78] 미륵신앙에 대해서도 연구되었다.

진표의 미륵신앙에 대해서는 그 사회적 성격을 추구하는 경향으로 연구되었다. 이기백의 연구가 바로 그러한 것이다. 진표는 백제의 유민으로서 백제의 정신적 부흥운동을 전개하였다. 그것은 미륵신앙을 중심으로 한 반신라적인 이상국가 건설운동이었고, 결국은 견훤 및 궁예·왕건에게 영향을 주었다.[79] 조인성도 비슷한 견해를 내세웠다. 하층민들에게 크게 환영을 받았던 진표의 미륵신앙은 신라말 농민 봉기의 배경이 되었고, 석총이나 의정 등을 통해 신라말까지 전승되어 견훤이나 궁예에게까지 영향을 주었다.[80] 궁예의 미륵신앙에 대해서는 김두진과 양경숙이 연구하였다. 법상종 승려로서의 궁예가 표방한 미륵신앙은 이상세계의 건설보다는, 혼란을 가중시켜 현실사회를 개혁하려는 것이었다.[81] 이러한 결론에서 더 나아간 양경숙은 현실사회를 개혁하려는 궁예의 미륵사상이 밀교와도 관련되었다고 하였다.[82]

---

76) 김영태, 「占察법회와 진표의 教法연구」(『숭산박길진박사화갑기념 한국불교사상사』, pp.404~405).
77) 채인환, 「신라 진표율사 연구(1) -修懺의 행적과 계보」(『불교학보』 23, 1986, p.67). 그 외 채인환, 「신라 진표율사 연구(2)」(『불교학보』 24·25, 1987·1988) 참조.
78) 홍윤식, 「신라시대 진표의 지장신앙과 그 전개」(『불교학보』 34, 1997).
79) 이기백, 「진표의 미륵신앙」(『신라사상사연구』, 일조각, 1986, p.276).
80) 趙仁成, 「미륵신앙과 신라사회 -진표의 미륵신앙과 신라말 농민봉기와의 관련성을 중심으로-」(『진단학보』 82, 1996, p.52).
81) 김두진, 「궁예의 미륵세계」(『한국사시민강좌』 10, 1992, p.86).

신라하대의 선종은 교학불교의 논리를 초월하기 위해 자기 내에서 불성을 찾았다. 나말려초에는 많은 선승들이 있는데, 그 중에서 가장 먼저 연구된 자는 낭혜 무염이다. 김두진이 먼저 이에 대해 연구하였다. 무염의 선종사상은 무설토론(無舌土論)을 통해 자기 내에서 불성 곧 실아(實我)를 찾음으로써 개인주의적인 사상경향을 가졌고, 지방에서 독자세력을 형성하려는 호족들의 호응을 받았다. 무염은 낙향호족인 김흔(金昕)과 연결하여 성주산문(聖住山門)을 열었다.[83] 신라하대 선종사 연구에서 무염의 사상에 대한 관심은 그 후에도 지속되어 많은 연구가 이루어졌다. 1999년에 충남대학교 백제연구소가 성주사지를 발굴 조사하여 『성주사지 1~6차 발굴보고서』를 간행하면서, 성주사를 주제로 한 학술대회를 열었다. 이 때에 공동으로 연구하여 발표된 논문이 『성주사와 낭혜』(서경문화사, 2001)로 묶어졌다.[84] 그 중 김영미는 낭혜의 선종사상이 교학을 완전 부정하지 않았으며, 아미타신앙을 내세웠다고 하였다.[85]

1997년에 조범환은 『낭혜 무염과 성주산문』(서강대학교)이라는 박사학위논문을 제출하였고, 이것은 뒤에 『신라선종연구 -낭혜무염과 성주산문을 중심으로-』(일조각, 2001)로 간행되었다. 무염은 교선일치 사상을 내세웠을 뿐만 아니라 지방호족보다는 중앙귀족과 연결되었고, 중앙귀족의 도움을 받아 개창된 성주산문은 뒤에 지방세력과 연결되었다.[86] 이러한 그의 주장은 학계의 일반적인 통설과 다소 차이가 있다. 북종선이나 초기

---

82) 梁敬淑,「궁예와 그의 미륵불사상」(『北岳史論』 3, 1993, pp.136~137).
83) 김두진,「朗慧와 그의 선사상」(『역사학보』 57, 1973, pp.55~56).
84) 이 책에 실린 낭혜에 관한 논문은 다음과 같다.
南東信,「성주사와 무염에 관한 자료 검토」· 조범환,「낭혜 무염의 구도행각과 남종선 체득」· 김영미,「낭혜 무염의 선사상」· 조인성,「낭혜화상탑비명의 찬술과 최치원」 등이다.
85) 김영미,「낭혜 무염의 선사상」(『성주사와 낭혜』, p.123).
86) 曺凡煥,『신라선종연구』(일조각, 2001, pp.177~183).

선종에 대해서는 여성구가 연구하였다. 신행은 경덕왕의 측근이었던 이순(李純) 등이 창건한 단속사(斷俗寺)에 머물렀으며,[87] 아울러 경덕왕 때의 입당 유학승인 원표는 보림사를 창건하고는 전제정치에 일조하였다.[88]

신라하대의 선종산문에 대해서는 비교적 많은 연구가 이루어졌지만, 막상 선종승려들의 사상에 대해서는 단편적으로 언급되었다. 초기 선종사에서 범일(梵日)과 도의는 중요하다. 굴산사지(崛山寺址)의 유적조사를 통해 신천식은 범일의 사적을 복원하였다. 범일이 굴산사를 창건하지는 않았으나, 당시 명주의 지방호족인 김순식(金順式)의 도움으로 굴산문을 개창하였다.[89] 도의가 남종선의 조사선을 도입하였다는 것은 이계표가 언급하였다.[90] 그의 사상에 대한 본격적인 연구는 김두진에 의해 이루어졌다. 남종선을 도입한 도의는 개인주의적인 조사선을 추구하였고, 화엄사상에 대해 비판하였기 때문에 교학 불교의 반발을 받아 진전사에 은거하였다.[91] 그 외 홍각(弘覺)선사의 비문을 복원하려는 시도는[92] 영세한 선종사 관계의 자료를 보충할 수 있다.

나말려초에 풍수지리설을 주장한 도선(道詵)의 선종사상에 대해서는 비교적 많은 연구가 이루어졌다. 최병헌은 도선의 생애와 풍수지리설을 언급하였다. 그의 풍수지리설은 인문지리적인 인식이 선종과 연결하여 나타났고, 당시 선승들은 수련 과정으로 산수를 유람하면서 풍수지리를

---

87) 呂聖九, 「神行의 생애와 사상」(『水邨朴永錫화갑기념 한국사학논총』 권상, 1992, pp.365~366).
88) 여성구, 「元表의 생애와 天冠보살신앙 연구」(『국사관논총』 48, 1993, pp.217~218).
89) 申千湜, 「한국불교사상에서 본 梵日의 위치와 崛山寺의 역사성 검토」(『嶺東文化』 1, 관동대 영동문화연구소, 1980, pp.31~32).
90) 李啓杓, 「신라하대의 迦智山門」(『전남사학』 7, 1993, pp.267~277).
91) 김두진, 「도의의 남종선 도입과 그 사상」(『강원불교사연구』, 小花, 1996, pp.77~80).
92) 권덕영, 「신라 弘覺선사비문의 복원 시도」(『가산이지관스님화갑기념 한국불교문화사상사』 권상, 1992).

익혔다. 그것은 지방 중심의 국토재구성안(國土再構成案)으로 성립하였고, 고려 왕건에게 후삼국의 통합 이념을 제공하였다.[93] 비슷한 시기에 서윤길은 도선의 풍수지리설이 비보(裨補)사상으로 특징지어지며, 밀교사상과 연결된 것이라 하였다.[94]

김두진은 도선의 풍수지리설(風水地理說)이 왕건이 아닌, 뒤에 견훤의 세력권 속에 포함되는 지방호족과 연결되었으며, 지방 중심의 국토재구성안에 의한 명당(明堂) 개념은 지방호족에게 봉사한다는 것을 제시하였다. 그의 풍수지리설은 선종 일반의 특성이라기보다는 동리산문(桐裏山門)의 사상적 특성으로, 선종과 법상종 사상과의 교섭 경향인 유심론적(唯心論的) 선관(禪觀)이다.[95] 또한 영암군은 여러 학자들을 동원하여 공동연구로써 『선각(先覺)국사 도선의 신연구』(1988, 三和문화사)를 간행하였고,[96] 조범환은 도선 관계의 문헌 자료집인 『예토(穢土)에서 정토(淨土)로』(영암군·월출산도갑사 도선국사연구소, 2002)를 편찬하였다. 이러한 기초 연구나 자료 정리를 통해 도선의 풍수지리설에 대한 연구는 보다 심화될 것이다.

---

93) 崔柄憲, 「道詵의 생애와 나말여초의 풍수지리설 -선종과 풍수지리설의 관계를 중심으로-」 (『한국사연구』 11, 1975, pp.143~146).
94) 徐潤吉, 「도선과 그의 裨補사상」(『한국불교학』 1, 1975, pp.75~76).
95) 김두진, 「나말여초 桐裏山門의 성립과 그 사상 -풍수지리사상에 대한 재검토-」(『동방학지』 57, 1988, pp.49~51).
96) 이 책에 실린 연구 논문은 다음과 같다.
김지견, 「사문 道詵像 素描」·朴漢卨, 「고려건국과 도선국사」·이용범, 「도선의 지리설과 唐僧 一行선사」·서윤길, 「도선국사의 생애와 사상」·최병헌, 「도선의 생애와 풍수지리설」·최창조, 「도선국사의 풍수지리사상 해석」·梁銀容, 「도선국사 裨補寺塔說의 연구」, 秋萬鎬, 「나말여초의 동리산문」 등이다.

4) 융화(融化)불교의 흐름

신라말까지 한국불교는 종파별로 교리 체계를 완성하였다. 이후 고려시대의 불교는 다른 교파의 교리를 절충하는 방향으로 사상적인 발전을 가져왔다. 고려초 균여(均如)는 교종 내부의 성종(性宗)과 상종(相宗)의 대립을 절충하려는 성상융회사상을 가졌으며, 남악(南岳)과 북악(北岳)으로 나뉜 화엄종 교단을 통합하였다.[97] 균여의 화엄사상에 대해 집중적으로 연구한 김두진은 그의 생애와 저술·성상융회사상·법계관 등을 밝혔고, 특히 그것을 고려초 광종대의 사회체제와 연결시켜 분석하였다.[98]

김지견은 균여 관계의 자료를 『균여대사화엄학전집』(2권, 한국전통불교연구소, 1977)으로 간행하였는데, 이 책은 학계에 균여에 대한 연구를 활성화하는 계기를 마련해 주었다. 이러한 작업에 힘입어 최연식(崔鉛植)은 『균여화엄사상연구 -교판론을 중심으로-』(서울대 박사학위 논문, 1997)를 저술하였다. 이종익은 균여의 법계도기를 한국적 화엄행(華嚴行)으로 규정하고는, 이론이 아닌 수행 중심의 한국 화엄교학 중에서도 가장 중요한 것이라고 하였다.[99]

교학 내부의 대립을 절충하면서 한국불교는 교선융합 사상경향을 지녀갔다. 고려 왕건의 선대 세력과 연결된 순지(順之)는 선종 승려이지만, 화엄사상이나 법화사상을 포용하였다. 그의 상론(相論)이나 삼편성불(三遍成佛論)이 그러한 사상경향을 가졌으며, 그것은 신라말에 지방의 대호족들에게 호감을 주었다.[100] 순지의 성불관은 천태교관에 근거한 것이라

---

97) 김두진, 「화엄종의 분열과 數錢論」(『신라화엄사상사연구』, 서울대 출판부, 2002, pp.207~208).
98) 김두진, 『均如화엄사상연구 -性相融會사상-』(한국연구원, 1982 ; 일조각, 1983) 참조.
99) 李鍾益, 「한국불교사상 위에서 본 균여 법계도기의 위치」(『불교학보』 17, 1980, p.32).

는 연구도 있다.[101] 고려시대의 교선교섭 사상경향에는 선종의 입장에서 교종사상을 융합하려는 것과 교종의 입장에서 선종사상을 융합하려는 것이 있다. 교선교섭사상의 두 방향에 대해서는 김두진이 이미 지적하였다. 그것은 고려통일기에 왕건의 호족연합책과 짝하여 등장하였는데, 전자의 대표로 현휘(玄暉), 후자의 대표로 탄문(坦文)을 들 수 있다.[102]

신라하대의 선종승려들은 마조(馬祖) 도일(道一)의 문하로 유학하였다. 반면 고려초기 선승들의 대부분은 청원(靑原) 행사(行思)의 법인을 받아 돌아왔는데, 행사 문하의 선종사상은 교선융합 사상경향을 가졌다. 고려초 중국에 들어가 천태종을 크게 일으킨 체관과 의통에 대해 주목하였다. 『천태사교의』를 지은 체관과 중국 천태종의 13대 교조가 된 의통의 천태학은 교종으로서는 가장 진전된 사상 체계를 가졌으며, 광종의 비호를 받았다. 그러나 그것은 경종 이후, 광종대 정치의 반발로 인해 억압당하였기 때문에 의통과 체관도 귀국할 수 없었다.[103] 체관의 『천태사교의』에 대해서는 김두진이 분석하였다. 앞의 결론과는 달리 체관의 천태사상은 광종대의 전제정치보다는 호족세력이 어느 정도 온존한 사회 분위기에 어울리고, 중국 천태종 산가파(山家派)의 사상을 정립시키는데 작용하여 뒷날 의천의 사상과 연결된다고 하였다.[104]

법안종(法眼宗) 승려인 지종(智宗)에 대해서는 김두진이 연구하였다.

---

100) 김두진, 「了悟선사 順之의 선사상 -그의 三遍成佛論을 중심으로-」(『역사학보』 65, 1975, pp.50~52).
101) 崔昌述, 「순지의 성불관 -삼편성불론을 중심으로-」(『가산이지관스님화갑기념 한국불교문화사상사』 권상, p.610).
102) 김두진, 「玄暉와 坦文의 불교사상 -고려초의 교선융합사상과 관련하여-」(『高柄翊선생회갑기념 사학논총』, 1984, pp.418~419).
103) 金哲埈, 「고려초 천태학 연구 -諦觀과 義通-」(『동서문화』 2, 1975 ; 『한국고대사회연구』, 지식산업사, 1975, pp.343~344).
104) 김두진, 「체관의 천태사상」(『한국학논총』 6, 1984, pp.66~68).

광종대 후기의 왕실과 친밀하였던 지종은 교선일치의 사상경향을 가졌는데, 이는 선적(禪的) 이사관(理事觀)으로 선종의 입장에서 성상융회사상을 융섭한 것이다.[105] 김용선도 지종이 광종의 환대를 받았으며, 그의 법안종은 법상종을 견제하면서 일어난 천태종에 흡수된다고 하였다.[106] 고려전기의 교선교섭 사상경향은 의천(義天)의 천태종 개창으로 일단락되었다. 의천은 화엄종 승려였으며, 그의 천태사상은 교종의 입장에서 선종사상을 융합한 것이다. 그의 천태종은 의통이나 체관의 사상과 이어지지만, 지종의 법안종과 바로 연결될 수는 없다.

대각국사 의천에 대해서는 이미 많은 연구가 이루어졌다. 의천의 행적에 대해서는 일찍이 김상기가 개괄적으로 연구하였는데, 송(宋)에서의 그의 행적이나 주전론(鑄錢論) 등을 밝혔다.[107] 의천의 천태사상에 대한 본격적인 연구는 조명기에 의해 이루어졌고, 그의 연구업적은 『대각국사 의천』(동국문화사, 1964)으로 간행되었다. 의천은 화엄과 천태를 일불승(一佛乘)으로 지향시켜, 선정(禪定)과 지혜의 쌍수(雙修)를 내세우고 이를 실천하였다. 그는 삼체(三諦)원융한 총화성(總和性)을 구현하였고, 불교의 모든 종파를 천태 속에 통섭(統攝)하였다.[108] 이러한 결론은 이영자의 연구에서도 비슷하게 나타났다. 의천은 교관일치에 입각하여 화엄과 천태사상을 같이 보았고, 원효의 사상을 계승하여 당시 병립하였던 여러 종파를 회통(會通)하였다.[109] 그가 작성한 『신편제종교장총록(新編諸宗敎藏

---

105) 김두진, 「고려 광종대 法眼宗의 등장과 그 사상」(『한국사학』 4, 한국정신문화연구원, 1983, pp.35~41).
106) 金龍善, 「고려전기 법안종과 지종」(『강원불교사연구』, 소화, 1996, pp.110~112).
107) 金庠基, 「대각국사 의천에 대하여」(『국사상의 제문제』 1, 국사편찬위원회, 1959, pp.80~101).
108) 趙明基, 『고려 대각국사 의천』(동국문화사, pp.138~140).
109) 李永子, 「의천의 天台會通사상」(『불교학보』 15, 1978, p.232).

總錄)』은 신라나 거란 사람의 장소(章疏) 등 귀중한 문헌을 수록하였기 때문에 독자성을 가졌다.[110]

이재창은 의천의 사상을 교관병수(敎觀並修)와 성상겸학(性相兼學)의 실천적 불교운동으로 고양시켰으며, 법화경의 회삼귀일(會三歸一)사상이 일심삼관(一心三觀)의 천태사상과 융화한 것이라고 하였다.[111] 이러한 의천의 천태사상에 대한 결론은 그대로 통용되었다. 중국에서의 교학 활동을 통해 의천과 송나라 승려들과의 교류, 특히 정원(淨源)과 혜인사(慧因寺)와의 관계를 논술한[112] 최병헌은 그의 천태교관이 중국 천태종의 산외파(山外派)와 연결되어 있으면서 산가파의 교학을 흡수하였다고 했다.[113] 의천에 의한 천태종 개창은 교선통합 사상체계의 수립이며, 화엄종과 천태종의 조화를 모색한 것이다. 화엄종을 중심으로 한 의천의 불교는 귀족적이며 절충적인 한계를 가졌다.[114]

의천은 송의 왕안석(王安石)·여혜경(呂惠卿) 등 신법당과 연결되었고, 구법당의 사마광(司馬光) 등은 의천이나 고려 조정에 대해 반대하는 입장을 가졌다.[115] 김두진은 의천의 사상을 중국 및 고려의 불교사상이나 정치사회의 움직임과 연결하여 분석하였다. 의천은 송나라 신법당 인사들과 교류한 반면 소식(蘇軾)을 위시한 구법당 인사들과 반목했으며, 고려

---

110) 이영자, 「의천의 新編諸宗敎藏總錄의 독자성」(『불교학보』 19, 1987, p.199).
111) 李載昌, 「대각국사 의천의 천태종 開立」(『한국천태사상연구』, 동국대 출판부, 1983, pp.198~199).
112) 최병헌, 「대각국사 의천의 渡宋 활동과 고려·송의 불교 교류」(『진단학보』 71·72 합, 1991, pp.366~372).
113) 최병헌, 「의천과 송의 천태종」(『가산이지관스님화갑기념 한국불교문화사상사』 권상, 1992, pp.360~361).
114) 최병헌, 「한국 화엄사상사 상에 있어서 의천의 위치」(『한국화엄사상사연구』, 동국대 출판부, 1982, pp.209~210).
115) 鄭修芽, 「고려중기 개혁정책과 그 사상적 배경 -北宋 '新法'의 수용에 관한 一考察」(『수촌박영석교수화갑기념 한국사학논총』 권상, pp.449~455).

문벌사회를 개혁하려 하였다. 그는 유식(唯識)사상을 중시하면서 화엄경관(華嚴經觀)에 치중하였고, 이는 천태종을 개창하는 기반이 되었지만 선종 승려들의 선관(禪觀)과는 거리가 먼 것이다.[116] 그의 천태교관은 구상론적(具相論的)인 성격을 가져서 산가파의 교학에 속하였으며, 송의 운문선종(雲門禪宗)이나 고려 국내의 선종산문으로부터 환영을 받지 못하였다.[117]

의천이 송나라 운문종 승려로부터 공격을 받았다는 견해는 이미 허흥식에 의해 주장되었다.[118] 그는 의천의 『원종문류(圓宗文類)』와 곽심(廓心)의 『원종문류집해(圓宗文類集解)』를 소개하였다. 『원종문류집해』는 의천의 사상과 학문을 계승한 법손인 곽심에 의해 편찬되었다.[119] 그 외에 김영미는 의천의 속장경 간행을 통해 아미타신앙의 단면을 살폈다. 의천의 정토관은 범부가 왕생하는 타방정토(他方淨土)사상을 따르지 않고, 근기(根機)에 따른 수행을 통해 극락에 왕생할 뿐만 아니라 극락에 왕생함으로써 쉽게 성불한다는 것이다.[120] 박용진은 『대각국사문집』에서 인왕경(仁王經)신앙을 끌어내었다. 의천은 인왕경신앙을 홍포함으로써 당시 불교계는 물론 문벌귀족 세력을 개혁하려는 숙종과 연결되었으며, 인왕반야고좌(仁王般若高座)법회는 3년에 1회의 정기적인 행사로서 3만명을 반승(飯僧)하는 대규모의 국가적 불교의례이다.[121]

의천은 천태사상을 내세워 교관병수를 주장했지만, 어디까지나 화엄

---

116) 김두진, 「의천의 圓頓사상과 그 불교사적 의미」(『북악사론』 10, 2003, pp.174~176).
117) 김두진, 「의천의 천태종과 송·고려 불교계와의 관계」(『인하사학』 10, 2003, p.209).
118) 허흥식, 「의천의 사상과 시련」(『정신문화연구』 17권 1호, 통권 54, 1994, pp.60~62).
119) 허흥식, 「의천의 圓宗文類와 廓心의 集解」(『書誌學報』 5, 1991, p.55).
120) 김영미, 「대각국사 의천의 아미타신앙과 정토관」(『역사학보』 156, 1997, pp.26~27).
121) 박용진, 「고려중기 仁王經신앙과 그 의의 -의천과 대각국사문집을 중심으로-」(『한국중세사연구』 14, 2003, pp.181~183).

종 승려였다. 그의 사상은 고려 문벌귀족들의 반발을 받아 크게 유행할 수 없었다. 예종 때를 전후하여 다시 선종이 홍기하였고, 그 주역으로 혜조(慧照)국사를 들 수 있다. 혜조에 대해서는 김상영이 연구하였다. 고려 예종대에는 교종사상을 융합한 선종사상이 등장하였다. 혜조는 천태종과는 별도로 고려중기에 선종 교단을 주도하였고, 탄연(坦然)으로 이어진 법맥을 상당 기간 동안 지속시켰다. 그는 수선사의 3대 주지인 청진(淸眞)국사 때부터 조계종의 법맥으로 부각되었다.[122] 이와는 대조적으로 정수아는 혜조의 행적이나 사상의 형성 과정을 송나라 불교계와의 관련에서 살폈다. 법명이 담진(曇眞)인 혜조는 임제(臨濟)의 법맥을 계승한 최초의 고려 승려였고 정인수(淨因髓)를 주장하였다.[123]

선종의 입장에서 교종사상을 융합하려는 사상경향은 고려후기 수선사(修禪社)와 백련사(白蓮社)결사로 이어졌다. 수선사를 결사하여 조계종을 성립시킨 지눌(知訥)에 대해서는 많은 연구가 이루어졌다. 일찍이 김잉석은 지눌의 생애와 저서 및 사상에 대해 개략적으로 언급하였다. 지눌은 종래의 돈오점수(頓悟漸修)를 지양하고 선오후수(先悟後修)를 내세웠으며, 현수(賢首)의 화엄교학을 비판하여 원돈교의 신화엄 교학관을 천명하였다.[124] 이종익은 그의 선교관이 화엄과 선을 융섭한 것인데, 조계종의 종지로 자리하여 한국불교 사조의 주류를 이룬다고 하였다.[125] 지눌의 화엄관 곧, 원돈관행(圓頓觀行)은 이통현(李通玄)의 화엄신론을 주지(主旨)로 성립되었다.[126]

---

122) 金相永,「고려중기의 선승 慧照국사와 修禪社」(『이기영박사고희기념논총 불교와 역사』, 1991, pp.378~379).
123) 정수아,「혜조국사 曇眞과 '淨因髓' -北宋 禪風의 수용과 고려중기 선종의 부흥을 중심으로-」(『이기백선생고희기념 한국사학논총』 권상, 일조각, 1994, pp.638~639).
124) 金芿石,「佛日普照國師」(『불교학보』 2, 1964, p.39).
125) 李鍾益,「보조선사의 禪敎觀」(『한국불교』 9, 1972, p.93).

조계종의 종지를 성립시키는 의미에서 지눌의 사상은 보다 강조되었다. 송석구는 그가 교선일치의 화합 정신을 고취하여 왕실이나 귀족의 틈바구니에서, 어디에도 불편부당하게 기울지 않고 오직 불법을 바르게 실현하였다고 했다.[127] 이지관은 수선사 결사와 지눌의 계승자들에 대해 상세하게 다루었다. 지눌의 정혜결사는 나만 옳고 남은 그르다는 편견적인 불교계의 병폐를 힐책하면서, 자아 완성을 위한 한국불교의 영원한 수행의 지표가 되었다.[128] 지눌의 사상적 특성으로 지적된 화합의 문제는 철학 분야에서도 규명되었다. 길희성은 그의 심성론을 분석하였다. 지눌의 진심(眞心)에는 모든 것을 부정하는 전간문(全揀門)과 모든 것을 긍정하는 전수문(全收門)이 있는데, 그 둘은 서로 분리될 수 없는 것이다.[129]

강건기는 지눌의 사상에 대한 현대적 의미를 추구하였다. 정혜결사는 한국불교 최초의 유신운동이며, 선과 교·자리와 이타·돈(頓)과 점(漸)·정(定)과 혜(慧)·마음의 체(體)와 용(用)을 함께 아우르는 일대 회통적(會通的) 전통을 확립하여 한국불교의 새로운 기풍을 진작시켰다.[130] 이렇듯 불교계에서 지눌의 사상을 지나치게 독창적으로 파악하는데 대해 비판적인 연구도 있다. 지눌은 『육조단경(六祖壇經)』보다는 『영가집(永嘉集)』에서 강한 영향을 받았고, 말년에는 임제의 대혜(大慧) 종고(宗杲)의 어록을 탐독하였다.[131] 1987년에는 송광사 내에 보조사상연구원이 성립되어, 그 학술지인 『보조사상(普照思想)』을 창간하여 지금까지 매년 1

---

126) 이종익,「보조선과 화엄」(『한국화엄사상사연구』, p.234).
   이종익,「지눌의 화엄사상」(『숭산박길진박사 화갑기념 한국불교사상사』, p.523)
127) 宋錫球,「보조의 和사상」(『불교학보』 15, 1978, p.252).
128) 이지관,「지눌의 定慧結社와 그 계승」(『한국선사상연구』, 동국대 출판부, 1984, pp.159~160).
129) 吉熙星,「지눌의 心性論」(『역사학보』 93, 1982, pp.18~19).
130) 姜健基,「지눌의 정혜결사」(『가산이지관스님화갑기념 한국불교문화사상사』 권상, p.956).

권씩 간행하면서, 그의 사상에 대한 연구는 양적으로 뿐만 아니라 질적으로도 심화되어 갔다.

수선사는 무인집정과 연관하여 연구되었다. 지눌의 제자인 혜심(慧諶)은 무인집정 곧 최씨 정권과 친밀하였다. 최이(崔怡)의 두 아들은 출가하여 혜심의 제자가 되었는데, 그 중 최항(崔沆)은 뒤에 환속하여 최씨 정권을 이끄는 집정이 되었다. 진각국사비(眞覺國師碑)의 음기를 새로 발견하여 분석한 민현구는 무신정권의 비호 아래에 성립되어간 조계종의 기반을 밝혔다. 무신란의 발발로 문신귀족과 함께 교종세력은 몰락할 운명에 처하였고, 교종과 대조적인 관계에 있던 선종이 무신정권과 밀착하여 크게 대두하였다.[132] 권기종은 혜심의 사상을 지눌의 사상과 비교 검토하였다. 지눌의 「간화결의론(看話決疑論)」과 「원돈성불론(圓頓成佛論)」의 유고(遺稿)는 혜심에 의해 출간되었고, 간화선 수행은 지눌의 선사상이라기보다는 혜심의 선사상과 상통하는 것이라고 하였다.[133]

혜심에 대해서는 진성규가 집중적으로 연구하여『고려후기 진각국사 혜심연구』(1986, 중앙대)로 박사학위를 받았고, 그 뒤 이동준도『고려혜심의 간화선연구』(1992, 동국대)로 박사학위를 받았다. 진성규는 혜심의 생애와 사상 전반을 다루었다. 열반의 경지에 도달하기 위한 방법으로써 선을 내세웠기 때문에, 그의 열반관은 현실 사회를 이끌어 가는 정신적 자세를 제시한 것이다.[134] 이동준은 혜심의 간화일문이 지눌의 3종문을 모두 포괄하면서, 누구나 접근할 수 있는 화두 참구(參究)의 대중화 작업을 이

---

131) 宗眞(崔鍾洙),「보조 지눌의 선사상에 대한 재조명」(『가산이지관스님화갑기념 한국불교문화사상사』권상, pp.933~934).
132) 閔賢九,「月南寺址 眞覺國師碑 陰記에 대한 一考察」(『진단학보』36, 1973, p.38).
133) 權奇悰,「慧諶의 선사상 연구 -지눌의 선사상과 비교하여-」(『불교학보』19, 1982, p.217).
134) 秦星圭,「진각국사 혜심의 생애와 사상」(『고려사의 제문제』, 삼영사, 1986, p.261).

룩한다고 하였다.[135] 비슷한 시기에 정혁은 그가 간화를 통한 무심(無心) 사상을 가졌고, 그것은 유불동원(儒佛同源)사상을 성립시켰다고 하였다.[136] 이 연구는 고려후기 불교계에서 유학사상을 인식하는 문제에 대한 시론으로 매우 시사적인 것이다.

백련사의 결사는 요세(了世)에 의해 추진되었다. 그에 대해서 고익진이 연구하였다. 요세는 천태지관(天台止觀)·법화삼매참(法華三昧懺)·정토구생(淨土求生)의 3문을 열어 백련사를 결사하였고, 그의 천태사상은 도저히 자력으로 해탈할 수 없는 나약한 범부의 중생을 위한 것이다.[137] 뒤에 변동명은 지눌과 요세의 결사가 달라진 것에 대한 사회사적 접근을 시도하였다. 즉 독서인(讀書人) 출신의 지눌이 우수한 근기의 지식인을 교화 대상으로 삼는 수행 방법을 내세웠던 데에 반하여, 지방사회 출신의 요세는 낮은 근기의 범부 중생 즉 민중도 접근이 가능한 수행 방법을 제시하였다.[138]

천책(天頙)에 의해 백련사는 굳건한 기반을 갖추었다. 천책은 백련사의 제4세주이면서 『선문보장록(禪門寶藏錄)』을 저술한 것으로 기록되어 있는데, 백련사주와 『선문보장록』의 저자인 천책은 각각 다른 인물로 파악되기도 한다.[139] 이와는 달리 백련사의 천책이 『선문보장록』을 저술하였으며, 교선일치는 물론 밀교까지를 하나로 통합하려는 회통귀일적(會通歸一的)인 천태교관을 가졌다고 주장되었다.[140] 허흥식은 『진정국사

---

135) 李東俊, 「혜심 看話一門의 구조와 의미」(『국사관논총』 42, 1993, p.216).
136) 鄭赫, 「고려후기 진각국사 혜심의 儒佛同源사상」(『북악사론』 3, 1993, p.213).
137) 高翊晋, 「圓妙국사 了世의 白蓮結社 -사상적 특징을 중심으로-」(『한국천태사상연구』, 1983 ; 『고려후기 불교전개사의 연구』, pp.141~142).
138) 邊東明, 「원묘국사 요세의 定慧結社 참여와 결별」(『역사학보』 156, 1977, pp.359~360).
139) 고익진, 「백련사의 사상전통과 天頙의 저술 문제」(『고려후기 불교전개사의 연구』, 1986, p.210).
140) 이영자, 「천책의 천태사상」(『불교학보』 17, 1980, p.166).

(眞靜國師)와 호산록(湖山錄)』(민족사, 1995)을 저술하였다. 그 내용은 새로 발견된『호산록』을 소개하고 번역하면서, 아울러 천책의 생애나 시대 배경은 물론 그의 불교사상이나 불교사에 대한 인식을 밝힌 것이다. 즉 천책은 스승인 요세의 보현신앙을 토대로 백련결사를 이끌었고, 이는 문수신앙을 표방한 지눌의 정혜결사와 대조되는 것이다.[141]

고려말의 불교계에서 중요한 인물은 일연(一然)이나 태고(太古)·나옹(懶翁) 등이다. 그 중 일연의『삼국유사』가 주로 사학사적 측면에서 연구되었다. 그의 불교사상에 대해서는 김두진이 접근하였다. 일연은 심존선관(心存禪觀)사상을 주장했는데, 그것은 구산선문의 통합뿐만 아니라 화엄사상이나 유식사상까지를 융합하려는 사상경향을 가졌다.[142] 일연의 9산선문을 통합하려는 사상경향은 고려말 태고의 사상에 영향을 주었다. 태고종의 입장에서 이영무는 태고 보우를 한국불교의 중시조로 인식하였다. 태고가 가지산파(迦智山派)의 법맥을 이었고, 중국 석실(石室) 청공(淸珙)의 문하에서 임제종에 접하였다는 것이다.[143] 최병헌은 태고가 가지산문 출신이지만, 일연과는 달리 수선사와의 관계를 언급하지 않고 임제종의 전법(傳法)만을 강조하였다고 했다.[144]

태고와 비슷한 시기에 나옹 혜근(惠勤)은 수선사와 함께 굴산문의 법맥을 이었다. 나옹에 대해서는 허흥식의 연구가 주목된다. 그는 평산(平山) 처림(處林)을 위시한 임제종 고승으로부터 감화를 받았으나, 지공(指

---

141) 허흥식,「진정국사의 현실인식과 불교사상」(『이기백선생고희기념 한국사학논총』권상, 1994 ;『진정국사와 湖山錄』, 민족사, 1995, pp.100~101).
142) 김두진,「일연의 心存禪觀사상과 그 불교사적 위치」(『한국학논총』25, 2003, pp.41~43).
143) 李英茂,「한국불교사에 있어서 太古 普愚국사의 지위 -한국불교의 宗祖論을 중심으로-」(『한국불교학』3, 1977 ;『한국의 불교사상』, 민족문화사, 1987, pp.256~258).
이영무,「태고 보우국사의 인물과 사상」(『健大史學』7, 1977 ; 위의 책, pp.238~241).
144) 최병헌,「태고 보우의 불교사적 위치」(『한국문화』7, 서울대 한국문화연구소, 1986, pp.127~129).

空)의 무심선(無心禪)과 무생계(無生戒)사상의 계승자로서 회암사(檜巖寺)를 창건하여 인도의 나라타사를 재현하였다.[145] 『고려말 나옹의 선사상연구』(민족사, 1999)를 저술한 효탄은 그의 사상이 법안·조동(曹洞)·위앙(潙仰) 등의 가풍 및 간화선이나 국내 선사상의 접합과 지공·임제의 선사상을 통해 영향을 받았으며, 정토사상을 적극 수용했다고 하였다.[146]

그 외 종범은 나옹의 사상과 한국불교와의 관계를 논하면서, 그의 발원문·법어문·가송문이 오늘날 한국의 불교 의식에서 선창되고 있으며, 그의 검선풍(劍禪風)은 한국불교에 지대한 공을 끼친다고 하였다.[147] 태고와 나옹의 법맥에 대한 연구는 조선시대 불교사상사를 정립하는데 중요할 뿐만 아니라 그것은 한국불교사에서 태고법통설과 나옹법통설에 대한 문제를 푸는 실마리를 제공할 것이다.

5) 현정론(顯正論)의 전개와 불교유신론

고려시대의 한국불교는 선종과 교종사상을 교섭하는 경향을 지녔다. 처음에는 교종을 중심으로 선종사상을 융합하려는 경향이 다소 우세하였지만, 고려후기 이후에는 선종이 중심이 되어 교종사상을 융합하려는 경향이 주류를 이루었다. 고려말에는 불교계도 유학사상에 대해 관심을 표방하였다. 다만 고려시대까지 교선융합 사상경향의 논리는 '파사현정(破邪顯正)'을 내세웠다. 이는 다른 종파의 사상이 틀렸고 자기 종파의 사상

---

145) 허흥식, 「나옹의 사상과 계승자(상·하)」(『한국학보』 58·59, 1990 ; 『고려로 옮긴 인도의 등불』, 일조각, 1997, pp.192~193).
146) 효탄, 「나옹 혜근의 불교사적 위치」(『寺刹造景硏究』, 사찰조경연구소, 2001, p.79).
147) 宗梵(徐廷文), 「나옹 선풍과 조선불교」(『가산이지관스님화갑기념 한국불교문화사상사』, 권상, p.1173).

이 옳음을 내세워, 전체적으로 두 사상을 통합하려는 것이다.

조선건국 이후 성리학을 수용한 신흥사대부들이 실질적으로 그 사회를 움직여갔다. 그런 속에 불교사상은 침체기를 맞았다기보다는 현정론을 펴는 바의, 오히려 독특한 방향으로 나아갔다. 불교계는 유학을 공격하는 '파사(破邪)'를 보류한 채, 불교사상도 유학사상과 다를 바 없다는 논리를 이끌어내었고, 그것은 유·불·도 3교를 회통하는 방향으로 발전되었다. 조선초기에 현정론은 기화(己和) 득통(得通)에 의해 주장되었지만, 비슷한 시기의 『유석질의론(儒釋質疑論)』도 같은 성격의 저술이다.

기화의 스승이요 나옹의 문인인 무학(無學) 자초(自超)에 대해서는 황인규가 깊이 연구하였다. 그는 자초의 선사상이나 문도 등을 밝힌 바 있고,[148] 『무학대사 연구』(혜안, 1999)를 저술하였으며 이어 『고려후기·조선초 불교사연구』(혜안, 2003)를 간행하였다. 이 책은 고려후기 수선사에서부터 자초에 이르기까지 불교사를 정밀하게 체계화하였다. 보우가 석실 청공의 임제선풍을 수용하였으나, 그의 문도는 가지산문의 전통을 그대로 가지면서 권문세족(權門世族)과 연결되었다. 이에 반해 혜근·자초의 문도는 굴산문 계통으로 평산 처림의 새로운 임제선풍과 지공의 사상을 수용하여 불교계의 선사상 진작에 앞장을 섰다. 자초의 새로운 선풍은 문도인 기화 등에 의해 유불일치론(儒佛一致論)으로 이어졌다.[149]

기화에 대해서는 송천은이 연구하였다. 기화는 삼교회통사상을 문제화하고 그 일치를 주장하여, 한국불교에서 이를 처음으로 이론화하였다. 다만 기화는 당시의 유교에 대하여 공격보다는 상호 이해의 입장에서 논리를 전개하였다.[150] 『현정론』과 비슷한 『유석질의론』을 기화의 저술로

---

148) 黃仁奎, 「無學 自超의 법맥과 선사상」(『불교사연구』 2, 중앙승가대, 1998).
149) 황인규, 『무학대사 연구』(혜안, 1999, pp.275~280).
150) 宋天恩, 「기화의 사상」(『숭산박길진박사화갑기념 한국불교사상사』, p.754).

보는 데에는 의문점이 있다.[151] 왜냐하면 그것은 『현정록』에 비해 유교에 대한 비판적인 인식이 다소 가미된 듯한 느낌을 주기 때문이다. 박해당은 『기화의 불교사상연구』(서울대, 1996)를 박사학위 논문으로 출간하였다. 기화의 사상은 선과 교를 구별하지 않기 때문에 뒷날 휴정의 선교회통과 삼교회통사상으로 이어졌다.[152]

조선시대 불교의 중흥조는 보우(普雨)인데, 그의 사상에 대해서는 서윤길이 연구하였다. 보우는 공자·주자·노자·순자 등 일체의 사상을 불교의 화엄일리(華嚴一理) 상에 융섭시키고, 다시 선미(禪味)를 가하여 정론(正論)을 이루었다. 그는 당(唐)의 규봉(圭峰)이나 고려 지눌의 선교일치와는 근본적으로 다른 교선일치를 주장했고, 그러한 원리에서 유교의 이기설을 융섭하여 불유(佛儒)사상의 일원적 논리를 전개하였다.[153] 명종 때에 보우는 불교를 중흥시켰는데, 그렇게 될 수 있었던 요인은 그와 문정왕후(文定王后)의 관계에서 뿐만 아니라 관료집단이 이들을 지지하였던 데에서 찾아진다.[154] 이러한 사상경향은 생육신 중의 한 사람인 김시습(金時習)에게서도 나타났다. 그의 사상에 대해서는 한종만이 연구하였다. 김시습은 세간을 떠나서 좌선하지 않고 어묵동정(語默動靜)하는 속에서 선의 경지에 이르는 활선(活禪)을 주장했으며, 성리학의 현실 긍정적 입장에서 화엄과 법화사상을 생생하게 밝혀 이해하였다.[155]

조선시대 불교사상사에서 중요한 자는 서산대사 휴정(休靜)과 사명당

---

151) 韓鍾萬, 「한국의 儒佛道 三敎會通論」(『如山柳炳德박사화갑기념 한국철학종교사상사』, 1990, p.74).
152) 박해당, 『기화의 불교사상연구』(서울대 박사학위논문, p.173).
153) 徐閏吉, 「普雨대사의 사상」(『숭산박길진박사화갑기념 한국불교사상사』, pp.828~829).
154) 김상영, 「보우의 불교 부흥운동과 그 지원 세력」(『中央僧伽大學論文集』 3, 1994, p.162).
155) 한종만, 「雪岑 金時習의 사상」(『숭산박길진박사화갑기념 한국불교사상사』, pp.810~811).

(四溟堂) 유정(惟政)이고, 이들에 대한 연구 성과는 비교적 많이 축적된 셈이다. 우정상은 휴정의 선교관에 대해 밝혔다. 그것은 선을 불심종(佛心宗), 교를 불어(佛語)라고 하는 교선일치사상이다. 그러나 이는 엄밀히 말해 불법수행의 중요한 과정으로 반드시 교를 먼저 배우고 뒤에 선으로 들어가게 한다는 것이다.[156] 이러한 사상경향은 뒤에 사교입선관(捨敎入禪觀)으로 정리되어 휴정의 선교관으로 제시되었다.[157] 또한 그의 조화(調和)이론은 일체의 근원을 일심에 두면서, 자중타긍(自重他兢)의 기본 정신을 바탕으로 성립된 것이다.[158]

송천은은 휴정의 삼교융합사상을 연구하였다. 그는 3교가 비록 명칭은 다르나 도의 근원은 동일할 뿐만 아니라, 본래 심성의 개발을 위한 인간 수련이라는 면에서도 서로 회통이 가능하다고 주장하였다.[159] 비슷한 시기에 김영태는 『서산대사의 생애와 사상』(박영문고 55, 1975)을 저술하였는데, 그의 삼교회통사상은 각각 다른 형태를 갖춘 3교가 그 궁극적인 진리에 있어서는 다 같은 하나의 세계에 회통된다고 하였다.

1971년에 김영태·김동화·목정배는 유정에 대한 공동 연구로 『호국대성사명대사연구』(동국대 출판부)를 저술하였다. 이 책은 같은 해 『불교학보』 8집에 실렸던 내용을 단행본으로 독립시킨 것이다. 이 공동 연구에서 그에 대한 사료나 생애 및 사상·업적 등을 대체로 정리하였다. 특히 김동화는 그의 불교관을 선교불분명(禪敎不分明) 사상으로 표현하였다. 그것은 선과 교를 분리하여 선의 독립성을 보다 강조한 휴정의 선교관에서 다소 후퇴한, 그리하여 지눌의 사상으로 돌아간 느낌을 준다. 한편으로

---

156) 禹貞相, 「西山대사의 禪敎觀에 대하여」(『효성조명기박사화갑기념 불교사학논총』, 1965, pp.503~504).
157) 申法印, 「休靜의 捨敎入禪觀 -선가귀감을 중심으로-」(『한국불교학』 7, 1982).
158) 권기종, 「서산의 和사상」(『불교학보』 15, 1978, p.264).
159) 송천은, 「휴정의 사상」(『숭산박길진박사화갑기념 한국불교사상사』, pp.371~373).

그의 국가관이나 윤리관·애국 애족사상 등은 유교사상에서 뿐만 아니라 불교사상 내에서 충분히 발견될 수 있는 것이다.[160]

유정도 휴정처럼 삼교회통사상을 가졌다. 그의 삼교회통사상에 대해 김승동은 휴정과는 달리, 도교에 비중을 두지 않으면서 불교사상에 더 우위를 두는 것으로 보았다. 그의 호국관은 불교신앙의 입장에서 평화를 추구하지만, 전시에는 유교적인 의(義)의 발현으로 나타난다고 하였다.[161] 최근에 사명당기념사업회가 주관하여 『사명당 유정 -그 인간과 사상과 활동-』(2000)을 출간하였다. 이 책은 각 분야의 전문 학자가 대거 동원되어 그에 대한 공동 연구로 결실을 맺은 것이다. 사상 외에 임란을 극복하는 과정에서 유정의 활동에 대한 연구가 많이 이루어졌고, 조선과 일본의 강화를 위한 그의 활동에 대해서도 연구되었다.[162]

조선중기에 휴정과 유정으로 이어진 법문과 겨룰 정도로 융성했던 교파는 부휴(浮休) 선수(善修)의 문도이다. 그의 사상과 문도에 대해서는 김인덕이 연구하였다. 선수의 스승은 벽송(碧松) 지엄(智儼)의 적자인 천용(天容) 영관(靈觀)인데, 그는 휴정의 스승이다. 선수는 휴정과 법형제(法兄弟)이지만, 나이가 어려 유정과 동년배이다. 불교계가 뒤에 교파로 나뉘자 선수는 우리나라의 전통적인 통일 불교를 재현하는 선구자가 되었으며, 아만과 탐진치(貪瞋痴)의 삼독(三毒)을 제거하고 수선절사(修禪折邪)할 것을 당부하였을 뿐만 아니라 우국애민사상을 선관 속에 승화시켰다.[163]

그의 문하에 벽암(碧岩) 각성(覺性)과 고한(孤閑) 희언(熙彦) 등 많은

---

160) 김동화, 「惟政의 사상」(『숭산박길진박사화갑기념 한국불교사상사』, pp.897~901).
161) 金勝東, 「유정의 사상과 행적에 대한 일고찰」(『한국문화연구』 창간호, 1988, pp.195~196).
162) 河宇鳳, 「임란후 국교재개기 사명당 유정의 강화활동」(『역사학보』 173, 2002).
163) 金仁德, 「浮休선사의 선사상」(『숭산박길진박사화갑기념 한국불교사상사』, pp.932~935).

제자와 문도가 융성하였다. 각성의 선지(禪旨)는 임제의 현풍(玄風)과 참활(參活)에 두었고 담론할 때에는 화엄을 위주로 삼았다. 희언은 두타행을 닦는 철저한 수행자였다. 각성의 문도는 휴정의 문도와 맞서는 부휴 법계를 형성하여 한국의 2대 법문을 이루었다.[164] 각성은 불교 이외의 일반 학문에도 밝았는데, 백암 성총(性聰)도 외전에 밝았을 뿐만 아니라 선학사상에 지대한 영향을 주었으며 많은 경전을 간행하였다.[165]

조선후기에 실학사상이 풍미한 가운데 불교계에는 백파 긍선(亘璇)과 초의에 의한 선사상 논쟁이 전개되었다. 이에 대해서는 일찍이 한기두가 연구하였다. 백파는 『선문수경(禪門手鏡)』을 지어 선사상을 조사선·여래선·의리선(義理禪)의 3종선으로 나누었다. 이것은 조사선 우위를 나타내는 전통적인 선관이다. 이에 대해 초의는 『사변만어(四辨漫語)』를 지어 3종선으로 나누는 것이 옳지 않으며 인명으로서의 조사선과 여래선, 법명으로서의 격외선(格外禪)과 의리선으로 나누었다.

조사선과 격외선 또는 여래선과 의리선은 서로 일치하는 것으로 의리선을 폄하할 수 없다. 곧 백파가 조사선 우위를 주장했음에 대해, 초의는 조사선에 비해 여래선을 폄하할 수 없다고 함으로써 여래선을 중시하였다. 2종선을 주장하는 혁신계의 초의는 주자의 성리학보다 공맹의 유학사상을 중시하는 실학사상의 영향을 받아, 새로운 사상을 제기하였다.[166] 아울러 이러한 선사상 논쟁은 9산선문이 갖추어진 이래로부터 휴정·백파로 이어진 전통 선문에 대해 초의나 추사 등 신진들이 전통성을 부인하면서 일어났는데, 당시 실학사상은 물론 호락(湖洛)논쟁과도 크게 연결되어 있었다.[167]

---

164) 김인덕,「부휴의 문도」(『숭산박길진박사화갑기념 한국불교사상사』, pp.944~947).
165) 性陀,「栢庵의 사상」(『숭산박길진박사화갑기념 한국불교사상사』, pp.997~998).
166) 한기두,「白坡와 草衣시대 선의 논쟁점」(위의 책, pp.1042~1043).

구한말에서부터 일제강점기의 불교계에는 일본 불교에 힘입어 우리 불교의 각성을 시도한 친일적인 불교사상이 등장하는가 하면, 그것에 대항하여 한국의 전통불교에 대한 각성이 일어났다. 1894년에 사노(佐野前厲)가 들어와 한국불교를 일연종(日蓮宗)으로 개종시키고자 포교활동을 활발하게 전개하였다. 이에 자극을 받은 이회광(李晦光)은 원종(圓宗)운동을 추진하고는 일본의 조동종(曹洞宗)과 연합을 모색하였다. 이와는 달리 한국 전통불교를 수호하려는 경향은 두 방향으로 나타났다. 그것은 산승들의 수행정진과 깨달음을 내세우는 승려로 경허(鏡虛)와 그 문도인 혜월(慧月)·만공(滿空)·한암(漢岩) 등으로 이어진 선풍 재흥운동과, 한국 사회 내에서 불교 수행자들의 생활을 개혁하려는 박한영(朴漢永)·한용운(韓龍雲)·백용성(白龍城) 등의 불교유신운동이다.[168]

경허는 한국 선종의 중흥조로 이해된다. 그는 무애자재(無碍自在)한 인물이며 선의 심오한 경지를 설파(說破)한 불법의 고덕(高德)이다. 경허의 선풍은 그대로 문하 제자들에게 전해져, 혜월이나 만공 등은 모두 무애행을 닦았다. 혜월의 실천행은 무애행이면서 천진행(天眞行)이라 할 수 있을 뿐만 아니라, 만공은 깨달음을 얻은 후 무애행을 행하였다.[169] 성타(性陀)는 무애행을 행하는 경허가 주색이나 즐기고 막 행하는 범승이나 파계승이라는 비판을 받기도 하였지만, 공의 원리를 체득하여 거기에 얽매이지 않은 무념의 상태에 든 무후한 천진불(天眞佛)의 화신이라고 하였다. 경허는 선을 생활화하고 실천한 선의 혁명가였으며 더 나아가 불조의 경지를 보여준 선의 대성자였지만, 선의 경절문(徑截門)에만 너무 치우친 나머지 결과적으로 사회 질서와 윤리를 헌신짝 버리는 듯하였다.[170]

---

167) 한기두, 「조선말기의 禪論」(『한국선종사상연구』, 동국대 출판부, 1984, pp.471~481).
168) 柳炳德, 「일제시대의 불교」(『숭산박길진박사화갑기념 한국불교사상사』, pp.1162~1163).
169) 유병덕, 위의 논문(위의 책, pp.1172~1173).

일제강점기에 한국불교는 사회 문제나 교단 상황을 외면하지 않았다. 불교유신론은 산간 불교를 사회에 적응시키기 위해 불교계를 건전하게 비판하는 속에 태동하였다. 한종만은 백용성·박한영·한용운의 불교유신사상을 연구하였다. 백용성은 전통적인 한국 선종의 특색을 다시 드러내고자 불교 본연의 진면목을 제시하였고, 교정 개혁의 일환으로 선농일치관(禪農一致觀)을 내세웠다. 박한영은 한국의 전통적인 선관에 대해 비판적인 견해를 피력하면서, 선종 일색의 불교 양상보다는 선교융합사상을 바탕으로 서구문물에 대항할 수 있는 미래 지향적인 불교의 모습을 제시하였다. 보다 철저한 혁신주의자였던 한용운은 낡은 질서 기반 위에 세워진 한국불교를 철저히 혁신하여, 과학문명이 고도로 발달한 시대에 정신문화의 원천으로 확립시키고자 하였다.[171]

백용성의 선농일치관은 이미 이영자에 의해 지적되었다. 그 외에도 백용성은 포교와 역경사업을 통해 불교계를 개혁하였다. 그는 처음으로 불교 포교당[大覺寺]에서 서양식 오르간을 들여와 연주하였고, 찬불가(讚佛歌)를 작사하여 부르게 하였다. 또한 성경이 한글로 된 것을 처음 보고는, 장차 한문이 폐지될 때를 대비하여 역경사업을 추진하였다.[172] 백용성은 민족독립 운동가로서도 연구되었다. 그가 전통 불교를 수호하면서 민족독립 운동에 헌신할 수 있었던 것은 독특한 수행 방법에서 찾아진다. 즉 그는 밀교의 다라니를 염원하여 업장 소멸과 견성(見性)을 체험하였을 뿐만 아니라 오후수행(悟後修行)을 주장하여 깨달은 후에도 경전과 어록을 열람하였다.[173] 1998년에 대각(大覺)사상연구원이 『대각사상』이라는 학술 잡지를 간행하면서, 백용성의 불교사상에 대한 연구는 보다 축적되었다.

---

170) 성타, 「鏡虛의 선사상」(『숭산박길진박사화갑기념 한국불교사상사』, p.1120).
171) 韓鍾萬, 「佛敎維新사상」(『숭산박길진박사화갑기념 한국불교사상사』, pp.1121~1123).
172) 이영자, 「白龍城연구 序說」(『불교사상』 6, 1975, pp.77~78).

한용운도 불교사상은 물론 민족독립 운동가로서 중시되었다. 그는 속박 속에서 해탈을, 희비 속에서 무심을, 만법 속에서 불멸을 발견하자는 바의 현상 법신관을 가졌다. 현상 속에서 법신을 찾으려다 보니 그는 일상 생활 속에서 정신력을 기르고, 현실사회 속에서 활로를 개척하는 활선론(活禪論)을 주장하였다. 이러한 선관에 기초한 그의 불교유신론은 자력으로 노동하면서 생활하는 것을 특성으로 내세우는 교단을 조직하고 포교활동을 강화하였다. 그는 청년교육을 중시하면서 정교 분립과 불교 행정의 통합을 내세웠고, 현실적으로는 승려의 가취(嫁娶) 금지를 해제하려는 진보적인 개혁사상을 가졌다.[174]

한용운의 불교유신 사상은 민족독립 운동과의 연관성을 모색하는 방향으로 연구되었고, 목정배는 이를 평화사상에서 찾았다. 한용운의 불교유신 사상은 대중불교화로 나아갔다. 이는 교리·경전·제도·재산의 대중화 등으로 압축되었고, 평등주의와 구세(救世)주의를 내세운 것이다. 그는 불교계뿐만 아니라 군국주의에 신음하는 한국민족의 자주의식을 일깨워주면서, 민족의 자립과 국가의 독립을 열망하는 평화사상을 표명하였다.[175] 이영무도 한용운의 불교유신론이 평등사상과 구세주의를 표방함으로, 서양 철학과 대비하여 우수성을 보여준다고 하였다. 그리하여 '구세주의의 불교'가 '사회참여의 불교'로 개편하는 방법론을 제시하여 주었다.[176]

불교유신론 속에 은유적으로 나타난 신교(信敎)의 자유에 입각하여 서

---

173) 普光(韓泰植),「龍城선사의 수행방법론」(『가산이지관스님화갑기념논총 한국불교문화사상사』 권상, p.120).
174) 한종만,「불교유신사상」(앞의 책, pp.1141~1153).
175) 睦楨培,「한용운의 평화사상」(『불교학보』 15, 1978, pp.269~280).
176) 이영무,「韓國佛敎史上 한용운의 위치 -조선불교유신론을 중심으로-」(『인문과학논총』 14, 1982 ;『한국의 불교사상』, pp.308~332).

경수는 한용운의 정교분리론을 연구하였다. 그것은 사찰령의 철폐를 주장함으로써 불교를 통해 민족독립을 위한 저항으로 이어졌다.[177] 그의 평등사상은 독립선언서의 공약 3장과 연결하여 3·1독립정신을 낳은 것으로 이해되었는데, 이러한 최근의 연구는 전보삼에 의해 행해졌다. 공약 3장이 갖는 특성은 화엄의 무진연기(無盡緣起) 사상이 용해되어 나타난 것이며, 독립선언서에 나타난 자유·평등·평화의 정신은 한용운의 사상을 함축적으로 나타낸 것이다.[178] 1992년에는 만해학회가 창립되어 학회지 『만해학보』를 간행하였고, 이를 통해 그에 대해서는 문학 분야로까지 연구의 영역을 확대하였다.

6) 한국불교 인물사연구의 과제

한국 불교사상사를 인물 중심으로 이해하려는 것은 바람직하다. 흔히 불교사상사의 연구에는 교파나 종파의 입장이 강하게 표출되었다. 불교사상사를 법맥이나 교단 조직 혹은 사원 경제와 연관시켜 밝힐 수도 있다. 어느 경우라 하더라도 그 속에서 활동한 승려 및 다양한 인간들의 행적이나 활동 또는 그들이 표방한 구체적인 사상경향을 끌어내는 것은 불교사상사의 폭을 확대시키면서, 실제로 그러한 사상이 수용되고 유행해 가는 생동감 있는 모습을 제시해 줄 것이다. 지금껏 불교 인물사에 관한 연구는 고승의 행적이나 사상을 피상적으로 추구하는데 그쳤다. 앞으로 심화된 연구가 정립되기 위해 불교 인물사연구가 정립되어야 할 방향을 생각해

---

177) 徐景洙, 「한용운의 政教分離論에 대하여」(『불교학보』 22, 1985, pp.78~79).
178) 全寶三, 「한용운의 3·1독립정신에 관한 일고찰」(『가산이지관스님화갑기념 한국불교문화사상사』 권하, pp.116~117).

보기로 하자.

우선 불교 인물사의 연구 수준을 높이기 위해서는 고승의 활동이나 행적에 대한 이해를 깊이 해야 한다. 연보나 행장을 소개하는 등 자료 정리의 수준에 머무는 작업은 무의미하다. 적어도 승려가 활동한 시대나 사회에 대한 이해를 전제로, 그들과 교류했던 다양한 인간들의 행적을 함께 살피는 것이 인물사의 연구 범위를 넓혀준다. 승려는 물론 교류한 인물들의 학맥이나 집안이 갖는 사회적 배경 등을 광범하게 추구할 때에, 그가 갖는 역사적 의미를 착실하게 설정할 수 있다. 아울러 승려가 머물렀던 사원의 성격 내지 경제 기반에 대한 고찰이 뒤따라야 함은 물론이다.

다음으로 저술을 통해 고승의 사상을 심층적으로 끌어내야 한다. 일차적으로 그들의 사상적 특성을 사실적으로 지적하면서, 그것이 중국은 물론 한국 불교사상사에서 갖는 의미를 추구해야 한다. 승려 개인이 가진 불교사상은 한국불교의 사상적인 전통으로 맥이 닿을 때에 비로소 그 가치를 인정할 수 있다. 그러므로 그것은 개인이 속한 교파의 사상경향은 물론 불교사상의 흐름이나 비슷한 시기 우리나라 중국 승려의 사상과 비교 검토되면 바람직하다. 다만 개인의 사상은 스승이나 소속된 교단의 교리에 반발함으로써 오히려 독특하게 형성될 수 있기 때문에, 종파나 교파의 법맥을 추구하면서도 그 내에서 실제로 가졌던 인간관계를 중시할 필요가 있다.

승려 개인의 행적이나 활동이 충분히 검토된 후에 밝힌 사상의 특성은 자연히 사회사상사의 정립을 도울 것이다. 불교사상사에서 불타나 경전의 교리는 시대를 초월한 진리이기 때문에 객관적인 방법에 의한 보편성의 추구는 대단히 중요하다. 그러나 그러한 교리가 어느 한 시대의 구체적인 인물을 통해 수용되어 나가는 것은 사회적 산물로 이해된다. 개인의 불교사상이 당대의 사회 속에서 어떻게 뿌리를 내리면서 작용하였는가를 분석해야 한다. 그럴 경우 한 개인의 사상이 역사 속에서 갖는 진정한 의미를 발견할 수 있다. 불교사상사를 알려 줄 자료도 실제로는 그것을 남긴 개인의 생활 속에서 기록되었기 때문에, 사회사상사를 밝힐 수 있는 모습을 아울러 갖추었다. 이를 애써 사상과 사회의 모습으로 분리하여, 두 분야가 서로 연결되지 않은 채 연구되어서는 안 될 것이다.

삼국 특히 통일신라시대나 고려시대의 불교 인물사에 대해서는 집중적으로 연구되었고, 그 성과 또한 제법 축적되었다. 이에 비해 조선시대 이후의 불교 인물사에 대해서는 거의 연구되지 못한 편이다. 그렇게 된 이유 중의 하나는 불교사상사를 체계화하면서, 불교계가 조선왕조 건립 이후를 암흑기로 상정하는 데에서 찾아진다. 자연 이 시대의 승려들에 대한 연구가 소홀히 진행되었다. 그러나 조선시대 불교사상은 유교사상을 아우르는 등 독특한 방향으로 발전하였다. 조선시대의 유학이나 성리학에 대한 연구는 상당히 활발하게 진행되어 많은 성과가 축적되었다. 불교사상 역시 유학사상의 흐름과 대비하여 본격적으로 연구되어야 한다. 조선시대 승려들의 법맥은 오히려 방대하게 끄집어 낼 수 있을 뿐만 아니라 오늘날에로까지 이어진다. 이렇듯 많은 승려들의 행적이나 사상에 대한 정리는 오늘날의 불교계를 이해하기 위해 반드시 필요한 작업이다.

불교 인물사에 대한 연구는 한국불교사를 체계화하는 방향으로 진전되어야 한다. 조선시대 이후의 승려들에 대한 연구를 강화하는 것도 공백으로 남겨진 한국불교사의 체계화를 위해 필요하다. 지금껏 잘 밝혀지지 않은 분야를 집중적으로 연구하면서, 한편으로 그것이 한국불교사의 흐름에서 갖는 의미를 추구하려는 노력은 지속되어야 한다. 개인의 어떠한 불교사상도 한국의 불교사상사를 정립하는데 능동적으로 작용하였다. 한국불교사가 체계화되면, 그 속에서 면면하게 이어진 불교의 사상적 전통에 대한 이해가 가능하다. 그러므로 승려들이 가진 불교사상에 대한 연구는 한국불교의 사상적 전통을 추구하는 입장에서 연구되어야 한다.

한국불교사를 체계화하면서 불교의 사상적 전통을 이끌어내기 위해서는 앞으로 보다 천착해야 할 분야가 있다. 첫째, 법화사상에 대한 이해를 심화해야 한다. 불교의 모든 경전이 부처의 말씀이 아닌 것이 없지만, 석가의 영취산(靈鷲山) 설법을 바로 수록하였기 때문에 『법화경』은 불교사상의 근본을 담았다고 할 수 있다. 우리나라에서는 대승불교사상을 광범하게 닦아서인지 오히려 『법화경』에 대한 연구가 미진하게 이루어졌고,[179] 상대적으로 화엄사상이 주목되었다. 그 이유는 교단이나 종파의 입장에서 불교사연구가 진행됨으로써, 보편적으로 수용된 법화사상이 관심을 끌지 못했기 때문이다. 법화사상은 고려중기 의천의 천태사상을 밝히기 위해 선행하여 연구되는 데에 그쳤다. 따라서 『법화경』을 소의경전으로 삼는 종파가 뚜렷하지 않았던 고려시대 이전의 법화사상에 대한 연구는 거의 행해지지 않았다. 불교사상사의 정립에서 초기의 법화사상에 대한 접근은 대단히 중요하며, 그러한 기반 위에 다른 교파나 종파의 교리가 추구되어야 한다.

둘째, 유식사상에 대한 이해의 폭을 보다 확대해야 한다. 신라중대 이래 유식학승들의 많은 저술이 현재 전해진다. 일차적으로 이들 저술에 담긴 내용을 체계적으로 분석하는 작업이 시도되어야 한다. 고려시대 이후 한국불교사상은 교와 선의 융합은 물론 불교와 유학을 회통하려는 방향으로 발전하였다. 교선융합 및 유불융섭 사상의 내용이나 논리 체계의 구축은 불교사상의 인식론 내지 논리 체계라고 할 수 있는, 유식사상을 어떻게 이해하고 수용하였느냐를 밝히는 것과 바로 연결된다. 중국에서 성리학은 본래 불교의 논리나 인식론을 빌려 체계화되었으므로,[180] 조선시대 이후 사상사의 전개를 옳게 밝히기 위해 유식사상의 이해가 필요하다.

셋째, 불교사상을 교파별로 한정해서 이해할 수는 없지만, 한국불교사

---

[179] 김두진, 「고려전기 법화사상의 변화」(『한국사상과 문화』 21, 2003, p.245).
[180] 金炳奎, 「宋學과 불교」(『白性郁박사송수기념 불교학논문집』, pp.129~143).

를 체계화하기 위해 각 교파나 종파의 계보를 체계적으로 정립하여야 한다. 우선 신라중대 화엄종의 경우 비의상계 화엄승려들, 예를 들어 원효나 명효(明皛)·견등지(見登之)·표원(表員) 등에 대한 연구는 주목된다. 아울러 비슷한 시기 유식 승려들의 저술에 대한 이해와 함께 태현계(太賢系) 유식 승려들의 계보를 복원하려는 노력은 중요하다. 또한 고려시대 선종 산문의 법맥을 가능한 한 찾아야 한다. 조선시대 승려들의 법맥은 조선후기 채영(采永)이 찬술한 『불조원류(佛祖源流)』를 통해 대체로 추적된다. 이들 법맥의 각 승려들의 사상을 부각해야 하겠지만, 이와 병행하여 조선초기 무학(無學)과 기화(己和)로 이어진 법맥의 번성했던 모습을 찾아내려는 연구도 필요하다.

넷째, 한국불교 인물사의 연구는 승려들에 국한하기보다는 그들과 교류한 인물들에 대한 연구로까지 영역을 넓혀야 한다. 승려와 교류한 인물들이 불교사상에 대한 조예를 가졌다면, 그들의 불교관을 밝혀야 한다. 고려시대 거사불교나 조선시대 김시습(金時習)의 불교관에 대한 연구는 이런 면에서 바람직하다. 그 외에도 고려와 조선시대의 문인 학자나 유학자들로서 불교사상에 심취한 자가 있다. 그들의 불교관은 불교사상사의 폭을 넓혀준다는 면에서 유용하다. 승려와 교류한 인물들의 정치·사회적 입장을 추구하는 작업은 불교사상의 사회적 역할을 이해하는데 도움을 줄 것이다.

다섯째, 미술품 등 불교 유물을 사료로 활용하는 것은 불교사상사 연구에서 공백으로 남겨진 많은 부분을 보충하게 한다. 우리나라에 불교는 전래된 후 삼국시대에 중앙집권적 귀족국가가 정립되는 시기에 공인되어 귀족불교로 성장하였고, 정토(淨土)신앙의 유행과 함께 불교신앙의 대중화가 이루어졌다. 그러기까지 많은 기간이 경과하였지만, 실제로 이 시기에 대한 불교사상이나 신앙에 대한 이해는 공백으로 남겨진 상태이다. 또한 역사상에 존재했던 불교사상이나 신앙이 모두 기록으로 잘 전해진 것은 아니다. 개중의 어떤 것은 당시의 정치적 여건에 의해 정리되어 온전한 모습으로 전하지 않거나 혹은 아주 없어진 경우도 있다. 불교유물이나 유적에 대한 조사 연구는 한국 불교사상사가 이면에서 표류했던 모습의 한 단면을 알려준다. 다만 불교유물이나 유적이 불교사상사의 정립에 도움을 주기 위해서는 그 사료적 가치를 충분히 검토하고, 특히 현존 사료와의 상관관계를 우선적으로 분석해야 한다.

거사(居士)불교의 사상이나 신앙 의례에 대한 관심은 한국 불교사상사를 보다 충실하게 정립시킨다는 면에서 뿐만 아니라 오늘날 재가(在家) 불교운동을 활발하게 전개시킨다는 면에서 유념될 수 있다. 한국불교사에서 재가 불교에 대한 이해는 사원경제 면에서 중시되었고, 그것을 밝히려는 연구가 계속되었다. 오늘날의 재가 불교운동은 사찰 경제뿐만 아니라 신앙상의 실천이나 사상 문제로까지 그 영역을 넓혀가고 있다. 한국불교사에서 재가 불교는 마땅히 실천신앙이나 불교사상의 전통 속에서 연구될 필요가 있다.

『한국인물사연구』, 창간호, 2004, 3

4장
한국사연구의 반성

1. 한국사학의 체계화

1) 한국고대사 연구의 틀을 마련하다

李丙燾(1896~1989), 『韓國古代史硏究』(博英社, 1976)의 서평

⑴ 실증사학의 정립

『한국고대사연구』의 저자인 두계(斗溪) 이병도는 한국 사학계의 원로인 동시에 산 증인이라 할 수 있다. 그가 광복 후 황무지와 같은 국사학계를 일구어 오늘날이 있게 한 장본인인데도, 국사학의 연구수준이 향상되고 그 방법이 다양해지면서 엉뚱한 비난이 그에게 쏠리는 경향도 없지 않다. 흔히 이러한 비난은 그의 저술을 꼼꼼히 읽어보지 못한, 그리하여 그 사학의 수준을 전면적으로 이해하지 못한 데서 오는 것이다. 때문에 두계 사학의 수준을 이해하여 그 공적을 인정하고, 이를 정당하게 평가하는 길이 현재의 국사학의 수준을 가늠하고 그 방향을 설정하는데 도움을 줄 것이다.

두계 사학에 대한 비난은 그것이 실증사학에 기초하고 있기 때문이다.

일본인 학자들은 한국의 문헌 기록을 비판하여 믿기 어려울 경우 그것을 버렸고, 식민사학의 체계에 필요한 사료만을 남겼다. 이는 그들이 실증사학의 방법을 잘못 적용한 것이다. 문헌의 내용이 믿을 수 없게 되면, 그것이 왜 그렇게 되었는지를 규명하여 본래의 모습을 찾아내야 한다. 즉 실증사학에서 행해지는 문헌 고등비판은 사료의 복원 작업에 있음을 유의해야 한다. 두계 사학이 일본인 학자의 식민사학과 차이를 이루는 점은 바로 이러한 데에 있다. 그리하여 그는 일본인들의 학설과는 상당히 다른 결론을 이끌어냄으로써 그들로부터 '반역아'라는 별명을 얻기도 하였다. 결국 조선사편수회(朝鮮史編修會)와는 뜻이 맞지 않는 그는 새로이 진단학회(震檀學會)를 창립하여 학보를 간행하면서, 민족사를 정립하고자 하였다.

진단학회는 1934년에 창립되었다. 이병도는 당시 민족사의 연구가 외국인 특히 일본인들에 의해 주도되어 왔음을 개탄하면서, 우리 민족이 의무와 사명감을 가지고 스스로 민족사를 연구할 것을 발기취지로 내세웠다. 1942년에 해산하기까지 진단학회는 『진단학보(震檀學報)』 14권을 출간하였다. 그 뒤 광복이 되면서 진단학회는 다시 활동을 시작하여 『진단학보』의 복간 등 국사 연구와 병행하여, 임시교원 양성소를 열고 국사와 국어를 중심으로 중학 교사를 양성하는 한편, 국민의 국사 교육에 대비하여 『국사교본』을 엮었다. 그 후 진단학회는 『한국사(韓國史)』 7권(1965)을 완간하여 당시까지의 민족사 연구를 총괄하는 중요한 업적을 남겼으며, 국제학술회의를 개최하는가 하면 매년 1차 혹은 2차씩 우리 고전의 연구 토론회를 가졌다. 이와는 별도로 1980년부터 두계학술상(斗溪學術賞)을 제정하여 매년 업적이 뚜렷한 한국학 연구자를 선정하여 시상함으로써, 신진 학자들의 연구 의욕을 북돋우고 있다.

(2) 한국고대사 체계의 마련

저자는 민족의 외적 생활사라 할 수 있는 정치사라든가 제도사보다는 내적 생활사인 사상사 면에 더 많은 관심과 흥미를 가져, 조선시대의 유학사나 고려시대의 지리도참 사상을 규명하였다. 그러던 중 일본인 학자의 자극을 받기도 하고, 한편으로 민족문화의 틀이 고대에서부터 이미 갖추어진다는 생각을 가지면서 고대사연구에 착수하였다. 이 책은 저자의 한국고대사에 관한 연구 논문을 모아 엮은 것이며, 고조선·한사군·부여(옥저 동예 포함)·삼한·가야[加羅]·고구려·백제·신라의 총 8편으로 나누어 서술되었다. 그 외 부록으로「두레와 그 어의(語義)」·「한국 고대사회의 정천신앙(井泉信仰)」·「우산(于山) 죽도(竹島) 명칭고」 등을 실었다.

이 책은 대체로 삼국 이전의 고대사회를 서북(西北)·후방(後方)·남방행렬(南方行列) 사회로 구별하여 서술하였다. 서북행렬 지역은 우수한 중국 문화의 영향을 가장 많이 받은 곳이기 때문에 일찍부터 고조선 사회를 형성하였는데, 그 사회 내에는 신·구세력의 교체가 이루어지면서 기자(箕子)의 한씨(韓氏)조선이나 위만(衛滿)조선이 성립되었다. 고조선사회는 한(漢)제국의 침략을 받아 1년여간이나 항쟁하였으나 지도층의 분열과 이탈로 와해되고, 이 땅에 한사군(漢四郡)이 설치되었다. 부여나 고구려 등 후방행렬 사회와 달리 남방행렬의 삼한사회는 진보·통일된 국가체제가 아닌 대연맹체(大聯盟體)를 이루고 있었으며, 그 최고 맹주가 이른바 진왕(辰王)으로 목지국(目支國)의 군장(君長)이다. 진한은 한강·임진강 유역에 존재했으며 마한의 지배 아래에 있었던 선주민 사회를 이루었다. 마한은 목지국(稷山 일대)을 중심으로 충청·전라도에 산재해 있었고, 변진(弁辰)은 영남 일대에 분포한 지연공동체이다. 그 외 삼한 78개 소국의 위치를 하나하나 고증하여 밝히고 있는데, 이러한 노고는 후학들의 이 방면 연구를 위한 지침이 될 것이다.

오늘날 국사학계의 삼국시대 연구는 이 책에서 제시한 결론의 토대 위에 구축되어 있는 셈이다. 삼국 중 고구려가 가장 빨리 중앙집권적 귀족국가를 형성시켰고, 그 다음 백제·신라의 순서로 중앙집권적 귀족국가로의 체제가 정비되어 갔다. 그런데 연맹왕국을 확립하고는 처음으로 중앙집권적 귀족국가로의 체제를 갖추어 가는 실질적인 시조는 고구려의 경우 태조왕, 백제에서는 고이왕, 신라의 경우 내물왕이다. 고구려는 소수림왕 때에 중앙집권적 귀족국가로의 체제정비를 갖추면서 그 다음 광개토대왕 때에 영토를 넓혔으며, 신라는 법흥왕 때의 체제정비를 거쳐 진흥왕 때에 크게 떨쳤다.

고조선에서부터 삼국이 통일되기까지의 한국고대사를 다루면서 저자가 역설하려 한 것은 민족과 그 문화가 어떻게 갖추어졌느냐는 것이다. 즉 한(韓)민족의 근간을 찾아보고, 한민족이 이웃 민족과의 교섭을 통하여 어떤 문화의 영향을 받았던 것인가에 관심을 두었다. 중국 북방으로부터 이동하여 온 한민족은 농경민족이어서, 같은 농경민족인 중국 민족과는 어차피 많은 접촉을 가졌다. 저자는 그러한 교섭 과정에서 일부 패망하기도 한 우리민족이 다음 대에 오히려 삼국 사회를 건설하면서 그 문화를 정립시키고, 다시 일본에까지 그것을 전해 준 역사적 흐름을 제시하였다. 그리하여 민족 사회를 유지 발전하게 한 민족 정기로써, 문화 의욕이 왕성하여 항상 자기를 반성하고 향상하려는 노력이 끊이지 않았다는 점과, 외국의 침략자에 대해서는 그때마다 무력전으로 혹은 외교전으로 용감하게 항쟁하였던 점을 강조했다.

(3) 사회사적 방법론의 추구

이 책의 특성은 첫째, 선유(先儒)의 사학은 물론 당시까지 국내외의 학문적 성과를 충분히 검토하고 비판하면서, 엄정한 역사적 사실을 제시하고 이를 기반으로 논리를 전개시킨 점에서 찾을 수 있다. 사료에 대해 정확하고 냉엄하게 분석함으로써 객관적인 개별 사실을 추출하고, 그 사이의 인과 관계를 조명하여 합리적인 해석을 내렸다. 저자는 역사적 개별 사실을 배태시킨 사회의 변화에 대한 대세를 파악하였고, 그러기 위해 우리

고전은 물론 중국 문헌에 대한 해박한 지식을 활용하여 동양사회의 이해로까지 시야를 확대시켜 나갔다. 그런가 하면 세계사적인 보편성을 항상 염두에 두었다. 그 결과 한국고대사를 자주 희랍이나 로마사와 비교 논술하기도 했다.

둘째, 이 책에서는 역사적 사실에 대한 사회학적 내지 민속학적 해석이 시도되었다. 「고대 남당고(南堂考)」는 그러한 전형적인 연구이거니와 가령 단군신화 중의 곰과 호랑이를 토착민으로, 환웅을 유이민으로 파악하는 것도 그러한 연구에 속한다. 아울러 고고학적 업적을 충분히 활용하였으며, 그밖에 고대 문헌을 보충하여 줄 수 있는 유물이나 비문 자료를 일일이 검토하였다. 이 책의 이러한 연구 경향은 이후 한국고대사의 연구 방향을 제시한 셈이다.

셋째, 이 책에는 역사지리의 관점에서 서술된 내용이 많다. 광복 후 국사학계가 성장해 가는 과정에서 역사지리 분야는 외면당해 왔던 것도 사실이다. 왜냐하면 일제의 침략 정책과 밀착되어 연구되었던 것이 역사지리 분야였기 때문이다. 그러나 역사는 인간과 자연과 거기에 곁들인 문화 전통과의 상호 관계에서 성립된다. 따라서 민족사를 이해하는데 지리적 조건에 대해 유념하는 것은 대단히 유익하며, 앞으로 국사 연구는 이 방면에 대한 관심을 기울여야 할 것이다. 물론 지리의 연구와 아울러 역사를 실제 움직여가는 인간들의 행적에 대해 구체적으로 추구해갈 때, 생동감 넘치는 역사의 원동력을 발견하게 된다. 두계 사학의 문하에서는 실제 이런 면이 보강되면서 역사의 이면을 꿰뚫어보려는 노력이 경주되었다.

넷째, 이 책의 상당한 부분이 어원학적(語源學的)으로 해석되어 있다. 신화나 종교를 어원학적으로 해석하려는 방법은 20세기 초 독일의 자연신화학파(自然神話學派) 특히 그 중에서도 태양신화학파에서 거론되어 성행하였는데, 일제강점기에 한국사의 연구에서도 대부분의 학자들이 이러한 방법을 사용하였다. 이 책의 어원학적 접근 방법도 이러한 시대적 소산이라 할 수 있다. 그러나 저자는 당시의 다른 학자와 달리 언어학에 대해 깊은 조예를 가졌기 때문에, 어원을 추구함으로써 역사적 사실을 퍽 흥미롭고 합당하게 해석하였다. 다만 언어가 유사하다고 해서 그 담긴 내용이 같아질 수도 없거니와, 같은 말이라도 그것이 본래 갖는 어원학적 의미와 역사나 문화 속에서 사용되는 의미는 다를 수 있다. 때문에 현재 국사학계에서는 이러한 방법이 보편적으로 사용되지는 않는다.

그 동안 저자는 80여 편의 학술 논문을 발표하였고, 이 책 외에 10여 종의 저서와 3종의 역주본(譯註本), 4종의 수필집을 저술하였다. 저서로『자료 한국유학사초고(韓國儒學史草稿)』·『한국사대관(韓國史大觀)』·『고려시대연구』·『국사와 지도이념(指導理念)』·『한국사 고대편(古代篇)』·『한국사 중세편』·『한국고대사회와 그 문화』·『율곡(栗谷)의 생애와 사상』 등이 있다.『난선제주도난파기(蘭船濟州道難破記)』·『역주(譯註) 삼국사기』·『역주 삼국유사(三國遺事)』 등이 역주본(譯註本)에,『두계잡필(斗溪雜筆)』·『내가 본 어제와 오늘』·『두실여적(斗室餘滴)』·『나의 인생관』·『성기집(成己集)』 등이 수상집에 속한다. 그 중『자료 한국유학사초고』는 민족문화추진회에서 다시 발간 예정이다. 이러한 저술은 모두 한국사의 체계를 정립하는 데에 기여하였다.

『현대 한국의 명저 100권』, 1945~1984,『신동아』, 1985 1월호, 별책부록

2) 신라국가 형성기의 체제정비와 지배세력의 등장
李鍾旭,『新羅國家形成史硏究』(일조각, 1982)의 서평

(1) 신라상고대 기년에 대한 이해

신라상고사 특히 내물왕 이전의 역사를 연구하는 데에는 많은 어려움이 따른다. 왜냐하면 이 시대에 관한 사료가 극히 부족할 뿐만 아니라 그

내용 역시 불분명하여, 이를 그대로 믿기 어렵다고 간주되기 때문이다. 그리하여 신라상고사의 연구는 내물왕 이전 시대에 관한 자료를 어떻게 이해해야 할 것인가라는 문제에서부터 출발하였다. 일제강점기 일본인 학자들에 의해 신라상고대의 기년(紀年)은 믿을 수 없는 것으로 부정되기에 이르렀다.

이미 1925년 마에아이다(前間恭作)는 「신라왕의 세차와 그 이름에 대해서(新羅王の世次と其の名につきと)」(『東洋學報』 15-2)에서 신라상고대 왕의 세계(世系)를 부인하였다. 이후 스에마쓰 야스카즈(末松保和)의 「신라상고세계고(新羅上古世系考)」(『新羅史の諸問題』, 1954)가 나오면서, 내물왕 이전의 신라사를 부정하는 것이 정설로 되었다. 이러한 일본인 학자의 연구 경향에 대해 1962년에 김철준(金哲俊)은 「신라상고세계와 그 기년」(『역사학보』 17·18 합집)에서 내물왕 이전의 세계를 대부분 인정하였다. 그러나 여전히 그는 『삼국사기』의 자료적 가치를 의심한 나머지, 박(朴)·석(昔)·김씨(金氏) 왕실의 국가가 병렬적으로 존재하는 신라상고대의 왕실세계(王室世系)를 구상하였다. 그의 「한국고대국가발달사」(『韓國民族文化史大系』 1, 1964)는 이러한 입장에서 작성되었다.

1967년 이후 『삼국사기』의 자료적 가치를 인정하려는 연구가 김원룡(金元龍)·고병익(高柄翊) 등에 의해 행해졌다. 이에 편승하여 1973년에 김광수(金光洙), 「신라상고세계의 재구성 시도」(『東洋學』 3)는 한 두 왕의 세차(世次)가 바뀌거나 그 기년에 중복이 있었던 것을 제외하고는, 내물왕 이전의 왕실세계를 거의 그대로 인정하려는 것이었다. 그 동안 고고학 분야에서 축적된 발굴 조사보고서나 연구 성과는 한국상고사의 기년을 다소 올려 잡게 하였다. 그리하여 학계의 분위기는 고고학의 연구 업적을 흡수하여 한국상고대의 국가형성 문제를 해명하려고 하였다.

고조선이나 삼한사회의 본 모습을 조금씩 밝히기 시작하였다. 아울러 신라상고 사회에 대한 연구가 병행되었다. 윤용진(尹容鎭), 「대구의 초기

국가형성과정」(『東洋文化硏究』 1, 1974)이나 김원룡, 「사로육촌(斯盧六村)과 경주고분」(『역사학보』 70, 1976)은 모두 고고학의 연구 성과를 토대로 초기 신라사회를 밝힌 것이다. 그러나 이러한 연구는 단편적인 것이어서, 신라상고사회의 내면적 발전과정을 종합적이면서 체계적으로 다룬 것은 이 책에서 실질적으로 이루어진 셈이다.

저자는 신라상고대에 관한 『삼국사기』의 기록을 대부분 믿을 수 있는 것이라고 긍정적으로 인정하면서, 얼마 되지 않는 자료를 면밀히 검토하였다. 그 결과 1980년에 『신라상대왕위계승연구』(영남대학교 출판부)를 저술하였다. 『신라상대왕위계승연구』를 기초로 이에 만족하지 않고, 중앙집권적 귀족국가로 성장하기까지의 신라 국가형태를 단계별로 서술한 것이 이 책이다. 그리하여 저자는 신라중고대 이후 율령(律令)국가의 틀을 이전 시대의 사회나 문화요소 속에서 찾아내었을 뿐만 아니라 그 변천 과정을 추적하였다.

(2) 국가형성기 신라사회 체제의 변화

저자는 국가형성기 신라의 정치적 성장을 사로육촌시대 · 사로소국시대 · 사로국을 맹주국으로 하는 진한연맹기(辰韓聯盟期) · 사로국의 진한소국 정복기 · 신라왕국의 다섯 단계로 나누었다. 그 중 신라왕국 이전 네 단계의 국가형태를 집중적으로 다룬 이 책의 목차는 다음과 같다.

제1장 국가형성기 신라의 정치적 성장
1. 斯盧六村의 정치 · 사회조직과 그 성격
2. 사로국의 형성과 그 통치조직
3. 사로국의 성장과 辰韓 諸小國 정복
4. 국가성장기 신라의 對外관계

제2장 국가형성기 新羅支配勢力의 형성과 그 정치 · 신분적 성격
1. 국가형성기 신라의 지배세력

2. 왕실세력의 변천과 왕권의 성장
  3. 지배세력의 형성을 통해 본 骨品制의 기원
   제3장 국가형성기 신라의 정치조직
  1. 중앙정부 정치조직의 발전
  2. 지방통치조직의 編成

목차로 보아 저자는 상기한 네 단계의 국가형성기 신라의 정치적 성장을 살펴보고, 이어 지배세력의 형성과 그 정치·사회적 성격 및 정치조직에 대해 밝히려고 하였던 것을 알 수 있다.

사로6촌은 촌락[酋長]사회 단계로 지석묘(支石墓)를 축조하고 청동기와 무문토기(無文土器)를 사용하던 BC. 7세기에서 BC. 2세기까지 존속하였다. 각 촌에는 촌장(村長)이 있어, 그를 중심으로 단위 정치집단을 형성하였으며, 당시의 6촌 전체를 통합하여 다스리는 정치적 지배자가 아직은 출현하지 않았다. 각 촌은 하나의 씨족집단을 구성했는데, 이들이 청동기의 제조 기술을 독점하였다. BC. 2세기말 경에 이르면 사로6촌은 통합되어 사로소국을 형성하였다. 이 때 혁거세(赫居世)를 시조로 하는 박씨족(朴氏族)이 지배세력으로 등장하여 철기(鐵器)를 사용하였고, 종래의 촌장계(村長系)는 2급 신분으로 등장하였다. 앞 시대와는 달리 이때에는 제정이 분리되고 금성(金城)이 축조되었다. 그런 면에서 사로소국을 한국사의 개설에서 말하는 성읍(城邑)국가로 부를 수 있다.

BC. 1세기 후반에 이르면 진한소국들은 점차 연맹을 이루면서, 사로국은 그 맹주국이 되었다. 사로국의 지배세력으로 박씨족과 석씨족(昔氏族) 외에 알지(閼智)를 시조로 하는 김씨족이 등장하였는데, 이 삼성(三姓) 씨족이 이후 신라의 왕실세력으로 등장하였다. 또한 그 밑으로 촌락사회시대의 씨족장·가계장(家系長)의 후손들로 이루어진 중간 신분이 생성되었다. 궁실(宮室)정치시대가 열리면서 그에 따른 국가 통치조직을 체계화할 필요가 나타났다. 이에 6촌장 후손들에게 일임하였던 6촌지역의 통치를 중앙정부의 통제 하에 둠으로써, 새로운 편제(編制)인 육부(六部)를 만들게 되었다.

　　AD. 1세기 후반에 이르면 사로국은 점차 이웃 소국을 정복하고, AD. 3세기말 경에는 진한소국을 모두 통합한 나라인 신라(新羅)로 나타났다. 이때의 사로국은 정복한 진한소국을 군(郡)으로 편제하고 군주(軍主)를 파견하여 다스렸을 뿐만 아니라, 소국의 주민에게 출전을 요구하거나 공물(貢物)을 바치도록 강요하였다. 이미 궁실정치는 정사당(政事堂)정치로 넘어가게 되어, 중앙정부 조직과 궁실 운영조직이 분리되었다. 아울러 왕족과 6촌장의 후예 및 평민 등의 신분 계급을 편제하기 시작하여, 이것이 골품제의 기원이 되었다.

(3) 인류학적 이론을 원용하는 밥법론의 모색

　　이 책의 성격을 이끌어내기 위해 우선 다음과 같은 머리말의 내용을 참고하기로 하자.

　　　저자는『三國史記』와『三國遺事』그리고『三國志』東夷傳 등 史書에 나오는 해당
　　부분의 史料와 고고학적인 자료들을 보다 적극적으로 해석하고, 그것을 인류학적인
　　관점을 통하여 분석·정리하여 신라국가형성에 대한 하나의 假說을 세워보았다.

　　여기에 저자의 신라사에 대한 연구 태도가 잘 나타나 있다. 우선 이 책은 기본적으로 문헌사학(文獻史學)의 입장에서 서술되었다. 앞에서도 지적했듯이 저자는 신라상고사에 관한『삼국사기』뿐만 아니라『삼국유사』의 기록을 거의 그대로 인정하려 했다. 그러면서도『삼국지』동이전의 기록으로 이를 보충하려는 작업을 게을리하지 않았다.

　　흔히 이 시대의 연구에는『삼국지』동이전의 기록을 지나치게 중시하려는 선입견이 있어 왔다. 이 책에서는 그러한 선입견에서 벗어나 일단『삼국사기』와『삼국유사』의 기록으로써 논리의 줄거리를 세우고 있다. 다

만 삼한사회나 삼국시대 초기의 연구에서 『삼국사기』 및 『삼국유사』와 『삼국지』 동이전의 기록을 유기적으로 연결시켜 분석하는 방법을 사용해 왔는데, 이 책은 그러한 방법을 정착시키고 있다. 그리하여 우선 국내 사서로써 당대 국가사회의 내면적 발전과정을 추구하면서(p.6 또는 p.73), 그 각 단계의 구체적 모습에 대해서는 『삼국지』 동이전의 기사를 원용하여 밝히고 있다.

한편 이 시대에 관한 문헌사료의 한계를 인식한 나머지 황탄(荒誕)한 중국문헌이나 국내 비기류(秘記類)의 자료를 사료비판 없이 끌어 쓰는 경향이 나타났고, 근래에까지 민족주의사학에서도 일부 그러한 경우를 찾을 수 있다. 이 책은 문헌자료의 한계를 인식하면서도 그러한 자료를 조금도 이용하지 않았다. 저자는 실증사학의 어려움을 보충하려는 방법으로 고고학의 자료 및 인류학에서 연구된 성과나 이론을 도입하였다. 한국고대사의 연구에는 일찍이 고고학·인류학·종교학 등 인접 학문의 이론을 원용하려는 경향이 나타나 있었다. 즉 고고학적 자료와 문헌사학을 연결시키거나 인류학의 이론으로 문헌 기록을 새롭게 해석하려 하였다.

다만 고고학에서 발굴된 유물이나 유적은 일차적 자료이긴 하지만 아직 그 편년(編年)이 정확하게 설정되어 있지 않아, 이에 대한 해석의 폭이 넓고 막연하다. 또한 구체적인 역사적 개별사실에 대한 이해를 소홀히 하면서 인류학의 이론을 적용하여 역사를 해석하다 보면, 당시 사회와는 아무 관계가 없는 허구(虛構)를 설정할 수 있다. 이러한 결함을 인식한 저자는 우선 지석묘나 고분(古墳) 등 경주 근교에서 발견된 고고학의 유물·유적에 힘입어, 그것과 문헌사학을 꿰뚫어 분석·정리하는 안목을 키우고자 하였다. 그러기 위해 인류학에서 연구된 성과와 이론을 분석의 틀로 받아들였다(머리말에서)고 하였다.

이 책은 문헌사학의 입장에서 고고학의 발굴 성과를 받아들였고, 이러한 작업을 큰 과오 없이 수행하고자 인류학의 이론 도입으로 눈을 돌렸다.

문헌사료를 중시하여 실증적 기초를 우선적으로 다진다면, 바로 이런 면은 한국고대사의 연구 수준을 높여주기 위해 바람직하며, 앞으로도 장려되어야 할 것이다. 또한 이 책에서는 당시 교통수단이나 기술문명의 정도로 보아, 실제 인간이 활동할 수 있는 영역을 계량적(計量的)으로 산출하여 국읍(國邑) 및 읍락(邑落)의 크기나 인구의 수 등을 구체적으로 제시하고, 이를 바탕으로 사회체제를 설정하려는 논리를 이끌어 내었다. 추출된 각 단계의 국가사회의 모습을 구조기능적(構造機能的) 방법으로 부각시켰다(p.8). 그리하여 각 단계의 국가사회의 정치적 성장뿐만 아니라 그 밖에 문화적·경제적·군사적인 측면에서 대외관계를 정리하였다(p.91).

지배계층이나 정치제도의 고찰에 머무르지 않고 당시 활동하던 인물들을 분석하면서, 이들이 몸담았던 정치제도의 생동(生動)하는 측면을 밝히고자 하였다. 이러한 목적을 달성하기 위해 몇 안 되는 신라상고대에 관한 논문은 물론 비슷한 시기의 삼한사회에 대한 연구업적을 철저하게 참고하였다. 말하자면 이 책은 기왕의 연구 업적을 흡수한 바탕위에서 씌어졌다(머리말에서). 다만 저자는 신라사회의 특수한 면보다는 보편성을 추구하였기 때문에 이미 정설화(定說化)된 기존 학설을 과감하게 비판하였다. 그리하여 이 책에서 행한 연구가 국가형성과 성장에 대한 인류학의 이론을 발전시키는데 기여할 것으로 기대하였다(머리말에서).

(4) 유이민집단의 지배세력 등장에 대한 문제점

이 책은 황무지와 같았던 신라상고대의 국가사회 형태를 여러 측면에서 종합적으로 분석하여, 시대구분까지를 의도한 역작(力作)이라 할 수 있다. 이미 지적한 이 책의 내용은 대체로 새롭게 밝혀진 것들이다. 신라상고사회의 정치조직이나 지배계층을 분석하여, 그것이 신라중고대의 골품제로 편제되는 모체라고 하였다. 이와 함께 지방민의 신분제인 외위제(外位制)를 골품제와 연결시켜 파악한 점이 주목된다. 골품제나 외위제가 신라사회 내부 세력을 편제하는 것이라고 하였다. 이러한 주장은 극히 평범한 것처럼 보이나, 골품제가 신라중고대에 정복국가로 성립된 이후 복속민을 신라국가 체제 속에 편제하는 원리라는 견해나 혹은 혈족(血族)집단 내부의 분지화(分枝化) 현상을 체계화한 것이라는 견해를 보완할 수 있다.

17관등(官等)을 초기에는 관부(官府)나 관등이 아닌 관직명(官職名)으로 보고, 이를 일시에 설립한 것이 아니라 점차적으로 설치하였다는 견해도 새로워 보인다. 특히 이 책에서는 6촌의 실체를 부각시키려고 노력하였다. 6촌이 6부로 바뀌는 것은 정치조직의 변화로 말미암았지만, 고려초 경주(慶州) 6부와 연관하여 애초에 6촌과 6부는 같은 지역에 있었을 것이라고 하였다. 아울러 중부(中部)를 어머니로 장복부(長福部)를 딸로 파악한 『삼국유사』의 기록은 동일 친족집단에서 점차 사로 6촌으로 형성되어가는 서열을 나타낸 것이라고 하였는데, 이는 이 책에서 비로소 밝혀진 것이다.

다음으로 이 책에서 취급한 내용과 연관된 한 둘의 문제점을 지적하기로 하겠다. 첫째, 이 책에서는 개별적 사실의 해명보다는 당시 국가사회의 발전에 관한 대세의 파악에 치중한 나머지(p.5) 지금까지의 신라사 연구에서 생소한 용어를 과감히 사용하고 있다. 이를 테면 추장(酋長)사회·소국(小國)시대·궁실(宮室)정치·segmentary tribe·catchment area 등은 명확하게 규정되기 어려울 뿐만 아니라, 지방관의 파견·소국시대에 행해진 사대(事大)의 예(禮)나 결혼동맹·공물(貢物) 등이 시대감각에 혼란을 일으키게 한다. 사실 역사연구에 있어서 움직일 수 없는 개별 사실의 설정은 대단히 중요하며, 그러한 사실이 토대가 되어 보다 정확한 역사적 해석이 가능한 것이다. 이 책에서는 다루려는 사료의 성격상 어쩔 수 없었겠지만, 보편화(普遍化)를 추구하여 이론화하는 작업이 구체적인 역사적 사실의 뒷받침으로 이루어졌으면 한다.

둘째, 저자는 신라상고대 국가사회의 발전과정에 원동력이 되었던 것으로, 새로운 지배세력이 된 유이민(流移民)집단의 등장이라든가 교역이나 외래문화의 영향 등을 들고 있다. 말하자면 사로국가의 발달을 주로 외부 요인으로 규명하였다. 그런데 유이민이나 외래문화의 영향 등이 밝혀지기 위해서는 상대적으로 토착세력이나 그 문화에 대한 해명을 곁들여야 한다. 단순히 6촌사회를 토착세력으로, 그 후에 시기를 달리하여 파상적으로 흘러 들어온 세력을 모두 유이민집단이라는 동일한 성격으로 파악하려는 것은 피상적인 고찰에 그칠 수 있다.

이 문제와 연관하여 알영(閼英)집단에 대한 성격이 규명되었으면 한다. 아울러 가장 먼저 들어온 부족세력이 토착부족과의 사이에 복합문화를 형성시키고 있을 때에, 다시 들어온 부족세력과 먼저 들어온 부족세력의 상관관계가 고찰되기를 바란다. 그런 의미에서 토착세력 내지 먼저 들어온 유이민세력이 새로운 문화를 받아들일 수 있는 문화 수용능력을 해명하려는 것은 강조되어야 한다. 이외에 지엽적인 문제이긴 하지만 김씨왕실의 세습은 김씨족이 석씨족과 연맹을 맺으면서 자체 세력을 키운 것에서 찾고 있다. 다만 이에 대한 『삼국사기』 등 사료가 보여주는 분위기는 김씨세력이 고구려 군사력과 야합하여 왕권을 세습시키는 듯한 인상을 풍긴다.

이 책에서는 이런 점이 강조되지는 않았다. 그러나 이러한 지적은 내물왕 이후 신라왕조가 제도개혁을 성공적으로 수행하면서, 한편으로는 고구려 군사력을 효과적으로 배제시킬 수 있었던 사실을 쉽게 설명해 준다. 이상에서 몇 가지 점을 지적하였지만 이는 잘못된 점이라기보다는 다음 연구에서 밝혀주었으면 하는 평자(評者) 나름대로의 바람에 지나지 않는다. 결코 쉽게 해결하기 힘든 이러한 문제점을 안고 있다는 것 자체가 오히려 이 책의 가치를 더욱 소중하게 해주리라 기대한다. 그 동안 묵묵하게 연구해 온 저자의 노고에 다시 한 번 감사를 드린다.

『역사학보』 99·100 합집, 1983. 12

3) 왕위계승을 통한 신라하대사의 체계

金昌謙, 『新羅下代 王位繼承 硏究』(경인문화사, 2003)의 서평

(1) 신라하대사회에 대한 이해

신라하대 사회에 대해서는 많은 연구가 이루어졌다. 그러한 연구는 지방호족이나, 그들과 가까웠던 선종 혹은 풍수지리사상에 대한 접근으로 나타났다. 그 결과 무열왕계의 전제정치가 무너지면서 갖는 왕위쟁탈전으로 말미암아, 지방호족이 등장하여 그 사회를 주도하였다고 이해된다. 신라하대 사회를 바라보는 이러한 시각은 이미 1950년대에 제시되었다. 신라중고대에 귀족연합 정권이 출범하여 신라중대에 전제정치로 나아갔고, 그것이 기울면서 신라하대에는 귀족연립 정권이 성립하였다(이기백, 「신라 私兵考」, 『역사학보』 9, 1957. 또는 「신라 惠恭王代의 정치적 변혁」, 『社會科學』 2, 1958). 귀족연합과는 달리 귀족연립 정권을 형성시킨 진골 귀족 가문은 정치적인 이해에 따라 언제라도 등을 돌리고 독립할 수 있는 소지를 가졌다. 귀족연립 정권은 신라하대 사회가 분립하여 지방호족을 충분히 배태시킨다고 한다.

신라하대의 지방호족이나 선종에 대해 근본적으로 밝히기 위해 당시의 왕위계승에 관한 연구는 필수적이고 중요하다. 왜냐하면 신라하대 사회는 지방호족 중심으로 점거되어 갔지만, 어디까지나 중앙의 왕실에 의해 통치되었기 때문이다. 다만 신라하대의 왕위계승에 관한 연구는 지방호족세력을 밝히려는 입장에서 추진되었다. 따라서 그 연구가 단편적이고 원성왕 등, 신라하대의 특정한 왕위계승을 다루는데 그쳤다(吳星, 「신라 원성왕계의 왕위교체」, 『全海宗박사화갑기념 史學論叢』, 1979). 또는 신라의 왕위계승을 전반적으로 다루거나 신라하대의 왕위계승을 개략적으로 언급하였다(이기동, 「신라하대 왕위계승과 정치과정」, 『역사학보』 85, 1980). 이에 비해 이 책은 신라하대의 왕위계승에 관한 최초의 체계적

이면서 집중적인 연구서이다. 박사학위 논문을 다듬어 출간한 것이 이 책이라고는 하지만, 저자인 김창겸은 이미 신라시대의 태자(太子)제도를 비롯하여 경문왕대의 수조역사(修造役事)·명주군왕(溟州郡王)·장보고, 또는 신라하대 여러 왕들의 왕위계승뿐만 아니라 당시의 유이민 등에 대한 여러 편의 논문을 발표하였다. 이 책은 이러한 저자의 학문적 열의가 결집되어 이루어졌다.

(2) 신라하대 왕위계승의 유형

이 책은 왕위계승의 원칙이나 그 성격을 규명함으로써 신라하대의 정치사뿐만 아니라 사회사를 밝히려는 의도를 가졌다. 신라하대의 왕위계승에는 혈연적 관계 및 정치적 관계와 아울러 신분제도인 골품제적 규정 등이 모두 중요한 기본 요건으로 작용하였다. 저자는 신라하대의 왕위계승에서 각 시기나 개별 왕마다, 이 세 가지 요건 중 어느 것이 보다 더 결정적으로 작용하였는지에 대해 종합적으로 검토하였다. 그리고는 그 과정에서 골품제 규정의 적용이 어떻게 변하여 갔는가를 고찰하였다(이 책, p.14).

이 책의 큰 목차는 다음과 같다.

제1장 서론
제2장 왕실계보의 재구성
제3장 왕위계승의 양상과 특징
제4장 고위관직과 왕위계승
제5장 왕위계승과 반역
제6장 왕위계승과 골품제 소멸
제7장 고려 태조의 왕위 부자계승 의식
제8장 결론

서론과 결론을 제외하면 이 책은 크게 6장으로 구성되었다. 제2장에서는 신라하대 선덕왕에서 경순왕에 이르는 20명의 각 왕들의 가계를 검토하고 재구성하여, 새로운 왕실계보를 복원하였다. 이를 바탕으로 하여 제3장에서는 신라하대 왕위계승의 유형별 특징을, 제4장에서는 왕위계승과 상대등·시중·병부령 등 고위 관직의 상호 관계를, 제5장에서 왕위찬탈형 반역에 대하여 살폈다. 또 제6장에서는 비진골(非眞骨) 왕의 등장과 왕위계승에서 골품제의 기능 소멸을, 제7장에서는 고려 태조가 제시한「훈요십조」제3조를 분석하여 왕위 부자계승 원칙의 재확립에 대해 다루었다(이 책, 머리말).

이 책은 신라하대 왕위계승의 특성과 그 의의를 살펴봄으로써 신라말 고려초에 왕위계승이 어떻게 변하였는가를 밝혔다. 신라중대에는 부자계승 원칙에 의해 전왕의 아들이 왕위를 이어간 것과는 달리, 신라하대에는 왕의 아들뿐만 아니라 동생·누이·숙부를 비롯하여 사위·조카·처남매서(妻男妹婿)에까지 다양한 혈연관계에 있는 자들이 왕위를 계승하였다. 그래서 마치 부자계승 원칙이 무너졌거나 혹은 시기별로 달랐던 것처럼 보이지만, 저자는 신라하대의 왕위계승도 부자계승을 기본으로 하는 부계친족 내의 계승이었음을 밝혔다(이 책, p.433).

신라하대의 왕실계보를 복원하여 재구성한 저자는 왕위계승을 태자 책봉이나 유조(遺詔)·찬탈·추대에 의한 것으로 나누었다. 태자 책봉에 의한 왕위계승에는 혈연적 요인이 가장 크게 작용하였지만 경우에 따라서는, 정치적 요인도 함께 작용하였으며 골품제 규정은 잘 지켜지지 않았다. 유조에 의한 왕위계승은 직계 자손의 단절이나 왕위쟁탈전 등과 같은 위기 상황에서, 특정 가계의 왕통(王統)을 유지하기 위해 행한 예외적인 비상 조치였다. 그 결과 외형상 형제·숙부로 왕위가 계승되는 등의 현상이 나타났다. 찬탈에 의한 왕위계승도 정치적 요인이 더 크게 작용한 왕위쟁탈전과 짝하여 이루어졌지만, 혈연적 요인의 전제 위에서 가능한 것이었다. 그러나 추대에 의한 왕위계승은 대단히 큰 범위의 혈족(血族), 심지어 이성(異姓)친족 사이에까지 이루어져, 상대적으로 신라 김씨 왕조의 운명을 재촉하였다.

신라하대에 상대등·시중·병부령 등의 고위 관직을 역임한 자가 왕위를 계승한 경우가 많다. 그러나 그들의 왕위계승은 관직에 의한 것이라기보다는 먼저 혈연관계에 의한 것이다. 대체로 그들은 왕의 손자·숙부·동생·조카·종제(從弟)나 매서(妹壻)·사돈 등의 혈연관계를 바탕으로 관직에 나아갔다. 또한 무력을 동원한 반역에 의한 왕위계승이 이루어졌다. 반역의 주체자들은 왕위쟁탈전에 참여할 수 있는 최소한의 조건, 즉 전왕 또는 재위 중인 왕과 부계친족 관계를 가진 인물이었다. 힘만을 가진 진골귀족 모두가 왕위쟁탈전에 참가할 수는 없었다. 이들은 점차 지방을 근거지로 하여 새로운 왕조를 개창하고, 종전의 왕통을 부활하려고 노력하였다.

신라하대에 비정상적인 왕위계승이 잦아지면서 혈족 범위가 좁아졌고, 근친혼을 행사하면서 왕통이 단절되기에 이르렀다. 이에 왕위를 가진 소가계(小家系)는 오히려 비상조치를 취하면서 부계계승 원칙은 무너지고, 사위나 매제 계승원칙이라는 예외적 현상이 나타났다. 급기야는 이성 친족에게 왕위계승이 이루어져 골품제의 원칙은 무시되었다. 골품제의 기능이 상실되면서 신라사회가 해체되어 갔다. 고려 왕건은 왕위계승의 혼란으로 인해 신라는 물론 후백제나 태봉의 몰락을 경험하면서, 「훈요십조」의 제3조를 작성하여 왕위 부자계승 원칙을 확립하였다. 태자제도가 도입되면서 신라중대 이래 보다 정형화된 왕위 부자계승제는 신라하대에 다소 혼란과 변질을 거친 뒤, 고려 왕건에 의해 재확립됨으로써 이후로는 일반화되었다.

(3) 신라하대사의 체계화

신라하대 사회가 지방호족에 의해 할거되었다고는 하지만, 그 정치의 중심은 역시 중앙왕실이다. 지금껏 지방호족에 대해 너무 비중을 두어 연구하다 보니, 신라 중앙왕실이나 정계의 움직임에 대해서는 상대적으로 소홀히 취급되었다. 이 책은 그러한 반성 위에 출발한 연구서이다. 다만 신라하대의 중앙왕실에 대한 연구가 없었던 것은 아니지만 단편적이고 피상적인 고찰에 그쳤다. 이 책은 그것을 체계적이고 종합적으로 정리함으로써, 그동안 소홀히 되었던 신라사 연구의 한 부분을 메울 수 있게 한다. 아울러 신라하대 사회를 연구하는 방법에 대해 신선한 자극제가 될 것이다.

이 책에서 제시한 결론은 대체로 타당하며 설득력을 가졌다. 그 이유는 착실한 실증적 기반 위에 연구가 이루어졌기 때문이다. 신라하대 사회에 대한 연구 업적을 충실하게 반영하면서, 저자는 광범하게 흩어진 원사료를 일일이 찾아 정리하는 수고를 아끼지 않았다. 이 책에서는 『삼국사기』와 『삼국유사』는 물론이거니와 『구당서』·『신당서』·『신오대사』·『당회요(唐會要)』·『책부원귀』 등 중국사서나 일본 문헌, 또는 「갈항사탑등기(葛項寺塔燈記)」·「창림사무구정탑원기(昌林寺無垢淨塔願記)」 등 많은 비문 자료가 이용되었다. 그러면서 각 자료를 고증하여 이용할 수 있는 방법이 마련되었다. 이렇게 하여 복원된 신라하대 20명의 각 왕들의 가계는 대단한 노력의 산물인 것이다. 이는 앞으로 학계에 이 방면의 연구를 위한 자료로 활용될 것이다. 이 책에서 제시된 신라하대 왕위계승 일람표는 물론이거니와 그 외에 도표나 그림으로 제시된 사례나 가계도 역시 자료적인 가치를 지녔다.

왕위계승뿐만 아니라 신라하대 사회에 대해 집중적으로 추구한 결과 이 책은 그것을 크게 4시기로 구분하였다. 먼저 제1기는 37대 선덕왕으로부터 42대 흥덕왕에 이르는 시기로, 원성왕계 중 인겸계(仁謙系)가 왕위를 이어갔다. 제2기는 43대 희강왕으로부터 47대 헌안왕에 이르는 시기로 원성왕계 내의 균정계(均貞系)가 왕위를 이어갔다. 제3기는 48대 경문왕으로부터 52대 효공왕에 이르는 시기로 균정계 내의 경문왕계가 왕위를 이어갔으며, 제4기는 53대 신덕왕으로부터 56대 경순왕에 이르는 시기로 박씨 왕계가 이어졌다. 이러한 시대구분은 신라하대 사회에 대한 총체적 이해 위에 그 성격을 규정함으로써 가능한 것이다. 자연히 이 책의 신라하대 사회를 이해하는 수준이 심화되었음을 가늠하게 한다. 저자는 신라중대 사회와는 달리 원칙이 무너지면서 혼란해지는 역사 전개의 방향을 제시하고, 그 기반 위에서 혼란을 수습하려는 고려사회는 물론 크게는 오늘날 한국사회의 혼란에 대한 처방을 은유적으로 시사하였다.

저자는 왕위계승을 통해 신라하대의 중앙 정계를 중점적으로 다루면서도, 그 연구 결과는 당시 대두하고 있던 지방호족 내지 지방세력과 연결시키려는 의도를 가졌다. 중앙귀족 세력의 변동과 정쟁은 골품제를 유지할 만한 중심 세력의 붕괴와 함께 족적(族的) 유대관계의 해체를 초래하였다. 원래 중앙귀족과 관련이 있던 지방 공동체들은 중앙과 유리되면서 독자 세력으로 대두하였다. 이에 따라 중앙과 관련이 없던 지방 토착의 친족 공동체들도 새로운 정치세력으로 등장하였다(이 책, p.333). 또한 잦은 왕위계승 전쟁에 참가한 자들은 점차 지방을 근거지로 세력을 확장하면서 왕통의 부활을 시도하였다(이 책, p.439). 나아가 저자는 이러한 분위기가 왕정의 긴박으로부터 벗어날 수 있는 지방세력의 성장 및 하층민의 유망(流亡)을 촉진시켰다고 하였다.

그러나 이 책에서 지방호족의 대두에 관한 내용이 직접 다루어진 것은 아니다. 그것은 비정상적인 왕위계승으로 인한 골품제의 소멸을 다루면서, 결론 부분에 간략하게 언급되었을 뿐이다. 바로 이점은 앞으로 저자의 학문이 성숙해져 갈 방향을 예시한 것으로 생각된다. 이 책과 짝하여 신라하대 지방호족에 대한 본격적인 연구를 기대해 본다. 그럴 경우 이는 수준 높은 연구가 되리라고 확신한다. 아울러 그 연구가 지방호족의 세력 규모는 물론이거니와 그들과 관계된 관념, 곧 선종이나 풍수지리설의 연구로까지 넓혀질 수 있다면 보다 바람직할 것이다.

마지막으로 저자는 고려 왕건에 의한 부자 왕위계승 원칙이 재확립된 것으로 결론을 맺었다. 또한 그것은 고려의 안정과 연결시켜 이해한 듯한 인상을 준다. 신라중대의 왕위계승 원칙이 재확립되는 모습으로 고려사회를 이해하는데 머문다면, 고려 국가가 마치 골품제 사회를 재편하는, 이른바 중앙집권적 귀족국가를 재건하려는 것으로 오해할 소지를 남긴다. 물론 저자의 뜻은 그런 것이 아님은 분명하다. 그러한 오해가 불식되기 위해서는 신라하대의 왕위계승과 함께 그들 왕실이 추구한 정책에 대한 검토가 뒤따라야 할 것이다. 이런 면을 염두에 두면서 저자의 연구가 고려초기의 왕위계승뿐만 아니라 특히 왕건의 호족연합책이 광종대에 반동을 맞지만, 경종 이후에 변하여 정착되는 모습을 밝히는 문제로까지 확대되기를 기대한다.

『사학연구』 72, 2003, 12

2. 분류사와 전문화

1) 고려 광종대 개혁정치에 대한 종합적 검토

李基白 編, 『高麗光宗研究』(일조각, 1981)의 서평

(1) 공동연구 방법론의 모색

통일 고려국가를 성립시키는데 호족연합책(豪族聯合策)은 대단히 큰 역할을 담당했다. 고려 통일은 지방호족 세력을 해체시키지 않고, 혼인정책으로 얽어놓은데 불과한 것이다. 그 결과 왕건(王建) 사후 피비린내 나는 왕위계승 전쟁을 불러일으켰다. 고려초의 호족세력을 일단 정리하면서 왕권이 안정되어 나가는 것은 광종대의 전제정치를 통해 가능해지게 되었다. 일찍부터 광종대 고려사회의 연구에 대한 관심이 비교적 높았던

이유를 바로 이런 데에서 찾을 수 있다. 그러나 『고려사』의 광종대에 관한 기록은 너무 영세하기 때문에 이를 밝히는데 어려움이 따른다. 이는 그 연구를 지속하지 못하는 결과를 초래하였다.

광종에 대해서는 대체로 고려초기를 다룬 논문에서 단편적으로 언급되는데 그쳤고, 최근까지 직접적으로 연구한 본격적인 논문은 한두 편 정도 있는데 불과하다. 이 책은 우선 광종에 관한 최초의 종합적인 연구서라는 점에서 의의를 찾을 수 있다. 편자(編者)인 이기백은 이 책을 엮으면서 은근히 자랑스러운 기분을 "광종과 같이 극히 제한된 사료(史料) 밖에 남아 있지 않는 주제에 대하여, 이 같은 집중적인 연구가 가까운 장래에 쉽게 이루어지지는 못할 것 같은 생각이 들기 때문이다"(序에서)라고 표현하였다.

이 책은 1980년 2학기 서강(西江)대학교 대학원 강의에서 발표와 토론을 거친 몇 편의 논문을 모아 편찬한 것이다. 최승로(崔承老)의 상서문(上書文)을 집중적으로 다루다 보니, 자연히 비판적 입장에서 서술되어진 광종에 대해 흥미가 쏠리게 되었다. 말하자면 이 책은 광종에 대한 공동연구의 일종이라 할 수 있다. 학회에서 보통 행해지는 공동연구는 한 주제에 대한 역사학 내지 국문학·불교학 등 분야를 달리하는 학자들의 연구로 이어지거나, 그렇지 않다 하더라도 한 주제를 시대별로 나누어 분석하는 경우가 많다.

그러나 이 책에서는 하나의 주제를 당대 사회 내의 각각 다른 여러 요소와 연결시켜, 예를 들어 광종대의 지배세력이나 정치제도·경제제도 등과 연관된 문제들을 규명하고 있다. 공동연구에서의 이와 같은 방법은 밝히려는 주제를 당대 사회의 구조 속에서 파악하게 한다. 근래 학계에서도 이러한 방법의 공동연구에 더 관심이 쏠리고 있는 실정이고 보면, 이 책은 비록 완전하지는 않다 하더라도 학계의 현황과 앞으로의 연구 방향을 가늠해 주는 것으로 생각된다.

공동연구는 대개 기성학자들이 공동의 목적으로 집필하거나 아니면 학회(學會)가 주관하여 공통의 주제를 발표 토론하는 형식으로 행해졌다. 그런데 이 책에서는 대학원 강의를 통해 이루어지게 된 점을 높이 사고 싶다. 역사학의 연구가 보다 높은 수준으로 나아가기 위해서는 공동연구를 통해 사회구조 속에서 종합적으로 분석하는 이른바 구조기능적(構造機能的) 연구방법이 개인의 작업으로 정착되어야 할 것이다. 이 책은 신진 학자들로 하여금 역사연구의 의욕과 청량감을 불러일으키게 할 뿐만 아니라, 구조기능적 역사 연구방법이 개인의 작업으로 이끌어질 수 있게 도와줄 것으로 기대된다.

(2) 광종대 개혁정치의 내용

이 책은 특별한 체제를 갖추었다기보다는 광종대를 중심으로 모두 7편의 논문으로 구성되어 있다. 그러한 논문들은 개별적으로 집필되었지만 상호 연관을 가질 뿐만 아니라 대개의 경우 많은 토론 과정을 거쳐 쓰인 것들이다. 이 책에 실린 논문들은 다음과 같다.

李鍾旭 ; 고려초 940년대의 왕위계승과 그 정치적 성격
吳星 ; 고려 광종대의 科擧合格者
金塘澤 ; 崔承老의 상서문에 보이는 광종대의 '後生'과 景宗元年 田柴科
申虎澈 ; 고려 광종대의 公服制定
金龍善 ; 광종의 개혁과 歸法寺
趙仁成 ; 고려 兩界 州鎭의 方戍軍과 州鎭軍
李基白 ; 고려초기 五代와의 관계

여기에 실린 논문들은 대부분 광종의 개혁을 전면으로 다루고 있지만, 그 중 「고려초 940년대의 왕위계승과 그 정치적 성격」 및 「고려 양계 주진의 방술군과 주진군」은 광종대를 직접 다루지는 않았다. 그러나 전자는 광종대 개혁의 정치·사회적 배경에 대한 연구라 할 수 있다. 또한 후자는

광종대에 급속하게 진전된 북진정책과 관련된 것으로써, 광종이 죽은지 얼마 안 되는 시기에 제시된 최승로의 상서문에서도 이미 건의된 바가 있는 주제인 것이다(序에서). 「고려초기 오대와의 관계」는 왕건의 고려건국 이후의 외교문제를 폭넓게 다루면서 광종의 개혁정치에 초점을 맞추고 있다.

나머지 논문은 광종대의 개혁을 직접으로 다룬 것들이다. 「고려 광종대의 과거합격자」와 「최승로 상서문에 보이는 광종대의 후생과 경종대의 전시과」는 광종대 개혁정치의 주도세력을 논한 것이다. '후생(後生)'으로 불리던 이들은 유학자(儒學者)뿐만 아니라 시위군(侍衛軍)까지를 포함하는 인물들이며, 유공호족(有功豪族) 계열이라기보다는 군소토호(群小土豪) 출신이었다. 「고려 광종대의 공복제도」는 개혁정치를 추진하는 제도를 다루었다. 즉 후생으로 표현된 광종대의 신진관료(新進官僚)들을 중심으로 새로운 지배체계를 이룩하기 위한 목적에서 공복(公服)을 제정하였다. 끝으로 「광종의 개혁과 귀법사」는 최승로가 그렇게도 끈질기게 비판한 광종과 불교와의 관계를 다룬 것이다(序에서).

이상과 같은 이 책의 내용을 통해 특별히 밝혀지게 된 것을 들면 다음과 같다. 첫째, 20년 전에 발표된 논고(論考)에서이긴 하지만, 광종대 전제개혁의 모체가 후주(後周) 세종(世宗)의 황제권(皇帝權) 강화를 위한 개혁과 관련된다는 것이다. 후주 세종이 실시한 제과(制科)나 병제(兵制)개혁은 배경 없이 초야에 묻힌 자를 등용하여 군주권(君主權)을 강화하려는 것이며, 광종이 실시한 과거나 병제개혁·시위군졸(侍衛軍卒)의 증가 등은 이를 본뜬 바가 많다. 뒤에 강희웅(姜喜雄)은 광종이 실시한 노비안검법(奴婢按檢法)도 역시 후주의 자영농민조출(自營農民造出)에서 영향을 받아 성립되었다고 하였다. 광종의 전제개혁은 세력 배경이 없는 자를 왕실 측근으로 흡수하여 강호를 억압하려는 것이다.

둘째, 광종대 왕실의 측근세력으로 군소토호가 지적된 바 있는데, 여기서는 이를 군소호족이라는 표현으로 조금 더 구체화시켜 논술하였다. 군소토호나 군소호족은 대체로 같은 개념으로 사용되었을 것으로 생각한다. 다만 지금까지 군소토호층은 후백제계(後百濟系) 및 궁예세력의 골수분자나 발해인(渤海人)으로서 반신라적(反新羅的) 인물로 구성된 정치집단으로 논술된데 비해, 여기서는 후백제지역·경주지역 및 근기(近畿)지역으로 나누어 분석되었다. 이들 중 광종의 개혁정치에 적극적으로 참여한 자들은 유학자 계통이 아닌 인물이라고 하였다.

셋째, 광종의 개혁정치와 그 반동으로 생각되는 경종대의 제도를 연결시켜 역사를 계기적(繼起的)으로 파악하였다. 그 동안 학계의 통설(通說)은 경종이 즉위하면서 광종의 개혁정치에 참가한 주도세력이 모두 거세되는 것으로 생각해 왔기 때문에, 광종과 경종대의 역사에 단절과 공백을 느끼게 한다. 사실 다음 대의 사회세력으로 연결되지 않은 광종대 개혁정치의 주도세력에 대해서는 역사적 의의가 과소평가될 수밖에 없다.

그런데 이 책은 경종 즉위 후에 허락된 구원(舊怨)에 대한 복수가 장기간 계속된 것이 아니라 잠시였다고 함으로써(p.45), 광종대 개혁정치의 주도세력이 살아남았을 가능성을 시사해 준다. 오히려 광종대에 진출한 후생은 관제의 개편을 요구하였으며, 그리하여 고려 관료체제와 이에 따른 공복제를 확립시켰다. 경종원년 전시과는 공신 계열이 다시 정치의 주도권을 장악한 이후에 제정된 것이지만, 광종대의 후생에 대한 대우를 소홀히 하고 있지 않다. 이는 후생들이 고려왕조를 지탱해 주는 세력기반으로까지 성장한 때문이었다(p.72).

⑶ 사회구조 속에서의 접근

이 책의 성격을 이해하기 위해 이기백이 대학원생들에게 요구한 다음 사항을 유념할 필요가 있다.

첫째는 각자가 맡은 부분에 대하여 정확하게 그 내용을 이해하는 것이었다. 이를 위하여 原文의 한 구절 한 글자라도 소홀히 하지 않기를 당부하였다. 둘째로는 이에 대한 지금까지의 연구 성과를 빠짐없이 찾아서 철저히 검토하는 것이다. 그리고 셋째로는 그러한 내용의 건의가 왜 필요하였는가를 스스로 생각해 보는 것이다. 즉 그 내용이 지니는 역사적 의의를 추구해 보는 것이다(序에서).

대체로 이 책은 편자가 제시한 요구를 만족시키는 방향에서 서술되어졌다. 이러한 요구를 중심으로 이 책의 특성을 이해해 보기로 하겠다.

우선 이 책에서 다룬 문제들은 충분한 학설사적인 검토 위에 이루어졌다. 지금까지의 연구 성과가 철저하게 조사되었다. 다른 사람의 학설을 검토하고 비판을 통해 받아들인 바탕 위에서 사료를 면밀하게 고찰하였다. 그리하여 사료가 제시해 주는 사회 상황에 대해 정확하면서도 객관적인 이해에 도달하고자 노력하였다. 말하자면 이 책은 이전 연구 업적을 종합한 실증적인 연구서라 할 수 있겠다. 문헌고증에 의한 일제 식민사관을 극복하고자 고민하는 과정에서 학계 일각에서는 자연스럽게 실증적 기초가 박약해진 느낌이 없지 않는 상황에, 이 책은 그래도 문헌에 바탕을 둔 착실한 연구태도를 보여준다.

그러나 단순히 이전 연구를 종합하는데 그치지 않았기 때문에 광종대의 구체적 사실을 새롭게 인식하여 단독 논고로 다루고 있다. 광종대의 과거합격자나 후생(後生)·공복제·귀법사(歸法寺) 등이 개별 논문으로 작성되었다. 물론 이러한 논제들은 모두 최승로상서문(崔承老上書文)의 조목들인데, 그러한 건의가 왜 필요하며 그 내용이 지니는 역사적 의의가 무엇인가를 추적해 간 방법이 개별 논고로 성립시키게 하였다.

마지막으로 이 책에서는 인물의 행적을 분석하여 광종대의 정치사회사에 접근하고 있다. 제도 이면에서 이를 움직여 간 주역들의 행적을 분석함은 단순히 법제적인 것이 아니라, 실제로 운영되어져 생동하는 면을 밝히게 된다는 데에서 장려되기에 이르렀다. 또한 사료가 영세한 광종대의 연구에서 인물의 행적을 추적해 가는 것은 부족한 자료를 보충할 수 있는 이점을 가진다. 한편 이러한 역사연구법은 구조기능적 연구방법에 쉽게 접근하게 만든다. 예를 들어 인물의 신분에 대해 추구하면 신분사(身分史)로, 인물의 사상에 대해 추구하면 사상사로, 인물의 정치활동이나 사회활동을 추구하면 정치사 내지 사회사로 나타날 수 있기 때문이다.

(4) 남겨진 문제

이 책은 주로 광종의 전제 개혁정치를 다루면서 중국 오대(五代)와의 관계는 물론, 광종 이전의 정치·사회상황이나 이후의 왕위계승 문제까지를 다루는 등 폭넓게 연구한 것이다. 또한 금석문 자료를 이용하여 왕규(王規)의 정치적 입장에 대해 종래의 통설과는 다른 새로운 결론을 이끌어내었을 뿐만 아니라 식목형지안(式目形止案)과 같은 특수한 자료를 분석하여 광종 이후 양계(兩界) 주진(州鎭)의 군사조직을 밝히고 있다. 이런 면이 이 책의 성과를 넓혀주는 결과를 가졌다. 그러나 광종대의 특수한 개별 문제의 해명에 치우치다 보니, 이와 당대 사회구조와의 관련성을 소홀히 다룬 느낌도 없지 않다.

이 책의 내용과 연관된 몇 개의 문제를 지적하고자 한다. 첫째, 광종의 즉위와 연관된 전제정치의 배경에 대한 것이다. 이 책에서는 940년대 왕위계승전쟁(王位繼承戰爭)을 통하여 강력한 호족세력이 사라지고, 광종대에 이르면 왕권이 강화됨으로써 전제정치가 가능하게 되었다고 했다(p.20). 이러한 결론이 맞는 것이라면 광종의 개혁정치는 성공할 가능성이 크고 그 다음 경종의 정치는 광종의 개혁에 대한 반동으로 나타날 수 없는 것이다. 그러나 사실은 그 반대이다. 따라서 광종의 즉위는 당시 황주(黃州) 황보씨(皇甫氏)나 충주(忠州) 유씨(劉氏)와 같은 강력한 호족세력과의 관계에서도 고려되었으면 한다.

둘째, 이 책에서는 서필(徐弼)을 광종대 개혁정치의 핵심세력으로 해석하고 있다(p.42 또는 p.59). 여기서 처음으로 시도된 이러한 해석은 아마 광종 개혁정치의 주도세력과 다음 대 정치세력과의 연결을 가능하게 하기 때문에 퍽 흥미로워 보인다. 서필이 군소호족 세력이었거나 광종의 배향공신(配享功臣)으로 되는 것은 그를 책봉한 성종대의 정치적 입장에서도 나올 수 있다. 또는 그가 젊은 무리나 귀화(歸化) 중국인과 같은 광종대 개혁정치의 주도세력을 비난하고 있으며 식회(式會)와 같은 세력을 옹호하고 있는 점 등을 아울러 고찰하면서, 서필의 정치적 입장이 밝혀지기를 바란다.

셋째, 이데올로기 면에서 광종대 개혁정치의 철저한 협조자로 탄문(坦文)을 들고 있다. 그가 석문(釋門)의 종주(宗主)로서 광종 19년 이후 귀법사에 머무른 것이 이러한 결론을 이끌게 되었던 듯하다. 다만 탄문은 광종 23년에 귀법사에서 안선보국원(安禪報國院)으로 옮겼으며, 광종 26년에 거기서 보원사(普願寺)로 돌아가고 있다. 또한 탄문의 비문이 알려주는 분위기는 그가 오히려 태자인 경종과 더 가까웠던 인상을 준다. 귀법사의 주지인 균여(均如)가 죽는 해에 안선보국원으로 옮겨야만 했던 탄문의 정치적 성격은 아리송하기만 하다.

이상으로 이 책의 내용에서 문제될 수 있는 부분을 두서없이 지적했지만, 어차피 이 책이 광종에 대한 모든 문제를 다 다룬 완전한 것일 수 없음은 물론이다. 그렇지만 광종에 관한 집중적이고 알찬 연구임에는 틀림없다는 점에서, 이 책은 다음 연구를 위한 충분한 자극제 역할을 담당할 것으로 믿는다.

『역사학보』 92, 1981, 12

2) 혈족집단의 분지화(分枝化)를 통한 신라 신분사회 이해
李基東 著, 『新羅 骨品制社會와 花郎徒』(일조각, 1984)의 서평

(1) 골품제연구의 의의

신라사회에서는 카스트적 신분제도인 골품제에 의해 개인의 모든 정

치 사회적 활동이 규제되어 있다. 골품제는 신라사회의 조직원리 내지 운영원리로서, 이에 대한 이해는 신라사의 전반에 대한 규명으로 이어지게 된다. 아울러 골품제사회에 대해 정확하게 이해함으로써 비슷한 시기의 고구려나 백제의 사회 조직에 대해 보다 쉽게 접근할 수 있다. 이렇듯 한국고대사에 있어서 골품제연구가 차지하는 비중이 높았음에도 불구하고, 그 동안 이에 대한 연구가 본격적으로 이루지지 못한 실정이다. 무엇보다도 골품제에 관한 직접적인 사료의 부족은 그 연구를 활발하게 하지 못하는 중요한 요인이 되었다. 고작해서 그것은 성골과 진골의 관계를 규명하는 범위를 크게 벗어나지 못하고 있었다.

1971년에 이기백(李基白)의 신라 육두품에 대한 연구는 골품제연구의 수준을 높이는 계기가 되었다. 왜냐하면 육두품 귀족의 구체적인 정치·사회적 활동을 분석하여 육두품의 실체를 신라사회 내에서 동태적(動態的)으로 파악한 이 연구는 골제(骨制)가 아닌 두품제(頭品制)로 눈을 돌리면서, 육두품을 중심으로 한 신라 정치사회사에 대한 이해로 시야를 확대시켰기 때문이다. 이후 신라사회의 실질적인 지배계층인 진골귀족의 구체적인 활동을 분석하면서 골품제연구를 신라정치사회사와 긴밀하게 연결시키는 작업이 갈구되어 왔다. 이 책은 이러한 목마름을 해결해주는 데에 기여하고 있다. 1980년 한국연구원(韓國硏究院)의 한국연구총서(韓國硏究叢書) 중 하나로 간행된 이 책은 비매품이기 때문에 일반 독자의 수요에 부응하기 힘들어, 그 중 머리말 대신 신판(新版) 서문(序文)을 추가하여 다시 출간되었다.

(2) 골품제 연구방법의 검토

지금까지 신라 골품제에 관한 선학들의 연구 업적을 최대한으로 흡수하여 이를 비판적으로 계승함으로써, 저자는 학계의 연구수준을 높이는데 기여하고 있다. 이미 제시된 학설 사이의 미세한 부문에 이르기까지 그 동이를 제시하였고, 그 중 당시 사회상과 부합될 수 있는 학설을 일단 받아들였을 뿐만 아니라 그렇지 못한 것에 대해서는 논리적인 비판을 가하였다. 비판적이고 과학적인 태도는 논리를 전개시키는 과정에서 나타난 저자의 일관된 정신자세이다. 일례를 들어보기로 하자. 저자는 일본인 학자들이 성골의 실체를 부인하는 학설에 대해 "물론 성골의 실재(實在)를 부인하기는 쉽다. 그러나 가능한 한 이를 사실로 보고 그 변화의 원인을 탐구하는 것이 과학으로서의 역사학의 정도(正道)일 것이다"(p.23)라고 하였다. 학문의 세계는 엄격·정확하고 과학적이어야 한다. 저자와 같이 사사로운 이해를 초월하여 오직 학문적 신념에서 선학의 학설에 대해 준엄한 평가를 내리는 것은 앞으로 학문의 발전을 위해 장려되어야 한다.

이 책의 작업 과정에 대해서는 머리말에 다음과 같이 서술되어 있다.

> 이때부터 저자의 골품제도에 대한 문제의식은 다시금 甦生하여, 이에 대한 연구를 통하여 널리 成層사회에 대한 일반이론 정립에 기여하는 방향으로 전개되어야 한다는 데까지 확대되었다. 여기서 다시 저자는 서구의 사회과학 이론을 기계적으로 援用하려던 종전의 태도를 반성하지 않을 수 없었다. 즉 新羅史 그 자체에 대한 지식을 갖고 골품제도의 원리를 추출하는 방법만이 일반이론 정립에 이바지할 수 있는 진정한 길이라고 믿게 된 것이다. 그리하여 지난 몇 년 동안 저자가 주력한 것은 신라정치사회사 자료의 최대한의 檢出과 정리였다. 다시 말하면 신라의 정치와 사회사에 대한 광범한 個別事實의 확정이 저자의 일관된 작업이 되었다.

이에 의하면 저자의 연구 경향은 대체로 다음의 두 가지 면으로 요약할 수 있다.

첫째, 특수성을 외면하지 않는 범위 내에서 보편성을 추구하고자 노력하였다. 저자는 골품제연구를 통해 성층(成層)사회에 대한 세계학계의 일반이론에 기여할 수 있다고 믿었다. 마치 화랑도의 연구를 통해 역사적으로 존재한 청년조직 내지는 청년운동에 대한 일반 지식에 이바지할 수 있다는 것이다. 그렇기 때문에 골품제연구는 신라사회에만 국한되는 것으로 될 수는 없다. 저자는 "골품제연구가 신라의 정치나 사회를 해명하는 데 있어서 필수불가결의 것일 뿐만 아니라 고대 한국의 신분제도 나아가, 그 사회 체제를 이해하는데 있어서도 절대적인 의의를 가진다"(p.1)라고 하였다.

그리하여 고구려와 백제가 골품제와 비슷한 사회조직 원리를 갖고 있었을 것으로 추론하였다. 다만 양국의 그것은 신라의 골품제도처럼 엄격한 법제적인 것이 아니어서 역사서에 기록되지 않았을 것이라고(p.3) 하였다. 고구려와 백제는 수도를 자주 옮겼으나 신라는 수도를 옮기지 않았으며, 이러한 차이가 양국에 비해 신라사회에서는 보다 엄격한 사회편제 원리를 성립시키게 하였다고 저자 나름대로 그 이유를 추측하였다. 또한 바로 이 점에 신라 골품제사회 연구의 특수성을 찾을 수 있다. 그리하여 저자는 특수성을 무시하지 않고 들추어냄으로써 성층사회의 세계사적 보편성 이론을 성립시키는데 일익을 담당하고자 하였다.

둘째, 서구의 사회과학 이론을 받아들여 이를 신라사회의 구체적인 개별사실의 실재를 밝히는데 활용하고 있다. 사실 사료가 부족한 한국고대사 연구에서 보조과학 이론의 도입은 불가결한 것이다. 그러나 사회과학의 이론을 올바르게 습득하는 작업 자체도 쉽지 않는데, 하물며 그것이 갖는 한계성을 극복하면서 구체적인 역사연구의 방법으로 정립하는 데에는 대단한 어려움이 따른다. 실제로 보조과학을 원용하는 역사학연구에 있어서 이론의 한계성을 완전히 극복하기란 쉽지 않다. 사회과학의 이론은 구체적인 개별사실로써 충분히 뒷받침되지 않을 때, 실제 사회와는 맞지 않는 허구를 만드는 결과를 초래하게 만들 것이다.

저자는 처음에는 공동체 이론에 관심을 가지면서 역사연구를 접하였는데, 실증적 기초가 박약한 신라사에 조급히 이론을 구축하려는 데에서 생기는 학문상의 괴리를 깨닫게 되었다(머리말에서)고 한다. 그후 저자의 관심은 사회인류학 방면으로 옮겨졌고, 신라사 자체에 대한 구체적 지식을 갖기 위한 작업을 병행해 왔다. 그리하여 영세한 『삼국사기』 신라본기(新羅本紀) 기사를 토대로 하여 금석문(金石文) 자료나 『동문선(東文選)』 등 기타 문헌자료를 갖고 신라정치사를 조명하는데 심혈을 기울여 왔다. 이러한 저자의 연구태도가 이 책의 가치를 높이고, 그것을 더 돋보이게 한다고 생각한다.

(3) 혈족집단의 분지화와 신분의 유동(流動)

저자는 이 책에 대해 사회과학 이론의 섭취기로부터 개별 사실의 고증과 확정을 그 주요 과업으로 삼고 있는 현재에 이르기까지, 그때그때 발표한 신라 골품제사회와 화랑도에 관련된 10여 편의 논고를 엮어 만든 논문집에 불과하다(머리말에서)고 겸손하게 말하고 있으나, 실제 하나하나의 논문은 상호 유기적 연관 속에서 일관된 체계를 가지고 작성되었다. 이 책은 크게 세 부분으로 나뉘어 논술되었다. 제1편은 주로 사회인류학의 이론적 원용에 주력하여 신라왕실의 혈연의식을 분석함으로써 골품제사회의 성립을 논한 것이다. 제2편은 신라하대 왕실 및 진골귀족의 혈연의식이나 사회경제적 기반을 밝힘으로써 골품제사회 붕괴기의 정치·사회·문화의 여러 변동을 논한 것이다. 제3편에서는 화랑도의 기원이나 조직 및 그 활동을 신라 골품제사회 속에서 고찰하였다. 이 외에 서론에서 신라 골품제연구의 현황을 개관함으로써 그 문제점을 추출하였다. 마지막의 보론(補論)에서는 최근에 얻은 몇 가지 사료를 간단하게 분석하여 제시하고 있는데, 이는 모두 골품제사회를 밝히는데 선도적인 역할을 할 수 있을 정도로 중요한 것이다.

다음으로 본서에서 밝힌 중요한 업적 몇 가지를 들고자 한다. 첫째, 골품제를 혈족집단의 분지화 경향으로 설명하였다. 리니이지개념을 도입한 저자는 대체로 3세대의 직계 혈연집단으로 이어지는 소리니이지들의 대립과 항쟁에 주목하여, 신라 골품제사회 내에서 이들의 동향을 광범하게 추적하였다. 골품제에 관한 이러한 접근법은 확실히 새로운 것이어서, 종래 한국고대사의 학설을 수정하거나 해결되지 않은 채 내려오던 문제들을 쉽게 설명할 수 있게 하였다. 그 결과 신라시대 칠세대(七世代) 동일친족집단(同一親族集團)에 대해 비판할 수 있게 하는 한편, 혈족집단의 분지화 경향으로 갈문왕(葛文王)의 실체를 보다 확실하게 설명하였다.

둘째, 성골과 진골의 문제를 골품의 생성(生成) 면에서 설명하였다. 이에 대한 지금까지의 연구는 성골이 존재하는 하한을 진덕왕까지로 잡아, 무열왕이 왜 진골로 '강등(降等)'되었는가에 초점을 맞추는 경향을 가졌다. 그러나 지증왕계(智證王系) 리니이지집단 내부의 혈족(血族)관념의 분화라는 면에 착안한 저자는 진골과 대조되는 성골이 발생하였다고 주장하였다. 말하자면 태자 동륜(銅輪)의 직계 비속(卑屬)으로 구성된 배타적인 소리니이지집단이 그 동생인 사륜(舍輪) 곧 진지왕계(眞智王系)를 포함한 광범한 왕실 친족집단과 구별하기 위해 성골을 칭하였으며, 그 성립된 시기는 아마 선덕왕 즉위 이전이었을 것이라고 하였다. 사상사적 측면에서 이러한 설명은 막연하게 불교식 왕명을 붙이던 때와는 달리, 진평왕대가 되면 석가족(釋迦族)의 이름을 구체적으로 붙여가던 관념형태와 부합되어 많은 시사성을 준다.

셋째, 화랑도를 골품제와 유기적으로 연관시켜 분석하였다. 저자는 화랑도 문제를 골품제사회와 관련하여 연구할 때에 비로소 제대로 이해할 수 있다고 믿었다. 이미 화랑도에 대해서는 미개사회의 청년조직의 한 사례로 보아 민속학 내지 민족학적으로 연구된 바가 있다. 그 결과 화랑도의 분석으로 신라문화의 미개성이 부각되었다. 저자 역시 화랑도를 청년조직과 연관시켜 이해하려 하지만 기본적으로 신라의 사회조직을 부각시켰다. 이른바 6세기가 되면서 친족 내에 분지적인 혈족 내지 사회조직 기반이 성립하자, 그 이전부터 존재한 청년조직은 더 이상으로 발전하지 못하고 정복전쟁에 수반한 새로운 군사제도의 정비와 연관된 화랑도로 조직되었다고 한다. 화랑이 진골귀족 신분이었다면 낭도(郎徒)는 진골 이하의 신분이었다. 골품제적인 혈연(血緣)주의와는 달리 서약에 의해 자발적으로 이루어진 화랑도는 신분계층 간의 갈등을 완화하고, 그 사이의 유동성을 가져오게 함으로써 엄격한 골품제사회 내의 완충제 노릇을 담당했다.

넷째, 신라하대의 왕위계승이나 정치·사회의 변동을 골품제와 밀접하게 연결시켜 분석하였다. 신라하대는 골품제사회의 붕괴기라는 입장에서, 이때의 골품제에 대해서는 소홀히 연구되어 왔다. 진골보다는 육두품 신분에 더 비중을 두었고, 자연히 골품제 연구의 관심은 진골에서 육두품 신분으로 강등되는 사유를 밝히는 데로 쏠렸다. 그러면서도 이 시기를 사회와 문화의 대변혁기로 보아 중요시하였다. 그러한 밑바탕에는 지방호족 중심의 새로운 사회질서가 배태되고 있어서, 이들이 역사무대의 주인공으로 등장한다는 의식이 짙게 깔려 있다.

그러나 이렇듯 중요시되는 시기에 대한 올바른 정치사가 확립되어 있다고는 할 수 없다. 저자는 이 책의 기본적인 입장이라 할 수 있는 왕실과 진골귀족 집단 내의 혈족관념의 분지화 경향을 들어서, 왕위계승 쟁탈전을 유발시킨 요인과 진골귀족 간의 분열과 대립을 밝혔다. 즉 이 책의 이 부분에 관한 논문은 신라하대 정치·사회사를 체계화하기 위한 것이다. 아울러 당시의 왕실이 근시기구(近侍機構)의 확장을 위한 개혁을 추진하고 있었던 것을 보면, 지방호족이 아무리 중요하다고 할지라도 중앙정부와의 상관관계에서 연구되는 것이 바람직하다는 반성을 낳게 한다.

(4) 골품제연구의 문제점

지금까지 이 책의 특성과 내용에 관해 대체로 살펴보았다. 이제 이 책의 내용과 연관된 문제점들을 들고자 한다. 저자가 골품제사회의 연구를 통해 한국고대사 일반의 사회조직 원리를 이끌어내려는 것은 이미 지적한 바다. 그래서 인지 서론인「골품제연구의 현황과 그 과제」에서 고구려나 백제의 오부(五部)와 신라의 육부(六部)를 논하였다. 그런데 실제로 저자가 이 책에서 골품제를 다루는 상한은 지증왕계의 리니이지집단이 등장하여 내물왕계(奈勿王系)의 리니이지집단과 구별하려는 신라중고시대부터이다.

혈족집단의 분지화 경향에서 골품제를 다루려고 할 때, 그것은 왕족 내부의 문제로 축소될 수 있다. 또한 친족집단 내의 분지화 현상이 아무리 중요하다고 하더라도 골품제사회를 밝히는데 만능으로 작용할 수는 없다. 이외에도 고대 정복국가로 팽창하는 과정에서 새로 들어오는 혈족집단에 대한 사회편제 원리가 있었을 것이다. 따라서 지증왕 이전에 존재했을 지도 모르는 신라사회의 편제원리를 일단 설정해야 되지 않을까 한다. 아울러 이와 6세기 이전 곧, 친족(親族)의 분지적인 사회조직이 두드러지기 이전에 존재했다는 청년조직과의 연관성 문제에 대한 조명이 곁들여졌으면 한다.

저자는 신라하대에 골품제가 사회 전체를 규제할 수 있도록 조직화되는 것으로 파악하였다. 9세기 전반에는 골품제가 조직화되는 것과 동시에 해체의 과정을 밟고 있었고, 9세기 중엽 이후가 되면 왕위계승 쟁탈전이 일단락을 고하면서, 골품제는 재조직되는 과정을 밟는다고 한다(p.39). 그런가 하면 진골귀족은 오히려 포화상태였으나 금입댁(金入宅)과 같은 호사한 생활을 누렸다. 한편 같은 시기에 패강진(浿江鎭)과 같은 후진 지역에서 호족세력이 자라고 있었다. 따라서 재조직과 동시에 무너져야만 했던 당시 골품제의 사회체제가 갖는 의미가 되새겨질 만하다.

끝으로 평자(評者)의 기준에서 어색하게 느껴진 용어가 있다. 즉 관료제(官僚制)가 그것이다. 물론 저자는 관료제를 신라중대 전제왕권의 정치적 기반이 되는 새로운 체제라는 개념으로 규정하고 있다. 또한 그러한 정치체제에 대해 달리 표현하기가 막연한 저자 나름대로의 고충을 생각해 보지 않을 수 없다. 따라서 이러한 논쟁은 옥에서 티를 찾아내려는 격이며, 저자의 논리에 하등의 흠이 되지 않는 것은 물론이다. 그 외에 이 책의 내용은 대체로 인정될 수 있는 것이 아닌가 한다. 구체적 사료에 근거한 저자의 실증적 연구가 이러한 결과를 가져왔을 것이다. 지난 수년간 저자는 신라 정치사회사에 대한 구체적인 사실(史實)이나 자료를 검출하고 정리하는 작업을 계속해 왔다. 새로운 사료를 색출하고는 이에 대한 해석을 시도하기도 하였다. 자료를 해석함에 있어서 그는 "조금이라도 의심이 가는 것은 의문 부호를 붙이거나 아예 자문(字文) 소개를 보류하기도 했다. 그것은 장차 보다 정밀한 조사연구를 뜻하는 사람에게 본의 아닌 누를 끼치는 일이 되지 않을까 하는 생각에서였다"(p.397)라고 하였다. 이러한 신중한 태도가 이 책을 완성시키는 기본이 되었을 것이다.

『한국사연구』 33, 1981, 6

3) 역사학으로서의 신라사상사 연구

李基白, 『新羅思想史研究』(일조각, 1986)의 서평

(1) 사상사 연구의 방법론적 모색

저자인 이기백은 학문연구를 사상사로부터 시작하였다. 고대로부터 현대에 이르기까지 우리나라 사상사의 흐름을 이해함으로써, 민족이 당면하고 있는 현실문제와 관련을 지어 보려는 생각을 가진 저자는 우선 고대의 사상사부터 손을 대기 시작하였다. 1947년에 대학 졸업논문인 「불교전래고(傳來考)」를 보강한 것이 「삼국시대 불교전래와 그 사회적 성격」이다. 이 논문을 다소 수정하여 이 책에 수록하였다. 또한 이 책에서 상당히 심혈을 기울여 서술한 정토(淨土)신앙은 사실 저자의 학부 강의인 고대사연습(古代史演習)의 레포트인 「신라시대의 민중(民衆)불교」를 토대로 연구한 것이다. 이와 같이 40여 년의 긴 세월을 거쳐 저자의 오랜 염원 중의 하나가 이 책에서 대체로 마무리되는 데에는, 한국사상사 연구 수준을 높이려는 저자 나름의 고민과 충정이 깔려 있다.

한편 이는 역사학으로서의 사상사 연구가 얼마나 지난한 작업인가를 알려준다. 불교의 교리에 어두워서 그 연구를 앞으로 진전시키기가 두려웠다고 하지만, 실제로 저자에게서 교리가 큰 문제로 된 것은 아니었다. 오히려 사상이 뿌리박고 있었던 사회상황에 대한 이해를 깊이 하려 했고, 그러한 구체적 작업을 수행해 나가는 것이 역시 사상사의 수준을 높이고 연구의 폭을 확대시키는 길이었다. 사회사나 정치사의 이해를 토대로 하여 사상사 연구로의 폭을 넓혀갔다는 면에서, 이 책은 방법론상으로 한국사상사 연구의 이정표로서의 의미를 지닐 것이다.

저자의 사상사 연구에 대한 관심은 오래 전에 표명되었어도, 실제로 이를 집중적으로 연구한 것은 지난 15년 동안에 이루어졌다. 1974년에 출간된 『신라정치사회사연구』(일조각)는 이 책과는 한 물체의 두 면으로 표현될 수 있다. 『신라정치사회사연구』가 완성되어져 가는 시기에 저자는 불교뿐만 아니라 유교에 대한 이해를 심화(深化)하는 작업을 병행해 왔으며, 이 책에서 다루려는 내용에 대한 대체적인 구상을 세웠을 법하다. 이러한 구상의 일부가 1978년에 『신라시대의 국가불교와 유교』(韓國硏究院)로 간행되었는데, 이 책의 중간보고서와 같은 성격을 지녔다.

『신라시대의 국가불교와 유교』는 당시의 사상으로서 대단히 중요한 불교와 유교를 국가공동체와의 연관 속에서 살폈는데, 주로 왕실이나 진골 및 육두품귀족 중심으로 수용된 사상을 서술한 것이다. 이는 저자의 원래 바라던 바와는 거리가 먼 것이다. 반면 이 책에서는 불교나 유교 외에 도교뿐만 아니라 이를 포용하는 광범한 계층 즉, 왕실이나 귀족은 물론 소외된 하층귀족·서민·노비에게 수용된 사상에 이르기까지를 다양하게 다루고 있다. 그리하여 신라 국가공동체 내에서 활동하는 모든 인간들의 생동하는 모습과 그들이 포용하고 믿었던 사상경향을 총체적으로 밝히고자 하였다.

실제로 저자의 연구는 구체적인 개별사실을 분석하는 것으로 일관하였지만, 이를 토대로 당대의 총체적 문화역량(文化力量)이라 할 수 있는 신라문화의 전체를 제시하고 있다. 한 시대의 총체적 문화역량을 이해하게 되면, 다음 대의 문화가 창조되는 과정을 쉽게 발견할 수 있게 한다. 역사의 연구는 교훈적인 계감(戒鑑)주의에서 일보 진전하여 다음 대의 새로운 문화창달(文化創達) 능력을 제시함으로써, 역사적 인과관계를 보다 확실하게 이끌어 낼 수 있다. 이런 점에서 이 책은 현대 한국사학이 나아갈 바를 제시하고 있다.

(2) 신라의 국가불교와 유교사상의 전개

이 책의 내용을 소개하기 위해 먼저 수록된 논문의 제목을 일별하고자 한다. 이 책의 목차는 다음과 같다.

    Ⅰ. 國家佛敎의 성장
삼국시대 佛敎 受容과 그 사회적 의의
皇龍寺와 그 창건
신라 初期 佛敎와 貴族세력
圓光과 그의 사상
고대 한국에서의 왕권과 불교

    Ⅱ. 淨土信仰의 諸樣相
신라 정토신앙의 기원
신라 정토신앙의 두 類型
신라 정토신앙의 다른 유형들
정토신앙과 신라사회

    Ⅲ. 儒敎思想의 展開
儒敎受容의 初期形態
强首와 그의 사상
신라 骨品體制下의 유교적 政治理念

Ⅳ. 思想과 社會變化
신라시대의 불교와 국가
眞表의 彌勒信仰
新羅 佛敎에서의 孝觀念
望海亭과 臨海殿

우선 Ⅰ장은 불교가 왕실 및 귀족 사이에서 어떻게 수용되었느냐를 밝히고 있다. 특히 삼국시대 불교의 전래나 수용은 왕권을 중심으로 한 중앙집권적 귀족국가를 형성하는 과정에서, 지배체제를 뒷받침할 관념형태를 정립하려는 것이라는 결론을 이끌어 내었다. 이는 불교전래를 단순한 문화적 현상으로 보다는 정치·사회적 현상으로 중시한 것이다. 적어도 신라의 경우 지배세력인 진골귀족이 불교수용 과정에서 담당한 역할을 무시해 버릴 수 없다는 반성 위에서, 불교의 공인(公認)은 국왕이 주동적으로 추진하였지만, 귀족세력과 일정하게 타협한 기반 위에서 이루어진 것이라고 파악하였다.

따라서 귀족의 입장에서도 불교는 수용될 수 있는 면을 지녔으며, 그것이 미륵(彌勒)신앙 내지 윤회전생(輪廻轉生)사상이다. 전륜성왕(轉輪聖王)과 미륵보살 내지 석가불과 미륵불은 불교신앙 면에서 국왕과 귀족이 조화를 이루게 한다. 또한 윤회전생사상은 전생에서의 선(善)한 업보(業報)로 말미암아 현세의 귀족으로 태어났음을 강조함으로써, 그들의 특권을 옹호하는 성격을 지녔다. 다만 육두품귀족들은 진골에 비해 신분적으로 많은 제약을 받고 있어서, 불교의 신앙과 그 실천을 통해 골품제의 한계를 타파하려고 의도하였다. 원광(圓光)의 불교사상을 통해 바로 이런 면을 밝혔다.

Ⅱ장에서는 신라 정토신앙의 여러 모습을 다루었다. 신라사회의 정토신앙은 복잡하게 전개되지만 대체로 다섯 유형으로 나뉠 수 있다. 첫째는 염불(念佛)에 의한 현신왕생(現身往生)신앙이다. 주로 사회적 신분이 낮

은 사람들, 가령 평민이거나 노비들이 이러한 신앙을 가졌다. 이들은 현세에서 이렇다 할 희망을 갖고 있지 않아서 산몸으로 극락정토(極樂淨土)에 왕생하기를 기원했다.

둘째로 추선(追善)에 의한 사후왕생(死後往生)신앙이다. 이러한 신앙은 신라의 최고 귀족신분인 진골귀족에게서 나타났다. 그들은 모두 현실 긍정적인 경향을 가져서 되도록 현세에서 오랫동안 행복하게 살기를 바랐지만, 죽은 뒤에는 정토에 가는 것을 최선의 길로 생각하였다. 그러기 위해 절을 창건하거나 불상을 조성하는 등 추선을 행하였다.

셋째는 공덕(功德)에 의한 사후왕생신앙이다. 현세에서 어느 정도의 생활 기반이나 재산을 가진 육두품이나 하급귀족들이 이러한 신앙을 가졌다. 그들은 현세에서의 욕구를 충분히 만족시키는데 실패하여 낙망한 나머지, 현실도피적인 생활로 돌아가 내세(來世)의 정토에 희망을 걸고 살아갔다.

넷째는 공덕에 의한 현신왕생(現身往生)신앙이다. 이러한 신앙은 지방의 세력가인 촌주가문(村主家門) 출신에게서 많이 나타나 있다. 그들은 전제주의가 강화되면서 중앙집권적인 지배체제에 강력하게 편입되어, 현실적으로는 보다 더 좌절감을 느낌으로써 산몸으로 정토에 왕생하려는 신앙을 갖게 되었다.

다섯째는 공덕과 추선이 결합된 정토신앙이다. 이러한 신앙은 육두품 내지 사두품에 이르는 하급귀족 및 백제의 유민(遺民)으로 신라에 귀복(歸伏)한 인물들에게서 나타나 있다. 그들은 현세 권력자의 보호 아래서 행복을 보장받고 있었기 때문에 현실을 긍정적으로 보면서도, 한편으로는 은거생활 속에 내세인 정토에의 왕생을 실제로 기원하고 있었다.

신라의 정토신앙은 위로는 국왕으로부터 밑으로는 노비에 이르기까지 온 국민이 모두 믿다시피 할 정도이나, 그 주류는 지배층에서 소외된 하급귀족이거나 촌주층, 그리고 평민·노비의 일반 민중이었다. 그들은 신라

사회의 현실에 불만이 많아서, 현실로부터 도피하려는 경향을 가졌다. 반면 전제왕권과 이를 추종하는 지배귀족은 정토신앙에 의해 민심을 수습함으로써, 전제주의를 소극적으로나마 뒷받침할 수 있게 하였다.

Ⅲ장은 삼국시대에서부터 나말려초에 이르기까지 유교(儒敎)사상의 흐름을 개관한 것이다. 고구려의 태학(太學)을 비롯하여 신라의 화랑도 등이 삼국시대 초기 유교의 교육적 기능을 담당하였다. 이러한 교육기관은 대개 원시 미성년집회(未成年集會)의 후신이지만, 일정한 사회계층을 대변한 것은 아니다. 따라서 초기 유교는 특정한 사회계층에 의해 뚜렷하게 수용된 것은 아니었고, 국가 전체를 대상으로 포용될 수 있어서 공동체적 관념을 짙게 띠는 성격을 가졌다.

삼국시대의 유교는 아직 자신의 독자적인 영역이나 위치를 정립하지 못하고 있던 셈이다. 통일신라시대에 이르러 유교의 성격은 크게 변화되었다. 집사부(執事部)의 성립으로 신라사회에 관료층이 성립되어 갔는데, 유교는 전제왕권 아래 관료제도의 성장과 짝하여 대두되었다. 당시의 유교를 신봉한 사람들은 주로 육두품귀족 출신이었다. 강수(强首)는 유학자로서의 선구적 역할을 담당하였다.

강수는 진골귀족의 종교적 권위주의에 반항하면서 문장력(文章力) 즉, 학문을 무기로 하여 중앙정부의 관료로 등장함으로써 신분적 제약을 극복하고자 하였다. 그러나 신라중대는 육두품귀족이 사회현실에 적응하는 시기였다. 때문에 당대의 유교가 반진골적(反眞骨的)인 색채를 가진다고 하더라도, 골품제의 개혁을 주장하지는 않았다. 신라하대가 되면 육두품귀족은 골품제 자체의 개혁을 주장하였고, 이러한 개혁안(改革案)으로써 최치원(崔致遠)의 시무책(時務策)을 들 수 있다.

고려초기에 이르면 골품제가 무너져버렸기 때문에 최승로(崔承老)를 비롯한 유학자들은 육두품이 아닌 최고의 귀족으로 변하였다. 이들은 유교적 정치이념을 과감하게 실천하고자 하였다. 최승로의 상서문은 최치원의 시무책을 잇는 것으로 유교적 정치이념의 확립에 기여하였다. 당시의 유교적 정치이념은 중앙집권적 귀족정치를 실현하기 위한 것으로 도덕지상(道德至上)주의를 표방하고 나섰다. 즉 현세적 합리주의에 근거한 도덕주의를 내세웠다. 그렇지만 이 시대 유교사상의 한계성은 불교에 대해 철저하게 비판하지 못한 데에서 찾을 수 있다.

Ⅳ장은 유교나 불교뿐만 아니라 도교(道敎)사상을 밝히면서, 아울러 이들과 신라사회와의 관계를 추구하고자 하였다. 『삼국유사』에 나타난 효선편(孝善篇)은 가정에서의 부모에 대한 효(孝)와 신앙에서의 부처에 대한 선(善)을 다룬 것으로, 효선쌍미(孝善雙美)조는 세속적인 유교 논리와 종교적인 신앙 사이에서 일어나는 갈등이 서로 모순되지 않고 조화될 수 있는 것임을 알려준다. 즉 현실 문제를 에워싸고 제기된 유교의 비판에 대해, 불교가 이를 무시해 버리지 않는 데에서 당시의 문화전반을 이해하는 기준으로 삼아야 한다는 것이다. 또한 불교나 유교 외에 도교가 신라사회에 어떻게 받아들여졌는가를 살피는 것도 역시 문화전반(文化全般)을 이해하려는 저자의 의도를 읽을 수 있게 한다.

그런데 도교사상과 관련이 있는 통일신라시대의 임해전(臨海殿)이 백제의 망해정(望海亭)에서 착상을 얻어 건립되었다고 했다. 이는 백제문화가 신라문화로 흡수되어 발전하였다는 것을 생각하게 한다. 통일 이후 신라문화 전반을 생각할 때, 백제 및 고구려문화가 흡수되는 면과 또한 이들 유민들이 백제나 고구려의 문화전통을 되살려가려는 면을 함께 생각해야 한다. 진표(眞表)의 미륵신앙은 백제의 문화전통을 되살리면서 이상국가(理想國家)를 건설하려는 신앙운동이었지만, 훗날 이는 견훤에게 있어서 현실적인 정치운동으로 구체화되었고 궁예의 미륵신앙과도 연관을 가졌다.

(3) 사회적 여건 속에 생동하는 인간의 사상을 살피다

최근 한국사학계(韓國史學界)는 어느 의미에서 사상사 붐을 이루고 있

는 듯한 인상을 주지만, 그 연구가 반드시 바람직스러운 것은 아니다. 사상사연구는 종종 개인의 종교적 신앙을 뒷받침하는 경향을 농후하게 지녔다. 그러나 위대한 철인(哲人)으로부터 시대와 장소를 초월한 절대적 진리의 증언을 들으려는 이러한 노력은 그 각각의 종교 내지 신앙적 전통을 위해 필요한 것인지는 몰라도, 역사학으로서의 사상사를 정립하려는 데에는 그렇게 의미 있는 것으로 생각되지 않는다. 사상사연구 방법 면에서 이 책의 다음 기록을 유념해 보기로 하자.

> 어떠한 사상을 그 시대의 일정한 사회적 여건 속에서 살던 인간들의 생활과 연결 지어 생각하지 않는다면, 역사학으로서의 사상사는 성립될 수가 없다. 다른 말로 바꾸어 말한다면, 왜 일정한 시대의 일정한 인간들이 특정 사상에 흥미를 느끼고 혹은 그들의 생명을 걸기까지 했던가 하는, 산 인간의 생생한 숨결을 사상사의 흐름 속에서 들어야 한다(序에서).

사상사 연구를 역사학으로 정립시키려는 저자의 염원이 이 책의 구석구석까지 스며 있다. 역사학으로서의 사상사를 정립시키기 위해 우선 사상을 일정한 시대의 사회적 여건 속에서 파악해야 한다.

사상이란 시대적 변화를 초월하여 영구히 건디어내는 진리를 지니고 있다. 그렇지만 진리는 중요한 것이 아니라 도리어 시대적 요구에 따라 그 필요성을 결정하게 된다. 사상은 시대의 소산이며 시대적 발전의 일정한 단계에 호응하여 발생하고 발전해 갔다(p.210). 어떠한 사상도 시대를 달리하면서 윤리를 보강하고 새로운 의미를 포함시켜 왔다. 이 책은 한 시대의 정확한 모습의 사상을 추출하여, 이를 바로 당대의 사회상황과 밀접하게 연결시켜 고찰하였다.

사상을 시대적 소산으로 파악하려는 또 다른 이유는 사상 자체가 인간의 사상이며, 인간의 존재는 시대적 또는 사회적 연관을 벗어날 수 없기 때문이다(p.257). 인간이 처했던 사회적·정치적 입장을 이해하면, 이는 왜 그들이 특정한 사상을 포용하게 되는 지에 대한 해답을 얻게 된다. 사상을 포용하는 인간의 이해에 역점을 둔 저자는 인간의 신분을 파악하려 했으며, 또 같은 신분 내에서도 분화(分化)되어 다양하게 존재하는 계층과 그 사이의 이해에 대해 주목하였다. 인간 특히 그들의 신분이나 계층에 따라 달리 수용된 사상을 끄집어내다 보니, 자연히 그것을 유형별로 나누게 하였다.

저자는 역사적 개별 사실의 설정을 중요시하여 모든 인간의 사상 사이에 존재하는 미세한 차이를 규명하고자 하였다. 그렇다고 모든 경우를 각각 다른 성격의 사상으로 처리한다는 것은 사실을 나열하는 결과 밖에 가져오지 못한다. 이는 학문적인 작업일 수가 없다. 그러므로 저자는 유사한 몇 개의 사실을 묶어서 그 공통점을 찾는 작업을 계속하였다(p.177). 사상을 유형화(類型化)하는 작업은 그 사이의 인과관계나 의미를 추구하는 결과가 된다. 계층을 중심으로 사상을 유형화하여 그 의미를 추구하는 작업이 저자의 지론(持論)인 사회사상사를 정립시키는 첩경이 되었다.

다음으로 이 책은 엄정한 실증적(實證的) 태도로 저술되었다. 얼마 되지 않는 사상사관계 사료를 객관적으로 해석하기 위해, 저자는 정치사회사 상의 사건을 유념하였다. 이는 사상이 전개되어 나가는 중요한 고리의 이해를 수월하게 하였다. 명백한 사상사 관계의 기록이 없는 경우에도 사실과 사실 사이의 관계를 추구하여, 거기서 발견되는 명확한 연관성을 끈으로 묶음으로써 사상사 이해의 폭을 넓힐 수 있다.

그런가 하면 저자는 기존에 알려진 사료 외에 새로 발견되는 금석문이나 조상기(造像記) 등을 주목하였다. 저자가 편저(編著)한 고대로부터 고려시대에 이르기까지의 고문서집(古文書集)인 『한국상대고문서자료집성(韓國上代古文書資料集成)』(一志社, 1987)은 그러한 노력의 결실이다. 이 고문서집은 이 책과 병행하여 간행되었으며, 저자의 학문세계가 갖추어지는데 크게 기여하였다.

문헌 사료에 대한 관심을 넓혔을 뿐만 아니라 불상 양식이나 탑의 조성과 같은 고고학(考古學)이나 미술사학(美術史學)의 업적 및 발굴조사 보고서 등과 같은 비교적 다양한 사료를 광범하게 참고하였다. 이렇듯 광범한 자료를 통해 저자는 사상사 연구에 엄정한 실증적 방법을 정립함으로써 착실한 학문적 자세를 견지하였다. 이 점은 현재 학계 일각에서 주장하고 있는 관념사학(觀念史學)이 객관적 사실의 인정보다 의식을 앞세워 해석함으로써, 역사적 실체와는 동떨어진 허구를 만드는 풍토에 대해 좋은 길잡이로 자리할 것이다.

끝으로 이 책은 비교적 쉽고 명료하게 저술된 점을 특징으로 들 수 있다. 사상사에 관한 저술이라면 먼저 난해한 용어로 쓰여 어렵게 느껴지만, 이 책은 그러한 인상을 불식시켜 준다. 교리보다는 인간 중심으로 실제 수용되는 사상의 특질을 간결하게 부각시키거나 혹은, 일정한 사상경향에 대해 저자 나름으로의 분명한 정의를 내리고 있다. 말하자면 어느 한 사상경향의 실체를 분명히 드러내고, 그러한 바탕 위에서 다음 사상경향을 서술하여 마무리하는 작업이 독자로 하여금 누구나 이 책을 쉽게 이해할 수 있게 하였다.

그 외에도 기존의 연구된 결과를 집약한 기반 위에 새로운 사상경향을 제시하였기 때문에, 그것이 더 분명해지는 효과를 얻을 수 있었다. 다만 이와 연관하여 저자가 이미 연구된 논문을 비판적으로 흡수하고 있는 것도 주목된다. 스스로 잘못되었다고 생각하는 자신의 학설에 대해서는 과감하게 수정하는가 하면, 같은 태도로 다른 논문의 업적과 성과를 분명히 제시하면서 그것을 받아드리는데 주저함이 없었다. 이 점 역시 학계의 건설적인 발전을 위해 고무적이 아닐 수 없다.

(4) 신라하대 선종사에 이르는 계기적 파악

이상에서 이 책의 내용과 특성을 간략하게 소개하였는데, 이를 비판할 충분한 안목을 필자는 가지고 있지 않다. 다만 이 책이 견실한 실증적 연구로 일관하면서도 대세의 파악에 입각해서 결론을 내린 것도 있기 때문에, 저자의 다음 연구를 기대해 보고자 한다. 저자는 이 책에다가 「부석사(浮石寺)와 태백산(太伯山)」·「풍수지리설과 지방호족」의 두 논문을 넣고 싶어 했지만, 건강상태가 그러한 무리를 허락하지 않았다(序에서)고 하였다.

왕실불교에서 귀족불교로 나아가고 다시 신라중대에 하급귀족이나 서민들의 사상을 살피면서, 이는 신라하대의 선종(禪宗)사상으로 이어질 수 있다는 것을 시사하였다. 이를 테면 신라중대 중앙집권적인 전제정치 체제 속에 포함되게 된 촌주(村主) 등은 왕경인(王京人)과 동등하게 대우를 받지 못하였다. 명(名)과 실(實)이 어긋나는 분위기 속에 정토신앙으로 빠져 든 이들이 성장하여 선종에 매력을 느끼게 되었다(序에서). 이러한 결론은 역사를 계기적으로 파악하려는 저자의 노력을 보여주는 것으로 바람직하게 느껴진다.

신라하대는 선종뿐만 아니라 지방호족이나 풍수지리설을 비롯하여 백제나 고구려의 부흥의식에 따른 후삼국 지배세력들의 사상에 이르기까지 밝혀야 할 많은 문제를 안고 있다. 이 책에서는 당시의 사상이 유(儒)·불(佛)·선(仙) 삼교(三敎)와 섞이게 됨으로써, 신라하대 말에는 사상적인 혼동을 초해하였다고 하였다. 사실 이 책의 내용 중 신라하대의 사상은 충실하게 서술된 신라중대의 사상에 비해, 다소 소략하게 연구되었다는 인상을 준다. 저자의 건강이 하루 빨리 더 좋아져서, 이러한 문제에 대한 구체적인 논고(論考)가 이루어지기를 빈다.

『역사학보』 114, 1987

3. 연구 성과의 종합과 반성

1) 한국 역사학의 발전을 위한 논저목록의 편성
歷史學會 編, 『現代 韓國歷史學論著目錄』(일조각, 1983)의 서평

(1) 역사학 논저목록의 작성

역사학은 연륜이 오래된 학문이어서 이미 연구 업적이 방대하게 축적되어 있는 실정이고 보면, 역사학도들은 누구나 전공 관계의 잘 정리된 논저목록(論著目錄)을 갈망하게 된다. 1961년에 출판된 이기백, 『국사신론(國史新論)』(第一出版社)은 한국사에 대한 개설서이지만, 비교적 이러한 욕구를 만족시켜 준다. 각 항목의 서술이 끝날 때마다 참고로 제시하고 있는 논저목록이 그러한 역할을 담당한다. 여기에 실려 있는 논저들은 책의 성격상 비록 방대하게 수집되지는 않았지만, 거의가 학문적 업적으로 평가받을 수 있는 것들이다. 그 후에도 이 책은 『한국사신론(韓國史新論)』(一潮閣)이란 이름으로 개정되어 중판(重版)이 나올 때마다 그 동안 학계의 새로운 연구 업적을 첨가하고 있다. 특히 1982년에 개정된 중판이 나오면서 부록으로 첨가된 참고 서목은, 고대에서 현재에 이르기까지 한국사 관계의 저술을 망라하고, 그 내용에 대한 간단한 설명을 붙이고 있다.

『한국사신론』이 한국사연구를 위한 양식 있는 저술이나 논문을 알려주는 길잡이 노릇을 함에도 불구하고, 한국사 관계의 방대한 논저들을 다 싣고 있지 않아서, 역시 연구자들에게 미흡함을 안겨주고 있다. 그리하여 1967년에 이현종(李鉉淙)·이만수(李萬洙)가 공편(共編)한 『한국사연구논문총목록(韓國史硏究 論文總目錄)』(國會圖書館, 서울)은 1900년에서부터 1966년에 이르는 한국사 관계 연구 논문의 목록집이다. 이 책에서 우리나라는 물론 일본 및 기타 외국에서 발행된 역사학 관계의 학술잡지에 게재된 한국사 관계의 논문 제목이 거의 망라하여 실렸다. 1970년에는 이

책에서 누락된 것과 1966년 이후의 연구업적을 주로 보충하여, 조국원(趙國元)이 편저(編著)한『한국사연구 논문총목록』(제2집, 국회도서관)이 간행되었다. 다만 이러한 두 개의 한국사 관계 논문 목록에서는 논문이 주로 소개되었고 저서가 빠졌는데, 1973년 이런 결함을 보충하여 박성봉(朴性鳳)·계훈모(桂勳模)가 공편한『한국사연구 논저목록』(국회도서관, 서울)이 출판되었다.

한국사연구가 질적으로 심화되고 양적으로 팽창되면서, 역사학의 논저목록뿐만 아니라 그 논저의 간단한 내용까지 알려주는 말하자면, 논저의 해제(解題)가 출간될 필요를 공감하게 되었다. 학술원(學術院)이 편찬한『학술총람(學術總覽) 사학편(史學篇)』(2책, 1972·1973)과 고려대 민족문화연구소(民族文化研究所)가 편찬한『한국논저해제(韓國論著解題)』(권2, 歷史篇, 同研究所, 1973)가 곧 그러한 책이다. 전자는 1901년에서 부터 1970년에 이르는 국내에서 발표된 모든 학술적인 논저와 외국에서 저술된 한국인의 논저를 한국사의 각 시대나 민속·고고학·신앙·사상·미술사 및 서양사·동양사로 분류하고, 그것에 간명하게 요지를 덧붙여 실은 것이다. 후자는 1910년에서부터 1971년에 이르는, 학술지는 물론 월간지에까지 실린 한국사 관계의 논저를 해제(解題)한 것으로, 거기에 수록된 단행본(單行本)은 1,177종, 논문은 9,438건에 이른다. 후자가 전자보다는 더 포괄적이어서, 민족문화를 정리하고 연구하는 데에 적잖은 도움을 준다. 1973년 4월부터 국사편찬위원회(國史編纂委員會)가 계간(季刊)으로『한국사연구휘보(韓國史研究彙報)』를 발간해 오고 있다. 최근 56집까지 발간된 이 휘보는 3개월 단위의 논저목록을 싣고 아울러 그 논저의 소목차와 간단한 내용을 소개함으로써, 한국사 연구자들에게 학술 정보를 제공하면서 유대를 강화시켜 준다. 앞으로도 이 휘보는 계속해서 발간될 것이다.

1981년에 국사편찬위원회가『한국사』(총 25권 探求堂)를 완간하면서,

그 중 제 25권이 한국사 관계 논저목록으로 출간되었다. 이 책에서는 근대 이후 1977년까지 국내외에서 발표된 한국사에 관한 저서와 논문 제목이 방대하게 수록되었다. 특히 편저(編著)는 물론 역서(譯書)나 학술논문지(學術論文誌)에 게재된 서평(書評)·자료소개(資料紹介) 등을 수록하였을 뿐만 아니라 북한에서 발표된 논저라도 외국으로 번역된 것을 실었다. 이 책이 한국사에 관한 최근의 방대한 논저목록이지만, 그 외 동양사나 서양사에 대해서도 비교적 상세한 논저목록을 필요로 하게 되었다. 이러한 요구에 부응하여 1983년에 출판된 것이 이 책이다. 그 외 1975년 국제역사학대회(國際歷史學大會)에 제출된 「Historical Studies in Korea ; Recent Trends and Bilbliography(1945~1973)」(Korean National Commitee of Historical Sciences, Seoul)도 영어와 우리말을 병용한 논저목록을 수록하고 있다.

⑵ 분류사별 논저목록의 작성

역사학회의 창립 30주년 기념사업의 하나로 간행된 이 책은 『현대 한국역사학의 동향』(一潮閣, 1982)의 부록으로 편집되었다. 여기에 수록된 목록은 1945년 이후 1980년까지에 이르는 국내에서 간행된 한국사·동양사·서양사에 관한 저서와 학술논문집에 게재된 논문제목을 대상으로 뽑은 것이다. 외국인 학자의 연구업적이나 일반 교양지 및 신문 등에 게재된 논설·학생 논문·업적보고서(業績報告書)·활자화(活字化)되지 않은 학위 논문 등은 원칙적으로 그 대상에서 제외하였다.

이 책은 첫머리에 수록 대상이 된 학술지의 일람표를 붙이고, 이어 한국사·동양사·서양사 분야의 순으로 단행본(著書)과 논문을 구별하여 싣고 있다. 우선 한국사 분야는 단행본과 논문을 각각 총류(總類)·선사(先史)·고대·고려·조선전기·조선후기·근대의 8개 부분으로 나누어 실었는데, 선사 분야를 뺀 나머지 분야의 체제는 대체로 다음과 같다.

1) 일반・通史
2) 정치・법률・제도・軍事
3) 外交(대외관계)
4) 사회・身分・家族
5) 경제・土地・産業
6) 종교・사상・學問・史學史・教育
7) 문화・예술・科學史・書誌・服飾・民俗
8) 人物・傳記
9) 美術史(考古學)
10) 歷史地理・(地名)・地圖

　동양사 분야는 논문에 한하여 분류사로 세분하고 있다. 일반사(一般史)・역사지리(歷史地理)・사회경제사・철학 사상사・관계사・문학사(文學史) 부(附) 음악사・언어 문학사・법제사・종교사・고고 미술사・민족사・과학사 등이 곧 그것이다. 이 중 일반사는 다시 시대별・지역별로 세분되었는데 다음과 같다.

1) 通論, 2) 先秦시대, 3) 秦漢시대, 4) 魏晋南北朝시대, 5) 隋唐宋시대,
6) 遼金元시대, 7) 明清시대, 8) 근대 현대, 9) 中共, 10) 日本 및 기타 지역.

　일반사 부분 외에도 사회경제사・철학 사상사・관계사・문학사 부분에서도 다시 특성별로 세분화되어 있다. 서양사 분야는 저서나 논문을 막론하고 고대・중세・근세・최근세・역사지리 부분으로 나누었으며, 저서 항목에서는 개설 부분을 독립시켜 세분화하였다.
　이 책은 한국의 역사학 전반에 관한 종합적인 논저목록이다. 앞서 언급한 학술원이 편찬한 『학술총람』에서 동양사나 서양사에 관한 저서와 논문을 소개하고 있지만 소략하고, 그 외 한국 역사학계에 이 부분에 대한 논저목록이 거의 출판되어 있지 않은 실정이다. 이런 의미에서 이 책은 광복 후 한국 역사학계의 업적을 망라한 연구 지침서의 역할을 충분히 감당

할 것으로 생각된다. 아울러 동양사나 서양사에 대한 논저목록은 앞으로 한 동안 이 방면의 연구자들에게 많은 도움을 줄 것이다.

이 책에 수록된 논저의 제목은 분류사 중심으로 세분하여, 발표된 연대 순으로 정리되었다. 서양사 분야에서는 시대별로 논저의 제목을 정리한 데 그치고 있지만 이는 어디까지나 많은 연구업적이 쌓여 있지 않기 때문에 나타난 것이고, 사실 그 내용은 표시만 되지 않았을 뿐, 분류사 단위로 정리되어 있다. 그렇지만 동양사 분야는 거의 완전히 분류사 중심으로 논문 제목을 수록하고 있다. 따라서 이 책의 특징은 분류사 중심으로 논저를 정리한 것이라고 할 수 있다.

다만 종전의 논저목록도 대체로 정치·사회 경제·문화 사상·인물 등의 항목으로 나누어 정리하고 있다. 역시 그것은 분류사 중심으로 정리된 셈이다. 그러나 그 분류가 세분되지 않아 논제에 따라 논저를 어느 부분에 실어야 하는 지가 애매한 경우가 많다. 이 책에서는 그러한 분류사를 더 구체적으로 세분하였다. 상기한 이 책의 체제가 이를 알려준다. 종전의 논저목록에서는 논저의 제목이 전혀 관계 없는 시대 속에 편입되어 있거나 엉뚱하게 분류되는 경우가 흔히 있어 왔다. 이 책에서는 연대별 또는 분류사별로 확실하게 나누어 제목을 실었기 때문에, 비교적 이와 같은 오류가 적게 나타나고 있다.

(3) 논저목록의 작성 방향

앞에서 이 책의 체제에 대해 대체적으로 언급하였다. 다음으로 그것의 내용과 연관된 몇 가지를 두서 없이 지적하고자 한다. 우선 역사학회 30주년 기념사업의 하나로 편집되었기 때문에, 이 책의 내용을 역사학회의 업적과 연관시켜 언급하지 않을 수 없다. 본서는 『현대 한국역사학의 동향』을 펴내는데 직접 간접으로 연결되어 있었다. 그런데 그것이 그 동안 역사학회의 업적을 정당하게 평가하고 있는 지에 대해서는 의문의 여지가 없지 않다. 광복후 역사학회는 성립되어 30여 년이 지나는 동안, 중후한 실증적 학풍을 견지하면서 한국 역사학의 체계화를 정립시키는데 지대하게 공헌해왔다. 이런 점이 정당하게 받아들여져 서술되었는지가 궁금하다.

다만 이 책에서 앞으로 한국 역사학계의 나아갈 방향을 가늠하는데 강조하고 싶은 점을 찾을 수 있다. 그것은 곧 역사지리 분야에 대한 연구의 강조이다. 아마 이 책에서 한국사·동양사·서양사를 막론하고 공통적으로 설정되어 있는 분류사 부분은 역사지리이다. 이와 아울러 정치사의 연구 역시 강조되어 좋을 것이다. 그렇지만 사실 일제강점기에 식민사학(植民史學)이 성립되어 한국사를 왜곡시키고 있었는데, 그러한 왜곡은 주로 역사지리나 정치사 분야에서 나타났다. 특히 역사지리의 연구는 만철철도(滿鮮鐵道)주식회사의 연구실이 중심이 되어 행해졌으며, 일제의 대륙침략 및 식민지 산물의 수탈과 연관되어 이루어졌다. 그 결과 광복후 이 방면에 대한 연구가 거의 진전되지 못한 실정이다.

이 책에서는 역사지리 분야를 독립시키고 있음을 유념할 필요가 있다. 그것은 이 분야에 대해 앞으로의 연구가 활발해 지기를 기대하는 마음에서 일 것이다. 사실 역사를 파악하는데 이를 움직인 인물과 함께 그들이 살다간 지리나 환경[風土]의 이해가 대단히 중요하다. 이와 연관하여 정치사가 단순한 법률이나 제도의 연구에 거쳐서는 안 될 것이다. 이 책에서는 인물이나 전기뿐만 아니라 신분·가족을 특히 내세우고 있으며, 경제·사상 부분을 더 자세하게 세분하고 있다. 이는 정치사를 제도나 법률의 뒷면에서 실제 어떻게 인간들이 운영해 갔는가와 같은, 생동하는 면으로 연구할 수 있게 할 것이다.

이 책이 짧은 기간 동안에 조사되어 출판되었기 때문에 그에 따른 결함 또한 적지 않다. 우선 색인(索引)이 없다는 것은 가장 큰 흠이다. 아마 본서의 목적이 한국 역사학 연구자들을 위한 길잡이 구실을 하는 것으로 생각된다. 그렇다면 색인을 넣어 연구자들의 편의를 제공하려는 것은 필수적인 작업일 수 있다. 색인에는 적어도 사항(事項)과 필자별(筆者別)의 두 종류가 있어야 한다. 사항색인(事項索引)을 통해 한국 역사학의 구체적인 어떤 문제가 어느 정도로 연구되었는지를 파악할 수 있다. 필자색인을 통하여 역사학의 한 연구자가 어떤 문제에 관심을 두면서, 그 연구 방법을 진전시키고 어떻게 성장해 갔는가를 알 수 있게 한다. 그러므로 이러한 색인은 역사학 연구자들에게 대단히 유익한 것이다.

이 책은 한국 역사학연구에 관한 논저목록이면서도 그 이전에 이미 간행된 논저목록을 전혀 소개하고 있지 않다. 아울러 각 학술잡지의 경우 정기적으로 거기에 게재된 논문의 총목차를 싣는 경우가 왕왕 있었다. 이 경우 잡지의 호수(號數)와 실린 목차의 범위가 이 책에서는 꼭 수록되어야 할 것으로 생각된다. 뿐만 아니라 한국 역사학연구의 지침서가 될 만한 「연표」나 사전류는 일일이 조사하여 실었으면 한다. 지금까지 출간된 논저목록에는 이런 부분이 대체로 빠져 있는 셈이다.

이 책에서는 주로 학술잡지에 실린 논문을 대상으로 하였기 때문에, 『문학(文學)과 지성(知性)』이나 『창작(創作)과 비평(批評)』과 같은 일부 계간지(季刊誌)를 제외한, 다른 교양 잡지에 실린 논설은 일체 조사되지 않았다. 그러나 그러한 논설들 중에도 중요한 것이 있음을 유의해야 한다. 오히려 농업이나 수산업 분야 등의 전문지에 실렸거나 수준이 높지 않은 학술지에 실린 역사학 관계 논문보다는, 이러한 논설이 중요할 수 있다. 그런가 하면 서지(書誌)에 관한 것으로 문중에서 펴낸 문집의 해제(解題) 중에 대단히 수준 높은 논문이 있다.

따라서 본서의 논저목록이 수록되는 기준은 다시 검토되어야 하며, 그 기준은 앞으로 언젠가는 논문의 객관적인 수준에 의거하여 결정되어야 할 것이다. 이 문제는 역시 한국 역사학의 수준이 높아지는 것과 연관되리라 생각된다. 외국 학회지에 게재된 논문은 본서에서 원칙적으로 배제되어 있다. 그래서인지 『조선학보(朝鮮學報)』에 실린 논문을 제외한 다른 외국학회지에 실린 논문은 소개되어 있지 않으나, 앞으로는 이 부분의 논문도 보충되었으면 한다.

끝으로 본서에서는 논문의 제목과 필자·게재지(揭載誌)·연대가 명기되어 있다. 그런데 사소한 문제이긴 하지만 게재지 다음에는 반드시 학회나 출판사명, 심지어 출판사가 어느 곳에 있었던 지와 같은 장소까지를 명기할 필요가 있다. 가령 본서에 「논문집(論文集)」이라고만 표시된 곳이 많이 나타나 있는데, 이것은 어느 논문집을 가리키는지 전혀 알 길이 없다. 그 외에 생소한 학술지의 이름만으로 그 논문을 쉽게 찾아 볼 수 있을 것 같지 않다. 역사학 분야가 아닌 다른 학문분야 학술지의 경우 이런 어려움은 더욱 분명하게 나타난다.

이상에서 이 책의 성격과 결함을 지적했다. 본서가 비록 조그만 흠이 있다 할지라도 한국 역사학 연구자들에게 중요하게 기여할 것임은 물론이다. 이 책이 디딤돌이 되어 앞으로 더 훌륭한 논저목록이 출간되고, 한국 역사학의 연구가 크게 진전되기를 바란다.　　　　『북악사론』 창간호, 1989, 5

2) 한국사학의 반성을 통한 전통의 발견과 내일을 여는 역사상의 추구
-閔賢九, 『韓國史學의 성과와 전망』(고려대학교출판부, 2006)의 서평-

(1) 한국사의 전통 속에서 사학사 정리

『한국사학의 성과와 전망』의 저자인 민현구는 근대 한국 역사학을 일군 이병도(李丙燾)나 광복후 1세대 역사학자인 한우근(韓㳓劤)·이기백(李基白)의 지도를 받아 고려사 내지 조선전기사를 정치하게 연구한 중진 역사학자임은 이미 잘 알려진 사실이다. 일찍이 고려말·조선초의 변혁기에 관심을 둔 저자는 육군사관학교의 교수부 한국군사연구실에 근무하면서 『한국군제사』(1968)의 편찬 사업에 참여하여 「근세조선전기 군사제도(軍事制度)의 성립」을 집필하였는데, 그것이 『조선전기의 군사제도와 정치』(한국연구원, 1983)로 출간되었다. 한편, 석사학위 논문으로 「신돈(辛旽)의 집권과 그 정치적 성격」(『역사학보』 38·40, 1968)을 집필한 이후 40여 년에 이르기까지, 고려와 조선초기 사회에 관한 괄목할만한 연구논문을 발표하여왔다. 저자의 연구업적 중 일부가 단행본으로 정리된 것이 『고려정치사론(高麗政治史論)』(고려대학교출판부, 2004)과 『한국중세사 산책』(일지사, 2005)이다. 그러나 가장 심층적으로 연구한 분야가 『고려후기정치사연구』로 출간될 것이라 한다.

고려는 새로 통일왕조를 확립하면서 단일한 국가와 문화를 지닌 역사공동체로 발전하였고, 빼어난 문화를 성숙시켜 역사를 다채롭게 전개시켰다. 그런 속에 저자는 심각한 정치적 갈등과 외압에 대한 항쟁이나 시련을 견디면서 국가를 지속시켰던 역사적 전통을 이끌어내고자 하였다. 한국인은 역사를 통해 끊임없는 영욕을 경험하면서, 개성 있는 사회발전을 이끌고 문화적 성취를 이루었다(『한국중세사 산책』, 책머리에). 그것은 조선에서 오늘날에 이르기까지 도도한 한국사의 흐름 속에 이어져서, 한국인의 용기와 한국문화의 내실을 목도하고 인식하게 만들었다. 민족문화 속에 이어진 역사적 전통에 대한 인식은 사론(史論) 즉 사학사(史學史)에 대한 관심으로 나타났다. 고려와 조선전기사의 연구 성과를 충분히 축적한 기반 위에 『한국사학의 성과와 전망』이 저술되었다. 말하자면 한국사학사의 체계화를 의도한 이 책은 저자의 학문이 완숙되는 모습을 읽을 수 있게 하는데, 전통사회에 대한 깊은 통찰 위에 사학사의 연구를 시도함으로써 기존의 사학사 연구서와는 뚜렷하게 구별된다.

사학사 연구는 구체적 사회사뿐만 아니라 거기에서 배태된 사상의 흐름 등, 역사적 전통에 대한 이해를 필요로 하기 때문에 실질적으로 전공자를 쉽게 배출하기 어려운 분야이다. 그리하여 학계에서는 일정한 체제로 기획된 사학사 관계의 논문을 모아 출간하는 작업이 계속되었다. 자연히 그 한계성은 불을 보듯 분명하게 드러난다. 한국사의 연구수준이 높아지면서 사학사 전공자가 늘어나고, 1999년에는 한국사학사학회가 창립되어 학회지인 『한국사학사학보』가 간행되고 있는 것은 다행스럽게 생각된다. 그러나 아직도 이 책에서 제시한 한국사의 전통 속에서 현대의 사학사를 정리하는 작업은 숙제로 남는다.

(2) 현대 한국사학의 성립과 발전

이 책은 총 6장으로 구성되어 있지만 크게 두 부분으로 가를 수 있다. 1장 「한국사학의 궤적」과 2장 「현대 한국사학의 학문적 기초」는 주로 광복 후 한국사학이 성립하여 발전하는 모습을 부각시켰다. 나머지의 「한국사 연구의 회고와 전망」·「고려사연구의 성과」·「서평을 통해 본 한국사학의 모습」은 연구사적 검토나 서평을 통해 한국사학의 성과를 비평하거나 반성하면서, 마지막으로 「한국사학의 전망」을 결론으로 제시하였다. 식민지체제에서 벗어났지만 좌우의 대립으로 국토의 분단과 함께 한국사회가 민주화와 산업화·정보화 과정을 거치면서, 그에 따라 다양하게 연구되는 한국사학에 대한 올바른 이해의 공감대를 넓혀야 한다. 이런 의도에서 이 책이 주로 밝힌 내용은 다음과 같다.

첫째, 저자는 광복 이후 한국사학의 발전을 개관하였다. 현대 한국사학은 크게 세 시기의 성장과정을 거쳤다. 제1기는 광복 이후부터 1960년 4·19혁명 이전까지인데, 변혁과 진통 속에서 새롭게 형성되는 초창기이다. 제2기는 4·19혁명 이후부터 1979년 유신체제가 붕괴되기까지로, 민족주의적인 분위기에 고무되어 크게 성장하는 발전기이다. 제3기는 1980년 신군부의 등장에서부터 현재까지인데, 급격한 국내외의 정세 변화에 따른 민중의식의 부상으로 혼란과 갈등 속에서 새로운 발전을 추구하는 또 다른 모색기이다. 1기와 2기를 통해 발전적 역사상을 구축하였다면, 3기에서 역사관을 둘러싼 학계의 변화와 갈등에 대처하는 연구 방법론을 모색하였다.

둘째, 한글학회와 더불어 우리나라에서 가장 유서 깊은 근대적 학술연구 단체인 진단학회(震檀學會)의 활동을 주목하였다. 민족과 함께 영욕의 시기를 견디어 오면서 우리의 학술사(學術史)요, 더 나아가 현대사의 한 부분을 담당한 진단학회의 창립은 일제하에서 우리 학자들이 일본과 더불어 학술적 항쟁을 전개한 것이었다. 때문에 일제의 탄압으로 해산되었으나 광복 이후 다시 소생한 진단학회는 이제 세대를 교체하여 제3세대 학자들이 책임을 맡아 운영되고 있으며, 지금까지 오로지 학문적 진리를 추구하는 자세를 흐트러트리지 않은 채 한국과 인근의 문화를 전문적으로 연구해 왔다.

셋째, 현대 한국사학의 학문적 기초를 마련한 학자들의 사학을 소개하였다. 진단학회의 창립에 견인차 역할을 담당한 이병도는 실증사학에 기초하여 현대 한국사학이 과학적 학문으로 자리잡는데 지대하게 공헌했을 뿐만 아니라 한국의 문화를 창도함으로써 뚜렷한 족적을 남겼다. 그는 '삼면작업'이라 일컬었던 고대사・지리도참(地理圖讖)・유학사(儒學史)의 연구와 그것에 기초한 개설서를 저술하였다. 즉 한국고대사의 체계를 재정립하는가 하면, 고려시대를 지리도참사상이란 독특한 측면에서 새롭게 조명하였고, 조선시대의 역사적 추이를 유학과 관련하여 설명하는 틀을 마련하였다.

주로 조선시대사의 연구에 힘쓰면서 철저한 사료 수집과 완벽한 고증을 거쳐, 독창적인 성과에 도달하는 견실한 연구방법으로 한국사학 발전의 초석을 이룬 자는 한우근이었다. 규장각(奎章閣)에 소장된 많은 자료를 발굴하여 새로 밝힌 조선사회의 구체적인 역사상(歷史像)이나 또는 그의 사료 정리 방법이나 역주 작업은 후학의 연구에 지대한 도움을 주었다. 한국 실증사학의 전통을 계승하여 확립시키는 동시에 그 극복을 지향하였던 실증사학의 대가였다는 점에서 『한우근전집(韓㳓劤全集)』 15책은 앞으로 한국사학의 전통을 발견하는데 유용할 것이다.

　이기백은 연구 성과를 스스로의 손으로 편찬하여 전집의 성격을 띠는 저술을 간행하였다. 사후에 4책을 추가하여 『이기백한국사학논집(李基白韓國史學論集)』 15책이 완간되었다. 주로 한국고대사와 고려시대사에 관해서, 정치사·사회사·사상사·사론(史論)에 이르기까지 폭넓게 추구하면서 이룬 끊임없는 학문적 성찰과 모색은 현대 한국사학이 오늘날의 수준에 도달하는데 중요한 초석이 되게 하였다. 그는 민족에 대해 깊은 관심을 가져 한국민족의 성장과 발전을 체계화하는 동시에 역사적 진리라는 중요한 명제를 갖고 한국사를 연구하였다. 현대 한국사학은 바로 이런 분들의 연구 업적을 바탕으로 기초를 다지면서, 전문적인 다양성을 추구하여야 한다.

(3) 한국사학의 반성과 전망

　한국사학의 전통을 수립하기 위해 반성과 충고를 아끼지 않는 것은 이 책의 가장 큰 특징이라 할 수 있다. 연구사를 검토하거나 서평을 통해 한국사학이 고민하면서 성장하는 모습을 제시하였다. 이 점은 건국한 지 얼마 안된 조선사회를 옹호하려는 입장을 견지한 『동국통감』보다, 실학의 등장 등 민족문화가 축적됨으로써 조선사회를 비판적으로 바라본 『동사강목』이 민족사의 전통을 바로 제시할 수 있었음을 유념하게 한다. 실제로 저자는 학문연구에서 비판을 새삼 강조하였지만, 부분적으로 나타나는 비판의 기피 현상이 문제의 쟁점을 둔화시키고 학문 활동을 침체시킨다고 지적하였다(이 책, 180쪽). 한국사학이 거듭나야 할 점을 다음과 같이 제시하였다.

　첫째, 비과학적 연구 자세를 경계하였다. 근래에 한국사에 대한 관심은 높아지고 있다. 일제의 식민주의 사학에 의해 왜곡된 역사상을 바로 잡으면서, 주체적 역사인식을 강조하다보니 상당한 역작용이 뒤따랐다. 한국 전통문화의 고유성을 강조하고 원고성(遠古性)을 내세우려는 소박한 생각은 엄밀한 비판에 의한 논증이나 객관적인 타당성을 결(缺)한 해석을 낳아, 한국사를 바르게 체계화하는데 방해가 되었다. 5·16 이후 민주화와 산업화 및 정보화를 거치는 과정에서 겪은 정치적·사회적 갈등은 민중사학을 등장시켰고, 그 결과 한국사학은 현실문제에 집착하면서 이념을 강조하는 경향을 지녀갔다. 이제 한국사학은 민족이란 이름으로부터 비교적 자유로우면서 현실 정치에서 한 발짝 물러서서 연구될 필요가 있다.

둘째, 연구 수준을 높이기 위해 논문작성이 세련되어야 한다. 아직도 논리적 당착과 뜻이 안 통하는 서술 등 수준 이하의 결함을 드러내는가 하면, 참용(參用)한 선구 업적을 주기(註記)하는데 소홀하여 연구사적인 파악에 혼란을 야기하는 경우가 허다하다. 무엇보다도 한국사회의 본질적인 문제에 접근하는 연구대상을 선정하여, 당대 사회의 분위기 속에서 분석하는 방법론적인 검토를 곁들이는 것이 연구 수준을 높일 수 있다. 특정 시대의 경우에는 학문과 비학문적인 연구가 혼효(混淆)되어 있는 느낌을 주기도 한다. 그래서 사회경제사 연구에서 핵심을 이루는 토지제도사를 추구하거나, 연구 쟁점을 추정하여 대상을 설정하는 것도 바람직하다.

셋째, 고대사 연구에 더 심각하게 나타난 것이기는 하지만, 보조과학의 올바른 원용에 보다 깊은 관심을 기울여야 한다. 한정된 사료로 인하여 문헌고증 작업에 어려움을 겪으면서, 인류학·민속학·종교학 등 여러 보조과학의 성과와 방법을 과감히 받아들임으로써 역사연구의 새로운 활로를 열었다. 그러나 충분한 이해 없이 보조과학의 이론을 원용하였을 때에 범하는 잘못 또한 소홀히 생각할 수 없다. 보조과학에 대한 올바른 지견(知見)을 갖도록 엄격한 훈련을 쌓는 것은 물론이고, 먼저 충분히 문헌을 검토하여 선입견으로 세운 이론에 의거하여 사료를 취사선택하는 일이 없어야 할 것이다.

그 동안 한국사학이 빠르게 성장하면서 수많은 연구서가 쏟아져 나왔지만, 그 가운데 엄정한 학술적 검정과 비판을 거쳐 한국사를 체계화하는데 보탬이 된 것은 극히 적었다. 대체로 형식적인 비평에 그치거나 또는 학연(學緣)이나 지연(地緣) 등 연고 관계와 이해 문제로 활발한 비판의 분위기를 움츠리게 만들었다. 앞으로 연구의 양적 확대에 따른 질적 수준이 향상되어야 한다. 연구논문 이상으로 비평논문이 제 자리를 잡는 것과 아울러 학회에서 학술잡지가 엄격하게 편집되어야 하고, 연구자는 물론 연구소나 적어도 대학 간에 연구 계획을 공개하고 교환하는 체제가 이루어지기를 바란다.

이제 한국사학은 연구 영역을 세분화하는 것과 동시에 연구 성과를 종합하고 체계화하는 방향으로 나아가야 한다. 한국사는 동양사나 서양사에 눈을 돌림으로써, 역사학으로서의 시야를 확대시켜 세련된 방법론을 모색하고, 세계화에 따른 국제학계와 호흡을 같이 할 수 있다. 한국사의 연구 성과를 외국어로 작성하는 작업이나 한국사의 참 모습을 세계에 바로 알리기 위한 홍보적 성격의 활동은 보다 권장되어야 한다. 국제학회와 상호교류를 통해 공동으로 연구하고 토론하면서 한국사학의 영역을 국제화시켜야 한다. 세계화와 더불어 모색해야 할 것은 한국사학의 대중화와 역사교육에 대한 관심이다. 한국사학은 축적된 학문 연구의 성과를 바탕으로 대중을 직접 상대할 필요는 없을 지라도, 일반국민의 역사에 대한 갈증을 풀어주는 일에 눈을 돌려야 한다. 한국사 연구 성과를 전산화하고 콘텐츠화하는 방법도 생각해 볼 문제이다.

(4) 내일을 여는 역사상의 추구

한국사의 전통을 모색하고 현대 한국사학의 체계를 수립하기 위해 부단히 한국사 연구의 수준을 높여야 한다. 이 책의 또 하나의 특징은 순수한 학문적 자세를 강조하는데 두어졌다. 학문의 궁극적 목표는 진리의 탐구이며, 그것은 보편타당성이라는 무한한 가치를 지닌다. 학문적 진리와 역사적 사실은 서로 통하거나 연결되는 것이다. 정확한 사실에 뒷받침된 역사의 발전을 체계적으로 제시하여 결론을 이끌어내는 것이 바로 역사적 진리를 추구하는 과정이다. 때문에 한국사학의 연구방법으로 실증을 중시하면서 아울러 비교사학을 강조해야 한다. 광복 이후 한국사회의 격랑을 헤치고 한국사학이 꿋꿋하게 제자리를 지킬 수 있었던 것은 실증사학이다.

한국 실증사학의 전통을 계승하여 확립시키려 하면서도, 이 책은 그 극복을 지향하기 위한 고민을 함께 담고 있다. 철저한 실증주의에 빠져드는 길이 극복에 접근하는 것임을 암시하였다. 그리하여 확실한 고증의 바탕 위에 서기 위해 사료를 광범하게 채취하거나, 연구 성과를 분명하게 흡수할 필요에서 학설사(學說史)를 중시하였다. 1973년에 시작하여 매해 개최하는 진단학회의 한국고전연구 심포지엄은 우리나라 고전에 대한 관심을 제고시키면서 언어나 문화 등 다른 학문 분야와의 공동연구를 가능하게 한다고 높이 평가했을 뿐만 아니라, 연구사나 서평에서도 관련 사료와 연구된 업적을 일일이 추적하여 제시하는 수고를 아끼지 않았다. 특히 해외에 산재한 자료는 물론 고문서나 금석문 또는 족보류에 실린 새로운 사료의 발굴과 역주작업 등 자료정리 사업은 장차 한국사학의 초석을 쌓는 것이라고 강조하였다.

광범한 사료의 섭렵에 의한 역사상의 구체적 개별사실의 이해와 연구 성과에 대한 일별은 한국사회의 흐름이나 역사적 전통을 가늠하게 한다. 지금껏 역사학계가 현대 한국사학의 체계를 바르게 설정하지 못했기 때문에 이 책이 가진 한계성도 자연스럽게 들어난다. 현대 한국사학을 체계화하는 작업은 10년 전까지만 하더라도 생존했던 역사가의 사론을 연구 대상으로 삼기 때문에 처음으로 연구되는 것이기도 하다. 때문에 본격적인 연구라기보다는 소개에 그치는 아쉬움이 남는다. 그러나 이 책은 중구난방으로 주장되는 혼돈된 역사의식 속에서 창의적 결과를 이끌어냄으로써,

현대 한국사학의 체계를 객관적으로 수립하려는 개척자적인 의도를 지녔다. 다만 결론이 보다 설득력을 얻기 위해서는 민족주의 사학이나 사회경제 사학에 대한 심층적인 연구를 곁들여야 할 것이다.

이 책에서 누누이 강조하였지만 북한 역사학의 체계나 비교사학의 방법론 도입 등에 대한 천착이 없었던 점도 갈증을 불러일으킨다. 특히 북한 역사학의 정리는 벅차기도 하지만, 서술과 논리를 거론할 수 없을 정도로 곤란한 것이기 때문에 제외되었다. 비록 순수한 학술적 자세에서 조금 벗어났다고 하더라도 통일운동에 보탬이 된다면 북한 역사학에 대해 의당히 관심을 가져야 한다. 또한 한반도의 남반부에 머물지 않고 전체를 아우르는 역사의식을 갖고, 현대 한국 사학의 체계를 수립함으로써 그 수준을 높일 수 있다. 이렇듯 애써 지적한 미비점은 억지로 끌어낸 것이며, 앞으로 나올 연구 성과에 대한 기대감에 지나지 않는다. 저자가 『20세기 한국의 역사학과 역사가』의 저술을 계획하고 있기 때문에, 자연 이런 문제에 대한 해답은 쉽게 풀릴 것으로 예상된다.

『역사학보』 194, 2007, 6

3) 신화종교(神話宗敎)의 전통을 오늘날에 되살리다
-許興植, 『韓國神靈의 故鄕을 찾아서』(집문당, 2006)의 서평-

(1) 고려사회와 사상에 대한 이해

『한국신령의 고향을 찾아서』의 저자인 허흥식은 고려시대의 과거제도사나 사회사, 또는 불교사 연구에 조예가 깊다. 그가 처음 정리한 분야는 고려 과거제도사였다. 저자는 당시 과거제도가 제술업(製述業)을 중시하였지만, 명경업(明經業)이나 잡업(雜業)을 곁들임으로써 다양성을 지닌 지식인을 선발할 수 있었다고 지적하였다. 제술업과 명경업이 학술상으로 기본 교양을 중요시한 유학의 활용이라면, 잡업은 전문 분야의 지식 창출과 응용을 갖게 하였다. 이렇듯 고려 과거제도의 전통을 고수함으로써 오늘날에도 사법(司法)이나 외무(外務)와 행정고시가 균등하게 운용되고 각종 기술고시가 다양하게 활용되기를 기대하였다.

다음으로 저자는 사회사와 불교사를 집중적으로 탐구하였다. 사회사를 통해 인간들의 보편적인 삶을 주제로 소수의 지배층에서 벗어나서 다수의 피지배층에 대해 규명함으로써, 고려시대의 사회구조를 새롭게 이해하였다. 그러한 바탕 위에서 고려사회에 폭넓게 수용된 불교에 대해 관심을 가지고 열정적으로 연구하였다. 그리하여 고려 불교사의 체계를 제시하는 한편, 지공(指空) 등 고려 말의 불교사는 물론 몽산(蒙山) 덕이(德異) 등을 밝힘으로써 조선시대로 이어지는 한국불교사의 대계(大系)를 수립하였다.

저자는 학문을 연구하면서 지식과 사회 및 행동의 체계라는 세 주제에 몰두하였다. 지식은 경험의 축적이고 사회가 경험을 담고 있는 그릇과 같다면, 다소 막연한 표현이지만 행동의 체계는 새로운 경험을 갖게 하는 지혜이다. 주제를 밝히기 위해 저자는 관점의 현재성과 창조적 논리를 이끌어내는 서술방법, 그리고 근거를 제시하는 자료를 아울러 중시하였다. 특히 저자는 새로운 자료를 발굴하는데 심혈을 기울였고, 이는 고려사나 한국문화를 연구하는데 대단히 기여하였다.

저자가 엮은 『고려사회사연구』(아세아문화사, 1981)나 『한국의 고문서(古文書)』(민음사, 1988) 및 『한국금석전문(韓國金石全文)』(3책, 아세아문화사, 1984) 등은 역사 연구의 기본 자료집이 되었다. 또한 사회사나 불교사에 관한 저자의 수준 높은 논문도 새로 찾아낸 자료를 기초로 작성되었다. 저자는 기존 사료뿐만 아니라 새로 찾아낸 방대한 자료를 분석하여, 사회는 물론 사상 전반에 대한 변화나 흐름을 추구하였다. 자연 저자의 연구는 한국문화의 전통에 대해 접근할 수 있었다.

2004년에 저술한 『고려의 문화전통과 사회사상』(집문당)은 저자의 학문이 성숙되어가는 한 단면을 보여준다. 사상을 배태될 당시의 사회와 연관시켜 이해하려는 사회사상사의 관점이나 근거로 제시한 자료의 사료적 가치를 중시하면서, 저자는 고려의 전통문화가 이어져 내려오는 면을 애써 밝히고자 하였다. 이러한 연구가 결실을 맺으면서 저자의 학문이 완숙되어가는 모습을 담고 있는 『한국신령의 고향을 찾아서』가 저술되었다.

(2) 한국문화 속의 신화종교

이 책은 고조선의 신화종교가 원형은 물론, 근대에 이르기까지 한국문화 속에 융해되어 있는 모습을 광범하게 추구하였다. 서론과 결론 부분을 빼고는 크게 4장으로 구성되었는데, 그 중 제1장 「명산의 신령과 불교의 의존 및 갈등」, 제2장 「고려시대 명산대천의 단묘」, 제3장 「조선전기 산천 단묘와 그 특징」은 신화종교가 한국문화 속에 녹아 있는 모습을 서술하였다면, 제4장 「동아시아 민족의 신화와 토템」은 동아시아 여러 민족의 신화 속에서 단군신화의 모습을 이끌어내고자 하였다. 이 책에서 독창적으로 밝힌 내용을 들면 대략 다음과 같다.

첫째, 신화종교와 불교와의 관계를 살폈다. 불교는 동북아나 동남아 지역에서 번영한 세계종교이면서도, 전래된 지역의 토착문화를 수용하여 신령을 모셨던 대부분의 단묘(壇廟)를 유지시키는 특성을 가졌다. 그러나 불교가 확립되면서 단묘는 사원에 종속되거나 쫓겨났다. 종속된 단묘는 산신각과 칠성각으로 축소되거나 독성각(獨聖閣)이나 국사단(局司壇, 또는 國師堂)이라는 명칭으로 다양하게 존속하였다. 반면 쫓겨난 단묘는 험준한 곳으로 옮겨 독립된 신령에게 제사를 드리도록 유지되었다.

대찰이 있는 여러 명산(名山)에는 산천(山川)단묘가 존재하지 않았으나, 대찰이 없는 명산에 단묘가 분포하고 있었다. 다만 묘향산(妙香山)과 구월산(九月山)에는 보현사(普賢寺)와 패엽사(貝葉寺)가 각각 자리 잡으면서, 단군 신당은 다른 지역으로 밀려났지만 계속해서 존속하고 있었다.

묘향산의 단군대(檀君臺)와 구월산의 삼성사(三聖祠)는 단묘로 유지되었고, 이 밖에도 높은 산 정상의 천단으로 강화 마리산(摩利山)의 참성단(塹星壇)과 태백산의 대왕단, 그리고 지리산의 천왕단이 같은 사례에 속한다.

둘째, 고려의 산천단묘를 찾아서 복원하려고 시도하였다. 여러 지역의 신령을 높이거나 봉작한 『고려사(高麗史)』 세가(世家)와는 달리, 예지(禮志)는 명산대천의 신격(神格)을 체계적으로 정리하지 않았다. 이는 분량이 적은 『삼국사기(三國史記)』 제사지(祭祀志)나 『세종실록(世宗實錄) 오례의(五禮儀)』의 명산대천에 대한 기록보다 소략하다. 고려시대에 불교에 종속된 명산대천의 신령은 『고려사』 세가나 예지에서는 의도적으로 삭제되었으나, 지리지에는 명소(名所)로서 기록되었다.

고려는 국난을 극복한 인물을 공신으로 책봉함과 동시에 전승한 공로를 지역의 신령(神靈)에게 돌림으로써, 단묘의 위상을 높이면서 지역 주민의 긍지를 고무시켰다. 팔관회(八關會) 등은 산천신지(山川神祇)를 화엄사상에 종속시켰으나, 개성의 산천단묘는 송악의 팔선궁(八仙宮)과 그 밖의 신사에 다수의 신령을 밀집시킨 만신전(萬神殿)의 형태를 취하였다. 즉 고려 단묘에 모신 신령이 계보를 형성한 흔적을 보여준다. 그러나 세종 때에 조선은 단묘에 모신 신령의 신상을 위패(位牌)로 바꾸고, 여성이 포함된 신령의 가족을 배제하여 남성 위주로 단순화시켰다.

셋째, 성리학에 흡수된 조선의 기본 단묘와 독립성을 유지한 산천단묘를 구분하여, 시대나 지역별로 그 차이를 밝혔다. 조선의 기본 단묘는 성리학 예제를 바탕으로 성립되었지만, 기존의 신앙체계를 배제하지 않고 변용되었다. 기본 단묘로 도성에는 사직단(社稷壇)과 왕실의 조상신을 숭배하는 종묘(宗廟) 및 역대 왕조의 시조신을 모신 시조묘(始祖廟)가 있었다. 도성의 주산(主山)에 산천신을 모셔졌지만 지방에도 고려나 삼국시대의 지신(地神)을 모셨다.

새로운 종교의 수용이 철저하지 못한 지역에서 강잉하게 존속하는 속성을 지닌 신화종교의 제장은 함길도에 많이 분포하였으나 경상도에는 적게 존재하였다. 기본 단묘와는 달리 독립된 단묘는 도별로 고르게 분포하였다. 그러나 지방관이 평안도와 함경도 또는 강원도의 산천단묘에 제사를 드리지는 않았다. 왜냐하면 지방세력을 결집하는 구심점이 될 수 있으므로, 오히려 신포세나 무세(巫稅)를 부과하여 지역의 자발적인 산천단묘가 번성하지 못하도록 철저하게 억제하였기 때문이다. 반면 경상도 지역의 명산에는 대찰이나 서원(書院)이 단묘를 흡수하였다.

넷째, 『삼국유사(三國遺事)』에 전하는 모습과는 다른 유형의 단군신화를 끌어내었다. 조선후기 설암(雪巖) 추붕(秋鵬)이 편찬한 『묘향산지(妙香山誌)』속에 인용된 「제대조기(第代朝記)」는 단군의 출생을 달리 설명하였다. 즉 환인(桓仁)의 아들 환웅(桓雄)과 백호(白虎)와의 사이에 단군이 탄생하였다고 한다. 이러한 단군신화의 모습은 사원에 전하는 산신도(山神圖)를 보다 합리적으로 설명해 준다. 산신도에 그려진 범은 여성으로 추론된다. 한국고대의 신화나 토템의 숭배 대상으로 범·곰·사슴 등에서 해와 달·북극성에 이르기까지 다양한 동물과 무생물이 포함되었다. 이중 범과 곰이 불교에 의해 소멸되지 않은 대표적인 토템으로 자리하였다. 동아시아 동북단 지역에서는 곰토템이 우세하게 남아 있으나, 한반도의 설화나 민속에서는 범토템의 잔재가 강하게 남아 있다. 특히 흰 범은 북극성의 배우자로 등장하는 개천신화의 중요한 요소가 되었다.

(3) 신화종교에 대한 연구방향

상고대에서 오늘날에까지 뿌리 깊게 전승되고 있는 신화종교의 연구 영역은 광범할 수밖에 없다. 지금껏 신화나 제의에 관한 연구는 고대사에 집중되었으며, 고려나 조선시대사에서는 극히 미미하게 이루어졌다. 이 책은 신화종교에 대한 통사적인 연구서라는데 우선 큰 의미를 찾을 수 있다. 이 책의 의의를 지적하면 대략 다음과 같다.

첫째, 새로운 종교나 문화 풍토에 따라 신화종교의 변화하는 모습을 사회와 연관시켜 제시하였다. 신화와 종교는 시간과 공간, 그리고 인간이 이룩한 생존 환경에 따라 여러 차례 변하였다. 사회의 변화에 맞추어 새로운 사상과 종교가 등장하였고, 그에 따라 기존 종교와 갈등하는가 하면 함께 공존하기도 하였다. 고대의 신화종교에서 주로 지모신과 관련된 토템은 연맹왕국시대에 가장 다양하게 분화되었고, 중앙집권적 귀족국가의 완성과 더불어 천신의 우월성이 강조되면서 그 다양성을 상실하였다. 불교는 토템을 연기나 윤회에 의한 전생담(前生談)이나 업보(業報)설화로 흡수하였다. 다신적인 토템신앙의 약화는 중앙집권적 귀족국가의 완성이나 전제왕권의 강화와 관련되어 나타났다. 신화종교의 단묘는 불교에 종속되었으나, 성리학의 수용으로 다소 획일화되면서도, 원초적이고 다양한 제의의 상징성을 단편적이나마 복구하였다.

둘째, 새로운 자료를 찾아 활용하면서도 기존 사료의 가치를 재음미하였다. 이 책의 상당 부분은 2004년 1월에 작고한 사운(史芸) 이종학(李鍾學)이 제공한 묘향산(妙香山)의 보현사와 단군대에 관한 자료를 발굴하고 분석한 내용으로 채워져 있다. 묘향산에 관한 고려나 조선초기의 기록을 참고한 것은 물론이지만, 주로 조선후기에 작성된 방대한 자료를 섭렵하였다. 이 책에서 체계적으로 정리한 묘향산보현사지(妙香山普賢寺誌)의 자료 목록은 앞으로 신화나 민속·종교 등을 연구하는데 유용할 것이다.

이외에도 구월산(九月山) 「삼성당사적(三星堂事跡)」을 발굴하여 내용을 제시함으로써 단군사당의 구체적인 모습을 밝혔다. 『고려사』의 예지는 고려나 조선초기의 단묘를 밝히는데 중요하다. 그러나 이 책은 제사나 예지 외에, 지금껏 주목하지 않았던 『고려사』 및 『세종실록』 또는 『신증동국여지승람(新增東國輿地勝覽)』 등 지리지의 명소(名所)를 제의와 연관시켜 추구하였다. 특히 도별(道別)로 세종 때의 산천단묘에 대한 도표를 작성하고는 특징을 끌어내었다. 부록으로 수록된 「지역별 단묘의 분포」

는 자료적 가치가 높다.

　셋째, 비교사 연구를 통해 동아시아 속에서 단군신화의 원형을 추구하였다. 일찍이 저자는 중국 서남부에 거주하는 여러 소수민족의 민속이나 종교에 대해 관심을 가지고 자료를 수집하는 중에, 단군신화의 이해에 도움이 되는 소재를 다소 발견하였다. 민족문화의 전통이 강하고 기원이 오래된 한국의 신화를 이해하기 위해 동아시아의 민족신화는 많은 도움을 줄 수 있다. 한국 신화의 토템 원형을 밝히기 위해 저자는 풍부한 신화를 간직하고 있는 강족(羌族)의 후예로 알려진 이족(彛族) 등 동아시아 소수민족 신화의 토템과 비교하여 연관성을 제시하였다.

　동아시아 소수민족 신화와의 비교연구는 불교 수용 이후 설화로 전락한 내용을 간직한 신령이나 단묘를 통해 신화종교의 원형을 복원할 수 있게 한다. 토템신화의 원형과 후에 설화로 바뀐 모습에 대한 이해는 오늘날까지도 일상생활과 밀착하여 다양하게 전개되는 의축설화의 내용을 풍부하게 설명할 수 있게 만들 것이다. 이는 신화종교가 토착의 민족주의적 전통에서 보편화되는 모습을 보여준다. 한국 신령의 전통과 변용의 문제는 소수민족인 순족(純族)의 민족주의를 초월하고 혼족(混族)인 한족(漢族)의 보편주의에 대항하면서, 한민족(韓民族)의 역량을 결집시키는 지혜를 줄 것으로 기대한다.

　한민족이 본래 가진 신화종교의 토템에서 곰보다는 범이 중요시되었다는 주장은 가능성을 지니지만 확실한 것은 아니다. 실제로 중요한 것은 범과 곰토템이 우리의 민족문화 전통 속에 어떤 모습으로 어우러졌는가를 찾아내는 작업이다. 다만 함흥지역에는 범을 신성시하는 신앙이 성행하였다. 따라서 저자가 숙제로 돌렸던 단군의 탄생지인 묘향산과 고조선의 수도였던 평양(平壤), 뒤에 천도한 백악(白岳) 그리고 산신이 된 구월산에 대한 사실적인 현지 조사가 이루지기를 기대한다. 그렇게 되면 가설의 수준에 머문 저자의 결론이 보다 설득력을 얻을 것이다.

한국고대의 귀신(鬼神)은 조상신으로 이해된다. 토템은 부족의 조상신이다. 이 책은 토템에서 숭배된 다양한 동물이나 천신(天神) 또는 지신(地神), 그 외 수많은 산천단묘를 언급하였다. 이러한 신령이나 단묘는 토템을 기반으로 성립되었기 때문에 조상신과의 관계에서 파악될 때에 역사적 실체에 쉽게 접근할 수 있다. 신령이나 신격을 받들었던 부족이나 지역 세력의 기반을 함께 고려하는 작업이 뒤따랐으면 한다. 신라의 대사(大祀)나 중사(中祀) 또는 소사(小祀)는 왕실이나 귀족 등 부족의 조상신이거나 지역 세력이 모시던 신격에게 드렸던 제사이다.

한국 신령이나 단묘를 거시적인 안목에서 통시대적으로 서술함으로써, 이 책은 실증적인 한계를 극복하려는 의도를 지녔다. 이는 보다 철저한 실증적 접근을 통해서 이루어져야 하는데, 그렇지 못한 데에 한계를 노출하기도 하였다. 그러다 보니 민족문화의 큰 흐름에는 부합하였을지라도 세부적인 사항의 전개를 소홀히 다루기도 하였다. 예를 들면 토착신앙의 전통과 연결이 가능한 치성광여래(熾盛光如來)나 칠요(七曜)신앙을 고려왕실과 연결시켰다. 그러나 이는 본래는 궁예(弓裔)에 의해 표방되었는데, 다시 고려가 수용한 것으로 파악된다. 그 외에도 신화와 신화종교, 또는 단묘와 산천단묘·명산대천·신지(神祇)·신사(神社)·신묘(神廟)·신령(神靈) 등의 용어가 다소 정제되지 않고 사용되었다. 그러나 이러한 지적은 극히 미세한 것이어서 애써 흠을 찾으려는데 지나지 않는다.

『역사학보』 193, 2007, 3

찾아보기

• ㄱ •

가락(駕洛) 231
가지산파(迦智山派) 306, 308
가(加) 92, 108
각덕(覺德) 282
간연(看烟) 160
간자(簡子) 123, 256, 257
간화선(看話禪) 269, 270, 307
갈문왕(葛文王) 355
갈항사탑등기(葛項寺塔燈記) 341
갑오경장(甲午更張) 219
강건기 303
강만길(姜萬吉) 183
강봉룡(姜鳳龍) 112
강수(强首) 360, 363
강육두품(降六頭品) 111
강인숙 190~193
강족(羌族) 390
강종원(姜鍾元) 112

강진철(姜晋哲) 113, 116, 117
강창문학(講唱文學) 241
강희웅(姜喜雄) 346
거란(契丹) 93, 160, 166
거사(居士)불교 320, 321
거수(渠帥) 88, 108, 185
격외선(格外禪) 276, 312
격의(格義)불교 243, 247
견등지(見登之) 290, 291, 320
견훤(甄萱) 102, 128, 166, 293
결부제(結負制) 114
겸익(謙益) 248, 280, 281
경기금석대관(京畿金石大觀) 59
경당(扃堂) 110
경무(經巫) 234
경문왕계 341
경절문(徑截門) 313
경흥(憬興) 258, 259, 285, 292
계루부(桂婁部) 103, 104

계몽주의 사가 219, 222, 224
계백(階白) 161
계연(計烟) 115, 164
고구려연구재단(高句麗研究財團) 16, 41, 46, 82
고기(古記) 85, 172, 174
고대 한중관계사(古代 韓中關係史)의 연구 154
고려말 나옹의 선사상연구 307
고려묘지명집성(高麗墓誌銘集成) 54, 55, 66
고려사(高麗史) 83, 102, 387
고령가야(高靈加耶) 158
고문서집성(古文書集成) 18
고병익(高柄翊) 13, 39, 83, 84, 134, 201, 202, 329
고본수이전(古本殊異傳) 283, 284
고삼론(古三論) 248
고이왕(古爾王) 95, 103~105
고익진(高翊晋) 125, 153, 254, 286, 305
고조선(古朝鮮) 87~91, 93, 97, 150, 152, 157, 167, 169, 170, 174, 185, 186~188, 190, 194~197, 326, 329, 386, 390
고조선사·삼한사연구(古朝鮮史·三韓史研究) 153
고조선에 관한 토론논문집 190
고한(孤閑) 희언(熙彦) 311, 312
고(古)아시아족 93, 186, 194
골맥 232, 233
골벌국(骨伐國) 95
골품제도(骨品制度) 109, 110, 162, 244, 332, 334, 338~340, 342, 350, 351,

353~357
공석구(孔錫龜) 92
공연(孔烟) 115, 164
과거제도사 384
곽승훈(郭丞勳) 127
곽심(廓心) 301
관료전(官僚田) 114, 116
관음신앙 259, 261, 289
관자(管子) 90
관혜(觀惠) 121
광개토왕릉비(廣開土王陵碑) 65, 139, 152, 160
광복60년 한국역사학의 성과와 과제 15
괘릉(掛陵) 136
괴정동(槐亭洞) 239, 240
교감역주 역대고승비문(校勘譯註 歷代高僧碑文) 54
교관병수(教觀並修) 267, 300, 301
교선융합 사상 263, 265, 266, 278, 297~299
교선일체(教禪一體) 266, 268, 275, 294, 299, 310
구당서 341
구마라집(鳩摩羅什) 208
구법당 300
구세(救世)보살 사상 119, 120
구야국(狗邪國) 159
구월산(九月山) 386, 387, 389, 390
구조기능사학 130
구조기능적(構造機能的) 연구방법 30, 31, 35, 131, 214, 216, 334, 345, 348
구태(仇台) 104

국민정부 46
국사교본 324
국사신론(國史新論) 369
국사와 지도이념(指導理念) 328
국사편찬위원회(國史編纂委員會) 18, 37, 39, 42, 47, 56, 80, 155, 370
국선(國仙) 259
국연(國烟) 160
국읍(國邑) 334
국제역사학대회(國際歷史學大會) 371
국토재구성안(國土再構成案) 128, 296
군소토호(群小土豪) 346, 347
군장(君長)사회 97, 118
군주(軍主) 98, 332
굴산문(堀山門) 125, 295, 306, 308
궁예(弓裔) 102, 265, 293, 347, 364, 391
권기종(權寄悰) 207, 304
권덕영(權悳永) 66, 67, 283
권상로(權相老) 249
권오영(權五榮) 161
권태원(權兌遠) 156
귀법사(歸法寺) 348, 345, 350
귀족연립 정권 337
규원사화(揆園史話) 157, 170, 193
규장각(奎章閣) 379
균여(均如) 121, 250, 252, 265, 266, 288, 297, 350
균정계(均貞系) 341
금강반야론(金剛般若論) 247
금강삼매경론(金剛三昧經論) 124, 254, 263, 286
금관가야(金官加耶) 158

금석과안록(金石過眼錄) 53, 63
금석문 종합영상 DB 56, 57, 65, 66, 68, 69, 76, 77
금성(金城) 331
금입댁(金入宅) 357
긍양(兢讓) 127
기인제(其人制) 95, 136
기자(箕子) 87, 88, 90, 157, 184, 186, 187, 197, 325
기화(己和) 273~275, 308, 320
길장(吉藏) 247
길희성(吉熙星) 303
김광수(金光洙) 92, 106, 109, 156, 329
김광옥(金光玉) 209
김광일(金光日) 226
김광진(金洸鎭) 113
김교경 192
김기흥(金基興) 114, 159, 164
김남윤(金南允) 123
김남중(金南中) 89
김당택(金塘澤) 345
김대문(金大問) 85, 166
김동수(金東洙) 57, 58
김락필(金洛必) 207
김리나(金理那) 153
김문경(金文經) 137, 257, 258
김부식(金富軾) 83, 99
김상기(金庠基) 80, 93, 134, 135, 137, 259
김상영(金相永) 302
김상현(金相鉉) 121, 122, 287, 290
김석형(金錫亨) 139

김속명(金續命) 271
김수태(金壽泰) 107
김순식(金順式) 295
김시습(金時習) 274, 309, 320
김열규(金烈圭) 182
김영미(金英美) 123, 284, 285, 294, 301
김영수(金映遂) 124
김영태(金煐泰) 123, 127, 153, 160, 256, 258~260, 310
김영하(金瑛河) 139
김용선(金龍善) 54, 66, 104, 345
김원룡(金元龍) 83, 151, 179, 329
김잉석(金芿石) 249, 302
김자수(金子粹) 271
김장청(金長淸) 166
김재붕(金在鵬) 162
김재원(金載元) 86, 169, 177, 179, 180, 197
김정배(金貞培) 81, 87, 89, 94, 118, 154, 186, 244, 245
김정숙(金貞淑) 107
김정학(金廷鶴) 94, 158, 180, 181
김정희(金正喜) 53, 63
김종준(金鍾濬) 164
김주성(金周成) 161
김준석(金駿錫) 205
김지견(金知見) 120, 250, 251, 288, 297
김창겸(金昌謙) 165, 338
김창석(金昌錫) 117
김철준(金哲俊) 13, 79, 83, 84, 96, 102, 106, 110~112, 117, 118, 151, 261, 266, 329

김초(金貂) 271
김태곤(金泰坤) 181, 225
김태식(金泰植) 81, 140, 158
김태준(金台俊) 176
김한규(金翰奎) 90
김헌창(金憲昌) 111
김현구(金鉉球) 141
김현숙(金賢淑) 160
김화상(金和尙) 124
김흔(金昕) 294

• ㄴ •

나옹법통설 307
나옹(懶翁) 혜근(惠勤) 270, 306~308
나집(羅什) 248
나철(羅喆) 175
낙랑군 91, 174
낙산사(洛山寺) 261, 289
낙향(落鄕)호족 101, 127, 294
난선제주도난파기(蘭船濟州道難破記) 328
남당(南堂) 81, 327
남도영(南都泳) 113
남동신(南東信) 120, 285, 287
남무희(南武熙) 123, 281, 283
남방문화권 109
남북국시대 99~101
남산신성비(南山新城碑) 65
남악(南岳) 121, 263, 297
남제서(南齊書) 134
남종선 127, 295
남한경영론(南韓經營論) 139

낭불(郞佛)사상 83
낭혜(朗慧) 무염(無染) 111, 125, 126, 262, 263, 294
내가 본 어제와 오늘 328
내물왕계(奈勿王系) 357
내재적 발전론 21
노동(奴僮) 117
노비안검법(奴婢按檢法) 346
노용필(盧鏞弼) 160
노중국(盧重國) 81, 105, 153, 161
노태돈(盧泰敦) 84, 85, 92, 111, 112, 157, 160, 163, 188
노힐부득(努肹夫得) 261
녹읍(祿邑) 116, 117
농경문양(農耕文樣) 청동기 239
누석단(累石壇) 232, 233
능가경(楞伽經) 124, 127, 263

• ㄷ •

단군(檀君)고기 86~88, 177, 180, 186, 188, 194, 196, 198
단군릉 189, 191, 192, 197
단군사당 183, 386, 389
단군신화논집(檀君神話論集) 154, 170
단군왕검(檀君王儉) 86, 157, 175
단군조선 87, 183~186, 193
단군학회(檀君學會) 17, 170
단기고사 193
단묘(壇廟) 386, 388, 390, 391
단속사(斷俗寺) 127, 295
단양적성비(丹陽赤城碑) 64, 65, 74
달달박박(怛怛朴朴) 261

담욱(曇旭) 248
담진(曇眞) 302
당회요(唐會要) 341
대각사(大覺寺) 314
대동금석첩(大東金石帖) 53
대동선교고(大東禪敎考) 277
대둔지(大芚誌) 277
대방군 91, 174
대사(大祀) 391
대성팔족(大姓八族) 161
대승기신론(大乘起信論) 286, 287
대안(大安) 258
대우혼(對偶婚) 184
대종교 175
도교(道敎) 206, 207, 359, 364
도림(道林) 243
도선(道詵) 295
도신(道信) 127
도윤(道允) 263
도의(道義) 125, 126, 263, 295
도작문화권(稻作文化圈) 232
도증(道證) 255, 282, 291
도참(圖讖)사상 128, 165
독도 문제 38, 41, 130
독성각(獨聖閣) 386
돈오점수(頓悟漸修) 302
동국통감 380
동도서용(東道西用) 146
동륜(銅輪) 355
동륜계(銅輪系) 110
동리산문(桐裏山門) 128, 296
동문선(東文選) 155, 354

찾아보기 397

동부여(東夫餘) 92
동북공정(東北工程) 16, 19, 38, 41, 45, 46, 82, 130, 131
동북아 문화공동체론 46
동북아역사재단(東北亞歷史財團) 46
동사강목 380
동해문화권 231
동호(東胡) 90, 93
두계잡필(斗溪雜筆) 328
두계학술상(斗溪學術賞) 324
두실여적(斗室餘滴) 328

• ㄹ •

랑케사관 30
러시아정교 201
로마정교 201
루터파 210, 211
리관우 190
리상호 189

• ㅁ •

마라난타(摩羅難陀) 242
마리산(摩利山) 참성단(塹星壇) 387
마운령 진흥왕순수비 74
마제석검(磨製石劍) 240
마조(馬祖) 도일(道一) 125, 298
마테오 리치(Matteo Ricci) 143
만공(滿空) 313
만권당(萬卷堂) 144
만덕사지(萬德寺志) 277
만번한(滿番汗) 90
만선사관(滿鮮史觀) 174

만신전(萬神殿) 387
만전(萬全) 270
만종(萬宗) 270
만철철도(滿鮮鐵道)주식회사 374
만해학회 316
말갈(靺鞨) 93, 160
말법(末法)사상 207
망해정(望海亭) 361, 364
매지권(買地券) 55
맥족(貊族) 93, 94, 134, 156, 194
맹자(孟子) 188
명경업(明經業) 384
명당(明堂) 128, 296
명도전(明刀錢) 197
명주군왕(溟州郡王) 338
명활산성작성비(明活山城作成碑) 74
명효(明皛) 253, 290, 320
명효(明曉) 290
모량부(牟梁部) 283
모례(毛禮) 243
목정배(睦楨培) 153, 310, 315
목지국(目支國) 158, 325
몽산(蒙山) 덕이(德異) 385
묘법연화경별찬(妙法連華經別讚) 274
묘청(妙淸) 83
묘향산(妙香山) 386, 389, 390
묘향산 보현사지(妙香山普賢寺誌) 389
묘향산 단군대(檀君臺) 387
무격(巫覡) 82, 118, 226, 228, 283
무량수경(無量壽經) 258, 285
무령왕릉(武寧王陵) 지석(誌石) 65
무문토기인(無文土器人) 87, 185

무불교섭사(巫佛交涉史) 158, 217
무상(無相) 124, 125, 263
무생계(無生戒)사상 307
무설토론(無舌土論) 262, 294
무세(巫稅) 238, 388
무심론(無心論) 127
무심선(無心禪) 307
무씨사당(武氏祠堂) 86, 177, 179, 180, 240, 241
무열왕계 111, 285, 337
무학(無學) 자초(自超) 274, 308, 320
무함마드 간수 136
묵호자(墨胡子) 243
문명대(文明大) 123, 256, 260, 291, 293
문정왕후(文定王后) 275, 309
문지(文持) 251
문창로(文昌魯) 80, 92, 108
문화역량(文化力量) 216, 217, 360
문화재연구소 52
물길(勿吉) 93
미국사학회 27
미륵(彌勒) 109, 119, 165, 244, 249, 256, 257, 259, 260, 281, 282, 291, 293, 361
미륵불광사사적(彌勒佛光寺事蹟) 248
미륵정토신앙 285
미성년집회(未成年集會) 363
미시(未尸) 260
미타(彌陀)신앙 256, 259, 260, 289
민두기(閔斗基) 39
민석홍(閔錫泓) 13, 39
민속학회(民俗學會) 225
민장사(敏藏寺) 261

민족문화 말살정책 220
민족문화추진회 328
민족주의사학 45, 79, 81, 224, 384
민중사학 48, 49, 81, 129, 381
민현구(閔賢九) 268, 304
밀교(密敎) 128, 291, 293, 296

• ㅂ •

박광용(朴光用) 183
박남수(朴南守) 113
박상익(朴相益) 211
박성봉(朴性鳳) 370
박용진(朴鎔辰) 301
박정주(朴貞柱) 125
박준철(朴駿徹) 211
박찬규(朴燦圭) 158
박초(朴礎) 271
박한영(朴漢永) 313, 314
박해당 309
박환무(朴煥武) 208
발기(拔奇) 104
발해고(渤海考) 99
발해국지(渤海國志) 99
발해세가(渤海世家) 99
발해의 역사(渤海의 歷史) 154
방동인(方東仁) 54
방선주(方善柱) 135, 188
방용안(方龍安) 158
방(坊) 111, 163
배달다삼장(倍達多三藏) 248
배향공신(配享功臣) 350
백고(伯固) 104

찾아보기 399

백남운(白南雲) 113, 176
백련사(白蓮社) 268, 302, 305, 306
백률사(栢栗寺) 261
백무(白巫) 234
백암 성총(性聰) 312
백용성(白龍城) 313, 314
백인호(白仁鎬) 210
백제정치사연구(百濟政治史研究) 153
백파(白坡) 긍선(亘璇) 276, 312
백호(白虎) 388
백화도량발원문(白花道場發願文) 250
범망경고적기(梵網經古迹記) 292
범망보살계(梵網菩薩戒) 249, 285
범본오부율(梵本五部律) 248
범일(梵日) 263, 295
법계연기관(法界緣起觀) 121
법랑(法朗) 127
법상종(法相宗) 102, 122, 123, 203, 249, 255~257, 282, 289, 291, 293, 299
법상(法上) 247
법안종(法眼宗) 266, 267, 298, 299, 307
법위(法位) 258, 259, 285
법장(法藏) 143, 203, 250, 253, 289, 291
법장계(法藏系) 121
법화사상 265, 287, 297, 319
법화삼매참(法華三昧懺) 305
법화원(法華院) 137, 257
벨테브레(Weltevree) 143
벽란도 142
벽불론(闢佛論) 271
벽암(碧岩) 각성(覺性) 311, 312
변동명(邊東明) 305

변인석(卞麟錫) 136
변태섭(邊太燮) 106
별읍(別邑) 119, 186
병농일치제(兵農一致制) 187
병부령(兵部令) 98, 339, 340
보당종(保唐宗) 125, 263
보덕(普德) 280, 281
보살계본종요(菩薩戒本宗要) 292
보우(普雨) 275, 308, 309
보원사(普願寺) 350
보은산방(寶恩山房) 276
보조과학 이론 129, 353, 381
보현사(普賢寺) 386, 389
보현십원가(普賢十願歌) 266
봉림산문 126
부견(符堅) 242
부곡(部曲) 111, 160
부루 173
부산시금석문(釜山市金石文) 59
부석사(浮石寺) 289, 368
부여(夫餘) 91, 92, 94, 325
부여씨(夫餘氏) 105
부족연맹(部族聯盟) 96
부족(部族)국가 96, 97
부체제설(部體制說) 111, 112
부휴(浮休) 선수(善修) 311
북몽골인종 87
북산선(北山禪) 263
북악(北岳) 297
북종선 127, 294
북학파(北學派) 142
북한 역사학 384

북한산 진흥왕순수비 53, 74
분황사(芬皇寺) 252
분황사천수대비(芬皇寺千手大悲) 261
불공(不空) 208
불교식 왕명 355
불교유신론 313~315
불교학보 310
불국토사상 260, 285
불씨잡변(佛氏雜辨) 271, 272
불조원류(佛祖原流) 270, 320
불함문화권 46
붕당(朋黨)정치 205
브라만계급 245
브라만교 245
비교사학 48, 130, 383, 384
비류계(沸流系) 104
비류-고이계 105
비보(裨補)사상 128, 296
비의상계(非義湘系) 화엄승려 290, 320

• ㅅ •

사기(史記) 172, 197
사로국 111, 330~332
사륜(舍輪) 355
사마광(司馬光) 300
사명당(四溟堂) 유정(惟政) 275, 309
사변만어(四辨漫語) 276, 312
사수학(泗洙學) 144
사신(捨身)신앙 120, 207
사자산문 125
사자(使者) 92
사직단(社稷壇) 387

사찰령 316
사출도(四出道) 92
사회경제사학 81, 113, 224, 384
사회과학 이론 32, 352, 353
사회사상사 44, 51, 130, 214, 215, 317, 318, 366, 386
사후왕생(死後往生)신앙 362
산가파(山家派) 298, 300, 301
산신각 386
산외파(山外派) 300
산천(山川)단묘 386~389, 391
산해경(山海經) 90
삼교귀감 275
삼교일치 275
삼교통합사상 274, 275, 308, 309, 311
삼국사기(三國史記) 53, 83~85, 102, 104, 110, 129, 135, 136, 150, 155, 167, 329, 330, 332, 333, 336, 341, 354, 387
삼국지 동이전(三國志 東夷傳) 332, 333
삼론학(三論學) 247, 280
삼성당사적(三星堂事跡) 389
삼소관음(三所觀音) 중생사(衆生寺) 261
삼편성불(三遍成佛論) 263, 265, 297
삼한경략설 140
삼한금석록(三韓金石錄) 53
삼화령(三花嶺) 259
상대등(上大等) 98, 244, 339, 340
상론(相論) 263, 297
서구 중심주의 28, 46
서명파(西明派) 282

서산(西山) 휴정(休靜) 275, 276, 309
서상우(徐相雨) 99
서영대(徐永大) 171
서영수(徐榮洙) 156
서울금석문대관(金石文大觀) 59
서원(書院) 388
서윤길(徐潤吉) 128, 309
서필(徐弼) 349, 350
서학(西學) 145
서해교섭사 137
석가족(釋迦族) 110, 355
석망명전(釋亡名傳) 243
석실(石室) 청공(淸珙) 306, 308
선가귀감(禪家龜鑑) 275
선가(仙家) 174
선농일치관(禪農一致觀) 314
선문보장록(禪門寶藏錄) 305
선문수경(禪門手鏡) 276, 312
선문조사예참문(禪門祖師禮懺文) 270
선비(鮮卑) 93
선신니(善信尼) 248
선오후수(先悟後修) 269, 302
선적(禪的) 이사관(理事觀) 299
선종(禪宗) 263, 294, 368
선종구산문(禪宗九山門) 124, 250, 262, 306
선필(善弼) 101
선학변(禪學辨) 277
설암(雪巖) 추붕(秋鵬) 388
섭론학(攝論學) 284
성골(聖骨) 110, 352
성기론적(性起論的) 화엄사상 289

성기집(成己集) 328
성기(性起)사상 121, 203, 290
성리학 144, 204, 205, 271, 272, 276, 309, 318, 387, 389
성상융회(性相融會) 266, 267, 297, 299
성석린(成石璘) 271
성실론(成實論) 248, 284
성읍국가(城邑國家) 97, 98, 156, 158, 331
성주무가(巫歌) 181
성주산문(聖住山門) 294
성타(性陀) 313
성황당(城隍堂) 173, 206, 233
세계사의 조류 131
세속오계 284
세종실록지리지(世宗實錄地理志) 171, 173
세형동검(細形銅劍) 87, 240
소노부(消奴部) 103
소도(蘇塗) 118, 186, 223, 233, 239, 240
소사(小祀) 391
소식(蘇軾) 300
속고승전(續高僧傳) 283, 284
손주영(孫主永) 213
손진태(孫晉泰) 118, 221, 223~226, 236, 238
솟대 232, 233
송기호(宋基豪) 81, 100, 101, 151, 154, 166
송복(宋復) 255
송서(宋書) 134
송석하(宋錫夏) 221, 223, 224

송악 팔선궁(八仙宮) 387
송양국(松讓國, 沸流國) 103
송천은 308, 310
수목신앙 233
수묘인(守墓人) 160
수서(隋書) 160
수선사(修禪社) 270, 302, 304, 306, 308
수진법계관(竪盡法界觀) 121, 203, 252
숙신(肅愼) 87, 156
숙위학생(宿衛學生) 136
순장 197
순지(順之) 125, 262, 263, 265, 297
슐탄 213
승랑(僧朗) 248, 280, 281
승속(僧俗)무애 사상 266
승정원일기(承政院日記) 19, 42
시베리아인종 87
시조묘(始祖廟) 387
시중(侍中) 339, 340
식목형지안(式目形止案) 349
식민사학(植民史學) 38, 51, 86, 218, 324, 348, 374, 380
식민지 근대화론 21
식읍(食邑) 116, 117
식회(式會) 350
신군부의 등장 378
신당서(新唐書) 117, 341
신도국교화 208, 209
신도(神道) 201, 206, 209
신돈(辛旽) 377
신동하(申東河) 160
신라 불국토설(佛國土說) 284

신라 장적(帳籍) 116, 163, 164
신라도(新羅道) 101
신라문화연구소(新羅文化硏究所) 154
신라불교연구(新羅佛敎硏究) 153
신라사산비명(新羅四山碑銘) 65
신라시대의 국가불교와 유교 359
신라원(新羅院) 137
신라정치사회사연구 359
신목(神木) 232,~234, 239
신묘년(辛卯年) 기사 139, 160
신문화운동 219
신민족주의(新民族主義)사학 81, 236, 224
신법당 300
신사숭경(神社崇敬) 209
신삼론(新三論) 248, 280
신선사(神仙寺) 259
신영문(申泳文) 125
신오대사 341
신유교옥(辛酉敎獄) 276
신종원(辛鍾遠) 120, 284
신증동국여지승람(新增東國輿地勝覽) 389
신지문자 193
신찬성씨록(新撰姓氏錄) 140
신채호(申采浩) 83, 157
신천식(申千湜) 125, 295
신편제종교장총록(新編諸宗敎藏總錄) 299
신행(神行) 127, 295
신현숙(申賢淑) 290
신형식(申瀅植) 79, 81, 84, 98, 136

신호철(申虎澈) 102, 165, 345
신회(神會) 125
실증사학 50, 80, 81, 224, 323, 324, 333, 379, 383
실직국(悉直國) 158
실학(實學) 26, 276, 312, 380
심기리편(心氣理篇) 271
심문천답(心問天答) 271
심상(審祥) 252
심존선관(心存禪觀)사상 306
십전법(十錢法) 251
십지론(十地論) 247
십현담요해(十玄談要解) 274
십회향품(十廻向品) 252, 253

• ○ •

아도(阿道) 243, 279
아라사(阿羅斯) 140
아미타신앙 294, 301
아사달(阿斯達) 87, 184
아시아해양사학회(海洋史學會) 38
아우그스부르크 종교회 210
아자개(阿慈介) 166
안계현(安啓賢) 122, 153, 258, 285, 289
안선보국원(安禪報國院) 350
안악(安岳) 87, 184
안정복(安鼎福) 145
안향(安珦) 142
안홍(安弘) 282
알영(閼英) 336
알지(閼智) 331
알타이어계 194

알타이족 87, 186, 194
암각화(岩刻畵) 55
압자와(押字瓦) 52
앙시앙레짐 211
양경숙(梁敬淑) 293
양고승전(梁高僧傳) 243
양기석(梁起錫) 105, 161
양서(梁書) 134
양자강(楊子江) 93
양전(量田)사업 114
어원학적(語源學的) 방법 226
엑스타시(Ecstasy) 227, 231
여래선 276, 312
여래장(如來藏)사상 284
여성구(呂聖九) 127, 295
여진족(女眞族) 93
여혜경(呂惠卿) 300
여호규(余昊奎) 112
역사교과서 왜곡 38, 45, 129
역사적 진리 383
역사지리(歷史地理) 51, 148, 150, 151, 327, 372, 374
역사학보(歷史學報) 13~15, 37, 47, 151
역사학연구(歷史學研究) 13
역사학회(歷史學會) 13~15, 27, 37~39, 46, 80, 200, 201, 359, 371, 373, 374
역주 고려묘지명집성 54, 55
역주(譯註) 한국고대금석문(韓國古代金石文) 56
역주(註解) 사산비명(四山碑銘) 65
연기건립(緣起建立) 203
연기계(緣起系) 121

연기(緣起)사상 121, 251, 290
연맹왕국 97
연민수(延敏洙) 141
연본(鍊本) 252
연오랑세오녀(延烏郎細烏女) 140
연집법계(緣集法界)사상 291
열양(列陽) 90
영가집(永嘉集) 303
영동지방 금석문자료집(嶺東地方 金石文資料集) 54
영일(迎日) 냉수리신라비(冷水里新羅碑) 65
영천 청제비 병진명(丙辰銘) 74
영천(永川) 청제비(菁堤碑) 65
영취산(靈鷲山) 319
예(濊) 93, 94, 134, 156, 194
예맥(濊貊) 93, 94, 156, 186
예성강(禮成江) 190
예학(禮學) 205
오경석(吳慶錫) 53
오두품 287
오릿대 239
오보[鄂傅] 232
오성(吳星) 337, 345
오환(烏桓) 93
오후수행(悟後修行) 314
옥저(沃沮) 231, 325
온조-초고계 104, 105
왕건(王建) 128, 257, 264, 265, 293, 296~298, 340, 343, 346
왕검선인(王儉仙人) 173
왕검성 89, 91, 187

왕권신수설 210
왕규(王規) 349
왕안석(王安石) 300
왕위계승전쟁(王位繼承戰爭) 337, 343, 349
왕인(王仁) 138
왕조순환(王朝循環) 148
왕즉보살(王卽菩薩) 120
왕즉불(王卽佛)사상 119
왕희지(王羲之) 서체 71
외식제연(外息諸緣) 263, 264
외위(外位) 111, 163, 334
외인숙소(外人宿所) 136
요서경략 135
요세(了世) 305, 306
요의등(了義燈) 255, 282
용신당(龍神堂) 232
용화 이상세계 282
우두종(牛頭宗) 263
운문종(雲門宗) 301
울주(蔚州) 천전리서석(川前里書石) 65
울진 봉평비(鳳坪碑) 163
원광(圓光) 123, 256, 280, 282~284, 291, 360, 361
원돈성불론(圓頓成佛論) 268, 269, 304
원명선(元明善) 144
원성왕계(元聖王系) 107, 341
원의범(元義範) 255, 282
원인(圓仁) 137
원종문류(圓宗文類) 301
원측휘일문(圓測諱一文) 255
원측(圓測) 123, 255, 256, 280, 282, 283,

찾아보기 405

291
원표(元表) 280, 295
원효(元曉) 120, 121, 250, 252, 258, 259, 261, 263, 268, 280, 285~288, 290, 299
위만(衛滿) 176
위만(衛滿)조선 87~91, 174, 185, 195, 197, 325
위서(魏書) 85, 92, 172
위정척사(衛正斥邪) 146
위창문고(葦滄文庫) 55
유가보살계(瑜伽菩薩戒) 249
유공호족(有功豪族) 346
유교적 정치이념 360, 364
유득공(柳得恭) 99
유물사관 81, 113
유불교섭(儒佛交涉)사상 217, 278
유불동원(儒佛同源)사상 305
유석질의론(儒釋質疑論) 273, 308
유식(唯識)사상 282, 284, 287, 301, 306, 319
유신체제 378
유심론적(唯心論的) 원융사상 287
유심론적(唯心論的) 선관(禪觀) 128, 296
유인(遊人) 160
육당최남선전집(六堂崔南善全集) 86, 175
육두품 110, 111, 122, 204, 283, 287, 351, 356, 361, 363
육상원융(六相圓融) 290
육조단경(六祖壇經) 303
육후(陸詡) 281

윤내현(尹乃鉉) 89, 92, 153, 157, 158, 170, 187
윤무병(尹武炳) 93, 163
윤병희(尹炳喜) 107
윤사순(尹絲淳) 204
윤석효(尹錫曉) 159
윤소종(尹紹宗) 271
윤용진(尹容鎭) 329
윤이흠(尹以欽) 171, 189
윤회전생(輪廻轉生) 사상 119, 244, 361
윤회종(尹會宗) 271
윤희면(尹熙勉) 101
율학(律學) 248
음선혁(陰善赫) 164
읍락(邑落) 108, 118, 161, 197, 334
읍루(挹婁) 93
읍제국가(邑制國家) 89, 187
응제시주(應製詩註) 171, 173
의리선(義理禪) 276, 312
의상(義湘) 120, 122, 143, 203, 250, 253, 274, 280, 288, 289
의상계 121, 250, 285, 288
의연(義淵) 247, 281
의적(義寂) 285
의지(義持) 251
의천(義天) 266~268, 299, 300, 319
의통(義通) 143, 266, 298, 299
이간(李侃) 53
이강래(李康來) 84
이계표(李啓杓) 125, 126
이곡(李穀) 144
이근우(李根雨) 140, 154

이기동(李基東) 81, 101, 105, 106, 109, 110, 151, 188, 337
이기백(李基白) 39, 45, 79, 85, 88, 96, 98, 103, 104, 110, 111, 117, 119, 122, 151, 154, 156, 163, 166, 170, 184, 185, 201, 243, 244, 283, 284, 293, 337, 343~345, 347, 351, 369, 376, 380
이기영(李箕永) 120, 253~255, 287, 290
이난영(李蘭英) 54
이남영(李楠永) 182
이능화(李能和) 219, 220
이도학(李道學) 106, 135
이동준 304
이명식(李明植) 107
이문기(李文基) 163
이법천관(理法天觀) 204, 205
이병도(李丙燾) 40, 80, 87, 88, 91, 93~96, 103, 104, 119, 140, 184, 187, 243, 323, 324, 376, 379
이병희(李炳熙) 118
이보형(李普珩) 13
이부영(李符永) 226
이부체제론(二部體制論) 112
이상백(李相佰) 272
이색(李穡) 272
이서국(伊西國) 95
이성규(李成珪) 206
이수광(李睟光) 143
이순근(李純根) 164
이순(李純) 295
이슬람교 201
이엄(利嚴) 263

이영무(李英茂) 270, 306, 315
이영자(李永子) 299, 314
이용범(李龍範) 100, 136, 153
이우성(李佑成) 65, 99, 113
이우태(李宇泰) 114, 163
이우(李偊) 53
이이모(伊夷謨) 104
이익(李瀷) 145
이인재(李仁在) 115
이인철(李仁哲) 106, 163
이재범(李在範) 102
이재창(李載昌) 300
이제현(李齊賢) 144
이족(彛族) 390
이종욱(李鍾旭) 85, 110, 111, 139, 170, 162, 187, 328, 345
이종익(李種益) 124, 302
이종학(李鍾學) 389
이지관(李智冠) 54, 303
이지린 190
이진희(李進熙) 139
이차돈(異次頓) 242, 244, 246, 278, 280
이춘녕(李春寧) 114
이태진(李泰鎭) 115
이통현(李通玄) 250, 268, 269, 302
이필영 182
이항로(李恒老) 146
이행구 285
이현종(李鉉淙) 369
이현혜(李賢惠) 114, 159
이형구(李亨求) 189
이홍직(李弘稙) 80, 94, 113, 116, 181

이회광(李晦光) 313
이희관(李喜寬) 116, 164
이희수(李熙秀) 213
인겸계(仁謙系) 341
인왕백고좌법회(仁王百高座法會) 208, 301
인왕호국반야경(仁王護國般若經) 207, 208
일미관행(一味觀行) 254, 286, 287
일본서기(日本書紀) 138~140
일심삼관(一心三觀) 300
일연종(日蓮宗) 313
일연(一然) 64, 173, 306
일화전 197
임건상 190
임나일본부(任那日本府) 138~141
임대희(任大熙) 208
임동권(任東權) 182, 225
임상선(林相先) 166
임석재(任晳宰) 228
임영상(林永尙) 212
임제종(臨濟宗) 270, 306~308
임창순(任昌淳) 54
임해전(臨海殿) 361, 364
입당구법순례행기(入唐求法巡禮行記) 137, 257

• ㅈ •

자굉(慈宏) 277
자연신화학파(自然神話學派) 327
자은(慈恩) 255, 282, 292
자장(慈藏) 280, 284, 285

장당경 187
장보고(張保皐) 133, 137, 338
장복부(長福部) 335
장수(長帥) 108
장원규(張元圭) 121, 250
장일규(張日圭) 127
장주근(張籌根) 182, 225
장창은(張彰恩) 107
재가(在家) 불교운동 321
재사(再思) 104
적전(籍田) 237
전덕재(全德在) 112, 116
전륜성왕(轉輪聖王) 244, 246, 259, 282, 361
전미희(田美姬) 165
전보삼 316
전설학회(傳說學會) 225
전시과(田柴科) 113, 346, 347
전진(前秦) 242
전해종(全海宗) 13, 134
전해주(全海住) 121, 290
전형택(全炯澤) 183
전호태(全虎兒) 160
점선(漸禪)사상 127
점찰경(占察經) 256
점찰교법(占察敎法) 123, 256, 257
점찰보(占察寶) 284
점찰참회(占察懺悔) 256, 292
정경희(鄭璟喜) 186
정구복(鄭求福) 84, 162
정도전(鄭道傳) 271, 272
정두희(鄭斗熙) 139

정몽주(鄭夢周) 271
정병삼(鄭炳三) 121, 290
정병조(鄭炳朝) 121, 284, 289
정사당(政事堂) 332
정선화(鄭善和) 127
정성본(鄭性本) 124
정약용(丁若鏞) 276, 277
정원(淨源) 300
정인보(鄭寅普) 139
정전(丁田) 114, 115, 116
정주학 271, 272
정찬영(鄭燦永) 190
정창원(正倉院) 163
정천(井泉)신앙 237, 325
정청주(鄭淸柱) 102, 164
정총(鄭摠) 271
정토(淨土)신앙 258, 259, 279, 284, 289, 320, 358, 360, 361, 368
정혜결사 303
정혜쌍수(定慧雙修) 121, 268
제과(制科) 346
제술업(製述業) 384
제왕운기(帝王韻紀) 171
조경철(趙景徹) 281
조계종(曹溪宗) 250, 268, 270, 288, 302~304
조공무역 134
조당집(祖堂集) 262
조동원(趙東元) 54, 76
조동종(曹洞宗) 307, 313
조맹부(趙孟頫) 144
조명기(趙明基) 120, 255, 268, 282, 288, 299
조범환(曺凡煥) 125,126, 294, 296
조법종(趙法鍾) 91
조사선(祖師禪) 125, 276, 295, 312
조선고적도보 61
조선금석고(朝鮮金石攷) 54
조선금석총람(朝鮮金石總覽) 53, 54, 57
조선민속학회 221
조선사편수회(朝鮮史編修會) 324
조선왕조실록(朝鮮王朝實錄) 42, 183
조신(調信) 261
조인성(趙仁成) 102, 157, 160, 165, 293, 345
조호연(趙虎衍) 212
종고(宗杲) 303
종묘(宗廟) 387
좌식자(坐食者) 108
주군제(州郡制) 112
주렴계(周濂溪) 272
주명철(朱明哲) 210
주보돈(朱甫暾) 163
주전론(鑄錢論) 299
주진군(州鎭軍) 345
죽간(竹簡) 155
중도(中道)사상 247, 280, 286, 290
중립비(重立碑) 72
중사(中祀) 391
중앙집권적(中央集權的) 귀족국가(貴族國家) 97, 98, 118, 119, 243, 244, 326, 330, 343, 361
중원고구려비(中原高句麗碑) 65
중체서용(中體西用) 146

찾아보기 409

즐문토기인(櫛文土器人) 87, 185, 186
지공(指空) 307, 308, 385
지눌(知訥) 121, 266, 268~270, 302, 303, 309
지도론(智度論) 247
지둔 도림(支遁 道林) 243, 247
지둔(支遁) 243
지리도참사상 379
지리산 천왕단 387
지명(智明) 280~282
지모신(地母神)신앙 237, 261, 389
지방호족 101, 102, 124, 337, 340~342, 356, 368
지석묘(支石墓) 240, 331, 333
지선(智詵) 263
지식사회학 130, 215
지엄(智儼) 250
지역사(地域史) 37, 44~49, 51, 82, 147~149
지장(智藏) 123, 125, 256, 257, 291, 293
지종(智宗) 266, 298, 299
지주(智周) 255, 282
지준영 191
지증왕계(智證王系) 355, 357
지증(智證) 도헌(道憲) 127, 143
지지론(地持論) 247
진각 혜심(慧諶) 269
진개(秦開) 90
진단학보(震檀學報) 324
진단학회(震檀學會) 40, 80, 324, 379, 383
진번(眞番) 89, 156
진성규(秦星圭) 304

진성기(秦聖麒) 225
진속원융무애관(眞俗圓融無碍觀) 254, 286
진왕(辰王) 325
진자(眞慈) 260
진전사(陳田寺) 295
진정국사(眞靜國師) 305
진종설(眞種說) 259
진지왕계(眞智王系) 355
진표(眞表) 123, 256, 257, 291~293, 361, 364
진표계 291
진흥왕 순수척경비(巡狩拓境碑) 65
집사부(執事部) 98, 363

• ㅊ •

차차웅(次次雄) 238
참여정부 46
참회계법(懺悔戒法) 284
창녕 진흥왕척경비 74
창림사무구정탑원기(昌林寺無垢淨塔願記) 341
채상식(蔡尙植) 204
채영(采永) 270, 320
채인환(蔡印幻) 121, 123, 124, 289, 293
처용(處容)설화 135
척불론 272, 273
척화론자(斥和論者) 146
천견설(天譴說) 205
천경림(天鏡林) 280
천관우(千寬宇) 13, 140, 105, 151, 153, 160, 185, 186

천명관(天命觀) 205
천수대비가(千手大悲歌) 261
천용(天容) 영관(靈觀) 311
천일창(天日槍) 140
천주실의(天主實義) 143
천책(天頙) 305, 306
천태사교의(天台四敎儀) 144, 266, 298
천태종 143, 144, 266, 298, 300~302
천태지관(天台止觀) 305
청교도(淸敎徒)의 윤리 215
청량(淸凉) 250
청원(靑原) 행사(行思) 298
체관(諦觀) 143, 266, 298, 299
초고왕계 105
초본(草本) 252
초의(草衣) 276, 312
촌주(村主) 165, 362, 368
최광식(崔光植) 163
최길성(崔吉城) 228
최남선(崔南善) 46, 86, 157, 169, 175, 176, 219~221
최몽룡(崔夢龍) 89, 191
최무장(崔茂藏) 154
최병헌(崔柄憲) 124, 125, 128, 262, 267, 295, 300
최상수(崔常壽) 225
최승로(崔承老) 344~346, 363
최연식(崔鉛植) 284, 297
최영성(崔英成) 65
최우(崔瑀) 270
최이(崔怡) 304
최재석(崔在錫) 153, 162

최창조(崔昌祚) 128
최충헌(崔忠獻) 270
최치원(崔致遠) 127, 154, 255, 363
최항(崔沆) 304
추만호 126
추장(酋長)사회 97, 335
치성광여래(熾盛光如來) 391
치우(蚩尤) 178
칠성각 386
칠세대(七世代) 동일친족집단(同一親族集團) 355
칠요(七曜)신앙 391
칠지도(七支刀) 140

• ㅌ •

탄문(坦文) 265, 298, 350
탄연(坦然) 302
탐라(耽羅) 231
태고(太古) 보우 270, 306, 307
태고법통설 307
태백산(太伯山) 368, 387
태봉 340
태양신화학파 327
태자(太子)제도 338, 340
태학(太學) 363
태현(太賢) 123, 255, 256, 282, 291
태현계(太賢系) 320
토착(土着)호족 101
토템 388~391
퉁구스족 93, 194

• ㅍ •

파사현정(破邪顯正) 307
팔관회(八關會) 387
패강진(浿江鎭) 164, 357
패수(浿水) 90
패엽사(貝葉寺) 386
평양(平壤) 88~90, 192, 390
폐번치현(廢藩置縣) 208
표원(表員) 290, 291, 320
풍수도참사상 127, 264
풍수지리설(風水地理說) 70, 127, 128, 165, 295, 296, 337, 342, 368
필사본 화랑세기 85

• ㅎ •

하멜(hamel) 143
하호(下戶) 108
학술원 372
학술총람(學術總覽) 370, 372
한·일 간 역사가회의 51
한국 역사학의 성과와 과제 38
한국고대사연구회 56, 151, 163
한국과학사학회(韓國科學史學會) 17, 22, 81
한국고대학회(韓國古代學會) 152
한국군제사 376
한국금석유문(韓國金石遺文) 54
한국금석전문(韓國金石全文) 54, 385
한국동양사학회 13
한국목간학회(韓國木簡學會) 38
한국미술사학회 54
한국불교연구원 287

한국사대관(韓國史大觀) 328
한국사시민강좌 152, 156
한국사신론(韓國史新論) 369
한국사연구회 14, 37, 81, 154
한국사연구휘보(韓國史硏究彙報) 37, 149, 151, 370
한국사학사학보 378
한국상고사학회(韓國上古史學會) 151, 152, 154
한국상대고문서자료집성(韓國上代古文書資料集成) 154, 366
한국서양사학회 13, 27, 37
한국연구원(韓國硏究院) 351
한국학중앙연구원(韓國學中央硏究院) 18, 42, 55
한규철(韓圭哲) 101
한글학회 379
한기두(韓基斗) 124, 263, 270
한림대학교 한림과학원 39
한만교섭사연구(韓滿交涉史硏究) 153
한비자(韓非子) 188
한용운(韓龍雲) 313, 314, 315, 316
한우근(韓㳓劤) 13, 95, 273, 376, 379
한일역사공동연구위원회 45, 82
한종만(韓鐘萬) 154, 309, 314
해동고승전(海東高僧傳) 243
해모수(解慕漱) 173
해상교류사학회 133
해상왕장보고 기념사업회 137
해상(海上, 軍鎭)세력 101
해양교류사 131~133, 147
해인사 121

해인삼매론(海印三昧論) 253, 290
허흥식(許興植) 54, 71, 76, 301, 305, 306
현대 한국역사학의 동향 14, 371, 373
현명호 191, 192
현신왕생(現身往生)신앙 361, 362
현용준(玄容駿) 228
현욱(玄昱) 263
현일(玄一) 258, 259, 285
현정론(顯正論) 273~275, 308, 309
현휘(玄暉) 265, 298
혈족집단의 분지화 354, 355, 357
혜공(惠空) 258
혜소(慧昭) 126, 127, 255, 282
혜숙(惠宿) 258
혜심(慧諶) 270, 304
혜월(慧月) 313
혜인사(慧因寺) 300
혜인(惠仁) 248
혜조(慧照)국사 302
혜철(惠哲) 263
호락(湖洛)논쟁 312
호민(豪民) 108
호산록(湖山錄) 306
호족연합책(豪族聯合策) 298, 343
호한체제(胡漢體制) 147, 148
호흘여발도(虎吃女魃圖) 179
홍각(弘覺)선사 71, 295
홍석주(洪奭周) 99
홍술(洪述) 101
홍윤식(洪潤植) 158, 248, 257
홍주종(洪州宗) 263

홍척(洪陟) 263
화두선(話頭禪) 269
화랑도 109, 110, 259, 260, 352, 354~356, 363
화랑세기(花郞世紀) 84, 85, 155
화엄경소(華嚴經疏) 252
화엄론절요(華嚴論節要) 269
화엄사상 121, 122, 143, 250, 265, 269, 274, 289, 297, 306, 319
화엄오교장(華嚴五敎章) 251, 252
화엄일승법계도(華嚴一乘法界圖) 250, 251, 274, 289
화쟁(和諍) 254, 285, 286, 287
환단고기(桓壇古記) 157, 170
환웅(桓雄) 191, 237, 327, 388
환인(桓因) 173, 388
환황해문화권(環黃海文化圈) 46
활선(活禪) 274, 309, 315
황근(黃瑾) 271
황룡사(皇龍寺) 360
황성기(黃晟起) 255, 282
황수영(黃壽永) 54, 259
황인규(黃仁奎) 308
황제교황주의 212
황초령비(黃草嶺碑) 53
황패강(黃浿江) 181
회삼귀일(會三歸一)사상 300
회암사(檜巖寺) 307
횡진법계관(橫盡法界觀) 121, 203, 252, 253, 290
효선편(孝善篇) 364
후백제 340, 347

찾아보기 413

후생(後生) 346, 347, 348
후연(後燕) 160
후위(後魏) 135
후주(後周) 세종(世宗) 346
훈요십조 339
휴정 309~312

흑무(黑巫) 234
흑치상지(黑齒常之) 161
흥왕사(興王寺) 267
희랑(希朗) 121
희양산문(曦陽山門) 125, 127, 143